古代歷史文化研究輯刊

二十編

王明蓀 主編

第7冊

家族遷徙與地域社會：
魏晉南北朝關中郡姓研究

宋豔梅 著

國家圖書館出版品預行編目資料

家族遷徙與地域社會：魏晉南北朝關中郡姓研究／宋豔梅 著
— 初版 — 新北市：花木蘭文化事業有限公司，2018〔民107〕
序 4+ 目 2+266 面；19×26 公分
（古代歷史文化研究輯刊 二十編：第 7 冊）
ISBN 978-986-485-539-1（精裝）
1. 士 2. 區域考訂 3. 魏晉南北朝
618 107011986

ISBN-978-986-485-539-1

9 789864 855391

古代歷史文化研究輯刊
二十編 第 七 冊 ISBN：978-986-485-539-1

家族遷徙與地域社會：魏晉南北朝關中郡姓研究

作 者 宋豔梅
主 編 王明蓀
總 編 輯 杜潔祥
副總編輯 楊嘉樂
編 輯 許郁翎、王筑 美術編輯 陳逸婷
出 版 花木蘭文化事業有限公司
發 行 人 高小娟
聯絡地址 235 新北市中和區中安街七二號十三樓
電話：02-2923-1455／傳眞：02-2923-1452
網 址 http://www.huamulan.tw 信箱 hml810518@gmail.com
印 刷 普羅文化出版廣告事業
初 版 2018 年 9 月
全書字數 227114 字
定 價 二十編 25 冊（精裝）台幣 66,000 元

家族遷徙與地域社會：
魏晉南北朝關中郡姓研究

宋豔梅 著

作者簡介

宋豔梅：女，1980 年生，山西高平人，現爲常熟理工學院副教授。2002 年本科畢業於山西大學，獲歷史學學士學位，同年保送攻讀本校碩士研究生，2005 年獲山西大學歷史學碩士學位，2008 年獲南京大學歷史學博士學位。研究方向爲魏晉南北朝史。曾先後在《內蒙古社會科學》、《蘭州學刊》、《山西檔案》、《南京曉莊學院學報》等學術刊物發表論文十餘篇，參與合著《中國國號的故事》一部。獨立承擔教育部課題一項，省廳課題二項。

提　　要

　　拙著將關中郡姓的研究上溯至魏晉南北朝時期，詳細梳理了京兆韋氏、河東裴氏、河東柳氏、河東薛氏、弘農楊氏、京兆杜氏六大家族的遷徙過程，考察他們在南北東西各個政權和不同寓居地域的興衰發展，綜合分析家族發展與地域社會的密切關係。書稿共約八章，第一、二章總體揭示關中郡姓內涵、探究關中郡姓所繫六大家族士族地位的形成。第三章至第七章以家族遷徙爲線索，詳細梳理每個家族的遷徙過程和興衰發展。第八章則在個案考察的基礎上綜合分析遷徙對家族發展及地域社會的影響，討論家族發展與地域社會的密切關係。

　　拙著以社會學、歷史地理學的研究視角與方法深入到魏晉南北朝家族史研究中，將生存空間納入家族史研究視野。以家族個案遷徙過程爲基礎，以遷出地、遷入地作爲兩大地域維度，通過分析不同地域背景下的家族興衰成敗，探尋地域社會對家族發展的影響；比較移居他鄉的家族與留居原地的家族或房支在不同的地域社會環境所呈現的不同發展模式；考察不斷遷徙的家族在遷出地與遷入地的社會文化溝通、融合方面所起的作用。

　　該研究不僅有助於深入認識魏晉南北朝家族發展與社會變遷之間的互動關係，而且可以推動不同地區家族房支之間共相與殊相的比較研究，克服目前個案研究林立而不能很好地進行不同區域家族比較研究的困境，進而逐漸走出現在家族史研究中的程序化之弊。

2015 年度教育部人文社會科學研究青年基金項目，項目批准號：15YJCZH144

序

胡阿祥

近段時間，圍繞著「求序」與「賜序」，頗是有些「好玩」的事情。

先是，我在寫第 50 篇《南京曉莊學院學報》「六朝研究」欄目「主持人語」時，忽然就不想再寫「主持人語」了，但卻想著把這歷時 15 年、累計 7 萬多字的「主持人語」結集出版，題名為附庸風雅的《六朝論語》或其實認真的《胡說六朝》。這個忽然冒出來的想法，得到了《曉莊學報》編輯、早年弟子胡曉明博後的贊同，於是我將賜序的任務強加給了曉明，經過幾句「六朝風流」、「師徒雅事」、「好玩」的勸說，這事竟然「說定了」……

再是，自鳴的求序之得意尚未散盡時，年長我五歲、學問亦遠勝於我的侯先生甬堅學兄，一番「學問謹嚴，撰著恢宏，文筆燦爛，富有批判精神」的胡亂「恭維」與「字數、內容悉聽尊便」的大度寬容之後，竟然委託我為其《歷史地理學探索》第三集寫序，我在「嚇壞寶寶」、「豈敢豈敢」的真誠推辭與「吾兄真敢這麼玩」的善意提醒之後，接受了這份光榮的任務……

三是，還在我欣慰於弟子曉明的學術日漸成熟、所以求序於他，而感念於學兄甬堅的真誠相託、所以答應斗膽寫序時，弟子宋豔梅博士又飛鴻傳音，且以看似客客氣氣、實則沒有商量餘地的語境，為她的《家族遷徙與地域社會：魏晉南北朝關中郡姓研究》求序於我……

為何我覺得豔梅的求序「實則沒有商量餘地」呢？一則，我已經為博士弟子孔祥軍、朱智武、楊恩玉乃至碩士弟子蔣少華的著作寫過序，總不能男女有別，女弟子求序，就不寫吧？二則，在「三棲四喜齋」近 30 位博士弟子中，女弟子不到 1 / 7，而豔梅是女博士弟子的開門師姐，身份特殊，且這個

門開得可謂寬敞明亮；三則，我與豔梅博士合作過一本好像印刷不下 10 次的暢銷書《中國國號的故事》，這本書既「上得廳堂」，被網友評為「看似簡單的國號裏竟然有如此豐富的內涵」，「超過了淺顯的通俗讀物的範疇」，也「下得廚房」，比如曾經入選「農家書屋」工程書系，師生之間有此筆墨之緣，應該是難得的；四則，在我的學術代表作《東晉南朝僑州郡縣與僑流人口研究》（2008）中，我徵得豔梅同意，將她的習作《兩晉之際河東裴氏播遷考論》加以修改與補充，易題為《地域選擇與家族興衰：河東裴氏的情形》，作為書中第三篇「東晉南朝僑流人口專題」的一節，而所以如此處理，顯示了我對豔梅之相關研究的路徑、成果的認同乃至讚賞，這在女博士弟子中，也屬特例。

因為上述這些「自說自話」的考慮，我在忙得「找不到北」的狀態中，還是勉力敲著鍵盤，寫著這篇序文。

我先檢出了作為本書基礎的《關中郡姓首望在晉隋之際的播遷與發展》的相關材料。這是宋豔梅的申請博士學位論文，答辯時間我記得特別清楚，2008 年 5 月 12 日下午 2：30 開始，那是天降災異、汶川地震的日子與時辰。那次答辯，由卞孝萱師擔任主席，答辯委員許輝、高榮盛、張進、張學鋒，評閱人施和金、王健、彭安玉、張進、張學鋒。最後形成的答辯決議是這樣的：

宋豔梅同學申請博士學位論文《關中郡姓首望在晉隋之際的播遷與發展》，選取極具政治與文化之典型代表意義的「關中郡姓首望」為研究對象，依託正史文獻記載和出土墓誌材料，細緻考察了在社會分裂動亂、郡姓離合變遷的「晉隋之際」之特殊歷史時期，京兆韋氏、河東裴氏、河東柳氏、河東薛氏、弘農楊氏、京兆杜氏六大家族內部各別房支分途播遷的過程，以及其在不同地域裏與不同政權內的仕途沉浮、社會地位興衰、家學門風轉變等狀況，進而分析與總結了遷徙對於中古時代家族發展的複雜影響。文章所梳理的史實與所得出的認識，人地關係理論和「家族─地域」方法的運用，既拓寬了家族研究的視野，其溝通南北的研究路數，也推進了南北門第社會文化的比較研究。文章論證細密，思路清晰，結論可靠，宏觀微觀結合。

說實在話，這份答辯決議或許稍有溢美，但因為有卞師坐鎮，所以總體而言還是相當客觀的。

我再檢出近幾年與豔梅的往返郵件，恢復著相關記憶，知道了這部交付

花木蘭出版的書稿，又是豔梅在相關基金項目的支持下，積十年之功力，精心修訂、大事增補其博士論文而完成的新著。豔梅告訴我，畢業以後的十年間，解開遷徙的家族、流動的地域、轉換的政權、多變的家族命運之間的複雜關係，一直是她孜孜以求、樂之不疲的學術命題；而因爲關中郡姓研究並非創新的選題，所以她殫精竭慮，努力在前人微觀士族個案研究與宏觀士族階層研究的基礎之上，嘗試改從中觀角度切入，即以魏晉南北朝時期的關中郡姓爲探討對象，力求突破個案研究的壁壘與階層研究的困境，期望取得選題立意和方法運用方面的創新。

在寫此序之前，我還有幸拜讀了上海師範大學歷史系教授、中國魏晉南北朝史學會副會長范兆飛的《推薦意見》。范教授兆飛副會長「通觀書稿」後指出：宋豔梅的這部書稿，「內容豐富，資料翔實。作者十餘年從事關中郡姓研究，多次深入陝西、山西等地進行實地考察，將獲取的石刻資料和傳世文獻相比對，基本做到新出資料與傳統文獻相印證、實地調查與文獻整理相結合。這顯示出作者發皇古義、融匯新知，從而推雅取正的研究能力」，又「書稿的章節設置獨具匠心，將個案研究與群體研究、國史研究與地方史研究有機結合，在中古政治社會變遷的宏大脈絡下探研士族問題，同時又能從個案研究的微觀層面，反觀和驗證宏大敘事，從而走出和超越個案研究，又不流於簡單迂闊的宏大敘事。因此，書稿具有相當程度的學術張力，這不僅是對士族研究的推動，也是對中古史研究的推動」，云云。范兆飛作爲國內學界中古士族研究的青年才俊、代表學者，既熟悉歷時已經百年之久的中古士族研究狀況，思想又一向新銳，批評也不留情面，所以我相信他的評價。

此刻，我翻閱著這部篇幅較之博士論文增加了三分之一，徵引文獻更加廣泛、充分與規範，行文更加顯得老道，文字也打磨得更加圓潤、細緻的「新著」，發現這部「新著」在立意、謀篇、布局、結構、層次、歸旨等方面，都較之十年前已經堪稱優秀的博士論文，竟然有了近乎「脫胎換骨」、確實面貌一新的變化！而面對著豔梅這樣備嘗辛苦地「自尋煩惱」、研究成果卻大有益於學界的變化，我既爲我早年與近年在相關論文（如 1993 年的《中古時期郡望郡姓地理分佈考論》、2011 年的《東晉・十六國・南北朝の人口移動とその影響》）中的若干判斷得以落實或證明而生出學術傳承的欣慰，也爲豔梅博士凝心聚力地矢志學問、磨練文章的不懈追求而感到發自內心的

喜悅，又爲豔梅同學兼顧家庭與學校、教學與科研而添了不少的擔心。然則
這樣的欣慰、喜悅與擔心，就是師生之間那份難解的緣分與自然的牽掛
吧……

胡阿祥於南京三棲四喜齋

2018 年 4 月 2 日

目

次

前　言

一、研究對象與研究目的

　　家族研究是魏晉南北朝史研究領域中的一塊重要陣地，由於這一歷史時期的政治、經濟、文化掌握在世代簪纓、蟬聯冠族的士族手裏，對士族這一歷史主體的認識和研究是理解和把握魏晉南北朝歷史的關鍵。基於這種歷史特點和學術要求，學人對中古時期的家族研究起源很早，研究成果蔚爲大觀，研究興趣仍方興未艾，陳爽稱其爲一門古老而又常新的「顯學」〔註 1〕。

　　本書選取的關中郡姓，屬於這一研究範疇下的族群研究，即選取具有同一特質的幾個大家族爲一群體，考察擁有該種相同特質的家族與別的家族以及相同特質下各家族的發展差異，以豐富世人對魏晉南北朝時期家族發展史的認識。所謂相同特質，可取同一地域，如方北辰《魏晉南北朝江東世家大族述論》〔註 2〕及王永平《六朝江東世族之家風家學研究》〔註 3〕、劉淑芬《六朝會稽士族》〔註 4〕；或取同一階層，如毛漢光《中古山東大族著房之研究》〔註 5〕；或取某種文化特質，所謂「文學士族」〔註 6〕提法等等。學人的諸多族群研究從不同的角度透視了魏晉南北朝時期家族發展的各異歷

〔註 1〕　陳爽《近 20 年中國大陸地區六朝士族研究概觀》，《中國史學》2001 年第 11 期。

〔註 2〕　臺灣文津出版社，1991 年。

〔註 3〕　江蘇古籍出版社，2003 年。

〔註 4〕　載於《中央研究院歷史語言研究所集刊》1985 年，第 56 本第 2 分。

〔註 5〕　收於氏著《中國中古社會史論》，上海書店出版社，2002 年。

〔註 6〕　如李浩《唐代三大地域文學士族研究》，中華書局，2002 年。

程和不同特徵，爲本文選取研究對象提供了重要的借鑒。

唐人柳芳總結魏晉南北朝以來的門閥姓族有「僑姓」、「吳姓」、「關中郡姓」、「山東郡姓」和「虜姓」五類，本書研究對象「關中郡姓」的概念即來自此分類。唐德宗貞元（785～804 年）中，左司郎中柳芳論氏族曰：

> 于時有司選舉，必稽譜籍，而考其眞僞。故官有世胄，譜有世官，賈氏、王氏譜學出焉。由是有譜局，令史職皆具。過江則爲「僑姓」，王、謝、袁、蕭爲大；東南則爲「吳姓」，朱、張、顧、陸爲大；山東則爲「郡姓」，王、崔、盧、李、鄭爲大；關中亦號「郡姓」，韋、裴、柳、薛、楊、杜首之；代北則爲「虜姓」，元、長孫、宇文、于、陸、源、竇首之。

在柳芳之論中，關中郡姓是謂與過江僑姓、東南吳姓、山東郡姓、代北虜姓並列的五個姓族之一。雖然柳芳這段言論僅是被割裂分散引用在《新唐書》卷一九九《儒學中·柳沖傳》中，但從上下文來看，這種姓族集團的分類應是當時各類譜牒對魏晉南北朝時期幾大士族類型的共同看法。而唐世的這種看法，一方面體現了當時人對魏晉南北朝以來的世家大族的重視，另一方面則反映了這些世家大族的社會影響之巨。

此後，《唐會要》卷三六「氏族條」又載 [註7]：

> 氏族者，古史官所記，故官有世胄，譜有世官。過江則有僑姓，王、謝、袁、蕭爲大；東南則有吳姓，朱、張、顧、陸爲大；山東則有郡姓，王、崔、盧、李、鄭爲大；關中亦號郡姓，韋、裴、柳、薛、楊、杜爲大；代北則有虜姓，元、長孫、宇文、于、陸、源、竇爲大。各於其地，自尚其姓爲四姓。

《唐會要》由宋人王溥集唐人蘇冕《會要》及崔鉉《續會要》並補其缺漏而成，其中唐高祖至德宗九朝之事爲蘇冕所撰，而「氏族條」在上引言論之後詳細敘述了唐武德以降修氏族譜牒之事，可知上引之論當爲蘇冕所撰，具體內容又是援柳芳言論而成。蘇冕引柳芳論而不注出處，也正反映柳芳言論在當世的代表性和普及性，五大類型的姓族集團當爲世人熟知。

以柳芳《氏族論》中姓族分類爲基礎，近代學者也以各自的視角豐富充實了中古家族研究的內容。何啓民先生《中古門第論集》即以柳芳五類姓族爲依據來分類討論中古門第特徵。其中，《永嘉前後吳姓與僑姓關係之轉變》

〔註 7〕 王溥《唐會要》，上海古籍出版社，1991 年。

主要討論的是「東南」的「吳姓」。他認爲「『僑姓』和『吳姓』既然是東晉以下社會構成的兩大主流，與當時發生的各種問題，都有著極爲密切的關係。然而一般人所注意的，只是在西晉永嘉之亂以後，『過江』南下的中原士族，就是被稱爲『僑姓』的。至於『東南』原有的舊家大族，就是被稱爲『吳姓』的，卻很少被人談論到。」此外，針對吳姓中最大的顧、陸、朱、張四姓，何啓民又另闢專篇作比較研究，即《中古南方門第──吳郡朱張顧陸四姓之比較研究》；而在《南朝的門第》一文中，何啓民又「僅就中原渡江南下的門第，唐人稱之爲『僑姓』的來說」；對「郡姓」的討論，則在其《五胡亂華時期中的中原郡姓》一文中，他在該文中主要討論的是「中原既亂，僑姓何以要渡江南下？而郡姓何以始終留在北方」的問題。其書最後一篇《唐朝山東士族的社會地位之考察》則是單獨對「山東郡姓」的討論。如此，何啓民書中的篇目可以說正是按柳芳言論中五種姓族類別爲綱架構起來的。

　　無獨有偶，早在 1991 年臺灣文津出版社出版的方北辰先生的博士學位論文《魏晉南朝江東世家大族述論》中，作者在「緒言」中提到：「依唐人柳芳所論，魏晉南北朝之門閥士族有僑姓、吳姓、郡姓及虜姓等不同類型。」「作爲門閥研究的具體標本，僑姓、郡姓和虜姓諸集團都不是最典型的」「吳姓……對門閥研究而言，這是最爲理想的範例」，「而吳姓門閥，正是江東世家大族的化身」。如此看來，方先生所謂「江東世家大族」也正是選取了柳芳所論中五種姓族類型中的一種。如果依方先生所言，吳姓相當於江東世家大族，那麼，王永平《六朝江東世族之家風家學研究》〔註8〕和吳正嵐《六朝江東士族的家學門風》〔註9〕等即是對吳姓的研究。

　　不僅如此，毛漢光先生《關中郡姓婚姻關係之研究──隋至唐前半期》〔註10〕專以關中郡姓作爲研究對象，毛先生文中之「關中郡姓」正是以韋、裴、柳、薛、楊、杜六姓爲主體。又如李浩《唐代關中士族與文學》一書，以關中士族爲名，亦以韋、裴、柳、薛、楊、杜爲主要論述對象，並且他又專闢章節對「關中郡姓」之內涵作了辨析。

　　回到柳芳《氏族論》之正文，其所言四個名稱的五類姓族，各有其精神

〔註8〕　江蘇古籍出版社，2003 年。
〔註9〕　南京大學出版社，2003 年。
〔註10〕　收於《唐代文化研討會論文集》臺北：文史哲出版社，1991 年。

特質。代北虜姓因種族差異的明顯特點，暫且不論。在同爲漢族的士族集團中，「僑姓」爲中原士族於永嘉亂後之過江者；「吳姓」爲吳郡或大言之江東本土士族；山東、關中士族同號郡姓而又與前兩類漢族士族相區別，最明顯之特徵當爲其屬北土士族並出仕北方胡主。郡姓中，山東、關中對舉，分郡姓爲二類，緣於北魏分裂東西至北齊、北周、隋唐的政治形勢。北魏末年分裂東西，東西魏分別被北齊、北周禪繼，東魏北齊、西魏北周東西對峙的局面形成山東、關中兩地在地域上尤其在政治上的分立。北周滅北齊，山東士族入關；隋承北周、唐繼隋。山東士族與關中士族之畛域之見歷北周、隋、唐難能消泯，柳芳論氏族，將山東、關中對舉，正是這種現象的反映。在此五類姓族中，關中郡姓歷魏晉南北朝至隋唐榮耀貴顯，冠纓不墜，可謂綿延最久，根基最穩。其中京兆韋氏、京兆杜氏、弘農楊氏、河東裴氏、河東柳氏、河東薛氏爲關中郡姓之首望，也即本書的具體研究對象。

關中郡姓、山東郡姓的提法出現於唐代，這種觀念的歷史淵源似又僅溯至北朝末年。但從關中郡姓、山東郡姓所涵蓋的具體世家大族發展而論，其士族地位的形成、郡姓地位的確立以及對後世社會的影響無不是魏晉南北朝這一士族門閥時代孕育而成的。韋、裴、柳、薛、楊、杜這六大家族，其家族發展更是通貫魏晉南北朝（河東柳、薛發跡稍晚），直至隋唐時期位列關隴集團，政治地位顯赫，社會聲望極高。相比揭示他們在隋唐時期重要地位這一結果，考察探究他們在魏晉南北朝時期的發展過程這一前提和基礎更爲重要。魏晉南北朝時期他們爲了家族繁衍生存、爲了維持家族地位，依違往復於南北東西各個政權，在輾轉遷徙、顛沛流離的生活境遇中積聚著家族力量，支撐著家族聲望。故本書研究的時間範圍爲魏晉南北朝時期，而空間範圍則包括關中郡姓諸多家族房支輾轉遷徙的南北東西各個地域空間。

歷兩晉十六國戰亂紛紜、南北朝侵擾不安的動盪變局，韋、裴、柳、薛、楊、杜六大郡姓或早或遲地開始分房分支、輾轉遷移以求安身保家。同一家族既有僑支又有本支，分別家於南北東西、仕於相互敵對的政權，而且對於同一房支而言，他們的寓居地和出仕政權也是多變的。南遷江左的房支因爲各種原因又適時北上，復於本土，同在北魏任官的同一家族在北魏分裂時再次面臨入關與否的仕途選擇，直到北周滅北齊、隋滅陳，東西南北的各家族各房支終於安定下來，進入了相對平穩的發展時期。因此魏晉南北朝對於這六大家族而言，是一個分房分支、動盪起伏的發展過程。這個分房分支、輾

轉遷徙的過程也使這六大郡姓具有了更加複雜的歷史內涵。首先，正是這一
輾轉遷徙的過程使原本分屬於京兆、弘農、河東三個不同郡望的韋、裴、柳、
薛、楊、杜六大家族建立了更多的區別於其他幾類姓族的同質屬性，確立了
自身認同和族群歸屬感；其次，縱然房支家於各地，仕途各有升降，但他們
對聯繫其家族血脈、標誌門第聲望的郡望一直標榜不變，共同鑄就形成了各
自家族的貴顯聲望；最後，輾轉遷徙於各地的家族房支的發展與區域社會緊
密相連，他們的遷徙對原居地、遷入地的社會經濟文化發展發揮著引領、主
導和推動作用，同時生存環境的改變也對家族仕途興衰、家學家風變化具有
重要意義。

　　據此，本書將關中郡姓的研究上溯至魏晉南北朝時期，將關中郡姓置於
它們所依存的地域環境，梳理他們在不同地域、不同國家政權之間的空間轉
換，研究他們在故鄉及移居地的角色扮演和社會生活狀況，考察在不同地域
背景下家族興衰發展所受的限制和影響因素，進而分析空間轉換對家族以及
地域社會的影響，以探求家族與地域社會的密切關係。具體目標主要有三個
方面：其一，在梳理各大家族遷徙的時間、原因和寓居地域的基礎上，揭示
關中郡姓在永嘉喪亂後的空間轉換，以及這種轉換與家族生存和發展之間的
重要關係；其二，考察關中郡姓在不同地域社會的角色扮演和發展狀況，分
析空間轉換及由此帶來的生活環境、關係網絡的變化對家族發展的影響，並
對同一家族不同地域的房支發展作比較研究；其三，探究關中郡姓對原居地
和遷入地等地域社會的影響。

二、學術史回顧與史料基礎

　　中古家族門第研究起源很早，自民國至今，學界在對中古士族、士人的
研究上，視角一再增多，方法一再創新、論著不斷湧現。因為學者的研究興
趣方興未艾，論著層出不窮，為把握該領域的研究動態，學人也不斷推出總
結和反思的學術述評。大陸對二十世紀魏晉南北朝士族、士人研究成果作總
結的有曹文柱、李傳軍《二十世紀魏晉南北朝史研究》中「政治史」「大族
個案研究和人物評價」兩部分中的相關內容；在此之前，容建新《80 年代
以來魏晉南北朝大族個案研究綜述》對魏晉南北朝家族研究作了專門的動態
回顧〔註11〕；2000 年以後，陳爽在日本的《中國史學》第 11 卷發表《近 20

〔註11〕《中國史研究動態》，1996 年第 4 期。

年中國大陸地區六朝士族研究概觀》，再次對二十世紀的六朝士族研究作了總結和評價。在臺灣地區，學人對士族研究的總結和反思主要見於宋德熹《中國中古門第社會史研究在臺灣——以研究課題取向爲例（1949～1995）》〔註12〕、甘懷眞《再思考士族研究的下一步：從統治階級觀點出發》〔註13〕兩篇文章。日本方面的研究成果也在中村圭爾著，夏日新譯《六朝貴族制論》〔註14〕及劉俊文《中國史研究的學派與論爭（上）（中）（下）（續）》等文章中有系統介紹〔註15〕。歐美對中古士族的研究情況，學人也多有介紹和評介〔註16〕。近幾年，關於六朝士族的著述仍在不斷出版發表，不少院校的博士、碩士也不斷以士族研究作爲自己的學位論文選題，幾乎所有重要的家族都已有專門的論著進行討論。與此同時，對諸多成果背後的隱憂、拓展空間、深入領域的反思也不斷引起學人關注和提醒〔註17〕。

諸多學術成果及述評反思的論著，對筆者課題研究的展開深有啓發。具體到筆者所考察的關中郡姓在魏晉南北朝時期的遷徙發展過程這一問題，參考借鑒的著述主要涉及魏晉南北朝家族發展史和移民史兩個相關領域。

一、家族發展史方面。中古家族門第的研究，從大處著眼，內容上可以分爲兩大類，一類是對士族階層整體形成、發展和衰落過程的研究；一類是

〔註12〕《興大歷史學報》，1996 年第 6 期。

〔註13〕《身份、文化與權力：士族研究新探》，臺灣大學出版中心，2012 年，第 1～26 頁。

〔註14〕劉俊文主編《日本學者研究中國史論著選譯》第 2 卷《專論》，中華書局，1993 年，第 359～391 頁。

〔註15〕《文史知識》1992 年第 4、5、7、8 期。

〔註16〕〔美〕李約翰著，齊威譯《英美關於中國中世貴族制研究的成果與課題》，《中國史研究動態》，1984 年第 12 期，金應熙《國外對六朝世族的研究述評》，《暨南學報》，1987 年第 2 期，後收於氏著《國外關於中國古代史的研究述評》，內蒙古人民出版社，1994 年，第 189～199 頁。陳美麗（CynthiaL.Chennault）、裴士凱（Scott Pearce）《美國學者對中國中古時期歷史和社會的研究》（張建中譯），以及陸揚《西方唐史研究概觀》，皆收於張海惠主編《北美中國學——研究概述與文獻資源》，中華書局，2010 年，第 70～110 頁。范兆飛《北美士族研究傳統的演變——以姜士彬和伊佩霞研究的異同爲線索》，《文史哲》，2017 年第 3 期。

〔註17〕仇鹿鳴《士族研究中的問題與主義——以〈早期中華帝國的貴族家庭——博陵崔氏個案研究爲中心〉》，《中華文史論叢》，2013 年第 4 期。侯旭東《關於近年中國魏晉南北朝史研究的觀察與思考》，《社會科學戰線》，2009 年第 2 期。范兆飛《權力之源：中古士族研究的理論分野》，《學術月刊》，2014 年第 3 期。范兆飛《超越個案：士族研究的問題與路徑》、夏炎《士族社會史研究範式重建及其理論意義》皆刊於《中國史研究動態》，2017 年第 1 期。

對具體家族的發展史進行考察。前一類，早在上個世紀，前輩學者已做了非常詳盡深刻的研究。王伊同《五朝門第》（金陵大學 1943 年）從制度、婚宦等方面入手，對五朝門第現象作了相關史料的梳理和研究，並繪製了非常詳細的家族世系表；唐長孺先生《魏晉南北朝史論叢》（三聯書店 1955 年）、《魏晉南北朝史論叢續編》（三聯書店 1959 年）、《魏晉南北朝史論拾遺》（中華書局 1983 年〔註 18〕）三部論著中一系列相關士族制度、政策，士族形成、發展、衰落的文章對魏晉南北朝士族的發展脈絡構築了一個完備的理論框架，唐長孺先生的理論框架沾溉筆者甚多；田餘慶先生《東晉門閥政治》（北京大學出版社 1989 年第 1 版、2005 年第 4 版）對東晉政治特徵的論述及對琅琊王氏、高平郗氏、潁川庾氏、譙國桓氏、陳郡謝氏、太原王氏幾個典型大家族進行的個案剖析，也使筆者受益匪淺。臺灣學者毛漢光先生《兩晉南北朝士族政治之研究》（中國學術著作獎助委員會 1966 年）及其《中國中古政治史論》（上海書店出版社 2002 年）、《中國中古社會史論》（上海書店出版社 2002 年）著作中用社會史方法對中古時期士族發展變動所作的全景式描述的一系列文章，爲筆者考察關中郡姓的發展變遷提供了很好的方法借鑒和背景知識。

第二類的研究，又可分爲兩部分，一部分是族群研究；一部分則是個案研究。二十世紀 80 年代以來，國內外學界開始重視區域性豪族集團和家族個案研究，特殊區域或者表現活躍的地域性豪族集團被廣受關注，政治地位突出、社會聲望較高的家族幾乎全都有個案研究成果。以家族發展史爲內容的研究成果，無論是族群還是個案方面，與本文有直接關係的著述很多，現有研究成果主要體現在五個方面：

（一）「關隴集團」理論下的關中士族研究和「關中郡姓」概念的辨析

關中郡姓的提法創自唐人柳芳，但進一步揭示關中郡姓政治文化內涵的在於陳寅恪先生提出的「關隴集團」理論和「關中本位政策」。陳寅恪先生在《唐代政治史述論稿》上篇《統治階級之氏族及其升降》的結尾正式提出了這一理論。此後，圍繞這一政治集團及相關理論的爭論風起雲湧，持續至今，且不乏相關的學術評述。〔註 19〕

〔註 18〕據陳爽《近 20 年中國大陸地區六朝士族研究概觀》，唐長孺《魏晉南北朝史論拾遺》中的論文多係 1958～1963 年起草，經 1981 至 1982 年間修改補綴完成。
〔註 19〕學界關於「關隴集團」的討論可參讀雷豔紅《陳寅恪「關隴集團」說評析》，

在陳寅恪先生「關隴集團」理論的啓發和薰陶下，隨著上個世紀八十年代以後學者對地域性族群集團的日益關注，在家族史研究領域，以「關中士族」「關中郡姓」「關隴豪族」爲題或主要考察對象的論著接續不斷。毛漢光《關中郡姓婚姻關係之研究——隋至唐前半期》（收於《唐代文化研討會論文集》，臺北文史哲出版社 1991 年）以「關中郡姓」爲考察對象，考證他們五大家族之間的婚姻關係，《關隴集團婚姻圈之研究——以王室婚姻關係爲中心》（《中央研究院歷史語言研究所集刊》第 61 本第 1 分，1991 年）是毛漢光以婚姻關係考察士族政治地位的另一篇代表作，[註 20] 這兩篇文章是利用大量碑刻墓誌資料並運用社會學方法成功研究關中郡姓的典範。討論關中郡姓婚姻關係的文章還有李志生《唐代關中舊士族高門通婚取向考析》（《北大史學》2000 年 00 期）及王偉《唐代京兆韋氏與皇室婚姻關係及其影響》（《北方論叢》2012 年第 1 期）。

呂春盛《關隴集團的權力結構演變——西魏北周政治史研究》（稻鄉出版社，2002 年）將包括關中郡姓在內的關隴集團細化爲北鎮勢力、關隴土著、關東士人三種勢力，對籍貫、政治動向進行詳細考察，無疑是在政治史框架下對關隴集團研究的推進。

李浩《唐代關中士族與文學》（中國社會科學出版社 2003 年）探討了唐代時期關中地域士族演變與文學發展的種種關聯性，書中對「關中郡姓」內涵作了專門辨析，探討了河東三姓被併入關中郡姓的原因。同作者《唐代三大地域文學士族研究》（中華書局 2002 年）是對唐代關中、山東、江南三大地域文學士族所作的比較研究，對關中文學士族的構成、流動及演變過程的學術考察無疑是對唐代關中士族研究的深化。

鍾盛《關隴本地豪族與西魏北周政治》（武漢大學 2004 屆碩士學位論文）、姜望來《魏周隋唐關隴集團與山東勢力》（武漢大學 2005 屆碩士學位

《廈門大學學報》2002 年第 1 期，第 72～79 頁；胡戟等主編《二十世紀唐研究》「關隴集團」條目，中國社會科學出版社 2002 年，第 25～27 頁；仇鹿鳴《陳寅恪範式及其挑戰——以魏晉之際的政治史研究爲中心》，《中國中古史研究》第二卷，中華書局，2011 年，第 199～220 頁；系統詳細的梳理參見范兆飛《中古地域集團學說的運用及流變——以關隴集團理論的影響爲線索》，《廈門大學學報》2016 年第 1 期，第 13～25 頁。

〔註 20〕 除上文所列兩篇外，尚有《中古大族著房婚姻之研究——北魏高祖至唐中宗神龍年間五姓著房之婚姻關係》，《中央研究院歷史語言研究所集刊》第五十六本第四分，1985 年。

論文）兩篇學位論文將關隴集團、關隴豪族置於政治局勢轉變背景下的考察，豐富了關隴豪族集團研究。

　　（二）關中郡姓世系傳承、仕宦興衰個案研究

　　1980 年代以來，中古家族史領域內個案研究的論著數目激增，關中郡姓研究中，除上述對家族移民和移民房支的個案考察之外，尚有許多以世系傳承、仕宦興衰爲研究內容的論著。

　　毛漢光《晉隋之際河東地區與河東大族》（收於《中國中古政治史論》，上海書店出版社 2002 年）從地方志中墓葬位置的記載，考證追尋裴氏、柳氏、薛氏在河東地區之居住情形及其勢力範圍，探究這三族在長期紊亂的社會局勢中，仍在河東地區具有穩固的居住空間並擁有巨大的影響力的原因。同作者《北朝東西政權之河東爭奪戰》（收於《中國中古政治史論》，上海書店出版社 2002 年）考察了北魏分裂東西時河東地區之形勢，對河東三姓各房支成員的動向做了詳細梳理，認爲河東三姓主支大部分歸鄉西魏北周，長期與關中政權結合的歷史現象是他們被歸入關中郡姓的原因所在。

　　關於河東裴氏，日本矢野主稅早在六十年代發表的《裴氏研究》（《長崎大學社會科學論叢》1965 年 14 期）中已對裴氏各房支進行了政治仕宦、婚姻及交友對象、經濟生活等進行考察，並對房支的門風特徵做了說明。程裕禎《河東裴氏論略》（《山西師大學報》1994 年第 2 期）對河東裴氏的由來、興盛、貢獻及其文化品格做了論述。周徵松《魏晉隋唐間的河東裴氏》（山西教育出版社 2000 年）敘述了河東裴氏的濫觴、崛起、發展、鼎盛和衰落的歷史以及裴氏盛衰的原因和獨特貢獻。衛文革《唐以前河東裴氏墓誌叢箚》（《山西師大學報》2009 年第 2 期）搜集研究 6 通裴氏出土墓誌資料，與正史對比，以札記爲體裁，對唐代以前文獻記載的河東裴氏人物、相關歷史人物和有關歷史事件進行考證，糾誤 6 處，補史 14 處，證史 5 處。李獻齊《唐中眷裴氏墓誌叢釋》（《華夏考古》2000 年第 3 期）考釋唐代裴氏 13 方墓誌，以糾補《新唐書宰相世系表》，史料價值重大。邰三親《唐代長安河東裴氏的宅第》（《中國歷史地理論叢》2011 年第 2 輯）對唐代各個時期河東裴氏家族成員的宅第進行研究。孫麗芬《唐代政治與河東裴氏家族》（蘭州大學 2011 屆碩士學位論文）對唐代河東裴氏家族的仕宦發展及政治社會地位進行了考察分析。其他還有對河東裴氏族源、墓誌材料做論述的文章很多，不再一一展開。〔註21〕

〔註21〕河東裴氏的研究文章還有：周慶義《裴氏歷史人物記導言——河東裴氏祖源

關於河東薛氏，許蓉生、林成西《河東薛氏研究——兩晉南北朝時期地方豪強的發展道路》（《西南民族大學學報》2004 年第 11 期）對魏晉南北朝時期河東薛氏不同房支的發展、演變進行了一番比較系統的個案研究。劉淑芬《北魏時期的河東蜀薛》（黃寬重、劉增貴主編《家族與社會》，中國大百科全書出版社 2005 年）細緻分析了河東蜀薛利用地方勢力成功轉化為全國性的士族的原因。李愛琴《十六國時期河東薛氏西祖支系研究》（《南京曉莊學院學報》2014 年第 1 期）對十六國時期河東薛氏發展所憑藉的塢壁勢力作了詳細考察，認為薛氏西祖支系所建塢壁成為三至六世紀存在最久的塢壁組織，緣於其強大的武裝力量、特殊的地理位置及深刻的民族意識。此外還有以河東薛氏為研究對象的碩士、博士學位論文，如侯紀潤《河東薛氏研究——以南北朝時期河東薛氏世系房分為主》（陝西師範大學 2006 屆）、孟樂《安史之亂前後河東薛氏南祖房研究》（中央民族大學 2010 屆）、李晶《隋唐時期河東薛氏家族研究》（山西師範大學 2014 屆）、令狐星《北朝時期的河東薛氏研究》（山西大學 2014 屆）、張晶《中古時期河東薛氏研究》（西北大學 2015 屆）等。

河東柳氏方面，主要有李紅《隋唐河東柳氏家族研究——以世系、遷移、婚宦、家族文化為中心》（文物出版社 2016 年），李著圍繞柳氏世系、遷移、婚宦、家族文化等方面考察隋唐時期河東柳氏的興衰發展，是柳氏家族研究中比較系統完整的著作。

關於京兆韋氏，日本的個案研究較早，矢野主稅《韋氏研究》（《長崎大學社會科學論叢》1961 年第 11 期、1962 年臨時增刊號）從政治仕宦、婚姻對象、經濟生活等方面對韋氏的家族發展過程進行了較詳細的考察。楊東晨、楊建國《論韋姓宗族的形成和遷布》（《固原師專學報（社會科學版）》2002 年第 4 期）考察了韋姓宗族的興起和流播歷史；姜春娥《唐代京兆韋氏家族之鄖公房研究》（天津師範大學 2007 屆碩士學位論文）選取京兆韋氏一個房支作為研究對象，探察了韋氏鄖公房在婚、宦、學各個方面的特點。王昊斐《論京兆韋氏家族與武周政權》（《乾陵文化研究》2014 年 00 期）討

考》（《運城學院學報》1996 年第 1 期）；周徵松、高洪山《唐代河東裴氏墓誌述論》（《文獻》1997 年第 2 期）；周徵松《河東裴氏譜牒知見錄》（《文獻》1992 年第 4 期）；周徵松《河東裴氏及其族源》（《山西師大學報》1997 年第 1 期）；李永康、張彩琴《河東士族歸入「關中郡姓」考釋——以河東裴氏為個案》（《運城學院學報》2005 年第 1 期）。

論了京兆韋氏在武則天時期的隆盛地位。周偉洲、賈麥明、穆小軍《新出土的四方北朝韋氏墓誌考釋》（《文博》2000 年第 2 期）對出土的韋或父子等四方墓誌內容作了考釋說明。戴應新《韋孝寬墓誌》對 90 年春出土的韋孝寬及妻兩房墓誌全文刊載並做了詳細考古分析，同樣爲京兆韋氏的歷史學研究提供了新的研究資料。通過墓誌考察韋氏家族世系、興衰的還有張蘊的一系列文章：《西安南郊畢原出土的韋氏墓誌初考——平齊公房和郇公房成員》（《文博》1999 年第 6 期）、《西安南郊畢原出土的韋氏墓誌初考——閬公房成員》（《考古與文物》2005 年第 3 期）《關於西安南郊畢原出土的韋氏墓誌初考——逍遙公房和李夫人墓誌》（《考古與文物》2000 年第 1 期）等。

京兆杜氏的發展研究，首推王力平《中古杜氏家族的變遷》（商務印書館2006 年），氏著對中古時期杜氏家族各個郡望及其房支歷史變遷進行了全面詳細的考察。呂卓民《古都西安——長安韋杜家族》（西安出版社 2005 年）以家傳形式敘述了韋、杜兩姓的興起和發展過程。劉靜夫《京兆杜氏研究——魏晉南北朝士族門閥個案研究之二》（《許昌師專學報（社會科學版）》1993 年第 3 期）考察京兆杜氏的仕宦和婚媾特點。李浩《唐代杜氏在長安的居所》（《中華文史論叢》2006 年第 3 期）對有關唐代京兆杜氏的居所史料做勾勒整理，認爲長安居所的穩定對京兆杜氏中央化、官僚化的過程具有一定影響。王其禕、周曉薇《長安新出隋大業九年《杜佑墓誌》疏證——兼爲梳理隋唐墓誌所見京兆杜氏世系》（《唐史論叢》2012 年第 1 期）及《望高天下：隋唐京兆杜氏再考察——以長安新出唐杜氏方夫婦墓誌爲案例》（《唐史論叢》2013 年第 2 期）從考察杜氏墓誌入手，詳細梳理隋唐時期京兆杜氏的世系，是對之前京兆杜氏世系研究的重要補充。鄭慧生《杜氏家族與杜甫墓誌》（《尋根》2001 年第 5 期）探討了杜氏的偃師墓地、杜甫與杜陵，杜甫的墓葬地等問題。另有齊斌《唐代科舉視域下的京兆杜氏家族》（曲阜師範大學 2013 屆碩士學位論文）通過考察京兆杜氏在科舉考試中的表現來討論家族發展問題。

關於弘農楊氏，唐長孺《《魏書·楊播傳》「自云弘農華陰人」辯》（《魏晉南北朝隋唐史資料》第五輯）對楊播房支的郡望問題提出質疑，推測楊播先世可能出於東雍州的楊氏。王永興《楊隋氏族問題述要——學習陳寅恪先生史學的一些體會》（收於王永興《陳寅恪先生史學述略稿》，北京大學出版社 1992 年）對陳寅恪先生提出的「楊隋出自山東寒庶」再次申述。袁剛《楊隋出自山東寒庶》（《文史哲》1999 年第 6 期）則通過耙梳史料，坐實了陳寅

恪先生「楊隋出自山東寒庶」的推測，認爲隋王朝的統治者楊氏並非弘農楊氏，而是山東寒庶。除了辨別郡望出身之外，陶新華《魏晉南北朝的弘農楊氏》（《杭州師範大學學報》1998 年第 2 期）對弘農楊氏家族的發展歷程做了考察解析；黃宛峰《弘農楊氏、汝南袁氏述評——兼論東漢的累世經學》（《南都學壇（社會科學版）》1991 年第 1 期）對楊、袁兩大顯族的形成原因和他們在東漢政治中的不同作用、特點做了比較研究。楊爲剛《中古弘農楊氏貫望與居葬地考論——以新出墓誌爲中心》（《碑林集刊》2009 年 00 期）從楊氏墓誌入手，考察弘農楊氏的郡望與籍貫、居地與葬地的變化，從而分析中古時期士族演變轉型的軌跡。王莉娜《漢晉時期弘農楊氏的歷史變遷》（《文藝評論》2014 年第 4 期）梳理了漢晉期間弘農楊氏代表人物的家傳。呂冠軍《從軍功貴族到官僚士大夫——弘農楊氏越公房在唐代的發展道路考察》（《首都師範大學學報》2014 年第 1 期）對唐代弘農楊氏越公房由武到文，從軍功貴族轉變爲以科舉入仕的官僚士大夫的轉變及家族生存重心的變化作了考察。王慶衛、王煊《隋代華陰楊氏考述——以墓誌銘爲中心》（《碑林集刊》2005 年 00 期）、《隋代弘農楊氏續考——以墓誌銘爲中心》（《碑林集刊》2006 年 00 期）兩篇文章利用新見墓誌材料對這一時期內弘農楊氏主要是越公房的人物進行個案疏證。對弘農楊氏家族發展史研究的文章還有日本竹田龍兒的《弘農楊氏研究》（《史學》1958 年 31 卷）、馬力群《兩漢時代弘農楊氏研究》（武漢大學 2004 屆碩士學位論文）、孫大英《漢晉時期弘農楊氏研究》（四川大學 2002 屆碩士學位論文）等。

值得一提的是，日本《駿臺史學》第 144 號（2012 年 3 月）推出「弘農楊氏」研究專輯，即《特集：弘農（華陰）楊氏綜合研究》，該專輯分資料・調查篇和研究・考察篇兩部分，資料・調查篇包括田中由起子《弘農楊氏譜系圖》，梶山智史《北朝隋代弘農楊氏墓誌目錄》，石野智大《唐代弘農楊氏墓誌目錄》、《弘農楊氏相關文獻目錄》和衛麗《弘農華陰楊氏的實地調查與考察》等內容。研究・考察篇包括落合悠紀《東漢末魏晉時期弘農楊氏的動向》、會田大輔《北周宗室德婚姻動向——以〈楊文愻墓誌〉爲線索》、堀井裕之《〈北魏楊鈞墓誌〉譯注與考察》和陳濤《唐代楊於陵事蹟小考》等文章，有力地推進了學界對弘農楊氏家族史的研究。〔註22〕

〔註22〕陳濤《日本學界「弘農楊氏」研究的新成果》，《中國社會科學報》，2012 年月 15 日 B05 版。

（三）關中郡姓家族文學、文化風尚個案研究

中古士族要保持顯赫不墜的政治社會地位，需要傳承、發揚乃至創新家族內的學術門風。學界在對家族興衰發展史的考察過程中，也越來越重視對家族文化、家學成就等內容進行研究。

除前文所揭李浩兩本著作對關中士族的文學成就作全面整體考察之外，關注關中郡姓文學家族和家族文學的個案研究論著不斷湧現。梁靜《中古「河東三姓」文學研究》（陝西師範大學 2006 屆博士學位論文）對河東三姓在魏晉南北朝至隋唐時期的家族發展歷程、家風家學、家族文學及代表性作家進行分別討論。張麗《北齊隋唐河東家族文化與文學研究》（北京大學 2013 屆博士學位論文）涉及的家族個案包括河東薛、柳。邰三親《魏晉南北朝時期的河東裴氏與文學》（陝西師範大學 2005 屆碩士學位論文）、邰三親《唐代河東裴氏與文學》（西北大學 2011 屆博士學位論文）及張廣村《中古河東裴氏家族及其文獻研究》（山東大學 2012 屆博士學位論文）等學位論文對河東裴氏家族文學創作情況、文獻等進行了深入探討。

河東柳氏家族文學也吸引了眾多研究目光，李建華《唐代河東柳氏與古文運動》（《北方論叢》2012 年第 2 期）討論柳氏參與並影響古文運動的情況，總結柳氏家族成員的古文理論與創作，分析柳氏重史學的家學傳統及重禮法、尚質實的家風與古文運動的契合之處，梳理柳氏與山東士族和古文家的交往等。鄧軍《唐代柳氏家族文化與文學研究》（西北大學 2010 屆碩士學位論文）、盧春苗《家族文化對柳宗元的影響研究——兼論中唐柳氏家族的文化意義》（南京大學 2013 屆碩士學位論文）也都是針對柳氏家族文化與文學的個案研究。

河東薛氏的家族文學研究方面有沈文凡、孟祥娟《河東薛氏文學家族傳論》（《古籍整理研究學刊》2009 年第 1 期），文中以史籍記載與詩文流存為依據，勾勒了薛氏文人的生平經歷，並評介其文學活動。胡可先《出土墓誌與唐代河東薛氏文學家族考論》（《中國文學研究（輯）》2014 年第 2 輯）通過出土墓誌和傳世文獻的對比印證，進一步探討薛氏文學家族的政治興衰、文化傳承和文學成就，他的《薛元超墓誌與唐宮廷文學》（《唐代文學研究》第 13 輯，廣西師範大學出版社 2010 年）研究了北朝以來薛氏文學家族的世系、文學傳承與薛元超的仕歷。李揚婷《唐代薛氏西祖家族與文學研究》（河北師範大學 2010 屆碩士學位論文）討論的是薛氏西祖房的文學成就情況。

河東三姓的家族文化風尚方面，也有一些研究文章。周敬飛《獨特的裴氏家族文化現象》（《山西師大學報（社會科學版）》1997 年第 1 期）評述了歷代裴氏家族所取得的政治社會文化成就。王永平《南朝時期河東柳氏「東眷」之家族文化風尚述論》（《江蘇大學學報》2008 年第 5 期）考察了河東柳氏南遷房支家族門風的主要特徵及其變化軌跡；李紅《唐代河東柳氏家族文化述略》（《晉陽學刊》2006 年第 2 期）論述了唐代河東柳氏在史學、文學、書法方面的成就和注重禮法、耿直忠正、直言善諫的家風。

關中郡姓中的京兆韋、杜，弘農楊氏也是中古文學家族和家族文學研究的重點。王偉《唐代關中本土文學群體研究》（中國社會科學出版社 2013 年）對包括韋杜等在內的關中本土士族的文學成就做了詳細考述。王偉《唐代京兆韋氏家族與文學研究》（北京大學出版社 2015 年）對京兆韋氏家族歷史、隋唐時的政治地位、家族文化、科舉、婚姻、文學創作與接收情況、文學交往等進行了全面分析、宏觀把握，被認為是唐代士族研究的範本。孟祥娟《隋唐京兆韋氏家族文學論考》（吉林大學 2010 屆博士學位論文）則對韋氏家族的九大房支分別考察，對韋氏家族百餘位文人進行生平考證、作品勾稽和成就述評。胡可先《出土文獻與唐代韋氏文學家族研究》（《文學與文化》2011 年第 3 期）結合傳世文獻和出土文獻，對韋氏家族文學進行考證和論述，認為韋氏家族文學表現出明顯的士族風尚。汪士輝《唐代士族家學研究》（武漢大學 2011 屆博士學位論文）也論及了京兆韋氏的文學表現。

弘農楊氏的家族文學研究也頗受關注，胡可先《楊氏家族與中晚唐文學生態》（《北京大學學報》2009 年第 3 期）結合新公佈與新出土的墓誌，探討中晚唐時期頗盛的楊氏家族與文學發展的政治背景、社會因緣、地域環境等之間的密切關係。林家驪、鄭國周《論隋代弘農楊氏在文學史上的地位》（《北京大學學報（哲學社會科學版）》2012 年第 6 期）考察隋代弘農楊氏逐漸成為文壇中堅的歷史文化背景，認為其家族在隋唐之際承前啟後的文學發展中有其獨有的價值與地位。王偉、孟子勳《唐代弘農楊氏家族文學創作考論》（《文藝評論》2014 年第 4 期）從弘農楊氏家族的著述及其家族文學創作概況兩個方面對唐代弘農楊氏的文學創作情況作了考察。近些年對弘農楊氏家族文學研究特別為一些青年學者關注，圍繞弘農楊氏從漢代至唐代的文學成就，出現了一系列碩士、博士學位論文，如田彩霞《兩漢弘農楊氏家族文學研究》（四川師範大學 2011 屆碩士學位論文）、胡舒依《漢魏弘農楊氏家族

文學研究》（西北大學 2012 屆碩士學位論文）、鄭國周《弘農楊氏與隋代文學研究》（浙江大學 2012 屆博士學位論文）及孟子勳《唐代弘農楊氏家族文學研究》（陝西理工學院 2012 屆碩士學位論文）。龍體欽《關中士族性質的演生變遷——以弘農華陰楊氏爲例》（《理論前沿》2013 年第 7 期）討論了弘農楊氏在漢唐期間家風家學的發展變化。林凡《北魏弘農楊氏家族之政風、家風再評點》（《科教文匯（下旬刊）》2007 年第 8 期）認爲弘農楊氏廉潔奉公、清白傳家的政風與家風對今天構建和諧社會具有借鑒意義。

　　二、人口遷移方面。魏晉南北朝時期是人口大規模遷移的歷史時期，人口遷移引起的人口分佈的劇烈變化，給歷史發展帶來的影響是極其深遠的。本書考察關中郡姓在魏晉南北朝時期的遷徙過程，是以前輩學者對該段歷史時期的移民問題研究作爲背景知識的。永嘉喪亂之後的移民問題研究，譚其驤先生的《晉永嘉喪亂後之民族遷徙》（收入《長水集》（上），人民出版社 1987 年）堪稱經典，「是系統研究永嘉亂後僑流人口尤其是南遷僑流的嚆失之作」〔註23〕，文章對永嘉之亂後僑流人口的數量、質量、南遷的途徑以及幾次南遷高潮作了非常具體翔實的考證。繼此之後，葛劍雄《中國移民史》第二卷（福建人民出版社 1997 年）用了五章的篇幅分別對晉、南北朝時期移民的社會與自然背景，永嘉亂後的人口南遷（包括階段和過程、定居、數量、影響等方面），漢族向西北、東北和北方的遷移，少數民族的進一步內遷，十六國與北朝的移民的情況作了全景式的詳細考述。另外，胡阿祥師對東晉南朝人口遷移的特徵及其影響的獨到見解及其在東晉南朝僑州郡縣與僑流人口方面的精詳研究對筆者進行該課題的研究具有重要的啓發。〔註24〕

　　具體到家族遷徙方面，特別是家族遷徙的地域選擇問題，本文所運用的「地域——家族」相結合的研究方法是陳寅恪先生首先倡導並反覆強調的。他在中古史研究中，尤其致力於地域與家族關係的探討：

　　　　蓋自漢代學校制度廢弛，博士傳授之風氣止息以後，學術中心移於家族，而家族復限於地域，故魏、晉、南北朝之學術、宗教皆與家族、地域兩點不可分離。

〔註23〕 胡阿祥師《東晉南朝僑州郡縣與僑流人口研究》「引言」，江蘇教育出版社，2008 年。

〔註24〕 胡阿祥師在該領域的研究著述頗豐，筆者受益最多的是其《東晉南朝僑州郡縣與僑流人口研究》一書，江蘇教育出版社，2008 年。

　　河隴一隅所以經歷東漢末、西晉、北朝長久之亂世而能保存漢代中原之學術者，不外前文所言家世與地域之二點，易言之，即公立學校之淪廢，學術之中心移於家族，太學博士之傳授變爲家人父子之世業，所謂南北朝之家學者是也。又學術之傳授既移於家族，則京邑與學術之關係不似前此之重要。當中原擾亂京洛丘墟之時，苟邊隅之地尚能維持和平秩序，則家族之學術亦得藉以遺傳不墜。劉石紛亂之時，中原之地悉爲戰區，獨河西一隅自前涼張氏以後尚稱治安，故其本土世家之學術既可以保存，外來避亂之儒英亦得就之傳授，歷時既久，其文化學術遂漸具地域性質，此河隴邊隅之地所以與北朝及隋唐文化學術之全體有如是之密切關係也。〔註25〕

並在《述東晉王導之功業》〔註26〕一文中指出：「北人南來之路線及其居住地域問題，實爲江左三百年政治社會經濟史之關鍵所在」；進而又對晉永嘉亂後人口南遷路線及地域選擇作了經典示範性的總結：「北人南來避難約略可分爲二路線，一至長江上游，一至長江下游，路線固有不同，而避難人群中其社會階級亦各互異」，長江下游的南來北人按上層階級、中層階級、下層階級分別居於首都建康及會稽臨海間、距首都不甚遠又在長江南岸較安全之地和分散雜居於吳人勢力較大的地域；而長江上游，則上層階級在南陽一帶和江陵近旁，次等士族止於襄陽。本書所論家族南遷房支則屬止於襄陽的次等士族，陳氏的精彩分析使筆者受益頗多。

　　受陳寅恪的啓發，「地域──家族」相結合的研究方法不斷爲學人運用在各自的研究課題中，如方北辰《魏晉南朝江東世家大族述論》（臺灣文津出版社1991年）一書，在歷史地探究江東世家大族這一群體在六朝政治史中的發展道路之後，專闢一篇考論江東地域的經濟地理環境對江東世家大族興衰的作用和影響；李浩《唐代關中士族與文學》（中國社會科學出版社 2003 年）亦主要運用「地域──家族」相結合的研究方法，對唐代關中地域文學進行探討；胡阿祥師指導的劉新光的碩士學位論文《永嘉亂後北方移民的地域選擇──以江南爲例》也在家族遷移特別是地域選擇對家族發展的影響方面作了實證性研究。

　　再就關中郡姓個案家族的遷徙問題而言，也不乏詳細審愼的研究成果。

〔註25〕陳寅恪《隋唐制度淵源略論稿》，三聯書店，2001 年，第 20、22～23 頁。
〔註26〕見氏著《金明館叢稿初編》，三聯書店，2001 年。

臺灣何啓民《五胡亂華時期中的中原郡姓》（收於《中古門第論集》，臺灣學生書局 1982 年）著重對永嘉亂後中原郡姓留在北方的原因作了討論。韓樹峰《河東裴氏南遷述論》（《中國史研究》1996 年第 2 期）著重討論了晉末宋初河東裴氏南遷的時間、背景及他們在江左的發展。李浩《從碑誌看唐代河東裴氏的遷徙流動》（《文獻》2003 年第 4 期）通過對唐代裴氏歸葬地的分類統計考察裴氏家族活動重心的轉移，認爲河東裴氏的興盛與洛陽有密切關係，不僅具有「雙家型態」，而且具有「三家型態」或「多家型態」。徐成《論南來吳裴的南投北返》（《許昌學院學報》2009 第 6 期）考察了河東聞喜裴氏南投襄陽一支的南投北返對南北政局的影響，認爲他們家族風尚的變化、勢力的構成在南北政局中具有一定的代表性。關於河東柳氏的南遷，韓樹峰《河東柳氏在南朝的獨特發展歷程》（《中國史研究》2000 年第 1 期）、李文才《襄陽柳氏與南朝政治——南渡士族個案研究之一》（《大同職業技術學院學報》2000 年第 4 期）以不同的研究視角和側重點對河東柳氏南遷時間、原因和在江左的發展過程做了詳細論述。馬建紅《隋唐關中士族向兩京的遷徙——以京兆韋氏爲中心的考察》（《南都學刊》2010 年第 2 期）以韋氏爲中心考察隋唐時期關中士族向京城的遷徙情況。

　　關中郡姓南遷房支渡江以後大多寓居南北邊境之地，淪居晚渡荒傖，是學者考察南北邊境地域豪族集團的重要研究對象。韓樹峰《南北朝時期淮漢迤北的邊境豪族》（社會科學文獻出版社 2003 年）對「豫州豪族」、「雍州豪族」的考察主要以寓居豫州的河東裴氏和宅於雍州的河東柳氏、京兆韋氏、京兆杜氏等房支的活動作爲重點研究對象，論述了他們的動向對南朝政局的影響。章義和《地域集團與南朝政治》（華東師範大學出版社 2002 年）對雍州、豫州等地域集團的考察也以關中首望南遷房支作爲主要研究對象。此外，張琳《南朝時期的雍州中下層豪族》（《武漢大學學報》1997 年第 6 期）、陳琳國《論南朝襄陽的晚渡士人》（《北京師範大學學報》1991 年第 4 期）等文章將關中郡姓幾大家族的南遷房支系於遷入地雍州、襄陽「豪族」或「晚渡士人」集團下，對他們在南朝的發展軌跡做了考述。徐成《東晉南朝雍州尚武豪族研究》（揚州大學 2010 屆碩士學位論文）對寓於襄陽的包括京兆韋、杜、河東裴、柳、薛等「晚渡士人」在東晉南朝時期的發展作了政治史和社會史方面的考述。

　　關於關中郡姓南遷房支在江左的發展，張燦輝《南朝河東柳氏家族研究》

（《晉陽學刊》1995 年第 6 期）以河東柳氏南遷房支作為研究對象，考察了他們在江左的仕途發展與整個雍州勢力的興衰乃至南朝皇權政治的密切關係。張琳《南朝時期僑居雍州的河東柳氏與京兆韋氏發展比較》（《武漢大學學報（人文社會科學版）》2000 年第 2 期）通過比較柳、韋兩姓在寓居地與宗族鄉里的疏密關係，來研究他們不同的政治命運。對河東柳氏南遷房支在江左的發展過程的研究還有兩篇碩士學位論文：張玲《河東柳氏東眷及柳惲研究》（福建師範大學 2001 屆）、姜晶《南朝時期河東柳氏發展軌跡研究》（山西師範大學 2014 屆）。王愛華《北魏後期南來吳裴與河東裴氏之比較》（《許昌學院學報》2003 年第 4 期）對北魏時期河東裴氏北歸房支和留北房支的婚宦、文化進行了比較分析。王力平《四至九世紀襄陽杜氏家族述論》（《中國社會歷史評論》第三卷，中華書局 2001 年）以京兆杜氏南遷襄陽的房支為研究對象，考察其房支自永嘉亂後南遷襄陽以後政治地位及家學門風發生的變化，以及隋唐時期復歸鞏洛以後作為僑姓房支在仕途命運和家學家風上的再次轉變。

隋唐統一時期，包含關中郡姓在內的士族遷徙問題，關係著士族政治形態的變化和社會變遷問題，韓昇《南北朝隋唐士族向城市的遷徙與社會變遷》（《歷史研究》2003 年第 4 期）對士族由鄉村向城市的遷徙帶來的社會變化做了詳細討論。

從上文所列著作文章來看，針對關中郡姓的家族發展和移民史研究已在多個方面得到推進，第一、注重與政治史結合，在地域集團理論背景下對包含關中郡姓在內的關隴集團的政治地位、興衰發展等作深入探究；第二、注重個案研究，對家族世系傳承、仕宦興衰、家族文學方面的個案研究成果頗為豐富；第三、利用新出土墓誌、碑刻等材料進行家族個案研究也取得了很大進展；第四、注重地域轉換對家族發展的影響，對關中郡姓個別房支的遷徙與發展進行詳細的耙梳、整理。但同時也有些許不足，並且仍有許多有待深入拓展的研究空間。

首先，整體研究欠缺。關中郡姓是具有共同地域環境、政治內涵和精神特質的一大族群，不僅在隋唐以後，魏晉南北朝時期也已具有許多共同特徵：經學傳家、立身儉素；固守本土、宗族強大；南遷房支共居邊境、同以軍功自效等等。柳芳《氏族論》所稱「關中之人雄，故尚冠冕，其達可與也」正是對他們自魏晉以來長期形成的共同特質的總結。而從上文的研究回顧來

看，學界對關中郡姓的整體性研究多限於隋唐以後，且選題較少，成果不多，
並沒有對這一士族群體類型的特徵探究清楚。而且，隋唐時期這一群體的隆
盛地位源自魏晉南北朝時期連綿不絕的發展而來，對這一群體的研究一定要
把握他們連續性的發展過程，探索這一過程中的延續與變化。正如侯旭東所
指出的，作爲一地域集團，還應關注其「構成的特點、構成原則、前後有無
變化、地域性的發展與轉變、地域性背後所顯示的同鄉、從龍關係的重要性，
這種關係在帝國體制中的作用等等。」〔註 27〕而且，對這一群體的深入研
究屬於學人提出的士族研究的中觀角度，可以在避免宏觀、微觀研究的弊端
之餘昇華開拓出更廣闊的空間。〔註 28〕

　　其次，個案研究程序化嚴重。關中郡姓在魏晉南北朝時期活躍於南北東
西各個政權，曾依違往復於家鄉和遷入地之間。目前的個案研究多限於某個
政權或某個地域，缺乏對這些家族在不同地域背景下的聯繫和比較研究。而
且在研究內容上，正如陳爽多年前指出的那樣：「跑馬圈地式的個案研究論
文，滿足於低水平的簡單重複。個別低水平的研究論文僅僅是某一家族的材
料長編。許多論文多側重於家族的仕宦升降和政治地位，而對家族的經濟狀
況、宗族結構、家族習俗、宗教信仰等方面則較少涉及」〔註 29〕並且在對家
族的興衰沉浮的考察方面側重探討家族內部因素，不注重考察家族內外的各
種人際關係網絡。

　　再次，社會學方法運用不足。無論是整體研究還是個案研究，學界在社
會學方法的運用上多體現在以婚宦論士族方面，缺乏對社會的全景描述，對
家族與地域社會文化的聯繫研究還比較薄弱。家族發展與地域社會聯繫密
切，關中郡姓在魏晉南北朝時期幾經輾轉，地域的轉換對他們的家族發展起
到了非常重要的影響，同時他們的遷移也對鄉居地、遷入地的地方社會有一
定的影響。如果能從「地域社會論」角度關照關中郡姓的研究，將會有更多
有價值的研究發現。

　　無論如何，中古家族史和移民史的研究成果給筆者考察關中郡姓在魏晉
南北朝時期的家族遷徙活動，考證他們各別房支在不同地域的生存發展，分

〔註 27〕侯旭東《關於近年中國魏晉南北朝史研究的觀察與思考》，《社會科學戰線》，
　　　　 2009 年第 2 期。
〔註 28〕范兆飛《權力之源：中古士族研究的理論分野》，《學術月刊》，2014 年第 3 期。
〔註 29〕陳爽《近 20 年中國大陸地區六朝士族研究概觀》，《中國史學》，2001 年 11 卷。

析家族遷徙與區域社會的密切關係等等提出了新的研究需要，也提供了背景知識和研究前提，但展開具體的考證分析，還需要從基礎史料著手。

以人物、以家族爲對象的研究，首以正史記載爲主。本書在研究時限上跨度較長，這六個家族自西漢至隋唐人丁興旺，事蹟較多，他們在《漢書》、《後漢書》、《三國志》、《晉書》、《宋書》、《南齊書》、《梁書》、《陳書》、《魏書》《北齊書》《周書》《隋書》《南史》《北史》中各有史傳，甚至一人傳記，兩書互見（如薛安都，《魏書》、《宋書》中皆有傳；裴叔業，《魏書》、《南齊書》中皆有傳）。又《南史》、《北史》分別將《宋書》《南齊書》《梁書》《陳書》和《魏書》《北齊書》《周書》《隋書》合在一起，且在人物列傳上，把各代一姓祖孫父子的列傳合在一起，爲考證門閥制度下一姓家族的世系傳承及家族興衰變化提供了方便。此外，《世說新語》、《資治通鑒》、《通典》及歷代對上述正史所作的補注、校勘、彙釋等研究文獻也是本文所依據的重要文獻資源。對家族世系傳承的甄辨，本文除以正史記載爲基礎外，《元和姓纂（附四校記）》（中華書局 1994 年）、《新唐書·宰相世系表》（結合趙超《新唐書宰相世系表集校》，中華書局 1998 年）及《古今姓氏書辨證》亦爲主要的參考文獻。

因涉及家族遷徙和地域空間的判斷問題，筆者在研究中還借助了大量的歷史地理類典籍，如《讀史方輿紀要》、《水經注疏》、《歷代輿地圖》等輿地專著，及有關正史地理方面的補志補表，如洪亮吉《補三國疆域志》、《東晉疆域志》、《十六國疆域志》，吳增僅《三國郡縣表》，洪齮孫《補梁疆域志》，臧勵龢《補陳疆域志》，楊守敬《隋書地理志考證》，徐文範《東晉南北朝輿地表》等。同時參閱今人有關魏晉南北朝地志研究方面的著作，如嚴耕望《魏晉南北朝地方行政制度》（上海古籍出版社 2007 年）、譚其驤主編《中國歷史地圖集》第三、四冊（中國地圖出版社 1982）、胡阿祥，孔祥軍，徐成《中國行政區劃通史·三國兩晉南朝卷》（復旦大學出版社 2014 年）等。

文獻資料以外，自民國至今先後出土的大量魏晉南北朝墓誌材料，以及學者對這些材料的整理彙編，爲本研究課題的展開提供了豐富的史料依據。一些墓誌材料所具有的豐富歷史文化信息，不僅爲筆者考辯家族世系提供直接依據，而且彌補了文獻記載的不足，幫助筆者對一些家族房支的歷史活動作出更爲明確的判斷。這些豐富的墓誌材料主要集中在趙萬里《漢魏南北朝墓誌集釋》（科學出版社 1956 年），趙超《漢魏南北朝墓誌彙編》（天津古籍

出版社 1992 年),周紹良、趙超《唐代墓誌彙編》(上海古籍出版社 1992 年),周紹良、趙超《唐代墓誌彙編續集》(上海古籍出版社 2001 年),羅新、葉煒《新出魏晉南北朝墓誌疏證》(中華書局 2005 年) 以及對新出墓誌進行研究的單篇論文中〔註 30〕。

三、研究思路與基本構架

　　魏晉南北朝時期,人口流動是一個重要的社會特徵,陳寅恪先生有言:「兩晉南北朝三百年來的大變動,可以說就是由人口的大流動、大遷徙問題引起」,「不徙有事發生,徙則有大事發生,南北朝無一大事不與徙有關。」〔註 31〕遷徙對家族而言,是生存地域的轉換,而家族與地域是密不可分的關係,以地域為基礎,世家大族「維繫著家族內部的宗法關係與血緣紐帶,又壟斷了地方官職,並進而獵取中央政治權力,奠定其政治地位與社會影響」〔註 32〕。

　　家族的地域觀念體現在其對郡望的頑強保持上,具體於關中郡姓,京兆之於韋、杜,河東之於裴、柳、薛,弘農之於楊即為各自家族姓望高貴隆盛的標識。在戰火紛仍、災禍頻發的中古之世,家族四散各地,關中郡姓自保不遷者有之,西遷河西、東奔遼東、南渡江左者有之,西遷、東奔、南渡而後復歸本土者有之,不復北歸著籍新貫者亦有之。而這分家各處的房支在重門閥講地望的中古時代始終以其郡望本地標榜出身。實際上,分散各地的同一家族的不同房支因遷徙時間和地域選擇有別,在不同的政權下,他們所謀取的政治利益和社會地位也各有高下不同。萬繩楠整理的《陳寅恪魏晉南北朝史講演錄・晉代人口的流動及其影響》〔註 33〕中曾將南渡北人按遷徙路線、遷徙地域分為上層、中層、下層等不同社會階級。關中郡姓中南渡房支多為晚渡傖人,多僑居於漢水流域和淮、泗之間,他們在南朝政權下多以武

〔註 30〕諸如周偉洲、賈麥明、穆小軍《新出土的四方北朝韋氏墓誌考釋》,《文博》,2000 年第 2 期;戴應新《韋孝寬墓誌》,《文博》,1991 年第 5 期;郤冬珍、衛文革《山西運城出土幾盒裴氏墓誌》,《文物世界》,2006 年第 4 期;陳小青《〈北魏楊播墓誌〉考釋》,《古籍整理研究學刊》,2005 年第 1 期;崔漢林、夏振英《陝西華陰北魏楊舒墓發掘簡報》,《文博》,1985 年第 2 期等等。
〔註 31〕萬繩楠整理《陳寅恪魏晉南北朝史講演錄》,黃山書社,1987 年,第 129 頁。
〔註 32〕胡阿祥《中古時期郡望郡姓地理分佈考論》刊於《歷史地理》第十一輯。
〔註 33〕萬繩楠整理《陳寅恪魏晉南北朝史講演錄》,黃山書社,1987 年。

勇豪族聞名，屬次等士族之列〔註34〕。而留居北方房支及南遷以後又北歸的房支加入北魏政權後，他們在北魏一朝的權勢和地位也與當時權傾天下的「四姓」集團有別。〔註35〕

正因爲他們共同保持著其郡望出身，所以後世言及「韋、裴、柳、薛、楊、杜」之「關中郡姓」，必是將所有繫之於京兆之韋、杜，河東之裴、柳、薛，弘農之楊的房支包含在內。如果以柳芳《氏族論》所代表的唐人觀點作爲一個靜止的聚合點，關中郡姓所繫之家族在魏晉南北朝時期四散各地的各個房支即是奔流於這個聚合點的百條河流。在這合流一處的各個房支中，有來自江左的僑支、也有來自山東高齊政權下的房支，這些繫於同一郡望之下的不同房支對維繫家族發展起著不同的歷史作用，而且就在其同匯一家之後，各房支主次有別，地位也各有上下。

據此，本書對魏晉南北朝時期關中郡姓的研究著重以遷徙爲線索，考察家族發展與區域社會的關係。在具體的研究過程中，筆者以個案分析爲基礎，詳細梳理魏晉南北朝時期關中郡姓所有家族房支遷徙過程，明確所有家族房支成員遷徙時間、遷徙方向、寓居地域、遷徙原因；詳細考察不同空間背景下家族房支興衰發展過程，探悉由遷徙帶來的社會關係網絡、家族經濟、生活習慣、地域文化的變化對家族發展發生了多大程度的影響；考察關中郡姓遷出地、遷入地地域社會的發展演進過程，探尋關中郡姓的遷徙及在地方社會的經營對遷出地、遷入地的影響。在個案考察的基礎上綜合考察關中郡姓在魏晉南北朝時期的發展特徵，總結探尋家族發展與地域社會的互動關係。

本書共有八章，第一、二章總體揭示關中郡姓內涵、探究關中郡姓所繫六大家族士族地位的形成。第三章至第八章以關中郡姓的遷移路線及入仕政權爲主線，詳細梳理每個家族的遷徙時間、寓居地及原因；考察各個家族的不同房支對南北政權的依違往復與家族發展；關注四散遷徙對本家族的長遠發展產生的影響，包括遷徙與家族繁衍生存、遷徙與家族地位的保持、遷徙與宗族基礎、遷徙與家族房支的分散、遷徙與家學家風等問題；並關注他們對所在地域社會的影響。第八章則是在前文個案考察的基礎上綜合分析空間

〔註34〕詳見正文各章對各個家族南遷房支的討論。

〔註35〕據陳爽《世家大族與北朝政治》，北魏「四姓」與皇室結成了嚴密的婚姻圈，是當時最有權勢的四海望族，而「關中郡姓」這六個家族在北魏政權下的房支皆不入此列。

轉換背景下，關中郡姓家族發展與地域社會的互動關係，其中又以遷移房支的社會融合及河東裴氏遷移房支的佛教信仰爲視角考察家族在異地的生存狀態及移民生活對思想文化的影響，並對河東三姓歸屬關中郡姓的關鍵——河東三姓入關問題進行了再討論。在具體行文過程中，涉及六個家族在每章的排列次序時，筆者仍以柳芳「韋、裴、柳、薛、楊、杜」爲序逐一考察論證。應該指出的是，本課題涉及的時間跨度大、家族房支多，地域廣闊而複雜，由於材料的限制和本人能力、精力的局限，在對關中郡姓的家族經濟、社會生活方面的研究等還缺乏深入全面的考察，也期待能在以後的研究中有所彌補。

第一章　關中郡姓的內涵

　　學人研究魏晉南北朝時期的家族，多以門閥士族為要，且常冠以某某士族作為論著之名。本書考察之六大家族，以其地位，自可稱為士族，但卻不以士族為名，因為「關中郡姓」有其特殊內涵，與「關中士族」尚有區別。今於首章闢文專論，以明其義。

一、郡　姓

　　郡姓從字面意思而言，即為一郡之顯貴姓族。《資治通鑑》卷一百四十《齊紀六》齊明帝建武三年（496年）「眾議以薛氏入河東茂族條」，胡三省注「郡姓」曰：「郡姓者，郡之大姓著姓也。」今人言郡姓，多從胡意。然考索「郡姓」於史籍中的記載，其在魏晉南北朝乃至隋唐時期的本意並非字面意思如此簡單。

　　「郡姓」最早出現在《隋書》卷三三《經籍志二》「譜系篇」序中：「後魏遷洛，有八氏十姓，咸出帝族。又有三十六族，則諸國之從魏者；九十二姓，世為部落大人者，並為河南洛陽人。其中國士人，則第其門閥，有四海大姓、郡姓、州姓、縣姓。及周太祖入關，諸姓子孫有功者，並令為其宗長，仍撰譜錄，紀其所承。又以關內諸州，為其本望。」所謂「中國士人，則第其門閥，有四海大姓、郡姓、州姓、縣姓。」是對北魏孝文帝針對漢族士人分定姓族內容的簡單描述。郡姓在文中與四海大姓、州姓、縣姓高下相列，是孝文帝對漢人士族差第門閥後形成的等級。

　　孝文帝差第「中國士人」，唐人柳芳《氏族論》中還有稍詳細的記載。《新唐書》卷一九九《儒學傳中·柳沖傳》引柳芳論曰：「過江則為『僑姓』，王、

謝、袁、蕭爲大；東南則爲『吳姓』，朱、張、顧、陸爲大；山東則爲『郡姓』，王、崔、盧、李、鄭爲大；關中亦號『郡姓』，韋、裴、柳、薛、楊、杜首之；代北則爲『虜姓』，元、長孫、宇文、于、陸、源、竇首之。『虜姓』者，魏孝文帝遷洛，有八氏十姓，三十六族九十二姓。八氏十姓，出於帝宗屬，或諸國從魏者；三十六族九十二姓，世爲部落大人。並號河南洛陽人。『郡姓』者，以中國士人差第閥閱爲之制，凡三世有三公者曰『膏粱』，有令、僕者曰『華腴』，尚書、領、護而上者爲『甲姓』，九卿若方伯者爲『乙姓』，散騎常侍、太中大夫者爲『丙姓』，吏部正員郎爲『丁姓』。凡得入者，謂之『四姓』。」〔註1〕。

柳芳論中，先將魏晉南北朝以來的世家大族分爲五大類別，之後又具體論及了「郡姓」和「虜姓」的含義。這裡的「郡姓」和《隋書‧經籍志》中的「郡姓」同樣因孝文帝定姓族而得名，但含義卻明顯不同。「虜姓」「郡姓」兩個概念對舉，分別針對孝文帝定姓族之鮮卑貴姓、漢人士族兩個系統而言，所有入於門閥望族的漢人士族當都可稱爲「郡姓」。拓跋魏統治下的漢人士族，分別按魏晉舊資和當朝官爵兩個標準入於郡姓行列〔註2〕，因魏晉舊資有別，當朝官爵高下不同，故郡姓中，又分爲不同等級，所謂膏粱、華腴、甲姓、乙姓、丙姓、丁姓等四姓。不過郡姓中當不僅包括這些最爲顯赫的華貴士族。柳芳在下文論述到：「故江左定氏族，凡郡上姓第一，則爲右姓；太和以郡四姓爲右姓；齊浮屠疊剛類例凡甲門爲右姓；周建德氏族以四海通望爲右姓；隋開皇氏族以上品、茂姓則爲右姓；唐貞觀氏族志凡第一等則爲右姓；路氏著姓略，以盛門爲右姓；柳沖姓族系錄凡四海望族則爲右姓。」所謂「太和以郡四姓爲右姓」的「右姓」當與前文「凡得入者，謂之『四姓』」的「四姓」對應。「右姓」在歷代標準不一，所謂「甲門」、「四海通望」、「上品茂族」、「第一等」、「盛門」等等無疑都是各代一流士族。太和時的右姓即「郡四姓」、「四姓」也當然是當時入於士族行列的一流冠蓋。那麼除了右姓，當有次高門士族，甚至次等士族，河東薛氏所入之「茂族」等

〔註1〕 柳芳之論被《新唐書‧柳沖傳》引用，與柳芳同時代人蘇冕修《唐會要》記唐高祖至德宗朝事，其中「氏族類」首條節引全文，只將「首之」改爲「爲大」，而未注出處；《全唐文》卷三七二收此篇題爲《姓系論》，今人多稱此文爲《氏族論》，詳參何啓民《柳芳氏族論中的一些問題》，載中國唐代學會編《唐代研究論集》第二輯，臺北新文豐出版股份有限公司，1992年。

〔註2〕 唐長孺《論北魏孝文帝定姓族》，收於《魏晉南北朝史論拾遺》，中華書局，1983年。

等。而無論四姓、右姓、次高門士族，次等士族、茂族等等，都統括於郡姓這一總稱下，與《隋書·經籍志》中的郡姓概念不同。

　　但《氏族論》中的等級之制，與《隋書·經籍志》中的四個等級稱謂不合。前揭唐長孺先生《論北魏孝文帝定姓族》中認為，《隋書·經籍志》中的「四海大姓」相當於柳芳論中的「四姓」高門，入於郡姓的不僅只有四姓，「四姓」高門或者「四海大姓」表明他們門閥之高超越州郡範圍。而且任何士族高門繫於地域時必需繫於郡，「至少表面上仍由諸郡中正列上於州大中正，上申吏部」。四海大姓是將「四姓」從郡姓中提了出來，其他非四姓的郡姓，則再分別為郡姓、州姓、縣姓。

　　這裡還有一個疑問，《隋書·經籍志》中的四個等級排序，除「四海大姓」依唐長孺先生論述已經明確外，其他三個等級在名稱上分別以行政區劃相繫，但在等級次序上卻與行政區劃級別次序相左。北朝在漢人統治區仍實行州、郡、縣三級制的地方行政制度，在行政級別上，州、郡、縣三級層級遞降，但繫於州、郡、縣的姓望等級卻是郡姓在前，州姓在後。關於州姓、縣姓，唐長孺先生認為「非四姓的郡姓，其較高者為州姓，卑者為縣姓」〔註3〕。為考證隋志中四級制的可信性，唐長孺先生引用石刻資料，列舉了當時的確存在的「縣姓」和「州姓」，並得出結論：「根據碑刻，隋志所說漢族士人有四海大姓和州、郡、縣姓的四級制大致是可信的」〔註4〕。四級制雖然成立，但唐先生在此處對四級制的排序卻與隋志原文不合，將原先的郡、州、縣姓排成了「州、郡、縣姓」。也許唐先生未曾特別對這一序列上的疑問過多著意，總之，這一疑惑唐先生沒有作明確的辨析。

　　其實，從「郡姓」一詞可以概括所有入於士族門閥行列的漢人士族的特點而言，郡姓本身就標誌著一種身份。除「郡四姓」聲望脫離州郡範圍，稱為四海通望外，能入郡姓即標誌著門閥士族的顯貴地位，郡姓作為較高等級無可厚非。疑問在於州姓這個等級。唐長孺先生為「州姓」所提供的例證是「潁州民望」，民望是一種泛稱，如果「潁州民望」確是隋志中的「州姓」，州姓也因這一泛稱成為一個不太明確的概念，即本州內較有聲望的姓族。因為在中古門第社會中，郡望才是士族高自標舉的資本，比較而言，在某種意義上，郡望比州里更能突出氏姓的地位，對同一姓而言，突出郡望的意義就

〔註3〕　唐長孺《魏晉南北朝史論拾遺》，中華書局，1983年，第88頁。
〔註4〕　唐長孺《魏晉南北朝史論拾遺》，中華書局，1983年，第89～90頁。

更大。如此，州姓在地位上次於郡姓也可理解。

此外還可作一種推測，即隋志中的四級制既是士族姓望的等級差異，也包含有姓望所出之州郡差異。在宋人牟巘所撰的《牟氏陵陽集·題西秦張氏世譜後》中，筆者看到這樣一條記載：「予聞典午渡江，重氏族，嚴譜狀。雍州是爲郡姓，張氏本三秦，固當在江北四姓之列。而其勳勞名位、子孫文物之盛又如此，是譜也，後之人尙寶藏之。」典午渡江，是一個時間概念，意指東晉之後，而非單指江左政權。值得注意的是「雍州是爲郡姓」，可以有兩種解釋，一則，郡姓表類別，是江北拓跋魏政權下的漢人士族總稱。聯繫「三秦」、「江北」等地域概念，這裡的雍州非江左僑置的雍州，而指原北方雍州地域。與江左僑姓、吳姓相對，江北雍州漢人士族當然屬郡姓系統。二則，在北方範圍內，聯繫隋志郡姓、州姓的等級，這裡的「雍州是爲郡姓」，還可以理解爲北魏孝文帝定姓族中還照顧到了州郡的大小等級差別，人物單鮮的邊鄙小州，所出少數姓望難比一些世代簪纓的著姓大姓，所出之郡聲望較低，其官守和社會地位在本州內稍有影響，即成爲本州「州姓」，而雍州地域，歷代所重，地望頗豐，故「是爲郡姓」。當然因爲沒有直接證據，作此推測也只能作爲理解隋志四級制的一種參考，確切含義還有待考證。但無論如何，隋志的四級制既然可信，郡姓作爲這一等級序列中的第二等級，也是可信的。

要之，郡姓一詞的出現與魏孝文帝定姓族有密切聯繫。除指一郡之貴姓著姓的字面意思外，郡姓既是北魏政權太和以後漢人士族門閥內部的一個等級，又可以籠而統之作爲所有入於姓族行列的漢人士族的總稱。作爲總稱，在北魏政權下，是一個與「虜姓」對舉的概念，而到後世南北統一，郡姓逐漸由一個表種族的概念變爲一個表地域的概念，與「僑姓」、「吳姓」、「虜姓」並列，成爲南北世家大族分類中的一個特有類型。以南北劃限，郡姓表北方士族，與郡望同在北方的僑姓相區別，被視爲永嘉亂後未南渡的北方士族。當然這只是籠統而言，歷史的實際是：北方郡姓中也有南渡後又北歸的士族，如河東裴叔業的北歸及連帶捲入北朝的眾多家族；也有郡望在南而北上仕魏的士族，如彭城劉昶等。並且，由柳芳所論可知，魏孝文帝所品第漢人士族，入於郡姓的家族，在後代政治形勢演變的過程中，又有山東郡姓和關中郡姓之別。

二、郡姓中的高門：四姓〔註5〕

柳芳《氏族論》中說：「山東則爲『郡姓』，王、崔、盧、李、鄭爲大；關中亦號『郡姓』，韋、裴、柳、薛、楊、杜首之」，《唐會要》「氏族類」改「首之」爲「爲大」。無論爲大還是首之，意即王、崔、盧、李、鄭並非山東郡姓的全部，韋、裴、柳、薛、楊、杜也絕非關中郡姓的所有，他們僅分別爲兩個族類中的首望。

柳芳論中山東郡姓的首望——太原王、清河博陵崔、范陽盧、趙郡隴西李、榮陽鄭——在此處誠然是唐代人的觀念。而實際上，這五大姓在北魏時已位高望隆，愛重門第的孝文帝更對其雅相敬重。

《魏書・官氏志》載孝文帝定姓族詔文曰：「代人諸胄，先無姓族，雖功賢之胤，混然未分。故官達者位極公卿，其功衰之親，仍居猥任。比欲制定姓族，事多未就，且宜甄擢，隨時漸銓。其穆、陸、賀、劉、樓、于、嵇、尉八姓，皆太祖已降，勳著當世，位盡王公，灼然可知者，且下司州、吏部，勿充猥官，一同四姓。」

柳芳論中亦言：「又詔代人諸胄，初無族姓，其穆、陸、奚、于，下吏部勿充猥官，得視『四姓』。」

這是針對鮮卑代人定姓族的詔文，所謂穆、陸、奚、于或穆、陸、賀、劉等代人姓氏，既然勳重當世、位盡王公，要視同「四姓」，那「四姓」自然必是勳重當世的貴族顯姓。但四姓又指什麼呢？

《資治通鑑》卷一百四十《齊紀六》明帝建武三年（496 年）「魏主雅重門族條」記孝文帝定姓族詔與《魏書・官氏志》同，胡三省在「一同四姓」後注曰：四姓，盧、崔、鄭、王也。此注當以《資治通鑑》同條所記孝文帝納「范陽盧敏、清河崔宗伯、榮陽鄭懿、太原王瓊四姓」之女「以充後宮」爲據。而據前文所述，在柳芳《氏族論》中，四姓又是指郡姓中的右姓，是郡姓中的華貴高門。

「四姓」的涵義，歷來說法不一，陳爽在唐長孺、楊德炳、黃惠賢諸位先生基礎上，對「四姓」的內涵作了細緻的辨析。對「一同四姓」中「四姓」的概念，他認同《資治通鑑》及胡注的記載，認爲這裡的四姓並非柳芳論中

〔註5〕 學界對四姓多有論述，本節觀點多參照陳爽《世家大族與北朝政治》（中國社會科學出版社，1998 年）中的相關觀點，特此說明。

的等級概念，而是指具體的權貴家族。〔註6〕筆者贊同此觀點，並有所補充。

柳芳《氏族論》中共提到了三個「四姓」。其中「凡得入者，謂之四姓」與「勿充猥官，得視四姓」，雖同爲柳言，但意思不同。前者表郡姓等級，後者謂具體的權貴家族。柳芳論中「得視四姓」的鮮卑代姓「穆、陸、奚、于」，也多次出現在別的史籍記載中，《元和姓纂（附四校記）》卷十「穆氏條」：「代人，本姓邱穆陵氏，代爲部落大人，爲北人八族之首。後魏以穆、陸、奚、于比漢金、張、許、史。孝文遷洛陽，改爲陸氏，以位盡王公，勳著當世，下司州，一同四姓。」《文選》卷四五《設論·楊子雲解嘲一首並序》：「故有造蕭何之律於唐虞之世，則悝矣；有作叔孫通儀於夏殷之時，則惑矣；有建婁敬之策於成周之世，則乖矣；有談范蔡之說於金、張、許、史之間，則狂矣。」李善注「金、張、許、史」曰：「金日磾、張安世、許廣漢、史恭、史高也。」〔註7〕金日磾、張安世、許廣漢及史恭、史高兄弟皆爲西漢權貴顯族，根據楊德炳對「四姓」一詞歷史淵源的鉤沉〔註8〕，四姓在漢魏時已指當朝權貴或地方大族。「後魏以穆、陸、奚、于比漢金張許史」則是得視「四姓」的含義。唐人蘇鶚《蘇氏演義》卷上「陸法言著切韻時條」同樣以穆、陸、奚、于比金、張、許、史：「法言本代北人，世爲部落大人，號步陸孤氏，後魏孝文帝改爲陸氏。及遷都洛陽，乃下令曰：『從我入洛陽，皆以河南洛陽爲望也。』當北朝號四姓，穆、（陸）、奚、于皆位極三公，比漢朝金、張、許、史，兼賀、婁、（稽）、蔚，謂之八族。」〔註9〕如此，四姓指權貴大族當無疑義。又，據陳爽所論，所以要一同四姓，是因爲「四姓」是孝文帝在令宋弁定「諸州姓族」及定代人姓族之前就已品第，是「天下」「四海望族」，那麼「四姓」無疑就是郡姓中的一流高門了。

但具體而言，作爲「四海望族」的「四姓」在當時究竟指哪幾個家族，仍有多種說法。如前所引，《資治通鑑》所載「衣冠所推」的四姓爲范陽盧敏、清河崔宗伯、滎陽鄭懿、太原王瓊。胡三省據此注四姓爲盧、崔、鄭、王。而柳芳《氏族論》曰：「今流俗獨以崔、盧、李、鄭爲四姓，加太原王氏號五

〔註6〕 陳爽《世家大族與北朝政治》，中國社會科學出版社，1998年，第53～54頁。
〔註7〕 （梁）蕭統《文選》，中華書局，1977年。
〔註8〕 楊德炳《四姓試釋》收於武漢大學歷史系、魏晉南北朝隋唐史研究室編《魏晉南北朝隋唐史資料》第七輯。
〔註9〕 陳爽也引用了《元和姓纂》「穆氏條」文，但他認爲該處是以八族比金張許史，與筆者意思稍異。

姓，蓋不經也。」意味著唐世四姓之說爲崔、盧、李、鄭。雖爲「不經」之論，但作爲流俗在唐代似乎有很大影響。《貞觀政要》卷七《論禮樂》第二十九：「貞觀六年，太宗謂尙書左僕射房玄齡曰：『比有山東崔、盧、鄭、李四姓，雖累葉陵遲，猶恃其舊地，好自矜大，稱爲士大夫。每嫁女他族，必廣索聘財，以多爲貴，論數定約，同於市賈，其損風俗，有紊禮經。既輕重失宜，理須改革。』乃詔吏部尙書高士廉、御史大夫韋挺、中書侍郎岑文本、禮部侍郎令狐德棻等，刊正姓氏，普責天下譜牒，……撰爲氏族志」同以崔、盧、鄭、李爲四姓。

　　按陳爽所論，四姓所以有這種分歧之說，一方面是因爲四姓一詞作爲名家巨族的代名詞，在多種情況下並不僅指四個大家族；另一方面，北朝定四姓，「魏晉舊資」和「當朝官爵」是兩條重要標準，但爲了統一協調鮮卑代姓與漢人門閥的權力結構，胡漢通婚尤其是帝室與漢族高門聯姻既是鮮卑漢化的重要手段，也是漢人士族政治地位爬升的臺階。因此，孝文帝定姓族，「四姓」家族不僅是歷代顯宦的魏晉舊門和當朝高華，同時也衡以婚姻關係。而無論盧、崔、鄭、王還是崔、盧、鄭、李，都是孝文帝「納女」「以充後宮」之選。從此種意義而言，崔、盧、鄭、王、李皆屬「四姓」行列。《唐國史補》卷上：「四姓唯鄭氏不離滎陽，有岡頭盧、澤底李、土門崔，家爲鼎甲。太原王氏，四姓得之爲美，故呼爲鈒鏤王家，喻銀質而金飾也。」儘管將太原王氏視作飾金之「銀質」，但在鄭、盧、李、崔之外，仍稱其「四姓」。也正因爲入於「四姓」行列的並非只有四個家族，所以後世也有「五姓」之說：《資治通鑑》卷一百四《齊紀六》明帝建武三年（496 年）「時趙郡李氏條」：「時趙郡李氏，人物尤多，各勝家風，故世言高華者，以五姓爲首。」胡三省注曰：「盧、崔、鄭、王，並趙李爲五姓。」

　　按北朝崔、李二姓都有兩望，崔有清河、博陵；李有隴西、趙郡。較之清河崔氏、隴西李氏、范陽盧氏、滎陽鄭氏、太原王氏而言，趙郡李、博陵崔的社會聲望略遜一籌，因而又有「博崔趙李」之貶稱。但由於這兩家與其他「四姓」家族都有一些若隱若現的聯繫〔註10〕，所以唐代禁婚詔中，以這兩家並「五姓」一起，稱爲「七姓」：《太平廣記》卷一八四《氏族》「七姓條」引《國史異纂》：「高宗朝。以太原王、范陽盧、滎陽鄭、清河博陵二崔、趙郡隴西二李等七姓。恃其族望恥與諸姓爲婚。乃禁其自相婚娶。於是不敢

〔註10〕陳爽《世家大族與北朝政治》，中國社會科學出版社，1998 年，第 75～77 頁。

復行婚禮。密裝飾其女以送夫家。」「七姓」或稱「五姓七家」，《新唐書》卷二二三《姦臣傳上・李義府傳》「自魏太和定望族，七姓子孫迭爲婚姻，後雖益衰，猶相夸尚。義府爲子求婚不得，遂奏一切禁止。」《舊唐書》卷八二《李義府傳》同載其事，曰：「關東魏、齊舊姓，雖皆淪替，猶相矜尚，自爲婚姻。義府爲子求婚不得，乃奏隴西李等七家，不得相與爲婚。」

由「四姓」發展而來的「五姓七家」自北魏中後期至唐初，保持著緊密的婚姻關係〔註11〕。唐代禁婚詔旨在打散「五姓」之間的內凝力，卻也反映出崔、盧、李、鄭、王五姓大氏族在當時社會中之重要地位，所以就有山東郡姓中「王、崔、盧、李、鄭爲大」的說法。而唐人觀念中的山東郡姓首望的地位早在孝文帝定姓族時已是郡姓中的最高門「四姓」了。

郡姓一詞隨孝文帝定姓族產生，當時「中國士人」中入士族門閥行列者皆爲郡姓，縱若有「四姓」、「五姓」高門的存在，也並沒有山東郡姓之稱。山東之稱，源於北朝至唐的歷史發展情勢。北魏末年分裂東西，東魏北齊跨居山東，西魏北周盤踞關右，東西對抗多年。北齊被北周滅亡後，山東士人入關，但由地域觀念、政治分裂產生的門戶之見，即使在周、齊合併多年以後，也尚未泯滅。隋承周祚，唐承隋，統治者乃屬同一系人物，即陳寅恪先生所謂「關隴集團」，對於山東士人而言，關隴集團是勝利的一方，山東士族雖然社會上門高望隆，也難免受到關隴軍事貴族的歧視。直到唐太宗在位時，論及「山東及關中人」，也還是「意有同異」。〔註12〕

三、關中郡姓

與山東郡姓首望一樣，關中既然亦號郡姓，其位居首望的六大家族的郡姓地位也是在魏孝文帝定姓族時奠定下來的。據毛漢光先生的統計，北魏一朝的漢族大士族中，官居五品以上的山東郡姓首望：趙郡李氏68人；隴西李氏30人；清河崔氏50人；博陵崔氏34人；滎陽鄭氏36人；范陽盧氏20人；太原王氏18人。五品以上的關中郡姓首望中：河東薛氏有32人；

〔註11〕 詳參毛漢光《中古大族著房婚姻之關係——北魏高祖至唐中宗神龍年間五姓著房之婚姻關係》，載於《歷史語言研究所集刊》第五十六本第四分，1985年。
〔註12〕 《舊唐書》卷七八《張行成傳》：太宗嘗言及山東、關中人，意有同異，行成正侍宴，跪而奏曰：「臣聞天子以四海爲家，不當以東西爲限；若如是，則示人以隘陋。」《新唐書》卷一百四《張行成傳》略同：「嘗侍宴，帝語山東及關中人，意有同異。行成曰：『天子四海爲家，不容以東西爲限，是示人以隘矣。』」

河東裴氏有 34 人；河東柳氏有 12 人；京兆韋氏有 22 人；弘農楊氏有 17
人〔註13〕；京兆杜氏有 7 人。〔註14〕除京兆杜氏在北魏人丁較少，任五品官
職者不多外，韋、裴、柳、薛、楊、杜與山東五姓相比不差上下，其中較爲
晚出的且被視爲「蜀薛」的河東薛氏入於郡姓還有明確的史料記載〔註15〕。
而且，除河東柳、薛之外，關中郡姓首望中，大多爲漢魏舊門，京兆韋、杜
爲三輔冠族，弘農楊氏爲中華高族，河東裴氏在魏晉時期已爲四海望族。因
此，北魏孝文帝按入魏前舊資和入魏後官爵兩個標準定姓族，這六個在入魏
前已屬冠族、入魏後又繼享顯職的大家族得入郡姓當是無疑的。

　　同爲北魏郡姓，而後又有關中、山東之分，與兩大郡姓在北魏分裂東西、
北齊北周對抗的政治形勢下的仕途選擇有關。以郡望而言，隴西李氏非山
東，河東三姓非關中。而隴西李氏作爲唐代禁婚詔中的五姓七望之一，正是
柳芳《氏族論》中山東郡姓首望之李姓。河東三姓地望雖在山東，又被列於
關中郡姓之內，緣於分裂形勢下河東三大家族在政權歸向上的選擇。毛漢光
《晉隋之際河東地區與河東大族》早已論證：「河東大士族裴氏、柳氏、薛
氏等其主支大部分歸向西魏北周，其人物與關中政權長期結合，所以時人將
此三大士族歸類於關中郡姓之中。〔註16〕」唐長孺也認爲：「其所云『關中』
實際上是包括河東之裴、柳、薛及弘農之楊在內的，亦即西魏境內諸著姓。」
〔註17〕李浩曾專門對此問題進行辨析：「它既非柳芳的憑空臆造，又非改置
郡望，而是對裴薛柳三大河東勢力與關隴集團結合歷史的認可，又是對三姓
定著房長期遷居長安、以關中諸州郡爲本貫這一事實的承認。」〔註18〕因
此，在此種意義講，關中郡姓並非一般意義上的關中士族，他們不僅具有北
魏孝文帝品第漢人士族時對其門閥秩序的官方認可，而且具有與北朝後期關
隴集團結合的政治含義。北周隋朝，關中士族所包含的家族很多，但並不是

〔註13〕毛漢光以北魏楊播一門爲弘農楊氏論，本文以《魏書·揚播傳》「自云恒農華
　　　　陰人」及唐長孺《〈魏書·楊播傳〉「自云弘農華陰人」辯》（武漢大學歷史系、
　　　　魏晉南北朝隋唐史研究室編《魏晉南北朝隋唐史資料》第五輯）一文的觀點
　　　　疑其僞託弘農楊氏者。
〔註14〕毛漢光《兩晉南北朝士族政治之研究》，中國學術著作獎助委員會，1966 年。
〔註15〕《資治通鑑》卷一百四十《齊紀六》齊明帝建武三年（496 年）「眾議以薛氏
　　　　入河東茂族條」。
〔註16〕毛漢光《中國中古政治史論》，上海書店出版社，2002 年，第 186 頁。
〔註17〕唐長孺《魏晉南北朝隋唐史三論》，武漢大學出版社，1993 年，第 377 頁。
〔註18〕李浩《唐代關中士族與文學》，中國社會科學出版社，2003 年，第 66 頁。

所有關中士族都可以看作關中郡姓，也不是任何一個關中大族都可以入列關中郡姓首望，難怪「世爲州郡著姓」的京兆王氏和在北周隋世顯盛的武功蘇氏等在柳芳筆下榜上無名。

魏孝文帝定姓族，「四姓」爲最高門第，且形成了代表當時最高權勢的嚴密的「五姓」婚姻集團，韋、裴、柳、薛、楊、杜皆無緣得入，但是，正因爲他們或在北魏分裂東西後主要房支歸向關中（如河東三姓），或是宇文氏積極拉攏爭取的本地豪族（京兆韋、杜及「弘農楊氏」），因此他們在西魏北周隋朝乃至唐朝初期的關中本位政策下，較之山東五姓更爲揚眉吐氣。

第二章　關中郡姓士族地位的形成

　　中古士族階層的形成與發展，唐長孺先生在《魏晉南北朝史論叢》（三聯書店 1955 年）、《魏晉南北朝史論叢續編》（三聯書店 1959 年）、《魏晉南北朝史論拾遺》（中華書局 1983 年）三部論著中的一系列文章已構築了一個完備的理論框架。概而言之，中古士族的形成以東漢大姓、名士爲基礎，以魏晉官爵蟬聯爲品第關鍵，又以九品中正制保障世襲資格。本章將在此基礎上詳細考論關中郡姓六大家族士族地位的形成過程，並分析他們成爲士族所依賴的地域環境。

第一節　關中郡姓士族地位的形成

一、京兆韋氏

　　中古時期的京兆韋氏，史稱「世爲三輔著姓」[註1] 或「世爲三輔冠族」[註2]，又或「世爲關右著姓」[註3]，自漢至唐，門望顯赫。按其家族士族地位的形成奠定於西漢時期的韋賢父子。據《漢書》卷七三《韋賢傳》，韋賢以「鄒魯大儒」[註4] 被漢昭帝徵召辟用，漢宣帝時又以先帝師甚見敬

〔註1〕《梁書》卷十二《韋叡傳》。
〔註2〕《魏書》卷四五《韋閬傳》。
〔註3〕《隋書》卷四七《韋世康傳》。
〔註4〕韋賢高祖韋孟自彭城徙魯國鄒，遂爲魯國鄒人。

重，官居丞相五年。其子韋玄成漢元帝時亦位至丞相，父子繼爲丞相，爲當世罕見，史稱「漢興，唯韋、平父子至宰相」〔註5〕。韋氏爲海內冠冕，自此始也，所謂「居漢爲相，建光家之美」〔註6〕。

按韋賢本爲鄒魯大儒，卻是京兆韋氏「光家」之祖，緣於韋氏以京兆爲望亦始於其也。漢高祖立都長安，爲強幹弱支，徙齊諸田、屈、景及諸功臣家於長陵，以奉山園，而「後世世徙吏二千石、高訾富人及豪傑併兼之家於諸陵」〔註7〕。韋氏自魯國鄒遷往關中即緣於此，且先後被徙於兩個陵縣。

《漢書》卷七三《韋賢傳附子玄成傳》：「初，賢以昭帝時徙平陵。」平陵爲漢昭帝陵，屬右扶風〔註8〕。此爲韋氏宗族自關東遷關中之始〔註9〕。上引《漢書》文之後緊接著載：「玄成別徙杜陵，病且死，因使者自白曰：『不勝父子恩，願乞骸骨，歸葬父墓。』」韋玄成雖死後歸葬父墓〔註10〕，但韋玄成一房自韋玄成始實已自扶風平陵遷至京兆杜陵。杜陵爲漢宣帝陵，《漢書》卷八《宣帝紀》：「元康元年（前 65）春，以杜東原上爲初陵，更名杜縣爲杜陵。徙丞相、將軍、列侯、吏二千石、訾百萬者杜陵。」漢宣帝爲杜陵徙民，丞相亦在其列，韋賢在漢宣帝時任丞相，但已於漢昭帝時徙奉平陵，韋玄成以丞相韋賢子，且繼父爵，所以韋玄成一房被徙杜陵。唐韋希撰《大唐故司勳郎中楊府君夫人韋氏扶陽郡君墓誌銘並序》曰：「丞相陪葬於陵，闔宗衣冠，聿徙京兆」〔註11〕當即指此，京兆杜陵之地望自此奠定。

需要指出的是，碑文所謂「闔宗衣冠，聿徙京兆」是後世對先祖韋玄成房支所溯，對當時的韋氏宗族而言，並非闔宗盡徙京兆。上文述及，韋賢四子：方山、弘、舜、玄成。韋賢被徙平陵時，韋舜留居魯鄒；韋玄成徙杜陵，

〔註5〕 《漢書》卷七一《平當傳》，師古注曰：「韋謂韋賢也。」
〔註6〕 《鄭故大將軍舒懿公之墓誌銘》，收於周紹良、趙超《唐代墓誌彙編》，上海古籍出版社，1992 年。
〔註7〕 《漢書》卷二八下《地理志下》。
〔註8〕 《漢書》卷二八上《地理志上》「右扶風條」。
〔註9〕 韋氏遷居關中，仍有人留居魯國，但應爲少數。《漢書·韋賢傳》：「賢四子：長子方山爲高寢令，早終；次子弘，至東海太守；次子舜，留魯守墳墓；少子玄成，復以明經歷位至丞相。」
〔註10〕 韋賢雖遷平陵，死後仍歸葬魯國：《續漢書·郡國志二》「魯國條」：鄒本邾國。劉昭注引劉蒼《鄒山記》曰：「邾城在山（鄒山）南，去山二里，城東門外有韋賢墓。」則韋玄成所謂歸葬父墓，亦爲歸葬其本貫魯國也。按韋賢雖被徙關中，仍歸首正丘，前揭韋賢以子舜留魯守墳墓蓋爲此也。
〔註11〕 周紹良、趙超《唐代墓誌彙編續集》，上海古籍出版社，2001 年。

韋方山、韋弘等房並未隨徙，仍居平陵。韋弘子韋賞，賞孫彪，《後漢書》卷二六《韋彪傳》記其為「扶風平陵人」，且曰：「（彪）族子義，義字季節。高祖父玄成，元帝時為丞相。初，彪獨徙扶風，故義猶為京兆杜陵人焉。」傳文稱彪獨徙扶風，而玄成四代孫韋義猶為杜陵人，似乎有彪自京兆徙扶風之意。但實際上，韋彪自其曾祖韋弘始一直以平陵為望，《後漢書》卷四十上《班彪傳上附子固傳》注曰「七相謂丞相車千秋，長陵人，黃霸、王商，並杜陵人也，韋賢、平當、魏相、王嘉，並平陵人也．五公謂田蚡為太尉，長陵人，張安世為大司馬，朱博為司空，並杜陵人，平晏為司徒，韋賞為大司馬，並平陵人也。」引文中大司馬韋賞即前文彪之祖，李賢注其為平陵人，則韋彪並非自杜陵「獨徙扶風」，而是韋義祖韋玄成一房徙京兆杜陵時，韋彪祖韋弘等並未隨徙，遂仍為扶風平陵人也。

　　要之，京兆韋氏之海內冠冕並京兆杜陵之地望形成皆奠定於韋賢韋玄成父子，而韋玄成始居京兆，漢魏之後京兆韋氏大多出於其房支。

　　繼韋賢、韋玄成父子迭為丞相之後，韋氏宗族於漢時官顯不墜。《漢書·韋賢傳附子玄成傳》載，韋玄成嗣賢爵後，子韋寬、寬子育、育子沉相繼嗣爵，「自賢傳國至玄孫乃絕」。韋玄成兄韋方山、韋弘等亦官居高位，韋安世官至大鴻臚、長樂衛尉，「朝廷稱有宰相之器」。韋弘歷東海太守，子賞為漢哀帝大司馬車騎將軍、列為三公。韋氏「宗族至吏二千石者十餘人」。時入東漢，京兆韋玄成曾孫韋濬為尚書令，〔註12〕子韋順、韋豹、韋義三兄弟並有高名，韋豹子韋著以經行知名，後以「時賢」被桓帝徵召為東海相〔註13〕。曹操挾漢帝都許，荀彧為曹操薦舉謀士，京兆韋氏亦在其列，《後漢書》卷七十《荀彧傳》稱：「彧又進操計謀之士從子攸，及鍾繇、郭嘉、陳群、杜襲、司馬懿、戲志才等，皆稱其舉。唯嚴象為揚州，韋康為涼州，後並負敗焉。」《三國志·魏志》卷十《荀彧傳》傳文略同：「彧言策謀士，進戲志才。志才卒，又進郭嘉。太祖以彧為知人，諸所進達皆稱職，唯嚴象為揚州，韋康為涼州，後敗亡。」韋康為京兆韋端之子，韋端曾為曹操涼州牧，後徵為太僕，荀彧遂舉韋康代其父為涼州刺史。據唐長孺先生所論，荀彧薦舉的人

〔註12〕《新唐書》卷七四上《宰相世系表四上》「韋氏條」、《元和姓纂（附四校記）》卷二「韋氏」「孟元孫賢，漢丞相、扶陽侯，徙京兆杜陵，生元誠。七代孫冑，魏安城侯條」岑校注引《全文七六四蕭鄴韋正貫碑》：「玄成生寬，寬生育，育生後漢尚書濬，濬生梓潼太守豹，豹生東海相著，著孫冑，仕魏為詹事。」

〔註13〕《後漢書》卷二六《韋彪傳》。

士後來構成曹魏政權的上層骨幹，是魏晉士族中的重要組成部分。〔註 14〕韋端父子在當世甚有盛名，上引《三國志·魏志》卷十《荀彧傳》文後，裴松之注引《三輔決錄》曰：

> 康字元將，亦京兆人。孔融與康父端書曰：「前日元將來，淵才亮茂，雅度弘毅，偉世之器也。昨日仲將又來，懿性貞實，文敏篤誠，保家之主也。不意雙珠，近出老蚌，甚珍貴之。」端從涼州牧徵爲太僕，康代爲涼州刺史，時人榮之。後爲馬超所圍，堅守歷時，救軍不至，遂爲超所殺。仲將名誕，見《劉邵傳》。

韋端子韋誕，《三國志·魏志》卷二一《劉邵傳》注引《文章敘錄》曰：「誕字仲將，太僕端之子。有文才，善屬辭章。建安中，爲郡上計吏，特拜郎中，稍遷侍中中書監，以光祿大夫遜位，年七十五卒於家。」

京兆韋氏自兩漢以來所著高名，爲其在魏晉時期列入士族奠定基礎。但正如唐長孺先生所論，並不是所有東漢時期的大姓、名士都能成爲魏晉士族，魏晉時期品第人才重視當代軒冕，並非家中枯骨，只有在魏晉時獲得政治地位的家族才有資格列於士族。〔註 15〕考魏晉時期京兆韋氏家族，享有政治地位者也代不乏人。上文所述韋誕，歷官至魏末晉初，《三國志·魏志》卷二十一《劉邵傳》裴松之注引《文章敘錄》後文載，「太和中，誕爲武都太守，以能書留補侍中，魏氏寶器銘題皆誕書云。」且直至魏嘉平年間，韋誕仍以侍中持節勞司馬懿軍於五池〔註 16〕。另據《新唐書》卷七四上《宰相世系表四上》「韋氏條」載，韋玄成後人東漢處士韋著孫韋冑，任魏詹事、安城侯，兩晉南北朝乃至隋唐歷史舞臺上活躍之京兆韋氏大多爲韋冑三子潛、穆、愔之子孫；再有新出土的《韋彧墓誌》記載〔註 17〕，韋彧七世祖韋敦，任晉太常卿、上祿貞侯，六世祖韋廣〔註 18〕任西晉後軍將軍、北平太守；東眷韋穆曾孫韋楷任西晉建威將軍、長樂清河二郡守〔註 19〕。則自東漢入魏晉，京兆韋

〔註 14〕 唐長孺《東漢末期的大姓名士》，收於《魏晉南北朝史論拾遺》，中華書局，1983 年。

〔註 15〕 唐長孺《士族的形成和升降》，收於《魏晉南北朝史論拾遺》，中華書局，1983 年。

〔註 16〕 《晉書》卷一《宣帝紀》。

〔註 17〕 周偉洲、貫麥明、穆小軍《新出土的四方北朝韋氏墓誌考釋》，《文博》，2000 年第 2 期。

〔註 18〕 即《梁書》卷十二《韋叡傳》中韋叡族弟韋愛之高祖。

〔註 19〕 《魏書》卷四五《韋閬傳》。

氏以漢末大姓蟬聯高位，仍以「三輔冠族」爲當時所重，遂成爲後世所論之漢魏舊門。

二、河東裴氏

河東裴氏士族地位的形成奠基於東漢末，入《三國志‧魏志》傳的裴潛已被稱「世爲著姓」〔註20〕，乃父裴茂於漢靈帝時歷官縣令、郡守、尚書等職。裴茂四子：潛、徽、輯、儁〔註21〕，其中裴潛、裴徽、裴輯三房是河東裴氏活躍於魏晉南北朝歷史舞臺的主要房支。曹魏西晉時期，裴潛、裴徽兩支成就了「八裴方八王」的中朝名望，成爲當時一流士族。裴潛官至魏尚書令，子秀處魏晉禪代之世，有「濟天下」〔註22〕之功，任尚書令、司空等職，爲「當世名公」〔註23〕，秀子頠亦位居朝望，歷尚書、侍中、光祿大夫等職；裴徽一支較潛更爲隆盛，其子黎、康、楷、綽，號爲「四裴」〔註24〕，其中「康、楷、綽皆爲名士」〔註25〕；裴輯子穎官至司隸校尉，穎子武於晉末任玄菟太守。

以裴潛、裴徽、裴輯三支爲主體的河東裴氏於曹魏西晉時期見於史載者計有 31 人，其中除 3 人職位不載、1 人官居七品、2 人居六品之外，任五品官以上者竟居 90%（見下表），與官高職顯相對應，曹魏西晉時期與河東裴氏聯姻者，除司馬氏皇室與后族平陽賈氏、弘農楊氏外，尚有太原王氏、太原郭氏、琅琊王氏、河東衛氏、濟陰卞氏等權貴大族，毛漢光先生稱河東裴氏爲四海大族〔註26〕，其家族之盛爲眾所聞，今不詳述。

〔註20〕《三國志‧魏志》卷二三《裴潛傳》注引《魏略》。

〔註21〕《新唐書》卷七一上《宰相世系表一上》「裴氏條」書爲三子，無儁。然《三國志‧蜀志》卷四二《孟光傳》中有光祿勳河東裴儁者，裴松之注引傅暢《裴氏家記》曰：「儁字奉先，爲尚書令潛弟也。儁姊夫爲蜀中長史，儁送之，時年十餘歲，遂遭漢末大亂，不復得還。既長知名，爲蜀所推重也。子越，字令緒，爲蜀督軍。蜀破，遷還洛陽，拜議郎。」

〔註22〕《晉書》卷四十《賈充傳》。

〔註23〕《晉書》卷三五《裴秀傳》。

〔註24〕《梁書》卷三十《裴子野傳》。

〔註25〕《三國志‧魏志》卷二三《裴潛傳》裴松之注。

〔註26〕毛漢光《中國中古政治史論》，上海書店出版社，2002 年，第 115 頁。

人　物	朝代	官職（或爵位）	官品	出　　處
裴潛	魏	尚書令	三品	《三國志·裴潛傳》
裴徽	魏	冀州刺史	四品	《三國志·裴潛傳》裴松之注
裴輯	魏	不詳	不詳	《新唐書·宰相世系表》「裴氏條」
裴儁	魏	光祿勳	三品	《三國志·孟光傳》
裴秀（潛子）	西晉	司空	一品	《晉書·裴秀傳》
裴濬（秀子）	西晉	散騎常侍	三品	《晉書·裴秀傳》
裴憬（濬子）	西晉	高陽亭侯	五品	《晉書·裴秀傳》
裴頠（秀子）	西晉	尚書左僕射	三品	《三國志·裴潛傳》注引荀綽《冀州記》
裴嵩（頠子）	西晉	中書郎	五品	《三國志·裴潛傳》裴松之注
裴該（頠子）	西晉	散騎常侍	三品	《晉書·裴秀傳》
裴黎（徽子）	西晉	游擊將軍	四品	《三國志·裴潛傳》裴松之注
裴康（徽子）	西晉	太子左衛率	五品	《三國志·裴潛傳》裴松之注
裴楷（徽子）	西晉	中書令、光祿大夫、開府	三品	《三國志·裴潛傳》裴松之注
裴綽（徽子）	西晉	黃門侍郎	五品	《三國志·裴潛傳》裴松之注
裴越（儁子）	魏	議郎	七品	《三國志·孟光傳》
裴粹（黎子）	西晉	武威太守	五品	《新唐書·宰相世系表》「裴氏條」
裴苞（黎子）	西晉	秦州刺史	四品	《三國志·裴潛傳》裴松之注
裴詵（粹子）	西晉	太常卿	三品	《新唐書·宰相世系表》「裴氏條」
裴純（康子）	西晉	黃門侍郎	五品	《三國志·裴潛傳》裴松之注
裴盾（康子）	西晉	徐州刺史	四品	《三國志·裴潛傳》裴松之注
裴邵（康子）	西晉	長史	六品	《三國志·裴潛傳》裴松之注
裴廓（康子）	西晉	中壘將軍	四品	《三國志·裴潛傳》裴松之注
裴輿（楷子）	西晉	散騎侍郎	五品	《晉書·裴秀傳》
裴瓚（楷子）	西晉	中書郎	五品	《三國志·裴潛傳》裴松之注
裴憲（楷子）	西晉	豫州刺史	四品	《三國志·裴潛傳》裴松之注
裴禮（楷子）	西晉	不詳	不詳	《晉書·裴秀傳》
裴遜（楷子）	西晉	不詳	不詳	《晉書·裴秀傳》
裴遐（綽子）	西晉	太傅主簿	不詳	《三國志·裴潛傳》裴松之注
裴穎（輯子）	西晉	司隸校尉	三品	《新唐書·宰相世系表》「裴氏條」
裴武（穎子）	西晉	玄菟太守	五品	《新唐書·宰相世系表》「裴氏條」
裴邈	西晉	從事中郎、假節監中外營諸軍事	六品	《三國志·裴潛傳》裴松之注

三、河東柳氏

　　與漢魏舊族高門河東裴氏、京兆韋氏相比，河東柳氏家族地位的形成較晚，奠定於魏末晉初的柳軌，真正完成於東晉時期晚渡江左的柳元景。據《晉書》卷三十《刑法志》記載，賈充定法律時，共典其事的十四人中就有「尚書郎柳軌」，尚書郎柳軌參與此事，《晉書》卷四十《賈充傳》中也有記載。按賈充定法律在曹魏咸熙元年（264 年），《晉書》卷二《文帝紀》：咸熙元年秋七月，「帝奏司空荀凱定禮儀，中護軍賈充正法律，尚書僕射裴秀議官制。」賈充等律令完成，已是太始三年（267 年），則柳軌任尚書郎時在魏晉之交。《新唐書》卷七三上《宰相世系表三上》「柳氏條」載柳軌曾為晉吏部尚書，其子柳景猷任侍中，雖然其可信性為學人懷疑〔註27〕，但從《魏書》卷四五《柳崇傳》追溯柳崇先祖至其七代祖、晉廷尉卿柳軌來看，柳軌為河東柳氏在魏晉時期發跡的不祧之祖，大概是不錯的。

　　不過柳氏在柳軌之後較為沈寂，如韓樹峰所言，雖然《新唐書·宰相世系表》記柳軌子柳景猷曾任侍中，但當朝正史中闕載不聞，到柳軌二孫柳耆、柳純時，始見他們在胡主政權下任職的記載。據《晉書》卷一百四《石勒載記上》，柳純曾任劉聰的使臣，被遣去署任石勒為大都督陝東諸軍事、驃騎大將軍、東單于等職。《南史》卷三八《柳元景》又載「高祖純，位平陽太守，不拜。」平陽太守之職當也是匈奴劉氏政權所賜。《晉書》中還有一個任巴東建軍、建平太守並被東晉逆臣王敦殺害的柳純，據韓樹峰考證，此為同名之另一人〔註28〕。柳耆也仕於胡主，官居石季龍尚書之職。《晉書》卷一百七《石季龍載記下》：「貴嬪柳氏，尚書耆之女也，以才色特幸，坐其二兄有寵於宣，亦殺之。季龍追其姿色，復納少女於華林園。」

　　河東柳氏晉末永嘉亂後仕於胡主，胡亡氏亂，開始南下。柳耆子柳恭在石趙時曾任河東郡守，「後以秦、趙喪亂，乃率民南徙，居於汝、潁之間，故世仕江表」〔註29〕。柳純子柳卓也幾乎同時南下〔註30〕，《宋書》卷七七

〔註27〕韓樹峰《南北朝時期淮漢迤北的邊境豪族》（社會科學文獻出版社，2003 年，第 166 頁）以萬斯同《晉將相大臣年表》不載和兩晉南北朝史料中無聞為據認為《新唐書·宰相世系表》「柳氏條」所記柳軌、柳景猷官任不可信。

〔註28〕詳參韓樹峰《南北朝時期淮漢迤北的邊境豪族》，社會科學文獻出版社，2003 年，第 170～171 頁。

〔註29〕《周書》卷二二《柳慶傳》。

〔註30〕關於柳卓南下時間，見韓樹峰《南北朝時期淮漢迤北的邊境豪族》第五章「河

《柳元景傳》：「柳元景，字孝仁，⋯⋯曾祖卓，自本郡遷於襄陽。」《元和姓纂》卷七「柳氏條」和《新唐書・宰相世系表》「柳氏條」中分柳卓、柳耆兩支爲東、西眷。其中東眷柳卓一支在江左政權因緣際會，憑藉軍功，進入高門士族行列。柳卓四子：輔、恬、傑、奮，最著名的是柳恬之後。柳恬及子柳憑皆官居地方，分別任西河、馮翊太守之職，而至柳憑子柳元景時，雖起身將帥，但位至三公，完成了河東柳氏士族化的形成過程。

四、河東薛氏

河東薛氏在中古被譽爲河東著姓，北魏孝文帝定姓族時，入於郡姓行列，與河東裴、柳並爲河東三姓，在唐朝又爲關中郡姓之一。較之河東裴、柳及關中郡姓首望中的韋、杜、楊等家族，河東薛氏有諸多突出特點。首先，他並非河東土著，魏晉時期才遷入河東〔註31〕，河東地望形成較晚；其次，他爲兩晉以後才逐漸發展的晚出門戶；再次，他們出自少數民族，並非漢族。

中古時期活躍的河東汾陰薛氏有「南祖房」薛安都、「西祖房」薛辯兩大支系。他們的祖先從蜀地遷入河東汾陰，世代居之。《魏書》卷四二《薛辯傳》「其先自蜀徙於河東之汾陰，因家焉。」《新唐書》卷七三下《宰相世系表三下》「薛氏條」以河東薛氏爲兗州大族薛廣德、薛永之後，將薛氏遷入河東的時間繫於曹魏滅蜀以後，「蜀亡，（齊）率戶五千降魏，拜光祿大夫，徙河東汾陰，世號蜀薛」。河東薛氏「蜀薛」之號，在正史史料中確有記載，北魏孝文帝定姓族時，河東薛聰曾因入郡姓一事與孝文帝論辯，《北史》卷三六《薛辯傳附湖子聰傳》載：

> 帝曾與朝臣論海內姓地人物，戲謂聰曰：「世人謂卿諸薛是蜀人，定是蜀人不？」聰對曰：「臣遠祖廣德，世仕漢朝，時人呼爲漢。臣九世祖永，隨劉備入蜀，時人呼爲蜀。臣今事陛下，是虜非蜀也。」帝撫掌笑曰：「卿幸可自明非蜀，何乃遂復苦朕。」聰因投戟而出。帝曰：「薛監醉耳。」

《資治通鑒》卷一百四十《齊紀六》齊明帝建武三年（496年）「眾議以薛氏

東柳氏在南朝的獨特發展歷程」所作考證，筆者認同此觀點。

〔註31〕毛漢光《晉隋之際河東地區與河東大族》（《中國中古政治史論》，上海書店出版社，2002年）認爲河東薛氏在曹魏時期遷入河東，周一良「「瞎巴三千生啖蜀子」解」（《魏晉南北朝史論集》，北京大學出版社，1997年）認爲蜀薛遷入河東在晉末民族大遷徙時。

入河東茂族條」同記此事，但司馬光採用的是元行沖的《後魏國典》：

眾議以薛氏爲河東茂族。帝曰：「薛氏，蜀也，豈可入郡姓！」
直閣薛宗起執戟在殿下，出次對曰：「臣之先人，漢末仕蜀，二世復
歸河東，今六世相襲，非蜀人也。伏以陛下黃帝之胤，受封北土，豈
可亦謂之胡邪！今不預郡姓，何以生爲！」乃碎戟於地。帝徐曰：「然
則朕甲、卿乙乎？」乃入郡姓，仍曰：「卿非『宗起』乃『起宗』也！」

兩條史料中的薛氏人物及薛氏論辯之言雖有差異，但孝文帝所言「世人
謂卿諸薛是蜀人」、「薛氏，蜀也」文異意同，當可代表當時世人對河東薛氏
的態度，即《新唐書・宰相世系表》「薛氏條」所謂「世號蜀薛」。

所謂「蜀薛」之號，當有兩指，一謂自蜀地遷出，一謂出自蜀族，這兩
點正是河東薛氏族源之特點。但對後來顯達的河東薛氏而言，「蜀薛」僅言其
先在蜀地仕蜀。《北史》、《新唐書》修撰之時，河東薛氏已爲關中郡姓首望，
爲掩蓋其蜀族出身，〔註32〕遂附託漢時高門兗州薛廣德後裔，而實際上，「蜀
薛」之「蜀」不僅名地，而且名族。

關於河東薛氏的族源，學人多有論述。臺灣學者毛漢光先生基本認同《新
唐書・宰相世系表》「薛氏條」關於薛氏源起的記載，認爲河東薛氏是東漢
末年西遷巴蜀又在曹魏時期復遷河東的兗州薛氏的後裔。〔註33〕而與毛漢
光先生相區別，大多數學者都認爲《新唐書・宰相世系表》「薛氏條」的記
載係僞託，河東薛氏並非兩漢時著名的兗州薛氏的後裔，而是魏晉時期遷入
河東的蜀族薛姓。最早的如陳寅恪先生《魏書司馬睿傳江東民族條釋證及推
論》〔註34〕認爲蜀是一民族名，「蜀薛之自以爲薛廣德之後裔，疑與拓跋魏
之自稱源出黃帝，同爲可笑之附託，固不足深論。即爲蜀漢薛永之子孫一事
（參考《新唐書・宰相世系表》薛氏條），恐亦有問題」。陳寅恪以後，周一
良〔註35〕、唐長孺〔註36〕、劉淑芬〔註37〕等皆認爲河東薛氏出自少數民族之

〔註32〕其族源問題後文討論。
〔註33〕毛漢光《晉隋之際河東地區與河東大族》，《中國中古政治史論》，上海書店出版社，2002年。
〔註34〕陳寅恪《金明館叢稿初編》，三聯書店，2001年。
〔註35〕周一良《「瞎巴三千生啖蜀子」解》（《魏晉南北朝史論集》，北京大學出版社，1997年）：針對《魏書》卷二《太祖紀》天興元年（398年），「廓城屠各董羌、杏城盧水郝奴、河東蜀薛榆、氐帥符興，各率其種內附」認爲「河東是地區，蜀是民族，薛榆爲姓名」。說明周一良亦認爲河東蜀薛爲少數民族。
〔註36〕唐長孺《論北魏孝文帝定姓族》（《魏晉南北朝史論拾遺》，中華書局，1983

蜀，而非漢人。

其實，河東薛氏出自少數民族，不僅從典籍中諸多「河東蜀」、「絳蜀」、「蜀薛」等名號中可以體現，而且薛辯父祖遷至河東後的部落結構組織形態更充分地反映了他們的族源特點。薛辯祖薛陶的時代，薛氏部族三分，由薛陶與族人薛祖、薛落分別統領，到薛陶子薛強時，因爲祖、落子孫微劣，三部或者三營歸薛強全權攝管。〔註38〕這與許多少數民族部落聯盟時期的組織結構形式十分相似。如東部鮮卑檀石槐軍事大聯盟分中、東、西三部〔註39〕，拓跋鮮卑早期曾經「七分國人」形成「八部」〔註40〕。但薛氏早期三分結構的聯合較爲鬆散，雖然薛強時期已實現三營由其全權管轄，但薛強死後，由於薛辯驕傲，頗失民心，三營的聯盟結構開始解體。河東薛氏早期的史料典籍中使用「部落」、「營」等概念，已暗示出他們的部落結構形態。北魏初期，蜀薛內附拓跋統治者時的組織形式與別的胡族部眾一樣，「各率其種內附」，同樣反映了他們的部族形態。河東「三薛」部落組織規模強大，《宋書》卷八八《薛安都傳》載河東薛「世爲強族，同姓有三千家」。但因爲他們與諸多胡族共存於河東一地，而且與當時漢族強宗聚集宗人、部曲屯居塢堡自固的形態非常相似，再加上薛氏在後世發跡之後盡力掩蓋他們的少數民族及武門出身，所以後人很容易將他們生活組織形態與漢末豪強的宗族組織形態聯繫在一起，如毛漢光先生就將薛氏的部落結構看作是漢族豪強的部曲宗族組織。〔註41〕總之，河東薛氏所具「蜀薛」之號是對其宗族本貫的指稱，同時也標示其蜀族出身。

對河東薛氏遷居河東的時間，周一良與毛漢光先生有兩種不同的意見。毛漢光因爲認同《新唐書・宰相世系表》「薛氏條」的記載，所以他認爲薛氏

年）根據《魏書》卷四二《薛辯傳》：「其先自蜀徙於河東之汾陰，因家焉。祖陶，與薛祖、薛落等分統部眾，故世號三薛。父強，復代領部落，而祖、落子孫微劣，強遂總攝三營。……太宗授平西將軍、雍州刺史，賜爵汾陰侯。」認爲「薛強所領稱爲部落，説明本是少數民族」。

〔註37〕劉淑芬《北魏時期的河東蜀薛》（黃寬重、劉增貴《家族與社會》，中國大百科全書出版社，2005年）繼承陳寅恪、唐長孺的觀點，亦認爲「他們原來是蜀族，而不是漢族」。

〔註38〕《魏書》卷四二《薛辯傳》。

〔註39〕《三國志》卷三十《烏丸鮮卑傳》注引王沈《魏書》。

〔註40〕《魏書》卷一《序紀》。

〔註41〕毛漢光《晉隋之際河東地區與河東大族》，收於《中國中古政治史論》，上海書店出版社，2002年。

是在曹魏滅蜀後投降曹魏遂遷居河東汾陰的。而周一良先生根據本文前引元行沖《後魏國典》薛宗起之言「臣之先人漢末仕蜀二世，復還河東。今六世相襲，非蜀人也」，認爲「也許蜀人之遷徙到河東，和西晉末年民族大遷徙，巴族氏族的動盪遷移有關？」〔註42〕薛氏見於史載的最早在河東活動的代表人物就是薛辯的祖父薛陶及其族人薛祖、薛落了，薛祖子薛強「歷石虎、苻堅，常憑河自固。仕姚興爲鎮東將軍，入爲尚書。」〔註43〕後趙石虎於公元335至349年在位，前秦自公元350至394年歷44年左右，姚興於公元394至415年在位。如此，薛強的生活年代大致在公元四世紀後期，以一代三十年計，其父薛陶所處年代應與周一良所推薛氏遷居河東的西晉末年近同。如此，河東薛氏最遲在西晉末年已在河東以較強的部落組織形態定居了下來。

在河東薛氏自蜀地誕育成長到以部落組織結構遷居河東的魏晉年間，正是中原漢人士族社會的形成時期。河東本貫的裴氏已爲著姓，河東柳氏亦正發跡，關中的韋、杜、楊氏也已形成「中原華冑」。但歷魏晉南北朝至隋唐之後，河東薛氏也成爲與這五大家族並列的關中郡姓首望，這在中古時期眾多的世家大族中，實屬罕見的特例。臺灣學者劉淑芬認爲「它之所以成爲著姓，其關鍵在於北魏孝文帝定姓族時將其列入郡姓」〔註44〕，而孝文帝時將河東薛氏列入郡姓的原因又在於薛辯一系子孫在北魏官爵顯赫的緣故。〔註45〕因此，雖然河東薛氏錯過了魏晉時期士族形成的重要發展階段，但因爲他們在南北朝時期，特別是在北魏政權下獲得了飛躍式的發展，正如梁武帝蕭衍所說「此家在北，富貴極不可言」〔註46〕，最終被列入了漢人士族系統的郡姓行列。〔註47〕從這種意義上講，河東薛氏士族地位的形成，與入列郡姓同步，

〔註42〕周一良《「瞎巴三千生啖蜀子」解》，收於《魏晉南北朝史論集》，北京大學出版社，1997年。

〔註43〕《魏書》卷四二《薛辯傳》。

〔註44〕劉淑芬《北魏時期的河東蜀薛》收入黃寬重、劉增貴《家族與社會》，中國大百科全書出版社，2005年。

〔註45〕唐長孺《論北魏孝文帝定姓族》，收入《魏晉南北朝史論拾遺》，中華書局，1983年。又根據前揭劉淑芬文章所論，薛氏南祖房即薛安都子孫所享高官顯爵也時河東薛氏入於郡姓的一個重要原因。

〔註46〕《魏書》卷六一《薛安都傳附懷俊傳》。

〔註47〕孝文帝定姓族後，有「郡姓」和「虜姓」兩個系統。河東薛氏雖非漢人，卻不入「虜姓」，大概孝文帝時胡人姓族行列限於「穆、陸、賀、劉、樓、於、嵇、尉八姓」及「同出朔土」的「內入諸姓」或「四方諸部」。河東薛氏雖非漢人，但其先出蜀地，並非同出朔土的部落大人之後，後以河東爲本貫，漢

完成於孝文帝定姓族時期。〔註48〕他們是孝文帝確定的門閥系列中一個非漢非虜、亦漢亦虜的特別家族。

五、弘農楊氏

　　弘農楊氏在東漢時期已是四世三公的世家大族，按照田餘慶先生舊族門戶新出門戶的標準〔註49〕，弘農楊氏無疑是由東漢世家大族入於魏晉士族階層的舊族門戶。關於兩漢時代弘農楊氏家族的顯赫名位及其代表人物楊震等人的主要事蹟，學界已有多種論文和著作論述。如1992年第3期《文史知識》所刊金鐵純《家風清廉剛正、青史千秋留名——楊震及其子孫事略》對東漢時期楊氏主要人物的思想言行作了介紹；王曉衛《中華姓氏譜·楊姓卷》〔註50〕亦對漢晉時期弘農華陰楊氏的主要人物作了簡單介紹；此外，近年又有兩篇碩士學位論文以弘農楊氏為研究對象，四川大學方北辰教授指導、孫大英撰寫的《漢晉時期弘農楊氏研究》及武漢大學何德章教授指導、馬力群撰寫的《兩漢時代弘農楊氏》都對兩漢時代弘農楊氏世家大族地位的形成和發展作了詳細論述。概而言之，東漢時期的弘農楊氏以楊震一門獨盛，楊震父子憑藉精通經學達於顯位，並以清廉正直贏得名望，自楊震至其曾孫楊彪，「四世太尉，德業相繼，與袁氏俱為東京名族云。」〔註51〕

　　東漢末年社會動亂，割據政權四起，大姓名士紛紛成為各個割據政權的骨幹。但此時以楊彪為代表的弘農楊氏始終維護東漢朝廷，漢獻帝顛簸流離之際，楊彪「盡節衛主，崎嶇危難之間，幾不免於害」。〔註52〕曹操迎獻帝入許，楊彪從獻帝，曹操大會公卿，楊彪顏色不悅，恐曹操加害，遂假託如廁而歸。楊彪為東漢一流高門出身，又與當時曹操的對手袁術聯姻，曹操對楊彪的不合作態度極為憤怒，遂假託楊彪與袁術聯姻一事以大逆之名收之下獄，但不久又因其高名，不得已放出。儘管楊彪對曹魏政權表示不滿，但作

化較深。正因其非漢非「虜」，在孝文帝定姓族時才愈顯特殊，所以史籍中才留下了薛氏人物爭入郡姓的記載，而且這也是孝文帝定姓族時，具體家族被列郡姓的唯一可考史料。

〔註48〕河東薛氏家族發展直至孝文帝時入列郡姓的過程在本書後面的章節中將有詳細論述。

〔註49〕田餘慶《東晉門閥政治·後論》，北京大學出版社，2005年。

〔註50〕華藝出版社，2000年。

〔註51〕《後漢書》卷五四《楊震傳附玄孫脩傳》。

〔註52〕《後漢書》卷五四《楊震傳附楊彪傳》。

爲一流高門，曹操父子仍著意籠絡。曹丕建魏後，欲以楊彪爲太尉，楊彪固辭，曹丕又授其爲光祿大夫，並「賜几杖衣袍，因朝會引見，令彪著布單衣、鹿皮冠，杖而入，待以賓客之禮」。〔註53〕楊彪子楊脩，爲曹操主簿，知名當世，但因與曹植相厚，又爲袁術外甥，被曹操所殺。由此，曹魏政權下，弘農楊氏政治地位較東漢時期已經轉衰，不過其高門聲望仍然爲世所重，故曹丕對不應其命的楊彪仍待以賓客之禮。

　　唐長孺先生有言，魏晉品評士人不僅重視其父祖官爵，更重當世軒冕。〔註54〕弘農楊氏不僅具有東漢世族舊資，而且，即使他們在曹魏時期政治地位衰落，但其名聲不減，並且在西晉時期，再次擁有顯赫權勢和知名聲望。《三國志・魏志》卷十九《陳思王植傳》注引《世語》曰：「脩子囂，囂子準，皆知名於晉世。囂，泰始初爲典軍將軍，受心膂之任，早卒。準字始丘，惠帝末爲冀州刺史。」楊囂族人楊文宗在魏時爲通事郎，其女爲晉武帝元皇后；楊文宗從弟楊駿女爲晉武帝悼皇后〔註55〕，楊駿及楊濟、楊珧兄弟三人超居重位，楊駿後來總攬朝政，勢傾天下，當時有「三楊」之號。〔註56〕

　　由儒入玄是魏晉士族的文化特徵，也是東漢世家大族入魏晉爲士族的必要條件。〔註57〕弘農楊氏本憑儒學入仕，是典型的經學世家。但到魏晉時期，其家族成員已漸染玄風。如楊囂之子楊準，《三國志》卷十九《陳思王植傳》注引荀綽《冀州記》曰：「準見王綱不振，遂縱酒，不以官事爲意，逍遙卒歲而已。成都王知準不治，猶以其爲名士，惜而不責，召以爲軍謀祭酒。府散停家，關東諸侯議欲以準補三事，以示懷賢尚德之舉。事未施行而卒。」楊準終日逍遙縱酒正是當時魏晉風度、「名士」行爲。楊準六子：喬、髦、朗、林、俊、伸，〔註58〕楊喬、楊髦皆爲二千石，楊俊爲太傅掾。上引荀綽《冀

〔註53〕《後漢書》卷五四《楊震傳附玄孫脩傳》。
〔註54〕唐長孺《士族的形成和升降》，《魏晉南北朝史論拾遺》，中華書局，1983年。
〔註55〕汪藻《世說敘錄・弘農華陰楊氏譜》（《世說新語》，上海古籍出版社1982年）記楊駿爲楊囂別族，且言楊文宗爲楊駿之從父兄。
〔註56〕《晉書》卷四十《楊駿傳》。需要指出的是，楊駿兄弟雖權勢顯赫，但聲望不美，多爲當時高門河東裴氏、琅玡王氏所輕。如《晉書》卷三五《裴秀傳附楷傳》曰：「楷子瓚娶楊駿女，然楷素輕駿，與之不平。」；《晉書》卷四三《王戎傳附從弟衍傳》：「楊駿欲以女妻焉，衍恥之，遂陽狂自免。」而楊囂、楊準等則有高名。
〔註57〕田餘慶《東晉門閥政治・後論》，北京大學出版社，2005年，第270頁。
〔註58〕汪藻《世說敘錄・弘農華陰楊氏譜》，《世說新語》，上海古籍出版社，1982年。《世說新語・賞譽》「世目楊朗條」注引《八王故事》曰：「楊淮有六子，

州記》載：「準子嶠字國彥，髦字士彥，並爲後出之俊。準與裴頠、樂廣善，遣往見之。頠性弘方，愛嶠之有高韻，謂準曰：『嶠當及卿，然髦小減也。』廣性清淳，愛髦之有神檢，謂準曰：『嶠自及卿，然髦尤精出。』準歎曰：『我二兒之優劣，乃裴、樂之優劣也。』評者以爲嶠雖有高韻，而神檢不逮，廣言爲得。傅暢云：『嶠似準而疎。』」〔註59〕「高韻」「神檢」蓋爲當時士人風範。《世說新語・賞譽》「世目楊朗條」注引《八王故事》曰：「楊淮有六子，曰：喬、髦、朗、琳、俊、仲，皆得美名。論者以謂悉有台輔之望。文康庾公每追歎曰：『中朝不亂，諸楊作公未已也。』」楊準父子如此，其家族已完成家學門風上的由儒入玄，或者儒玄雙修，成爲由東漢舊族轉變而來的魏晉士族中的舊出門戶。

六、京兆杜氏

中古杜氏一姓五望，而以京兆杜陵杜氏爲最。且五望之中，襄陽杜氏、洹水杜氏以及《新唐書》卷七二上《宰相世系表二上》「杜氏條」不載之中山杜氏，溯其房支遠祖，皆同出杜陵。襄陽杜氏出自西晉當陽侯杜預子杜尹；洹水杜氏出自戴侯杜畿季子寬；中山杜氏同承杜畿。杜氏襄陽望、洹水望、中山望的形成即因京兆杜氏在永嘉亂後徙至不同地域而形成。本書所論京兆杜氏，包括此三望在內。杜氏另一濮陽望因遠承南陽杜赫，與京兆杜陵杜氏無承繼關係，故不在論及範圍之內。

中古京兆杜陵杜氏士族地位的奠定可溯至西漢杜周。《史記》、《漢書》皆有《杜周傳》，杜周以吏起家，天漢三年官至御史大夫。其兩子「夾河爲守」〔註60〕，權傾一時，甚爲尊顯。少子杜延年，先爲霍光吏，後因立宣帝之定策功受帝信用，「出即奉駕，入給事中，居九卿位十餘年，賞賜賂遺，訾數千萬」〔註61〕。五鳳中，居其父官府，亦爲御史大夫。史載「杜周初徵

曰：喬、髦、朗、琳、俊、仲，皆得美名。論者以謂悉有台輔之望。文康庾公每追歎曰：『中朝不亂，諸楊作公未已也。』」楊淮當作楊準，余嘉錫箋疏引程炎震注已出校，後引《世說新語》文仍從「淮」，但當明「淮」即「準」，後不出注。

〔註59〕《世說新語・品藻》「冀州刺史楊淮二子喬與髦條」注引荀綽《冀州記》云：「喬字國彥，爽朗有遠意。髦字士彥，清平有貴識。並爲後出之俊。爲裴頠、樂廣所重。」

〔註60〕《史記》卷一百二十二《杜周傳》。

〔註61〕《漢書》卷六十《杜周傳》。

爲廷史，有一馬，且不全；及身久任事，至三公列，子孫尊官，家訾累數鉅萬矣」〔註62〕，杜周可謂杜氏名家之祖。但京兆杜氏之地望形成並非始於杜周，而奠定於其子杜延年。

杜周原爲南陽人，《漢書》卷六十《杜周傳》載其於「武帝時徙茂陵」。茂陵爲漢武帝陵，據《漢書》卷二八上《地理志八上》「右扶風條」，建元二年武帝初營陵邑，地屬內史，建元六年武帝分內史爲右內史，又於太初元年更名主爵都尉爲右扶風，茂陵屬焉。《史記》卷一百十二《主父偃傳》載，主父偃曾說武帝曰：「茂陵初立，天下豪桀并兼之家，亂眾之民，皆可徙茂陵，內實京師，外銷姦猾，此所謂不誅而害除。」並載「上又從其計」。《漢書》卷六四上《主父偃傳》記載略同。又據《漢書・武帝紀》，初置茂陵的第二年即建元三年春，河水溢於平原，百姓大饑，致使人相食，武帝特賜「徙茂陵者戶錢二十萬，田二頃」。則「茂陵初立」後不久，武帝即從主父偃計徙民於茂陵。此後武帝又分別於元朔二年、太始元年兩次徙民茂陵。元朔二年，「又徙郡國豪傑及訾三百萬以上於茂陵」；太始元年「徙郡國吏民豪桀於茂陵、雲陵」。〔註63〕杜周徙茂陵的時間，史無明載，王力平《中古杜氏家族的變遷》認爲「杜周一支大概就是在元朔二年以後遷徙到茂陵的」〔註64〕，可參考。

杜周徙茂陵是其家族徙居關中之始，但後世杜氏以海內高族望於杜陵則始自其子杜延年。《漢書》卷六十《杜周傳》「杜周武帝時徙茂陵，至延年徙杜陵云」。杜陵爲漢宣帝陵，《漢書》卷八《宣帝紀》：「元康元年（前65年）春，以杜東原上爲初陵，更名杜縣爲杜陵。徙丞相、將軍、列侯、吏二千石、訾百萬者杜陵。」延年仕宣帝「九卿位十餘年，賞賜賂遺，訾數千萬」，當在徙民之列。《三國志》卷十六《杜畿傳》注引《傅子》曰：「延年父周，自南陽徙茂陵，延年徙杜陵，子孫世居焉。」則自杜延年始，其家族世代以杜陵爲貫，杜氏之杜陵地望自此奠定。

杜延年子嗣繁盛，家道繼隆。據《漢書》卷六十《杜周傳附子延年傳》，延年七子，「五人至大官」，少子熊「歷五郡二千石、三州牧刺史，有能名」；中子欽「官不至而最知名」。杜欽一房於漢末顯名，「欽子及昆弟支屬至二千石者且十人」〔註65〕，成爲西漢末年的豪門世家。

〔註62〕《史記》卷一百二十二《杜周傳》。
〔註63〕《漢書》卷六《武帝紀》。
〔註64〕王力平《中古杜氏家族的變遷》，商務印書館，2006年，第21頁。
〔註65〕《漢書》卷六十《杜周傳附杜欽傳》。

之後，杜氏有所衰落。杜欽長兄杜緩子杜業雖於漢成帝時期尚帝妹潁邑公主，成爲皇室貴婿，但成、哀之際，皇權旁落，杜業不事權貴，受到權臣之黨的打壓。王莽當政，杜業遠徙合浦，憂懼而死。史稱杜業死後「賜諡曰荒侯，傳子至孫絕」〔註66〕，後世子孫遂失去了貴族身份的蔭庇，湮沒無聞。另有出自杜延年少子杜熊的杜篤，入《後漢書》傳。杜篤因作誄，以辭高爲帝所美，曾著《論都賦》，爲時所稱。但杜篤仕宦不高，因眼疾，「二十年不窺京師」〔註67〕。後隨其外家車騎將軍馬防出擊西羌，戰死於射姑山。其子杜碩未入仕途，「以貨殖聞」〔註68〕。杜氏在東漢時期的仕宦雖不比西漢，但其家族仍有一定的社會地位，杜篤妹適扶風馬氏即爲一證。

京兆杜陵杜氏一支歷兩漢至曹魏，雖非代代官顯，但杜周、杜延年鑄就的杜氏豪富顯名對杜氏入於魏晉成爲冠家華族有重要的奠定作用。曹魏時期杜氏最爲知名之杜畿即爲杜延年之後。杜畿先爲郡功曹、鄭縣令，後被荀彧薦於曹操任河東太守。據《三國志·魏志》卷十六《杜畿傳》，畿治河東，「是時天下郡縣皆殘破，河東最先定」；於河東開學宮，親自教授，「今河東特多儒者，畿之由矣」；曹操征漢中，「軍食一仰河東」；杜畿守河東十六年，「常爲天下最」。魏文帝即位，杜畿官至尚書僕射，後因試船，遇風覆沒。文帝愍之，追贈太僕，諡曰戴侯，以杜恕嗣。杜畿在曹魏時期所鑄功名爲其子孫進階仕途、博取高名奠定基礎。杜畿三子：恕、理、寬，因「功臣」、「名門」之後享有高名。魏明帝時，因杜恕「大臣」子，擢拜散騎侍郎，轉補黃門侍郎。杜恕在朝廷八年，論議亢直，多忤朝臣，不得當世之和，後多在外任。並終被程喜劾奏，遠徙章郡。杜理二十一歲早卒。杜寬「以名臣門戶，少長京師，而篤志博學，絕於世務，其意欲探賾索隱，由此顯名，當塗之士多交焉」。〔註69〕杜畿功績甚至蔭及其孫杜預，《三國志·魏志·杜畿傳附子恕傳》載：「甘露二年，河東樂詳年九十餘，上書訟畿之遺績，朝廷感焉。詔封恕子預爲豐樂亭侯，邑百戶」。

杜預爲杜恕子、司馬宣王女婿。他博學多通，文武兼修，損益萬機，不可勝數，時人號其爲「杜武庫」，稱其無所不能。杜預精研左傳，作《春秋左

〔註66〕《漢書》卷六十《杜周傳附杜業傳》。
〔註67〕《後漢書》卷八十上《杜篤傳》。
〔註68〕《後漢書》卷八十上《杜篤傳》。
〔註69〕《三國志·魏志》卷十六《杜畿傳》注引《杜氏新書》。

氏經傳集解》、《盟會圖》、《春秋長曆》，備成一家之學，堪稱經典。又為鎮南大將軍，克江陵，滅孫吳，有大功於西晉。卒後贈征南大將軍，開府儀同三司，子錫繼其爵位。錫在西晉官至尚書左丞，亦有高名。趙王倫篡位，「孫秀求交於錫，而錫拒之，秀雖銜之，憚其名高，不敢害也」〔註70〕。杜錫子杜乂聯姻當時四海望族河東裴遐之女，過江後在江左享有盛名〔註71〕，杜乂女為晉成帝杜皇后。

自西漢杜周以來，杜預及其子孫在西晉所享名位可謂隆盛。魏晉時期品第人物以當朝官爵為標準，兩漢名門子弟入於魏晉士族行列也以當朝權勢為依據。杜氏一門能成為三輔著姓，與京兆韋氏共享「城南韋杜，去天尺五」之高名，魏晉時期之杜畿乃至其孫杜預可謂其家族門第形成之關鍵。後世南北朝乃至隋唐之京兆杜氏欲標其家族之興，往往溯至杜預，以顯示其房支門戶清顯有依。

第二節　關中郡姓士族地位形成的地域背景

關中郡姓所繫六大家族本出關中、河東兩大地域之京兆、弘農、河東三郡，他們的成長壯大與生存地域緊密相連。一方面地域社會孕育、助推了家族勢力的成長，另一方面家族的壯大又主導、引領著地域社會的生活秩序和文化發展。

韋、杜之京兆杜陵，楊氏之弘農華陰〔註72〕，漢時屬三輔（京兆尹、左馮翊、右扶風）地區。有著較好的自然條件與經濟發展基礎。三輔地處渭河地塹，黃土覆蓋深厚，季風氣候，雨量充足，土壤疏鬆而肥沃，適宜農耕。因此自戰國始就獲得「天府」的美譽。秦漢之交，關中地區修建了鄭國渠、六輔渠、白渠、漕渠、成國渠、龍首渠等著名水利工程。西漢時期，農業生產工具、生產技術與管理水平等也是全國第一流的。《史記·貨殖列傳》云：

〔註70〕 《晉書》卷三四《杜預傳附子恕傳》。

〔註71〕 《世說新語·容止》「王右軍見杜弘治」條：王右軍見杜弘治，歎曰：「面如凝脂，眼如點漆，此神仙中人也。」（劉孝標注引《江左名士傳》曰：「永和中，劉真長、謝仁祖共商略中朝人士。或曰：『杜弘治清標令上，為後來之美，又面如凝脂，眼如點漆，粗可得方諸衛階。』」）時人有稱王長史形者，蔡公曰：「恨諸人不見杜弘治耳！」

〔註72〕 《續漢書·郡國志一》「司隸」之「弘農郡」條曰：華陰故屬京兆。蓋東漢時華陰隸於弘農。

「關中自汧、雍以東至河、華，膏壤沃野千里，自虞夏之貢以爲上田……故其民猶有先王之遺風，好稼穡，殖五穀……」《漢書・地理志》也載：關中「有鄠、杜竹林，南山檀柘，號稱陸海，爲九州膏腴。始皇之初，鄭國穿渠，引涇水溉田，沃野千里，民以富饒。」

三輔在秦漢時期即爲全國政治中心，經濟富庶，到漢武帝以後文化也迅速發展起來。秦王國時期，秦地保持著重農戰、尚武功的傳統，商鞅變法採取了禁止遊學、禁燬《詩》、《書》，使「農民無得聞變見方」的愚民政策，秦地本土的學術文化一直未能發展起來。秦朝及西漢前期，由於嬴秦推行焚書坑儒的愚民政策，西漢前期又實行無爲而治的方針，所以這種狀況也無什麼改變。及漢武帝以後，隨著京師文化機構——太學及石渠閣、天祿閣等藏書機構的發展，隨著仕宦與經學的結合、三輔地區形成「世家尚禮文」的風氣，也隨著各地文化名人向長安的大量集中、大量關東移民落籍關中，關中文化一改以前的蕭條情況，開始迅速繁榮起來。漢成帝時朱贛條陳各地風俗，稱三輔「世家則好禮文」。正是這種傳統的形成，使得東漢時期，三輔雖失去了京畿之地的優越地位，但文化卻繼續保持著發達的狀態。

要特別指出的是，漢武帝至東漢時期，三輔地區文化最發達區域是京兆、右扶風的諸陵縣區。陵縣的正式設置，始於漢高祖的長陵，而後成爲定例。西漢元帝前的諸帝，即位後就開始修築陵墓，同時徙民實陵邑，至皇帝死後葬入陵墓，陵邑即成爲陵縣。〔註73〕西漢諸帝陵縣有高帝長陵、惠帝安陵、文帝霸陵、景帝陽陵、武帝茂陵、昭帝平陵、宣帝杜陵，都在長安附近。實陵邑的遷徙對象，在漢初主要爲六國舊貴與功臣之家，此後則爲二千石以上的高級官吏、高訾富人及豪傑兼并之家。這些徙民被安置在諸帝陵縣，也兼及櫟陽、華陰、好畤等地〔註74〕。結果造成諸陵縣區「五方雜厝，風俗不純」〔註75〕，非自然的成爲大族權貴的密佈之地，也成爲文化興盛之地。班固《西都賦》描述道：「若乃觀其四郊，浮遊近縣，則南望杜、霸，北眺五陵，名都對郭，邑居相承，英俊之域，紱冕所興，冠蓋如雲。」張衡《西京賦》也說：「五縣遊麗辯論之士，街談巷議，彈射臧否，剖析毫釐，掰肌分理。」

如此，京兆韋、杜在西漢被遷杜陵時，該地不僅自然條件優越，經濟發

〔註73〕 葛劍雄《陵縣的設置與徙陵縣》，見《西漢人口地理》，人民出版社，1986年。
〔註74〕 《史記》卷九九《劉敬傳》小顏注。
〔註75〕 《漢書》卷二八《地理志下》「秦地」。

展基礎較好，而且已是冠帶雲集、文化繁榮之地。且韋氏被徙之前，即處於文化發達的關東地區。根據盧雲的研究，自先秦至漢代，關東地區特別是齊魯周宋地區一直是全國文化中心。西漢之初至武帝時，關東王國文化發展迅速，諸儒持續著習禮講學之業。〔註76〕韋賢的先祖韋孟，係漢初儒生，為楚元王傅，晚年移居魯國鄒邑，由孟至賢，以家學相傳。漢武帝後，隨著仕宦大門向經師儒生敞開，韋氏、楊氏這樣的經學世家開始世代獲取高位。而韋、杜等在冠蓋雲集、文化迅速發展的三輔地區，將原先的文化優勢與仕宦結合得更緊密，家族發展日隆。如此，韋、杜、楊蟬聯官爵，成為士族，正是從文化發達區域中開始的。〔註77〕

東漢末，漢羌衝突使關中屢遭兵禍，尤其是桓帝永康元年，東羌赤尾等部連續掠寇三輔，使三輔地區的社會、經濟遭到了嚴重破壞。至光和年間，京兆領民竟不足4000戶。後來的軍閥混戰更使關中遭受劫難。自董卓入據關中，「又稍誅關中舊族，陷以叛逆。」關中自此劫難相繼，人口大量流移。《三國志‧魏志‧衛覬傳》載：「頃遭荒亂，人民流入荊州者，十萬餘家。」於是關中出現了「強者四散，羸者相食，二三年間，關中無復人跡」〔註78〕的殘破景象。然而關中文化還不至於荒蕪，曹魏西晉時代的文化發達地區，基本上保持在豫兗青徐司雍地區和三輔地區。〔註79〕因為此後曹魏、西晉時代社會趨向穩定，經濟步入回升，更由於關中地區較為深厚的文化根基與尚有韋、杜、楊等一些世家大族的存在。

裴、柳、薛之河東郡，秦置，西漢承，裴氏之聞喜、柳氏之解、薛氏之汾陰俱隸其內。漢時河東屬三河之一，陪輔京都，位同三輔。漢武帝設刺史部，三河（河南、河內、河東）、三輔（京兆、左馮翊、右扶風）及弘農郡同屬司隸校尉。東漢時司隸校尉仍舊。漢末，省司隸校尉，以司隸部分屬豫州、冀州、雍州，弘農與京兆同隸雍州。曹魏代漢，河東與弘農同屬司隸，京兆屬雍州。西晉時，河東與弘農同隸司州，京兆屬雍州。如此，漢魏晉時期，河東、弘農、京兆在隸屬政區上有著非常多的關聯。無論京城在長安還是洛陽，河東都處京畿腹地，與京兆、弘農同屬全國政治中心區域。

河東地區自然地理條件優良，四面環山，森林植被豐富，又有黃河、汾

〔註76〕盧雲《漢晉文化地理》，陝西人民教育出版社，1991年，第19頁。
〔註77〕盧雲《漢晉文化地理》，陝西人民教育出版社，1991年，第34頁。
〔註78〕《三國志‧魏志‧董卓傳》。
〔註79〕盧雲《漢晉文化地理》，陝西人民教育出版社，1991年，第104～116頁。

河、速水、澮水、沁水或環繞或穿行，更不乏大小湖泊分佈其間。很早就有先民在此聚居繁衍，開始農業耕作。郡內尚有豐富的鹽鐵資源。安邑西南有鹽池，漢時在此置鹽官，並於安邑、皮氏、平陽、絳置鐵官。河東郡出入交通便利，與河洛、關中地區皆有暢達的陸路和水上交通，不僅有重要的漕運地位，且是帝王經常巡行之所。〔註80〕不過，論及文化發展，西漢時，河東仍很落後。張華《博物志》載，河東郡「近鹽沃土之民不才，漢興，少有名人，大衣冠三世皆絕也」〔註81〕與京兆杜陵、弘農華陰相比，河東郡的經學儒風發展要晚一些。建安十年，杜畿出任河東太守，掃除郡內反抗勢力，恢復社會秩序。「是時天下郡縣皆殘破，河東最先定」，杜畿在河東十六年，不僅政治安定，且經濟充實，曹操西征蒲坂，「軍食一仰河東」。杜畿在河東大力推行教化，「又開學宮，親執教授，郡中化之」〔註82〕，使「河東特多儒者」〔註83〕。對河東文化作出貢獻的還有河東大儒樂詳。杜畿署其爲文學祭酒，「使教後進，於是河東學業大興」〔註84〕。自曹魏至西晉時，河東一地的文化保持良好的發展勢頭，據盧雲所論，西晉時期，豫、兗、青、徐、司、雍六州之地文化最爲發達，「尤其是洛陽周圍的潁川、汝南、南陽、陳留、河內、河東一帶，文化發展水平最高」〔註85〕。自漢至晉，河東由落後之地發展成爲全國文化水平最高的區域，經歷了一段長時期的過程。而這個過程也正是河東士族的成長時期。裴氏在漢魏時期成爲四海名家，此後柳氏、薛氏漸漸成長起來，發展爲河東一地最負盛名的著姓望族。

〔註80〕 詳參向晉衛、穆葳《先秦兩漢時期的山西交通》，收於李書吉主編《中古時期汾河流域的環境與社會》，三晉出版社，2013年，第35～48頁。
〔註81〕 王謨《漢唐地理書鈔》輯張華《博物志》。
〔註82〕 《三國志・魏志・杜畿傳》。
〔註83〕 《三國志・魏志・杜畿傳》注引《魏略》。
〔註84〕 《三國志・魏志・杜畿傳》注引《魏略》。
〔註85〕 盧雲《漢晉文化地理》，陝西人民教育出版社，1991年，第114頁。

第三章　永嘉亂後關中郡姓的遷徙與地域選擇

西晉末年的八王之亂和永嘉之禍，使京師洛陽及周圍大部分地區成為戰場，中州士人紛紛向外遷移，至江左、河西、遼東等地尋求生存，其中以江左最多〔註1〕，所謂「洛京傾覆，中州士女避亂江左者十六七」〔註2〕。而考之關中郡姓六大家族，他們在動亂之初向外尋求生存機會的房支成員並不多。

第一節　兩晉之際京兆韋氏的遷徙與地域選擇

一、京兆韋氏與胡族政權

京兆韋氏在永嘉亂後很少有人渡江，且河西、遼東之境也難覓其蹤影，更多的則留在本土，冒險仕於胡族政權。永嘉喪亂，關中一帶輾轉易手於前趙（漢）、石趙、苻秦、姚秦等不同的胡主政權，搜檢史籍可以發現，留居本土的京兆韋氏正是依憑其家族聲望，不斷與本貫不同的胡主合作，以期保家全身，謀求仕途發展。

最先經營關中的胡族政權為前、後趙，京兆韋氏中有韋謏父子先後任職於這兩個政權。《晉書》卷九一《儒學・韋謏傳》載，韋謏以儒學著稱，劉曜任其為黃門郎。後又為石虎散騎常侍，「前後四登九列，六在尚書，二為

〔註1〕 譚其驤《晉永嘉喪亂後之民族遷徙》，收於《長水集》（上），人民出版社，1987年。
〔註2〕 《晉書》卷六五《王導傳》。

侍中，再爲太子太傅，封京兆公」，歷職清顯。石趙政權亂，韋謏又被冉閔所用，署爲光祿大夫，因諫言觸怒冉閔，與其子伯陽同被殺。

石虎政權立國河北，曾徙秦、雍士民東實京師，京兆韋、杜二族衣冠也在被徙之列。《晉書》卷一百六《石季龍載記上》載：「鎮遠王擢表雍、秦二州望族，自東徙已來，遂在戍役之例，既衣冠華胄，宜蒙優免，從之。自是皇甫、胡、梁、韋、杜、牛、辛等十有七姓蠲其兵貫，一同舊族，隨才銓敘，思欲分還桑梓者聽之；其非此等，不得爲例。」京兆韋、杜等家族以「衣冠華胄」不僅可優免戍役，且「一同舊族，隨才銓敘」，爲徙民中之上等特例。這裡韋、杜等姓被單獨列出，其被徙之家族成員應該不少，只因史不詳載，可考的被「隨才銓敘」之京兆韋氏除上文所述韋謏外，餘無聞也。

京兆韋氏成員活動最多的胡族政權要數立國關中的前、後秦。苻、姚政權以長安爲都，留居京兆本貫的韋氏以其家族名望多被徵召，自不待言。而且苻、姚胡主注重漢族文物制度，崇尚漢魏儒學，遂使京兆韋氏等許多漢族士人願意與之合作。京兆韋氏仕於苻秦政權的代表人物爲東眷韋穆曾孫韋鍾父子。韋鍾任前秦尚書，東晉太元四年受苻堅調遣，侵東晉魏興，克之〔註3〕。鍾子謙、華俱在苻秦任職〔註4〕，韋華曾任黃門郎〔註5〕。與韋鍾父子同仕於苻秦政權的還有韋閬從叔韋道福之父韋羆，《魏書》卷四五《韋閬傳》載，韋閬從叔道福父親韋羆，特爲苻堅丞相王猛所重，王猛以女妻韋羆，苻堅任其爲東海太守。淝水戰後，苻秦政權解體，韋羆南奔。韋鍾、韋謙並爲西燕主慕容沖所執，慕容沖任韋謙爲馮翊太守，欲利用其聲望召集三輔之民。馮翊壘主邵安民以不忠不義責讓韋謙，謙以告鍾，遂致韋鍾自殺、韋謙南奔，終不爲西燕慕容氏所用〔註6〕。韋鍾另一子韋華也於苻堅政權崩潰後南奔襄陽〔註7〕，至姚興立國關中，韋華又自襄陽北投姚興〔註8〕。

苻秦政權解體，原統屬於苻氏的慕容鮮卑、姚羌、拓跋鮮卑等先後各自建立政權。這種紛亂的局勢給在苻氏政權官高職顯的京兆韋氏帶來了一次重

〔註3〕《晉書》卷九《孝武帝紀》，《晉書》卷八九《吉挹傳》。
〔註4〕《新唐書》卷七四上《宰相世系表四上》「韋氏」：東眷曾孫鍾。鍾生華。
〔註5〕《晉書》卷一百十三《苻堅載記上》。
〔註6〕《資治通鑒》卷一百六《晉紀二十八》孝武帝太元十年（385 年）「西燕主沖攻秦高陽愍公方於驪山條」。
〔註7〕韋華南奔不見史載，但據其先在苻秦任職，後自襄陽投姚興，推測其應在苻堅政權解體時南奔襄陽。
〔註8〕《晉書》卷十《安帝紀》，《晉書》卷一百十七《姚興載記上》。

創，爲保家全身，京兆韋氏四散各地，開始了其家族第一次比較大規模的播遷行動，京兆韋氏的南遷即始於此時。〔註9〕此外尚有東遷河北仕於後燕慕容垂政權者，如後世稱爲閬公房的韋閬父韋逵，曾任慕容垂吏部郎、大長秋卿。慕容氏政亂，韋閬等避居薊城，後應北魏太武帝徵召仕魏。〔註10〕

　　不過總體而言，苻堅政亂以後，京兆韋氏自保不遷、繼續出仕關中姚秦政權者更占多數。如西晉北平太守韋廣一房，據《梁書》卷十二《韋叡傳》載，韋廣子韋軌在孝武太元之初南遷襄陽，但韋廣另一子韋諶卻未南下，韋諶子韋宣出任姚秦郎中〔註11〕。甚至南奔襄陽的韋華在姚興立國關中後，又自襄陽率流人來歸，姚興嘉賞其爲中書令，後遷右僕射、兗州刺史等職。其子韋玄有高名〔註12〕，「多蔑時輩」〔註13〕，隱居養志，不應姚興徵召。同時姚秦政權下還有京兆太守韋範〔註14〕、尚書郎韋宗〔註15〕等，亦可能同出京兆韋氏。京兆韋氏多仕於關中姚秦政權還可從其家族南遷房支多在劉裕平關中後南下看出，後世稱之爲平齊公房的韋瑱曾祖韋惠度，曾任姚泓尚書郎，《周書》卷三九《韋瑱傳》記其「隨劉義眞過江」；同時，東眷韋穆孫韋肅房支之南遷亦爲隨劉義眞渡江。〔註16〕劉義眞在劉裕平關中後鎮守關中。劉裕平關中，仕於姚秦政權之京兆韋氏歸降，韋華「先據倉垣，亦率眾歸順」〔註17〕；義眞鎮長安，辟韋肅爲主簿。義眞鎮長安不久，赫連勃勃來攻，劉裕遂命劉義眞渡江南歸，韋惠度、韋肅等房支即於此時隨義眞南下。而降歸劉裕的韋華因其叛逃東晉之歷史，在赫連勃勃攻長安時「奔夏」，〔註18〕韋

〔註9〕　關於京兆韋氏的南遷，下文將作專門論述。

〔註10〕　《魏書》卷四五《韋閬傳》。

〔註11〕　《韋彧墓誌》：「七世祖晉太常卿、上祿貞侯，諱敦；六世祖北平太守、關內靖侯，諱廣；高祖清河府君，諱諶；曾祖姚秦郎中，諱宣……」參見周偉洲、賈麥明、穆小軍《新出土的四方北朝韋氏墓誌考釋》，《文博》，2000年第2期。

〔註12〕　《晉書》卷一百三十《赫連勃勃載記》與《宋書》卷九五《索虜傳》並記韋玄事，但一爲韋玄，一爲韋祖思，蓋祖思爲以字稱名。

〔註13〕　《魏書》卷五二《胡叟傳》。

〔註14〕　《晉書》卷一百十五《苻登載記》。

〔註15〕　《晉書》卷一百十八《姚興載記下》。

〔註16〕　《魏書》卷四五《韋閬傳》。

〔註17〕　《宋書》卷二《武帝紀中》。

〔註18〕　《資治通鑒》卷一百一十八《晉紀四十》安帝義熙十四年（418年）：「十一月，齡石至長安。義眞將士貪縱，大掠而東，多載寶貨、子女，方軌徐行。雍州別駕韋華奔夏。」胡注：韋華本姚氏臣，裕用爲雍州別駕。

華子韋玄亦應赫連勃勃徵召出山，竟被赫連勃勃所殺。〔註19〕

如此，保據本貫、安土重遷、甘仕胡主是京兆韋氏在永嘉喪亂後在地域和政權選擇方面的主要傾向，這與當時眾多世家大族紛紛選擇南遷江左、西走河西、東徙遼東不同。京兆韋氏為漢魏高門，自西漢起即宗族繁盛，在京兆乃至關中一帶擁有巨大的家產和權勢聲望，縱若中朝崩壞，鄉土紛亂，仍難棄故園，遠徙他鄉。而且，南遷江左的中州士人喜尚玄學，而京兆韋氏家族成員中未見有濡染玄風者。按照何啟民先生《五胡亂華時期中的中原郡姓》的觀點，留北的中原士族為保持傳統經學之舊閥閱者，而南下的是那些受過新時代新思潮即玄學洗禮的家族；北方胡族政權愛好經學對於這些舊閥閱者「具備一種特殊的吸引力」。〔註20〕如此說來，京兆韋氏留居本土也有思想文化方面的因素。無論如何，京兆韋氏留居本土，並憑藉其家族門望，在胡族政權中也多享有職權，如韋華之仕苻堅，時稱州里高達，其子韋玄更著高名。〔註21〕不過隨著苻秦、姚秦之關中政權先後解體，京兆韋氏也先後開始播遷，河北慕容垂、江左劉宋政權為其家族遷徙的主要方向。

二、京兆韋氏南遷江左

西晉末年永嘉喪亂之初，京兆韋氏家族主體自保不遷以外，也有因緣際會流於江左、仕於東晉者。據《晉書》卷七十《應詹傳》，有京兆韋泓者，先因喪亂客流洛陽，依託應詹，應詹待之情若兄弟。後隨應詹投奔晉元帝，由應詹向元帝舉薦，韋泓遂被辟為少府卿。這是可考的京兆韋氏在東晉初年任職的唯一個例，也可以看作是京兆韋氏南遷江左的第一人。應詹向晉元帝舉薦韋泓時曰：「自遭喪亂，人士易操，至乃任運固窮，耿介守節者鮮矣。伏見議郎韋泓，年三十八，字元量，執心清沖，才識備濟，躬耕隴畝，不煩人役，靜默居常，不豫政事。昔年流移，來在詹境，經寇喪資，一身特立，短褐不掩形，菜蔬不充朝，而抗志彌厲，不遊非類。……若蒙銓召，付以列曹，必能協隆鼎味，緝熙庶績者也。」〔註22〕京兆韋氏本為三輔望族，遭逢亂世，韋泓竟落得「短褐不掩形，菜蔬不充朝」之境地，蓋為韋氏之疏族。故在京

〔註19〕《宋書》卷九五《索虜傳》。
〔註20〕何啟民《五胡亂華時期的中原郡姓》，收於氏著《中古門第論集》，臺灣學生書局，1982年。
〔註21〕《魏書》卷四二《寇讚傳》。
〔註22〕《晉書》卷七十《應詹傳》。

兆韋氏家族主體喪亂之後多自保不遷、仕於胡主時，唯其「抗志彌厲，不遊非類」。晉元帝辟用韋泓，非因京兆韋氏之門望，而爲嘉賞其操行也。

京兆韋氏本爲三輔望族，其家族主支在喪亂之後多自保不遷，仕於胡主。韋泓雖爲京兆韋氏較早南遷者，但僅憑「一身特立」，難能爲京兆韋氏在江左政權中爭取政治社會地位，故其家族於後世南渡江左的成員，已屬晚渡士人。

第二節　兩晉之際河東裴氏的遷徙與地域選擇

永嘉喪亂後，河東裴氏的家族遷移以西遷河西、東遷遼東者爲多，鮮有南渡江左者。按遷徙地域、入仕政權之區別，《新唐書》卷七一上《宰相世系表一上》「裴氏條」書裴氏定著五房，分別爲西眷裴、洗馬裴、南來吳裴、中眷裴和東眷裴。其中西眷爲裴徽之後，「以其子孫多仕西涼者，故號西眷」；東眷爲裴輯之子孫，多仕於遼東慕容氏，如裴嶷、裴開等；洗馬裴、南來吳裴、中眷裴並出自西眷裴之後，因在苻堅平涼時復歸桑梓以後再次分途得名。因河東裴氏鮮有人物渡江，昔日「八裴方八王」的河東裴氏在「王與馬共天下」的東晉門閥政權中寂寥無聞。學人論及此點，往往認爲河東裴氏家大族眾，安土重遷，甘於冒險侍胡，而不願南下。本節即就河東裴氏在遷徙地域和出仕政權選擇上作一番考究。

一、江　左

儘管永嘉亂後避亂江左之中州士女十之六七，但像河東裴氏這樣留北不渡江的中原士族也大有人在，除卻路途遙遠、安土重遷等原因外，學界還另有其他深論。

何啓民先生《五胡亂華時期中的中原郡姓》在解釋「郡姓」（何先生將五胡亂後的中原士族以是否南渡分爲「僑姓」和「郡姓」兩類，此分法準確與否暫且不論。）何以留北時強調了文化因素。他在文中指出，留北的中原士族爲保持傳統經學之舊閥閱者，而南下的是那些受過新時代新思潮即玄學洗禮的家族；北方胡族政權愛好經學，於這些舊閥閱者「具備一種特殊的吸引力」〔註23〕。何先生的論點就當時士族整體而言，大體是正確的。但就河

〔註23〕何啓民《五胡亂華時期的中原郡姓》，收於《中古門第論集》，臺灣學生書局，

東裴氏來說，自漢末以來入於魏晉，其家族已由儒學而漸染玄風。裴徽為裴氏中漸染玄風者，「有高才逸度，善言玄妙也」〔註24〕，「數與平叔共說老、莊及易」〔註25〕；其子裴楷「特精易義」〔註26〕，「能清言」〔註27〕；徽孫遐「以辯論為業，善敘名理，辭氣清暢，泠然若琴瑟。聞其言者，知與不知，無不歎服」〔註28〕；徽兄潛之孫頠「談理，與王夷甫不相推下」〔註29〕，「時人謂為『言談之林藪』〔註30〕」。據此，由尚儒或尚玄來解釋裴氏少有渡江之因還不確切。

　　田餘慶先生有論，「決心過江的士族，就其多數而言，都是八王之亂後期東海王越與成都王穎對峙時屬於東海王越陣營的名士」，認為解釋士族是否南行，士族本貫與建康道里遠近僅為一端，而要考慮他們在歷史上與司馬越、司馬睿的政治關係〔註31〕。而於八王之亂後期，河東裴氏，特別是裴徽後人多有屬於司馬越、司馬睿陣營者。如裴康子裴盾永嘉年間為徐州刺史，東海王越是其妹夫〔註32〕；裴盾弟裴邵在司馬睿為安東將軍時與王導各為其長史、司馬，二人相交甚厚〔註33〕；裴綽子裴遐為司馬越主簿〔註34〕；裴潛孫裴邈曾任太傅司馬越從事中郎〔註35〕，為司馬越府三才之一〔註36〕。而與司馬穎關係密切的，據林校生先生考證，只有裴武〔註37〕。

　　　　1982 年。

〔註24〕《世說新語・文學》「傅嘏善言虛勝條」注引《管輅傳》。

〔註25〕《三國志・魏志》卷二九《管輅傳》注引《輅別傳》。

〔註26〕《世說新語・德行》「梁王、趙王條」注引《晉諸公傳》。

〔註27〕《世說新語・賞譽》「王夷甫自歎條」注引《晉陽秋》。

〔註28〕《世說新語・文學》「裴散騎娶王太尉女條」注引鄧粲《晉紀》。

〔註29〕《世說新語・文學》「中朝時，有懷道之流，有詣王夷甫諮疑者條」注引《晉諸公贊》。

〔註30〕《世說新語・賞譽》「裴僕射時人謂為言談之林藪條」。

〔註31〕田餘慶《東晉門閥政治》，北京大學出版社，2005 年，第 276 頁。

〔註32〕《晉書》卷三五《裴秀附楷子憲傳》。

〔註33〕《晉書》卷三五《裴秀附楷子憲傳》。

〔註34〕《晉書》卷三五《裴秀附楷子憲傳》。

〔註35〕《三國志・魏志》卷二三《裴潛傳》裴松之注。

〔註36〕《世說新語・賞譽》「太傅有三才條」：「太傅有三才：劉慶孫長才，潘陽仲大才，裴景聲清才。」注引《八王故事》曰：「劉輿才長綜覈，潘滔以博學為名，裴邈強力方正，皆為東海王所暱，俱顯一府。故時人稱曰：輿長才，滔大才，邈清才也。」

〔註37〕林校生《西晉「八王」幕佐分府考錄》，《寧德師專學報》，2003 年第 1 期。

　　比較而言，在與兩王及兩陣營之關係上，河東裴氏與司馬越、司馬睿關係更近，而且裴盾、裴邵之妹就是對司馬睿南渡起過重要作用的司馬越裴妃〔註38〕，裴盾、裴邵、裴遐、裴邈是最有可能渡江者。然觀諸四人命運，大都難幸免於戰亂之中。裴盾於司馬越死後遭逢劉淵將王桑、趙固侵逼，與其長史司馬奧逃奔淮陰，後又在奧勸誘下降於趙固，但終被趙固所殺〔註39〕；裴邵隨司馬越出項時卒於軍中〔註40〕；裴邈被匈奴軍大敗於澠池後，生死不明〔註41〕；裴遐被司馬越子毗所害〔註42〕。考之後代，裴邵、裴邈後人史無明載，裴盾妻子在其逃奔淮陰時即被匈奴「賊人」所得〔註43〕；裴遐無子，唯女裴穆即晉成帝杜皇后母渡江〔註44〕。由此，河東裴氏雖與司馬越關係密切，但於戰亂中大傷元氣，不待渡江而身死家破，縱若不存河南河北畛域之見，也難成渡江之行。

　　裴氏中屬司馬越陣營的還有裴楷子裴憲。據《晉書‧裴秀傳附楷子憲傳》載，裴憲曾被司馬越表為豫州刺史、北中郎將、假節，司馬越黨王浚在北方承制，憲又為其尚書，因此裴憲當屬司馬越陣營。裴憲本有南渡之機，在石勒進寇冀州時，裴憲曾因不敵遂棄軍奔淮南。但就在司馬睿欲在江左承制置官司時，裴憲與江州華軼不從，司馬睿遣軍擊之，斬軼，裴憲遂奔幽州。裴憲尚儒，曾為修尚儒學，「足不踰閾者數年」，應為傳統經學之抱守者；雖屬司馬越陣營，但恪守盡忠中朝晉室之心，寧願「服侍」凶粗醜正之王浚，為「晉之遺藩」效命，而對司馬睿假置名號拒不從命。但王浚終為石勒所破，裴憲無奈仕於胡主，歷官無干績之稱。此為歸依司馬越營而不得南渡之又一類也。

　　屬於司馬越陣營之河東裴氏最有可能渡江者均不得渡，那渡江之少數裴氏又為何人呢？

　　史載中有名裴純者於永嘉四年（310年）奔建鄴，《晉書》卷五《孝懷帝紀》載：「（永嘉四年）五月，石勒寇汲郡，執太守胡寵，遂南濟河，榮陽太

〔註38〕參見田餘慶先生《東晉門閥政治》，北京大學出版社，2005年，第15頁。裴妃先沒於石勒軍，後被人掠賣於吳氏，太興中（318～322年）得以渡江。
〔註39〕《晉書》卷三五《裴秀附楷子憲傳》。
〔註40〕《晉書》卷三五《裴秀附楷子憲傳》。
〔註41〕《魏書》卷九五《羯胡石勒傳》。
〔註42〕《晉書》卷三二《成恭杜皇后傳》。
〔註43〕《晉書》卷三五《裴秀附楷子憲傳》。
〔註44〕《晉書》卷三二《成恭杜皇后傳》。

守裴純奔建鄴。」《晉書》卷一百四《石勒載記上》同記此事，曰：「（勒）渡河攻廣宗、清河、平原、陽平諸縣，降勒者九萬餘口。復南濟河，滎陽太守裴純奔於建鄴」。按河東裴康四子中有名裴純者，《三國志·魏志》卷二三《裴潛傳》注引《晉諸公贊》：「康子純，黃門侍郎」。但《晉書》卷三五《裴秀傳附楷子憲傳》中敘及裴康子，只言裴盾、裴邵而無裴純，又上引史料中裴純爲滎陽太守而非黃門侍郎，則南奔建鄴之裴純是否爲裴康之子甚至是否貫於河東暫不得知。

反觀仕於東晉的河東裴氏，史載稍詳的《宋書》卷六四《裴松之傳》記載，「裴松之字世期，河東聞喜人也。祖昧，光祿大夫。父珪，正員外郎。……博覽墳籍，立身簡素。年二十，拜殿中將軍。此官直衛左右，晉孝武太元中革選名家以參顧問，始用琅琊王茂之、會稽謝輶，皆南北之望。……（元嘉）二十八年，卒，時年八十。」裴松之卒於元嘉二十八年（451 年），時年八十，則其生年應爲晉簡文帝咸安二年（372 年），二十歲拜「殿中將軍」時爲晉孝武帝太元十八年（391 年）。裴松之既任職於晉孝武帝時，則其父祖早於此前南下，但因其父祖事蹟史載不詳，究竟於何時何種境況下渡江難以確認。

但值得注意的是，《梁書》卷三十《裴子野傳》載：「裴子野字幾原，河東聞喜人，晉太子左率康八世孫。兄黎，弟楷、綽，並有盛名，所謂『四裴』也。曾祖松之，宋太中大夫。祖駰，南中郎外兵參軍。父昭明，通直散騎常侍。」該條史文繫裴松之於裴康之後。裴康有子四人：裴純、裴盾、裴邵、裴廓。裴盾、裴邵爲極有可能渡江者，但裴盾妻子爲匈奴所得，恐無流落過江者；裴邵與王導深交，如有子孫過江當受舉用，應爲世人所知；裴廓後人爲史文不載。聯繫上文曾述及一位不明本貫又與裴康長子同名且南奔建鄴的裴純，似可推測南奔之裴純可能就是裴康之子裴純；而居於江左之裴松之父祖可能就是南奔建鄴的裴純之後。那麼河東裴氏始過江於永嘉四年（310 年），距王導、司馬睿永嘉元年（307 年）渡江至建鄴僅隔三年。

據此，裴松之父祖爲西晉末河東裴氏過江之罕有者，但河東裴氏主要宗族多留北方，又因裴松之父祖立身簡素，世以儒史爲業〔註45〕，與江左上流尚玄之風相左，遂聲望不顯。不僅裴松之父祖於東晉幾無事蹟記載，松之所拜殿中將軍一職因「直衛左右」，而於「革選名家以參顧問」時被有「南北

〔註45〕《梁書》卷三十《裴子野傳》。

之望」的琅琊王茂之、會稽謝輶接任，可見河東裴氏於東晉已非名家，難入望族。松之於晉室居官近三十年直至劉宋名望才顯，官至太中大夫。另，撰《語林》之裴啓，《隋書》卷三四《經籍志三》書其爲東晉處士，《世說新語・輕詆篇》注引《續晉陽秋》曰：「晉隆和中，河東裴啓撰漢、魏以來迄於今時，言語應對之可稱者，謂之《語林》」，但裴啓之身世與南遷情況還有待考證。

綜觀上述，於河東裴氏永嘉亂後之南渡可以得出三種認識：一，屬於司馬越、司馬睿陣營最有可能南下者，因戰禍身死家破而難成行；二，有南下之機，但恪守儒學政治傳統與司馬睿政治態度不和而不被接納；三，雖有南下建鄴者，又因遠離宗族、專修素業而聲望難顯。

二、河西、遼東

前文已述，河東裴氏於永嘉之際多有奔遼東、河西者。就西晉惠懷之際的河西形勢而言，陳寅恪先生早有所論：「劉石紛亂之時，中原之地悉爲戰區，獨河西一隅自前涼張氏以後尚稱治安」〔註46〕，「蓋張軌領涼州之後，河西秩序安定，經濟豐饒，既爲中州人士避難之地，復是流民移徙之區，百餘年間紛爭擾攘固所不免，但較之河北、山東屢經大亂者，略勝一籌」〔註47〕。因此，天下大亂時，河西成爲僅次於江左的中州士庶避難地域，河東裴氏即裴徽長子裴黎子孫多避於此也就不難理解。但值得提及的一點是相對於寓居宗族本貫自保不遷的裴氏來說，河東裴氏播遷河西者與其在晉末的仕宦地有關。

徵之於史，裴黎二子：粹、苞。粹爲晉武威太守〔註48〕，苞爲晉秦州刺史〔註49〕。武威郡屬涼州，爲張氏政權所轄之地；秦州於晉太康三年曾被併入雍州，惠帝元康七年復立，鎮上邽〔註50〕，苞後被張軌將宋配擊敗，奔桑凶塢〔註51〕。所謂「子孫多避於西涼」者多爲此二人之子孫，粹子詵「避地

〔註46〕陳寅恪《隋唐制度淵源略論稿》，三聯書店，2001年，第23頁。
〔註47〕陳寅恪《隋唐制度淵源略論稿》，三聯書店，2001年，第30頁。
〔註48〕《新唐書》卷七一上《宰相世系表一上》「裴氏條」。
〔註49〕《三國志・魏志》卷三二《裴潛傳》注引《晉諸公贊》，《晉書》卷三七《宗室南陽王模傳》及同書卷八六《張軌傳》。
〔註50〕《晉書》卷一四《地理志上》。
〔註51〕《晉書》卷八六《張軌傳》；譚其驤《中國歷史地圖集》（第三冊），中國地圖出版社，1990年，第43～44頁。

涼州，及苻堅克河西，復還解縣」，粹子暅「自河西歸桑梓，居解縣洗馬川」，苞孫嗣「西涼武都太守」；〔註52〕「徽子游擊將軍黎，遇中朝亂，子孫沒涼州，仕於張氏」〔註53〕即指此事。由此，播遷河西的河東裴氏實為晉末仕於此地後因遭逢天下大亂不得返歸故里者之子孫，當然也不排除有裴氏族人為避難投奔苞、粹者。

河西為永嘉亂後秩序安定之一隅，「故託命河西之士庶猶可以蘇喘息長子孫，而世族學者自得保身傳代以延其家業也」〔註54〕，避居河西的河東裴氏在後世猶為顯著，唐世河東裴氏定著五房中，西眷裴、洗馬裴、南來吳裴甚至中眷裴四房皆有避居河西之經歷。西眷裴因避居河西得名，自不待言；洗馬裴出自裴粹子裴暅之後；南來吳裴出自裴苞孫裴嗣子裴邕之後；中眷裴出自裴苞孫裴嗣中子裴翕之後。這四房裴氏於唐世共出十一位宰相，溯其家業傳承，此時避居河西對其家族學術文化之保存意義重大。

西晉二京傾覆，幽冀淪陷之際，與司馬睿經營江左、張軌圖畫河西同時，遼東鮮卑族慕容廆也在積極招懷撫御流亡士庶，史稱其刑政修明，推舉賢才，委以庶政，路有頌聲〔註55〕。仕於慕容廆的河東裴嶷對慕容燕政權創建功績卓著，《晉書·慕容廆載記》中附其專傳，可比苻堅之王猛、石勒之張賓，其侄裴開亦為慕容廆之股肱。裴嶷、裴開仕於遼東也與其仕宦地有關。裴嶷本傳記載「屬天下亂，嶷兄武先為玄菟太守，嶷遂求為昌黎太守。」玄菟、昌黎俱屬平州，後因裴武卒，裴嶷「被徵，乃將武子開送喪俱南」歸鄉里，但因「道路梗塞，乃與開投廆」。裴嶷、裴開仕於慕容廆雖以道路梗塞為直接原因，但裴嶷及裴開父裴武起先遠仕於遼東之地是為前提，與前文所言避居河西的河東裴氏有相似之處。

與河西張氏政權相比，慕容氏畢竟為胡主，種族文化差距要遠甚於江南僑姓吳姓之地域差異〔註56〕，但對於中原流徙之士族來說，身居亂世，首重存身保家之家族利益，門戶之計居於「華夷之辨」之上〔註57〕。為延家族，

〔註52〕《新唐書》卷七一上《宰相世系表一上》「裴氏條」。

〔註53〕《南齊書》卷五一《裴叔業傳》。

〔註54〕陳寅恪《隋唐制度淵源略論稿》，三聯書店，2001年，第30頁。

〔註55〕《晉書》卷一百八《慕容廆載記》。

〔註56〕毛漢光《中國中古社會史論》，上海書店出版社，2002年，第63頁。

〔註57〕楊洪權《西晉之際士族移徙與「門戶之計」淺論》，《武漢大學學報》，1998年第1期。

甚至不惜分途遷徙〔註58〕。

　　裴嶷欲投慕容廆時，裴開起初不從，曰「鄉里在南，奈何北行！且等爲流寓，段氏強，慕容氏弱，何必去此而就彼也！」嶷曰：「中國喪亂，今往就之，是相帥而入虎口也。且道遠，何由可達！若俟其清通，又非歲月可冀。今欲求託足之地，豈可不愼擇其人。汝觀諸段，豈有遠略，且能待國士乎！慕容公清行仁義，有霸王之志，加以國豐民安，今往從之，高可以立功名，下可以庇宗族，汝何疑焉！」開乃從之。〔註59〕據此，裴嶷往依慕容廆最根本之意圖在於「庇宗族」，而後更求「立功名」。段氏雖強，但「專尙武勇，不禮士大夫」〔註60〕，慕容廆雖亦爲胡主，然禮賢敬士，可資以保全宗族延承家業，所以爲裴嶷所依託〔註61〕。

　　又聯繫前文所述，裴嶷兄裴武屬於司馬穎陣營，與司馬越、司馬睿爲敵對關係。天下喪亂，裴嶷要求入遼東任職蓋與此也有關係。如此，則不僅可爲田先生之論斷添一例證，而且可以解釋裴嶷使於建康不爲晉元帝所留，執意歸廆之緣由。

　　《晉書》卷一百八《慕容廆載記附裴嶷傳》載：「嶷將還，帝試留嶷以觀之〔註62〕，嶷辭曰『臣世荷朝恩，濯纓華省，因事遠寄，投迹荒遐。……顧以皇居播遷，山陵幽辱，慕容龍驤將軍越在遐表，乃心王室，慷慨之誠，義感天地，方掃平中壤，奉迎皇輿，故遣使臣，萬里表誠。今若留臣，必謂國家遺其僻陋，孤其丹心，使懷義懈怠。是以微臣區區忘身爲國，貪還反命

〔註58〕　《太平御覽》卷四八九《人事部》「別離條」引《晉中興書》曰：「衛階兄璪，時爲散騎侍郎，内侍懷帝。玠以天下將亂，移家南行。母曰：『我不能捨仲寶而去也。』玠啓喻深至，爲門户大計，母涕泣從之。臨別，玠謂璪曰：『在三之義，人之所重。今可謂致身命之日，兄其勉之！』乃扶將老母，轉至豫章。而洛城失守，璪沒焉。」《晉書》卷三六《衛瓘附孫璪傳》亦載：「玠以天下大亂，欲移家南行。母曰：『我不能捨仲寶去也。』玠啓諭深至，爲門户大計，母涕泣從之。臨別，玠謂兄曰『在三之義，人之所重。今可謂致身之日，兄其勉之。』乃扶輿母轉至江夏」。

〔註59〕　《資治通鑑》卷八八《晉紀十》晉愍帝建興元年（313年）「裴嶷清方有干略條」。

〔註60〕　《資治通鑑》卷八八《晉紀十》晉愍帝建興元年（313年）「初，中國士民避亂者，多北依王浚條」。

〔註61〕　上文所論裴憲爲晉元帝攻擊而奔石勒亦可以保身全家之因解釋。

〔註62〕　《資治通鑑》卷九一《晉紀十三》晉元帝太興三年（320年）「三月，裴嶷至建康條」：「帝謂嶷曰：『卿中朝名臣，當留江東，朕別詔龍驤送卿家屬。』」依此，下文解釋裴嶷不留南時無需考慮其家族利益。

耳。』」晉元帝遂遣嶷還。《資治通鑑》卷九一《晉紀十三》晉元帝太興三年（320 年）同記此事，語詞稍別，胡三省於嶷言後注曰：「謂留江東乃是徇一身之私計，歸棘城則可輔廆以討賊，乃天下之公義也。嶷之心，蓋以廆可與共功名，鄙晉之君臣宴安江沱，為不足與共事而已。」其實裴嶷不願留南，鄙晉之君臣僅為一端，而其早先與司馬睿分屬兩陣營之敵對關係實為此事之遠因。

裴武、裴嶷、裴開為裴茂之子裴輯之後，後世多仕北朝，於唐號為「東眷」，亦為顯支。

以上所述河東裴氏於兩晉之際播遷之三地域恰與三房支相互照應：河西者為裴徽長子黎之後；江左者（包括可能南渡而不得渡者）多為裴徽其餘三子之後；遼東者為裴徽弟裴輯之後，而西晉時聲望高著的裴徽兄裴潛一支似與此無涉。考之於史，裴潛子孫居惠懷之世者為裴頠及其二子嵩、該。裴頠因當世朝望，與賈氏聯姻，為趙王倫廢賈后時遇害，其子嵩、該後來並為乞活賊所害，如此，裴潛之支於播遷之事不為所聞。

三、本貫 [註63] 胡主

河東郡西晉時屬司州，西晉末年的八王之亂及永嘉禍起，河東之地首殃其禍，所謂「惠懷之際，河東先擾」 [註64]。此後河東一地頻為各胡主並東晉政權爭奪攻掠，輾轉易手於前趙（漢）、後趙、前燕、前秦、東晉、大夏等政權。永嘉亂後，司州淪沒劉聰；劉曜徙都長安後，於河東蒲坂置并州牧；石勒時，司州復，石季龍時又分河東等地為洛州；苻健在長安建前秦，再置并州於蒲坂；苻秦滅燕，并州刺史鎮晉陽，雍州刺史鎮蒲坂；姚萇滅前秦建後秦，姚興克洛陽，以并、冀二州牧鎮蒲坂；劉裕平關中，後秦屬地暫入東晉，尋入赫連勃勃，赫連勃勃平劉義真於長安，再置并州於蒲坂。 [註65] 北魏始光三年（426 年），太武帝拓跋燾開始蠶食大夏領土，河東始入北魏。神䴥元年（428 年），北魏於蒲坂置雍州；延和元年（432 年），又改為泰州；眞君四年，在平陽郡置東雍州；孝文帝遷都洛陽，泰州和東雍州共併入司州畿內。 [註66] 如此，自西晉末年至北魏始光三年近百餘年間，河東之地紛擾爭

〔註63〕言指西晉時河東郡所在範圍，非單指裴氏望地河東聞喜。
〔註64〕《晉書》卷七二《郭璞傳》。
〔註65〕以上參見《晉書》卷十四《地理志上》「司州條」、「雍州條」。
〔註66〕參見毋有江《北魏政區地理研究》，復旦大學 2005 屆博士學位論文。

亂不休，河東士人之留居本地或流寓外地又被胡主遷徙復歸者，亦顛沛流離於不同政權之下。

留居河東本土的河東裴氏家族成員，於史籍中沒有明確的記載，既留居本土，若有才識，當為所屬胡主任用。如前所述，裴憲自南逃回北方，先效忠於王浚，石勒攻滅王浚後，裴憲不得不仕於羯胡政權。其子裴挹、裴穀也隨其在石氏政權中任職。裴憲官至尚書、司徒；裴挹、裴穀也以文才知名，穀在石季龍時官至太子中庶子、散騎常侍。裴挹、裴穀兄弟好臧否人物，被河間邢魚人誣陷獲罪，終被石季龍所殺，裴憲也曾因此免官，後來又復任光祿大夫、司徒等職。裴憲在石氏政權雖居高官，卻無甚權勢，史稱其「歷官無干績」，其出仕胡主實出於無奈之選。石氏政權未亡裴憲卒，史載其以「族人峙子邁為嗣」，大概裴峙、裴邁父子也同仕於石氏。

西遷河西、東奔遼東的河東裴氏隨著其所屬政權為新的政權覆滅，遂輾轉出仕新的政權。東晉孝武帝太元元年（376年），苻堅平前涼，「徙豪右七千餘戶於關中」〔註67〕，原先仕於河西張氏政權的裴氏家族主體隨之復歸桑梓，《新唐書》卷七一上《宰相世系表一上》「裴氏條」：西眷裴粹子裴詵，「避地涼州，及苻堅克河西，復還解縣」；裴粹子裴暅，暅子憕，「自河西歸桑梓，居解縣洗馬川，號洗馬裴」；中眷裴、南來吳裴也並出自避居河西的裴苞孫裴嗣之後。《南齊書》卷五一《裴叔業傳》：「裴叔業，河東聞喜人，晉冀州刺史徽後也。徽子游擊將軍黎，遇中朝亂，子孫沒涼州，仕於張氏。黎玄孫先福，義熙末還南，至滎陽太守，」又據《魏書》卷七一《裴叔業傳》，「五代祖苞，晉秦州刺史。祖邕，自河東居於襄陽。」南來吳裴南下的遷出地是河東，可知中眷裴、南來吳裴、西眷裴、洗馬裴之祖皆在苻堅平河西時復歸本土，且在南來吳裴於劉裕平關中時南下之前，這數支裴氏當皆仕職於統轄當地的苻氏、姚氏政權。東眷裴氏所仕職之慕容氏前燕政權在苻秦平河西之前即被苻氏所滅，按《新唐書·宰相世系表》「裴氏條」載，東眷裴開孫裴沖曾任後秦并州刺史，裴沖子裴道子為本州別駕。又依前文所述，前秦、後秦及大夏，并州刺史皆置於河東〔註68〕，裴沖任後秦并州刺史，即是官居鄉里，裴道子為「本州別駕」，亦與鄉里緊密相連。因此可以推測東眷裴氏當也於苻秦滅前

〔註67〕《晉書》卷一百十三《苻堅載記上》。
〔註68〕《晉書》卷十四《地理志上》「并州」：「及苻堅、姚興、赫連勃勃，并州並徙置河東，又姚興以河東為并、冀二州云。」

燕後被裹挾入鄉，後秦代前秦立國關中後，遂又仕於後秦姚氏。〔註69〕

果如此，則河東裴氏避居河西、遼東的房支主體後來又同歸屬於苻秦政權。淝水戰後，河東入於姚秦，裴氏則又大多任職於姚氏。只是諸房支在兩個政權中的具體任職情況，史載不詳。見之於史傳的僅有：洗馬裴憬任前秦大鴻臚〔註70〕，裴元略任前秦尚書郎〔註71〕、諫議大夫〔註72〕，裴岐仕後秦為建武將軍〔註73〕，裴騎在姚萇稱制時被封為帥〔註74〕，裴沖任後秦并州刺史，其子裴道子為本州別駕。

另外，苻堅平涼，避居河西的河東裴氏並非全部復歸河東，後秦姚興以禿髮傉檀任涼州刺史時，涼土仍有河東裴氏的身影。所謂「裴敏、馬輔，中州之令族」〔註75〕，裴敏既屬中州，當是河東裴氏在河西的後人。

第三節　兩晉之際河東薛氏自保不遷

晉末永嘉喪亂，掀起中原士人分散播遷之風潮，河東薛氏這時在河東定居不久，薛辯父薛強統攝三營，他們以巨大的部落聯盟組織結合在一起，「憑河自固」，並未有播遷之舉。因此，對於河東薛氏而言，他們在兩晉之際的政權和地域選擇非常明晰。

《魏書》卷四二《薛辯傳》：「（薛強）歷石虎、苻堅，常憑河自固。仕姚興為鎮東將軍，入為尚書。」薛強時期，河東薛氏三營皆歸其統攝，且「善綏撫，為民所歸」，因此薛強的動向可代表三營薛氏的整體動向。薛強作為三薛首領，具有強大的軍事實力。薛氏所居河東之地先後屬石趙、苻秦、姚秦管轄，薛氏歷石趙、苻秦之後，勢力大增且逐漸封建化。姚秦時期，作為薛氏最高軍事首領的薛強，進一步尋求政治地位。而因為薛氏勢強族大，當

〔註69〕羅新《五燕政權下的華北士族》也認為：「前秦滅燕，裴氏西入，仕於苻秦。苻秦崩滅，裴氏又仕於後秦，從此再也沒有與慕容集團恢復聯繫」。該文刊於《國學研究》第四卷，北京大學出版社，1997年。

〔註70〕《新唐書》卷七一上《宰相世系表一上》「裴氏條」。

〔註71〕《晉書》卷一百十三《苻堅載記上》。

〔註72〕《晉書》卷一百十四《苻堅載記下》。

〔註73〕據《晉書》卷一百十七《姚興載記上》，裴岐為姚崇進寇東晉河南之地陷柏谷後所徙流人。大概河東裴氏在晉末也有徙於該地者。裴岐歸姚氏後，據《晉書》卷一百十九《姚泓載記》，為建武將軍。

〔註74〕《晉書》卷一百十六《姚萇載記》。

〔註75〕《晉書》卷一百二六《禿髮傉檀載記》。

地胡主也需要利用他們來加強鞏固對包括三薛在內的其他屬民的統治。薛強出身部落統帥，具有較強的軍事實力，所以他在姚興時，首任鎮東將軍。薛強之後，其子辯襲統三薛，這是部落聯盟封建化的重要標誌。薛辯繼續在姚秦任職，「爲興尚書郎、建威將軍、河北太守」。〔註76〕但薛辯自身驕傲，頗失民心，遂使三薛組織開始分散解體。劉裕滅姚秦，薛辯率薛氏「舉營降裕」，東晉司馬德宗分別任薛辯、薛廣爲寧朔將軍、平陽太守與上黨太守。之後赫連氏征長安，不久北魏又陷赫連氏，薛辯族人大部入魏。

第四節　兩晉之際弘農楊氏的遷徙與地域選擇

西晉時期的弘農楊氏主要有楊準父子和楊駿兄弟兩個房支。楊駿一房因聯姻帝室權勢顯赫，但終被賈后誅殺，夷三族，宗族門生死者數千人，其房支在八王之亂初始即已覆滅，故晉末永嘉之亂後，弘農楊氏家族成員動向見於史載的唯有楊準房支。

楊準在西晉惠帝時任冀州刺史，當時王綱不振，楊準終日縱酒逍遙。但因其有名望，故被成都王穎籠絡，「召爲軍諮議祭酒」，後來「府散停家，關東諸侯欲以準補三事」，但「未施行而卒」。〔註77〕從楊準的經歷來看，儘管他不以官事爲意，但成都王因其爲名士「惜而不責」，故楊準及其子孫蓋應屬與東海王越對立的成都王穎陣營。所以司馬睿偕王導渡江至建鄴，中原士庶隨之南下時，楊準房支中除楊朗附於王敦外，大多留北不遷。

楊準子楊朗是弘農楊氏最早參與江左政權的家族成員。他在東晉初年附於王敦，後隨王敦舉兵南下，王敦敗後，楊朗被晉明帝收之，因晉明帝駕崩而幸免於難，之後在東晉官任三公曹。〔註78〕楊朗知名當世，王敦曾對王導言：「世彥識器理致，才隱明斷，既爲國器，且是楊侯淮之子。位望殊爲陵遲，卿亦足與之處。」〔註79〕但楊朗在江左身單影隻，缺乏宗族力量支持，雖官

〔註76〕《魏書》卷四二《薛辯傳》。
〔註77〕《世說新語・賞譽》「王大將軍與丞相書條」注引荀綽《冀州記》。
〔註78〕《世說新語・識鑒》「王將軍始下條」：「王大將軍始下，楊朗苦諫不從，遂爲王致力，乘『中鳴雲露車』逕前曰：『聽下官鼓音，一進而捷。』王先把其手曰：『事克，當相用爲荊州。』既而忘之，以爲南郡。王敗後，明帝收朗，欲殺之。帝尋崩，得免。後兼三公，署數十人爲官屬。此諸人當時並無名，後皆被知遇，于時稱其知人。」據余嘉錫《世說新語箋疏》所引李慈銘、程炎震注，「後兼三公」應爲「後兼三公曹」。
〔註79〕《世說新語・賞譽》「王大將軍與丞相書條」。

至三公曹，並有知人之稱，弘農楊氏並沒有因其高名且南下較早而入於江左高門之列，空留「若中朝不亂，諸楊作公方未已」〔註80〕之歎。楊朗之外，他的兄弟子侄大都在北方胡族政權下活動。

楊準子楊髦、楊林皆沒於胡，《世說新語・品藻》「冀州刺史楊淮二子喬與髦條」注引《晉諸公贊》曰：「髦爲石勒所害」；《晉書》卷八四《楊佺期傳》載楊佺期「祖林，少有才望，值亂沒胡。父亮，少仕僞朝」。關於楊亮「少仕僞朝」，《晉書》卷一百十六《姚襄載記》曰：「先是，弘農楊亮歸襄，襄待以客禮。後奔桓溫，溫問襄於亮，亮曰：『神明器宇，孫策之儔，而雄武過之。』其見重如是。」姚襄爲後秦主姚萇之兄，先隨父姚弋仲仕於後趙石氏，冉閔之亂後，姚弋仲不久卒，姚襄總領部眾攻城略地，進屯淮南。上引史文曰楊亮歸襄，蓋楊亮及其父楊林在亂世歸於石趙，石氏滅亡，姚襄勢力強大，楊亮遂歸襄。

弘農楊氏既然家族主體大都留北，關中一帶胡族紛爭，其家族成員隨之輾轉入仕不同的胡族政權。如史文中尙見弘農楊穎、楊桓等參與後涼呂氏政權。楊穎與楊準房支世系關係不詳，但既同屬弘農，且爲受胡主重用的謀臣之一，其與弘農楊準蓋爲同族。《晉書》卷一二二《呂光載記》：「堅既平山東，士馬強盛，遂有圖西域之志，乃授光使持節、都督西討諸軍事，率將軍姜飛、彭晃、杜進、康盛等總兵七萬，鐵騎五千，以討西域。以隴西董方、馮翊郭抱、武威賈虔、弘農楊穎爲四府佐將。」楊穎先受符堅調遣，隨呂光西行經略西域。呂光等平西域，而符堅在淝水之戰後敗滅，呂光遂在涼州建國，先即三河王，又稱天王。呂光後又有呂紹、呂纂承其王位。楊穎在呂氏政權下歷中書侍郎、中書令、太常等職。

原符堅政權下弘農楊氏族人蓋多，與楊穎同時跟隨呂光西行並仕於呂氏政權下的還有弘農楊桓宗親。〔註81〕楊桓女爲呂光子呂纂妻，呂纂奪取王位後，曾立楊氏爲皇后，楊桓也因而得享高位，《晉書》卷一二二《呂纂載記》：「呂方執弘繫獄，馳使告纂，纂遣力士康龍拉殺之。是月，立其妻楊氏爲皇后，以楊氏父桓爲散騎常侍、尙書左僕射、涼都尹，封金城侯。」楊桓出自

〔註80〕《世說新語・賞譽》「世目楊朗條」。

〔註81〕楊桓與兄楊經蓋原先同仕於符秦，楊桓仕呂氏，當與楊穎一樣在符堅命呂光平西域時隨之西行。而楊桓兄楊經，據《晉書》卷一百二十六《禿髮利鹿孤載記》載，曾佐命姚萇。姚萇在姚襄死後，率眾臣屬於符氏，楊經佐命姚萇當在此後。

弘農楊氏，《晉書》卷九六《呂纂妻楊氏傳》：「呂纂妻楊氏，弘農人也。」呂超殺呂纂，欲妻纂妻楊氏，曾對楊桓說：「后若自殺，禍及卿宗。」呂超以滅宗相脅，大概與楊桓同仕呂氏的楊氏宗親應有多人。呂超殺呂纂後，立呂光弟呂寶子呂隆爲主。呂隆即位不久，沮渠蒙遜、禿髮傉檀頻來攻伐，《晉書》卷一二六《禿髮利鹿孤載記》載：禿髮利鹿孤「率師伐呂隆，大敗之，獲其右僕射楊桓。傉檀謂之曰：『安寢危邦，不思擇木，老爲囚虜，豈曰智也！』桓曰：『受呂氏厚恩，位忝端貳，雖洪水滔天，猶欲濟彼俱溺，實恥爲叛臣以見明主。』傉檀曰：『卿忠臣也！』以爲左司馬。」又載：「時利鹿孤雖僭位，尚臣姚興。楊桓兄經佐命姚萇，早死，興聞桓有德望，徵之。」遂楊桓又被送至關中，仕於姚興。

第五節　兩晉之際京兆杜氏的遷徙與地域選擇

京兆杜氏在魏晉間繁盛顯赫，永嘉喪亂後，爲保其家族利益、延續家族聲望，也不惜分途自保、各求發展。《元和姓纂》卷六「杜氏條」及《新唐書》卷七二上《宰相世系表二上》「杜氏條」書杜氏在唐世定著房支較多，而同以杜畿、杜預一房爲本宗的杜氏著望共有京兆本支、「洹水杜氏」、「中山杜氏」和「襄陽杜氏」四支。這三個新望皆是京兆杜氏成員在永嘉亂後自杜陵遷出，子孫累世定居新地形成的。其中，「洹水杜氏」「中山杜氏」之祖遷出較早，皆在西晉末年〔註82〕；而居於江左的「襄陽杜氏」則南遷較晚。考之史傳，東晉初年，京兆杜氏隨同渡江大潮南遷的成員除杜錫子杜乂外，難覓他人。而同時在河西張氏及中原胡族政權下則多見其家族蹤影。

一、不渡江考

京兆杜氏在永嘉喪亂之時紛紛遷出，爲何少有渡江者？考其緣由，其一，京兆距建康懸隔千里，杜氏家族自漢以來所建家業地產規模龐大，捨家棄族遠奔不知未來的千里之外，實非根基深厚之家族所願。據《史記・杜周傳》，杜周「初徵爲廷史，有一馬，且不全」，但後來位至三公，「子孫尊官，家訾累數巨萬矣。」至其子杜延年，居九卿位十餘年「賞賜賂遺，訾數千萬」。曹魏時，因杜畿之功，杜預被封豐樂亭侯，邑百戶。杜預在西晉時，家族更爲

〔註82〕參見後文「仕於胡族政權」一節。

隆盛。晉末喪亂雖起，然如此業大族眾之世家大族一則不願拋家棄族，捨其產業；二則尚有實力保全其家族利益，塢堡即可足徵。北方自東漢以來就出現的用以保聚家族躲避外患的眾多塢堡中，尚有名屬杜氏之塢。曹魏時期，杜預父杜恕因亢直多忤朝臣，遂屢爲外任。杜恕離開京師後，在宜陽界營建一泉塢，「因其壘塹之固，小大家焉」〔註83〕。晉末亂後，時任弘農太守的杜預子杜尹，爲保家全身，仍「屯宜陽界一泉塢」〔註84〕。既有堅固塢堡之憑，杜氏冒險不遷不失爲亂世自保之途。

筆者在前文考述河東裴氏少有渡江者時曾引述何啓民先生之觀點，他認爲留北的中原士族爲保持傳統經學之舊閥閱者，而南下的是那些受過新時代新思潮即玄學洗禮的家族；北方胡族政權愛好經學對於這些舊閥閱者具備一種特殊的吸引力。〔註85〕雖何先生之論言及河東裴氏不大準確，但以之反觀京兆杜氏的狀況，則大體成立。杜氏家族以杜預爲代表，以經史爲業，世代承繼。《魏書》卷八四《儒林傳》「總序」：「晉世杜預注《左氏》，預玄孫坦、坦弟驥於劉義隆世並爲青州刺史，傳其家業，故齊地多習之。」而晉末自洛陽裹挾南渡之士人大多「崇飾華競，祖述虛玄」，東晉偏安江左，上流士人亦以玄風爲尚，「指禮法爲流俗」。〔註86〕以經學禮法爲業之杜氏成員因思想隔閡自保本貫而不渡江蓋可成立，此爲其二。

其三，以京兆杜氏在晉末八王之亂中所屬陣營來看，京兆杜氏與司馬越關係較疏，甚至爲敵。據林校生考證，京兆與司馬越幕府有關係的士人只有杜概，且杜概是否爲司馬越之僚佐尚不清楚。〔註87〕而有關京兆杜概的唯一一條史料，反映的卻是其聯謀討越的信息：《晉書》卷四一《高光傳附子韜傳》載：「時東海王越輔政，不朝覲。韜知人心有望，密與太傅參軍姜贇、京兆杜概等謀討越，事洩伏誅。」杜概所出房支雖不可考，但既屬京兆，與杜預房支應爲同族。杜概與高韜等聯謀討越，可以大體反映京兆杜氏與司馬越陣營之關係。

〔註83〕《三國志》卷十六《杜畿傳附子恕傳》注引《杜氏新書》。
〔註84〕《晉書》卷六三《魏濬傳附子該傳》。
〔註85〕 何啓民《五胡亂華時期中的中原郡姓》，收於《中古門第論集》，臺灣學生書局，1982 年。
〔註86〕《晉書》卷九一《儒林傳》「序言」。
〔註87〕 林校生《西晉「八王」幕佐分府考錄》，《寧德師專學報》，2003 年第 1 期；林校生《司馬越府「雋異」與西晉王朝的歷史出口》，《華僑大學學報》，2003年第 3 期。

如此，可以認為，路途遙遠、安土重遷、塢堡可憑、思想懸隔、政治立場相左等等因素，構成了京兆杜氏家族主體南奔江左之阻力。

不過，上述所言皆指杜氏家族主體而言，並非全部成員。前文曾提及的名揚江左的杜預長子杜錫子杜乂即為京兆杜氏少數渡江成員的代表。杜乂父杜錫在西晉有高名，官至尚書左丞，於惠帝世卒，《宋書》卷三四《五行志》有文可證：「晉惠帝世，杜錫家葬，而婢誤不得出。後十餘年，開冢祔葬，而婢尚生。」。杜乂妻河東裴遐女裴穆，裴遐為司馬越主簿，疑杜乂屬司馬越陣營。杜乂「標鮮清令，盛德之風，可樂詠也」〔註88〕，形容俊美，可方衛玠，深合江左上流品第士人之風尚，故為當時名流所重。因此，杜乂無論在思想傾向還是政治立場上都是其家族中之個別，故他南遷與上文所論其家族主體不遷之因並不衝突。杜乂在江左有盛名，仕丹陽丞，早卒，為京兆杜氏於東晉時期名望發展之特例。惜其無子，雖然早渡，其家族地位難以延續。後世以杜驥、杜坦為代表，京兆杜氏在江左淪居晚渡荒傖。

二、避居河西

杜預四子：錫、尹、躋、耽〔註89〕，其中杜耽於永嘉亂後避居河西。劉宋朝並為青州刺史的杜坦、杜驥兄弟即為杜耽之後。《宋書》卷六五《杜驥傳》：「曾祖耽，避難河西，因仕張氏。」同傳載杜驥兄坦與宋文帝的一段著名對白，曰：「……臣本中華高族，亡曾祖晉氏喪亂，播遷涼土，世葉相承，不殞其舊。直以南度不早，便以荒傖賜隔。……」杜坦亡曾祖即前文所言「曾祖耽」。《元和姓纂（附四校記）》卷六「杜氏條」：「當陽侯元凱少子耽，晉涼州刺史」。杜耽在晉末亂後奔河西是確，但是否曾任涼州刺史，筆者有所懷疑。魏晉南北朝時期的正史列傳中，不僅上溯傳主若干代祖宗功業，而且在其祖先官宦地位上，常有溢美之嫌。杜耽在涼土之蹤跡，只有《晉書》中一條史料，《晉書》卷八六《張軌傳》：「晉昌張越，涼州大族，讖言張氏霸涼，自以才力應之。從隴西內史遷梁州刺史。越志在涼州，遂託病歸河西，

〔註88〕《世說新語‧賞譽》「有人目杜弘治條」。

〔註89〕《新唐書》卷七二上《宰相世系表二上》「杜氏條」謂杜預四子：錫、躋、耽、尹；元和姓纂（附四校記）》卷六「杜氏」條則以尹為次子，躋、耽均為少子；鄧名世《古今姓氏書辨證》書預四子：錫、耽、躋、尹。今暫以《元和姓纂（附四校記）》為據。

陰圖代軌，乃遣兄鎮及曹祛、麴佩移檄廢軌，以軍司杜耽攝州事，使耽表越爲刺史。」杜耽時任張越軍司，而此時張軌在涼州刺史任上已有八年，前揭《晉書・張軌傳》引文後載：「軌令曰：『吾在州八年，不能綏靖區域，又值中州兵亂，秦隴倒懸，加以寢患委篤，實思斂跡避賢。但負荷任重，未便輒遂。不圖諸人橫興此變，是不明吾心也。吾視去貴州如脫屣耳！』」如果杜耽的確曾刺涼州，當在張軌之前。據萬斯同《晉方鎮年表》，西晉歷任涼州刺史者名錄中不見杜耽之名，故杜耽任涼州刺史可能爲其子孫所加。當然如果杜耽的確在張軌之前曾官涼州，那麼其房支播遷涼土又與河東裴氏裴黎、裴苞等房支相似，皆因先官涼土而後因喪亂路阻遂留此地。

杜耽房支避居河西這一安定之地，其家學傳統得以延續，故杜驥、杜坦兄弟在劉宋時期先後刺青州後，其高祖杜預之左傳學在齊地得到傳習。

三、仕於胡族政權

除南遷江左的杜乂、避居河西的杜耽房支外，京兆杜氏家族眾多成員在永嘉亂後或東遷河北或在本貫與胡族政權合作，以求延續其家族聲望。永嘉亂後京兆杜氏遷居河北者，有兩大房支〔註90〕，即後世所稱「洹水杜氏」和「中山杜氏」。

《新唐書》卷七二上《宰相世系表二上》「杜氏條」中杜氏定著房支無中山望，《元和姓纂（附四校記）》卷六「杜氏條中山望」載：「與京兆同承魏僕射杜畿，後家中山。裔孫弼，北齊徐州刺史；……」杜弼，《北齊書》有傳，其文稱：「杜弼，字輔玄，中山曲陽人也，……自序云，本京兆杜陵人，九世祖鷙，晉散騎常侍，因使沒趙，遂家焉。」傳文既稱「自序」，則杜弼有冒認京兆地望之嫌，但其稱「九世祖鷙」，晉世確有此人。《晉書》卷一百二《劉聰載記》載，劉聰攻長安時，俘虜了西晉南陽王司馬模，「（劉）粲害模及其子范陽王黎，送衛將軍梁芬、模長史魯繇、兼散騎常侍杜鷙、辛謐及北宮純等于平陽。」《北齊書》傳文稱「因使沒趙，遂家焉。」實爲因俘沒趙。如果杜弼「自序」爲眞，則《晉書》中的散騎常侍杜鷙即出自京兆杜氏。《元和姓纂》將其繫於杜畿之後，今雖不知何據，但也無由否定。故本文暫肯定「中山杜氏」與京兆杜氏之承繼關係，將其作爲京兆杜氏因永嘉

〔註90〕北魏杜銓一房僑居趙郡在苻秦政權敗亡，杜銓父杜嶷仕慕容垂後。因其房支起先留居本貫，入仕苻秦，故將其放在後文論述。

亂後播遷流徙而形成的一個新望。杜鷔既沒於趙，其房支後人蓋一直留居北方，出仕輪番更替的胡族政權。至北朝末年，杜弼及其子蒸、臺卿等才再著顯名。

「洹水杜氏」出自曹魏杜畿少子杜寬，《元和姓纂（附四校記）》卷六「杜氏條」：「狀稱與京兆同承延年後。石趙時從事中郎杜曼始家鄴，後徙洹水。」岑仲勉校記引《昌黎集》卷二六《杜兼志》云：「杜氏自戴侯畿始分，……其季寬，孝廉郎中。寬後三世曼爲河東太守，葬其父洹水之陽。」《新唐書》卷七二上《宰相世系表二上》「杜氏條」也載：「洹水杜氏出自戴侯恕少子寬，字務叔，孝廉，郎中。曾孫曼，仕石趙，從事中郎、河東太守。初居鄴，葬父洹水，後亦徙居洹水。」洹水，《隋書》卷三十《地理志中》載其屬兗州魏郡，後周始置。杜曼父所葬「洹水之陽」之「洹水」爲水名，《水經注》卷九「洹水」：洹水出上黨泫氏縣過鄴縣南。魏郡之洹水縣蓋因洹水得名。杜曼房支家於其先墳壟所在，後世此處屬魏郡洹水所領，故該房支以洹水爲望，葬父洹水之杜曼爲洹水杜氏之不祧之祖。杜曼既仕石趙，其房支成員蓋亦隨之居河北，出仕當地胡族政權。

石趙政權下，同出京兆杜氏的家族成員很多。石虎時，其鎭遠將軍王擢曾表「雍、秦二州望族，自東徙已來，遂在戍役之例，既衣冠華胄，宜蒙優免」，石虎從之，「自是皇甫、胡、梁、韋、杜、牛、辛等十有七姓蠲其兵貫，一同舊族，隨才銓敍，思欲分還桑梓者聽之；其非此等，不得爲例」。〔註91〕京兆杜氏隨雍、秦二州望族一起東徙之成員蓋爲不少，不過遷徙之始，雖爲「衣冠華胄」，也只能「在戍役之例」。自王擢表奏之後，才「一同舊族，隨才銓敍」，甚至可以歸還桑梓。上述「洹水杜氏」之祖杜曼仕石趙爲從事中郎，不知是否在王擢表奏之後。無論如何，雍秦二州望族之十有七姓被分別列出，每姓家族成員當不爲少數。

此外，石勒時有經學祭酒杜嘏〔註92〕，他曾教授石勒子石弘經學〔註93〕，在石虎時，又官至光祿勳〔註94〕。史書中不載杜嘏所出地望，從其所擅經學來看，很可能出自京兆杜氏。而且，石虎皇后杜氏〔註95〕亦有出自京兆的可能。

〔註91〕《晉書》卷一百六《石季龍載記上》。
〔註92〕《晉書》卷一百五《石勒載記下》。
〔註93〕《晉書》卷一百五《石勒載記下附子弘載記》。
〔註94〕《晉書》卷一百七《石季龍載記下》。
〔註95〕《晉書》卷一百六《石季龍載記上》。

　　京兆地處關中，永嘉亂後，北方胡族政權中先後有前、後秦政權立國關中。留居本貫的京兆杜氏也有很多成員與這兩個關中政權合作。據《晉書》卷一百十五《苻丕載記》載，苻堅敗亡後，其長庶子苻丕在晉陽即帝位，號令諸郡於臨晉會盟，以復前秦舊業。於是「天水姜延、馮翊寇明、河東王昭、新平張晏、京兆杜敏、扶風馬郎、建忠高平牧官都尉王敏等咸承檄起兵，各有眾數萬，遣使應丕。皆就拜將軍、郡守、封列侯」。京兆杜敏「有眾數萬」，當是其所領宗人、部曲、鄉兵等等武裝力量凝聚而成。大概永嘉亂後，杜敏等杜氏成員留居鄉里，自保不遷，憑藉其家族聲望，長期以來招聚眾多流民，遂能擁有如此強大的勢力。而其於此時率數萬之眾響應苻丕，則在苻堅敗亡之前，他也是苻秦關中政權下一支重要勢力。

　　前文曾述，永嘉亂後初期，杜預子杜尹屯據其祖杜恕所營一泉塢，杜尹邀乞活魏該擊賊，卻沒想被魏該將擊敗，其塢堡、塢人反而並歸魏該所有。〔註96〕杜尹一泉塢雖失，但其族人留居北方者頻有聚眾領兵之事，上述杜敏即為一例。而且，早在苻秦立國關中之前，就有京兆杜洪「竊據長安」之事。《晉書》卷一百十二《苻健載記》載〔註97〕，苻健圖關中的最後一個敵人即為杜洪。時杜洪在長安「自稱晉征北將軍、雍州刺史，戎夏多歸之」，苻健遣將士誓死進擊關中，諸城盡陷，杜洪逃奔司竹，苻健遂入長安而都之。杜洪後在宜秋被其將張琚所殺。如此可見，留居鄉里的京兆杜氏為保家全身，多自領武裝以豪帥身份出現在歷史舞臺上。

　　苻秦立國關中，曾實現北方的短暫統一。上文遷徙河西的杜耽房支，在苻秦平涼州後，返居故里，這是京兆杜氏參與苻秦政權的又一情形。此後這一房支在姚秦政權滅亡後於晉末宋初南渡襄陽，後文「京兆杜氏晚渡江左」一節將述及。

　　苻堅敗亡，北中國相繼出現多個胡族政權，原先在苻秦政權下的漢族士人又再次流徙，與別的胡主合作。如杜預孫杜胄〔註98〕，任苻秦太尉，胄子嶷為慕容垂秘書監，其房支亦因此僑居趙郡。〔註99〕苻秦關中政權之後，姚秦政權下亦可見京兆杜氏的身影。史稱姚興「留心政事，苞容廣納，一言之

〔註96〕　《晉書》卷六三《魏濬傳附子該傳》。
〔註97〕　《魏書》卷九五《臨渭氐苻健傳》所載略同。
〔註98〕　據《元和姓纂（附四校記）》卷六「杜氏」條，杜胄為杜躋子。
〔註99〕　《魏書》卷四五《杜銓傳》。

善，咸見禮異」，於是「京兆杜瑾、馮翊吉默、始平周寶等上陳時事，皆擢處美官」。〔註100〕姚興世，尚有京兆杜挻，「以僕射齊難無匡輔之益，著《豐草詩》以箴之」，姚興「覽而善之，賜以金帛」。〔註101〕

　　要之，永嘉喪亂之初，京兆杜氏家族主體並未以遷移江左爲維持家族利益之途徑，東晉士人所稱頌之杜乂爲史文所見其家族中較早渡江之個例，蓋因勢單力孤，杜乂之後京兆杜氏在江左聲威不著。與此相較，北方河西、河北及關中等地，京兆杜氏人物頗多，杜耽房支遷居河西維持家族利益的同時對家學傳承亦有一定貢獻；遷居河北之地的杜氏房支，多參與胡族政權，並形成了新的姓望：中山杜氏和洹水杜氏；留居關中本土及遷徙在外後又返歸鄉里的杜氏成員，亦多效力於苻、姚政權，享有聲名。

〔註100〕《晉書》卷一百十七《姚興載記上》。
〔註101〕《晉書》卷一百十七《姚興載記上》。

第四章　關中郡姓晚渡江左

　　喪亂之初留居北方的關中郡姓房支在北方持續的動盪局面中，發展並不安順。隨著南北東西各個政權之間爭權奪地鬥爭的持續深入，他們也開始聚族向南遷徙，尋找新的生存家園和仕途機會。各家族房支南遷的背景和遷徙方向不同，本章將分節述之〔註1〕。

第一節　京兆韋氏晚渡江左

　　永嘉亂後留居本土自保不遷的京兆韋氏，隨著其入仕胡族政權特別是關中政權的解體開始南下，是為晚渡，前後共有兩次。

　　第一次即為苻堅政權滅亡後，韋謙、韋華兄弟及韋廣子韋軌、韋閬從叔韋道福父韋羆的南遷。韋華與韋謙同為韋鍾之子，韋謙在被西燕主慕容沖所執後南來，韋華未有被慕容沖俘虜之記載，但在東晉安帝隆安二年（398年）自襄陽叛晉北投後秦主姚興，推其南下時間亦當在苻堅政權滅亡後。

　　韋軌為西晉北平太守韋廣子。《梁書》卷十二《韋叡傳》：「叡族弟愛。愛字孝友，……高祖父廣，晉後軍將軍、北平太守。曾祖軌，以孝武太元之初，南遷襄陽，為本州別駕，散騎侍郎。祖公循，宋義陽太守。父義正，早卒。」傳文記韋軌南遷襄陽時間在孝武太元之初，按孝武太元年號持續21年，而襄陽在太元四年曾陷於苻堅，直到淝水戰後太元九年，東晉始復襄陽。則韋軌一房在江左政權下安身襄陽也應在苻秦政權滅亡之後。另據前一章所揭《韋彧墓誌》，韋廣尚有子韋諶，其房支並未南下，《魏書》卷四五《韋閬傳》中

〔註1〕　弘農楊氏晚渡情況簡單明晰，篇幅較短，綴於本章之後，不再獨立成節。

韋閬族弟珍即爲其房支之後。如此，苻堅滅後，京兆韋廣房支遂南北分途。

韋閬從叔道福，爲韋羆之子，《魏書》卷四五《韋閬傳》載，韋羆「爲堅東海太守。堅滅，奔江左，仕劉裕爲輔國將軍、秦州刺史。」

第二次爲苻堅滅亡後仍留居關中的京兆韋氏家族房支，在劉裕平關中後南下。韋華曾在苻堅政權滅亡後即南奔襄陽，但因其後來叛晉北歸，所以其孫祖徵、祖歸等南下在劉裕平關中之後。《新唐書》卷七四上《宰相世系表四上》「韋氏條」所謂韋華「隨宋高祖度江居襄陽」其實不確。按《宋書》卷二《武帝紀中》：「會羌主姚興死，子泓立，兄弟相殺，關中擾亂，公乃戒嚴北討。……先是遣冠軍將軍檀道濟、龍驤將軍王鎮惡步向許、洛，羌緣道屯守，皆望風降服。僞兗州刺史韋華先據倉垣，亦率眾歸順。」《資治通鑒》繫其事於東晉安帝義熙十二年（416年）〔註2〕。二年之後，劉裕命鎮守長安的劉義眞東歸，以朱齡石爲都督關中諸軍事、右將軍、雍州刺史，代劉義眞鎮長安。劉義眞「將士貪縱，大掠而東，多載寶貨、子女，方軌徐行。雍州別駕韋華奔夏」，〔註3〕該條下胡注曰：「韋華本姚氏臣，裕用爲雍州別駕。」按東晉孝武帝曾於襄陽置雍州，但韋華之雍州別駕並非爲東晉之雍州，而是劉義眞、朱齡石所鎮長安之雍州。朱齡石以雍州刺史代鎮長安，胡三省注曰：「晉先置雍州於襄陽，此爲北雍州。」韋華於長安鎮將劉義眞率將士東歸時以雍州別駕奔夏，其所任別駕之州當同劉義眞鎮長安之「北雍州」。如此，則韋華雖於劉裕平關中時歸降，並被任爲雍州別駕，但並非襄陽之雍州，從其在劉義眞自長安東歸時奔夏的行蹤來看，韋華並未隨劉裕渡江，故《新唐書‧宰相世系表》「韋氏條」中言韋華隨劉裕渡江居襄陽並不準確。韋華奔夏後，子韋玄雖隱居養志，不應劉裕之徵〔註4〕，但韋玄子祖徵、祖歸等確

〔註2〕 《資治通鑒》卷一百一十七《晉紀三十九》安帝義熙十二年（416年）「王鎮惡、檀道濟入秦境，所向皆捷條」。

〔註3〕 《資治通鑒》卷一百一十八《晉紀四十》安帝義熙十四年（418年）「十一月，齡石至長安條」。

〔註4〕 《隋書》卷七八《韋鼎傳》：「高祖玄，隱於商山，因而歸宋。」此處記載亦有誤，《宋書》卷九五《索虜傳》「京兆人韋玄隱居養志，有高名，姚興備禮徵，不起，高祖辟爲相國掾，宋臺通直郎，又並不就。佛佛召爲太子庶子，玄應命。佛佛大怒，曰：『姚興及劉公相徵召，並不起，我有命即至，當以我殊類，不可理其故耶。』殺之。」《晉書》卷一百三十《赫連勃勃載記》記載稍異：「勃勃歸於長安，徵隱士京兆韋祖思。既至而恭懼過禮，勃勃怒曰：『吾以國士徵汝，奈何以非類處吾！汝昔不拜姚興，何獨拜我？我今未死，汝猶不以我爲帝王，吾死之後，汝輩弄筆，當置吾何地！』遂殺之。」則玄不僅

實南居襄陽〔註5〕，祖徵宋末官至光祿勳，祖歸曾任宋寧遠長史。〔註6〕

與韋華在劉義眞東歸時奔夏不同，京兆韋肅、韋惠度等隨劉義眞過江。《魏書》卷四五《韋閬傳》：「閬從子崇，字洪基。父肅，字道壽。劉義眞鎭關中，辟爲主簿，仍隨義眞度江，歷魏郡弋陽二郡太守、豫州刺史。」韋閬爲京兆韋氏東眷韋穆孫韋楷之孫，韋肅子崇既爲閬從子，則閬與肅同輩，可能同系東眷。據《新唐書》卷七四上《宰相世系表四上》，韋惠度爲西眷韋潛之孫、平齊公房韋瑱曾祖。《周書》卷三九《韋瑱傳》：「曾祖惠度，姚泓尙書郎。隨劉義眞過江，仕宋爲鎭西府司馬、順陽太守，行南雍州事。後於襄陽歸魏，拜中書侍郎，贈安西將軍、洛州刺史。」韋肅隨劉義眞度江，寓居地史無明載。韋惠度後來既於襄陽歸魏，則可能他隨劉義眞度江後也與韋玄子孫一樣寓居於襄陽。

綜合兩次晚渡江左的京兆韋氏房支，除韋羆、韋肅兩支遷居地域不甚明確之外，韋玄子孫、韋廣子韋軌、韋惠度房支俱以襄陽爲寓居地，這是東晉南朝南來次等士族重要寓居地之一，也是諸房支以後在江左政治舞臺上逐步提升所憑藉的重要鄉族社會所在。此後京兆韋氏依靠襄陽之地理優勢，發揮其武勇特長，不僅爲自身的仕途發展創造條件，而且對南朝政治局面產生了重要影響。

第二節　河東裴氏晚渡江左

關於晉末宋初南遷的河東裴氏，韓樹峰先生《河東裴氏南遷述論》一文曾做過詳論〔註7〕。綜其觀點，河東裴氏於晉末宋初南遷時間及徙居地域如下：河東裴氏晚渡江左者有裴叔業、裴邃、裴季之三支，裴叔業父祖南渡在東晉義熙末年，先「自河東居於襄陽」〔註8〕，而後渡淮，「寓居淮南之壽陽縣」〔註9〕；裴邃祖裴壽孫南渡在宋武帝劉裕平關洛時，即《隋書》卷六六《裴

未應劉裕徵召，亦未以身歸宋，而終以應命赫連勃勃遭殺身之禍。

〔註5〕 韋祖歸子韋叡等以襄陽爲鄉里。《梁書》卷十二《韋叡傳》在韋叡於天監十四年出任雍州刺史後載「初，叡起兵鄉中，客陰僑光泣止睿，叡還爲州，俊光道候叡。」所謂「還爲州」即指韋叡刺雍州於襄陽，則其起兵之鄉中亦在襄陽。

〔註6〕 《梁書》卷十二《韋叡傳》。

〔註7〕 《中國史研究》，1996年第2期。

〔註8〕 《魏書》卷七一《裴叔業傳》。

〔註9〕 《北齊書》卷二一《高乾傳附裴英起傳》。

政傳》所謂「高祖壽孫，從宋武帝徙家於壽陽」；裴季之的遷徙時間大概也在義熙末年，徙居地也在南朝宋之豫州地區。

按裴叔業房支，《新唐書・宰相世系表》「裴氏條」繫於南來吳裴，出於早先避難河西的裴苞，東晉孝武帝太元元年（376 年），苻堅平前涼後，「徙豪右七千餘戶於關中」〔註 10〕，避難河西的河東裴氏家族主體也在此時復歸桑梓。義熙十三年，劉裕平關洛後南歸，卷帶了一大批關隴士族南下，隨劉裕南下的關隴士族大多寓居於襄陽，如前文所述京兆韋氏。裴叔業祖裴邕也隨流人居於襄陽。另據《繫觀世音應驗記》四十七條記載，有裴安起者，為裴叔業之父，另有一番南遷的故事。史文記載：「裴安起，河東人也。從虜中叛歸，至河邊，不得過。望見追騎在後，死在須臾，於是喚觀世音。始得數聲，仍見一白狼從草中出，仰視安起，回還繞之。安起目不暇視，狼還入草。斯須追至，安起心悟，復喚狼：『若是觀世音，更來救我！』道此未竟，應聲即出。安起跳往抱之，狼一擲便過南岸。集止之間，奄失狼所在。追騎共在北岸，望之歎惋無極。宋孝建初，劉琨作益州，爾時，安起為成都縣堺起一塔，既嘗荷神力，殊大精進。蔣山上定林寺阿練道人釋道儼，在蜀識裴，恆聞其自序此事，為杲具說。安起即齊州刺史裴叔業父也。」〔註 11〕按根據《南齊書》、《魏書》本傳，裴叔業曾任南齊徐州刺史、豫州刺史等職，此處之「齊州刺史」，董志翹注文認為是寫本有誤。《繫觀世音應驗記》雖為小說，不過其中所記「宋孝建初，劉琨作益州」與《宋書》卷六《孝武帝紀》「（孝建三年夏五月）壬戌，以右衛將軍劉琨為益州刺史」相符。而且告知陸杲故事的釋道儼，《繫觀世音應驗記》載其為釋道汪弟子，同書所記汪公事蹟與《高僧傳》卷七《義解四》「宋蜀武擔寺釋道汪」傳文略同。如此，靈驗故事雖不足信，但此處所涉史文確有可徵之處。因此，筆者認為此條史文所記之裴安起即為《魏書・裴叔業傳》載裴叔業父順宗，一為名諱，一為字號。至於裴安起因何「叛歸」已不得知。

裴邃、裴季之兩支不載於《新唐書・宰相世系表》，故不知其房支所出。他們的父祖在劉裕平關洛時渡江，與裴邕南渡之義熙末年時間相當。裴邕先到襄陽，不久之後又和裴邃房支一樣渡淮至壽陽。

壽陽於晉安帝義熙十三年後，常為豫州州治。〔註 12〕豫州早在晉成帝咸

〔註 10〕《晉書》卷一百十三《苻堅載記上》。
〔註 11〕董志翹《觀世音應驗記三種譯注》，江蘇古籍出版社，2002 年，第 155 頁。
〔註 12〕《南齊書》卷十四《州郡志上》「豫州條」。

和四年僑立，僑治地多有遷移，或蕪湖，或姑孰，或歷陽，或壽春等等。義熙九年，劉裕欲開拓河南，遂「綏定豫土」，始「割揚州大江以西、大雷以北」爲豫州實土。〔註13〕十三年，劉裕以劉義慶鎮壽陽刺豫州後，壽陽便常爲州治。豫州之地，「西界荒餘，密邇寇虜，北垂蕭條，土氣強獷，民不識義，唯戰是習。……比年以來，無月不戰，……」，州治壽陽，亦爲「撫接遐荒，捍禦疆場」之地，〔註14〕直至永初三年，仍然「民荒境曠」。〔註15〕自永嘉之亂以來在江左重建家園的南遷士人不計其數，東晉南朝境內因南遷士人的地域差異、地位高下、家族風尚形成不同的勢力範圍，陳寅恪先生謂之上層階級、中層階級、下層階級，且分別徙居長江上游、下游不同地域。〔註16〕宋武帝平關洛距永嘉南渡時近百年，江左境內可供南遷流民居住的虛曠之地自已不多，況且既因晚渡，即便中原華冑，亦被視作「荒傖」〔註17〕，不僅爲吳人土著所不容，亦爲早遷僑人所不禮。如此，「民荒境曠」之所便成爲晚渡關洛士人重建家園之地，也正是南朝朝廷「撫接遐荒，捍禦疆場」的利用對象。

　　至河東裴氏於晉末宋初南遷壽陽，江左政權下的河東裴氏按遷徙地域和遷徙時間又可分爲兩大支，一支爲南遷較早的裴松之房支，一支則爲晚渡壽陽的裴叔業、裴邈、裴季之等。這兩支裴氏因南遷時間和遷徙地域的差別，在家族門風和仕業發展上也呈現出較大區別。裴松之及裴駰、裴子野等雖未濡染玄風，難入江左高門行列，但他們世代以儒史爲業，仕職多以侍郎、大夫爲主；而裴叔業、裴邈房支既徙居壽陽，豫州爲密邇寇虜的邊荒之地，處於南北敵對政權對峙之境，又有「土氣強獷，民不識義，唯戰是習」之風，因此壽陽裴氏不得不以武力自效。裴叔業「少便弓馬，有武幹」〔註18〕，「頗

〔註13〕 《宋書》卷三六《州郡志二》「南豫州條」。
〔註14〕 《南齊書》卷十四《州郡志上》「豫州條」。
〔註15〕 《宋書》卷三《武帝紀下》：永初三年二月丁丑詔：「豫州南臨江滸，北接河、洛，民荒境曠，轉輸艱遠，撫蒞之宜，各有其便。淮西諸郡，可立爲豫州；自淮以東，爲南豫州。」
〔註16〕 參見萬繩楠整理《陳寅恪魏晉南北朝史講演錄》，黃山書社，1987年。
〔註17〕 大概與裴叔業父祖等同時南下的裴景仁，在宋時也被稱爲「傖人」。《宋書》卷五四《沈曇之傳》：「時殿中員外將軍裴景仁助戍彭城，本傖人，多悉戎荒事。曇慶使撰《秦記》十卷，敘苻氏僭僞本末，其書傳於世。」《南史》卷三四《沈懷文附從兄曇慶傳》：「景仁本北人，多悉關中事。曇慶使撰《秦記》十卷，敘苻氏事，其書傳於世。」
〔註18〕 《南齊書》卷五一《裴叔業傳》。

以將略自許」〔註19〕，裴叔業侄裴颺也稱「壯果有謀略」〔註20〕，裴邃更爲
「梁世名將」〔註21〕，他們在蕭齊、蕭梁政權下多任武職。〔註22〕

第三節　河東柳氏晚渡江左

　　河東柳氏家族在西晉時地位尚低，八王之亂及永嘉禍起，紛紛南渡的中
州士人中，還找不到河東柳氏的身影。爲保家全身，河東柳氏出仕胡族政權：
柳純曾任劉聰的使臣，柳耆則在石趙政權任尚書郎，他的兩個兒子「有寵於」
石宣，女兒一爲石虎貴嬪、一被石虎納於華林園。柳耆一家數人入石虎宮廷，
難免在石虎父子內亂中受到牽連，遭致滅身之禍。永和初年，石宣圖石韜，
欲行大逆，石虎窮治宣黨，柳貴嬪因二兄有寵於石宣被殺，其二兄自亦不得
保命。據《新唐書》卷七三上《宰相世系表三上》「柳氏條」，柳耆二子：柳
恭、柳璩，但《周書》二二《柳慶傳》載：「五世祖恭，仕後趙，爲河東郡
守。後以秦、趙喪亂，乃率民南徙，居於汝、潁之間，故世仕江表。」柳恭
既得南徙，則未被石虎所殺。其中原因筆者推測有兩種可能，一是柳耆並非
只有二子，柳恭非在石宣所寵之列，伺機逃脫；二是柳恭確爲石宣所寵，石
虎窮治宣黨，連帶柳貴嬪一起殺害時，柳恭得以逃脫，南渡求生。無論兩種
情況何者爲是，柳耆女兒身爲石虎貴嬪，竟受牽被殺，柳恭亦不可能脫得關
係，爲避殺身之禍，南徙逃生極有可能。《周書》所言秦、趙喪亂，在永和
五年末，石虎在此年即皇帝位，窮治宣黨就在此前不久，因此筆者認爲《周
書》書柳恭南徙雖然在秦趙喪亂以後，但其南遷之行與之前的石宣之禍應當
有很大關係。

　　《元和姓纂》卷七「柳氏條」分河東柳氏爲東、西眷，柳耆一支爲西眷。
東眷柳純之後柳卓也與柳恭差不多同時南下，不過東眷柳氏遷徙地域非在
汝、潁一帶，而在襄陽。《宋書》卷七七《柳元景傳》：「柳元景，字孝仁，
……曾祖卓，自本郡遷於襄陽。」《隋書》卷六二《柳彧傳》也載：「柳彧字
幼文，河東解人也。七世祖卓，隨晉南遷，寓居襄陽。」如此，西晉末年之

〔註19〕　《魏書》卷七一《裴叔業傳》。
〔註20〕　《魏書》卷七一《裴叔業傳附裴颺傳》。
〔註21〕　《南史》卷五八《韋叡傳》：「與裴邃俱爲梁世名將，餘人莫及」。
〔註22〕　寓居壽陽的河東裴氏在南朝的政治活動參見韓樹峰《河東裴氏南遷述論》，《中
　　　　　國史研究，1996 年第 2 期。

後一直守於本貫、仕於胡主的河東柳氏自柳恭、柳卓始，開始了分途播遷的發展歷史。

河東柳氏遷徙時間既晚，受中原戰亂紛擾，爲保家全身，遷徙目的地並不明確。幾乎同時向外遷徙的兩個房支，雖然遷徙方向大致相同，但選擇了兩個不同的目的地。遷入兩地的兩個房支在後來有著高差不同的仕途發展。

遷於汝、潁之間的河東柳氏在江左沈寂無聲，史籍中僅載柳恭的四代孫柳緝在宋時任司州別駕、宋安郡守，柳緝子僧習爲齊奉朝請，別無事蹟可聞。〔註23〕隨著柳僧習在南齊時隨河東裴叔業一起據州歸魏，西眷柳氏在江左政權的發展也隨之結束。與西眷柳氏的沈寂相反，東眷柳氏歷劉宋、蕭齊、蕭梁三個政權，皆有人物位極人臣：柳元景爲宋太尉；柳世隆爲齊尚書令；柳慶遠爲梁侍中，其他家族成員也多位高望隆。而且在南朝上流高門中，甚獲世譽，得到琅玡王氏、陳郡謝氏、吳郡張氏等士族高門的承認和接受。其詳情將在下章展開論述。

河東柳氏在胡亡氏亂時除柳恭、柳卓南遷的兩個房支之外，還有留居本貫沒有南遷的房支：如西燕慕容永所署河東太守柳恭與「先留鄉里」的柳光世等〔註24〕。這些留居鄉里的柳氏宗族，雖然甘於冒險出仕胡主，並積極與北方世家大族聯姻，以提高自身門第。但遭逢姻族犯事，難免牽連自身，據《宋書·柳元景傳》，柳光世與柳元景同曾祖，在北魏任折衝將軍、河北太守，封西陵男。光世姊適崔浩，元嘉二十七年即北魏太平眞君十一年，崔浩遇禍，「河東大姓坐連謀夷滅者甚眾」，柳光世爲保性命，南奔劉宋，後因子欣慰謀反，被賜死。柳光世的南奔爲河東柳氏在永嘉之亂以後的家族主要房支南遷的餘波。

第四節　河東薛氏晚渡江左

河東薛氏在永嘉亂後壁於河際，憑河自固，未有播遷之舉。姚秦之世，薛強、薛辯父子出仕姚氏政權，及劉裕平姚泓，薛辯舉營降劉裕，受到東晉司馬德宗皇帝的封賞。但不久赫連氏來征，劉裕失長安等地，薛辯又舉族降魏。受戰亂衝擊，加之統帥薛辯頗失民心，薛氏宗族開始分散。

〔註23〕《周書》卷二二《柳慶傳》，《北史》卷六四《柳虯傳》同。

〔註24〕分別見《晉書》卷一百七《姚興載記上》及《宋書》卷七七《柳元景傳》。柳光世也有可能爲較早入北的南遷東眷柳氏柳輔子柳平之後。

薛氏南遷，共有三次，按時間先後，薛氏統帥薛辯之子爲最先南遷者。《魏書》卷四二《薛辯傳附子謹傳》：「劉裕擒泓，辟相府行參軍，隨裕渡江。尋轉記室參軍。」薛謹任劉裕相府行參軍，當在薛辯舉營降劉裕後，但劉裕平關中不久，江左政局不安，劉裕遂留劉義眞鎭守，先行渡江南下，薛謹即被裹挾南遷。薛謹南遷，被劉裕置彭城，薛辯在北方率薛氏部族降魏時，薛謹又自彭城歸北。史文曰「辯將歸國，密使報謹」，謹「遂自彭城來奔」。〔註25〕

薛謹稍後，薛弘敵率宗族南遷，爲河東薛氏南遷江左的第二支。《周書》卷三八《薛憕傳》：「曾祖弘敵，值赫連之亂，率宗人避地襄陽。」所謂赫連之亂，蓋指赫連氏攻奪劉裕所佔長安等地。在此之前，薛弘敵已在薛辯統領之下歸降劉裕帳下，值赫連氏來征，爲躲避戰禍，薛弘敵遂率近宗南奔襄陽。由此看來，薛弘敵與薛謹的南遷雖然時間相近，但南遷原因和遷徙地域各不相同。薛弘敵帥宗人南遷是在戰亂中爲尋求生存主動南遷避難於襄陽，而薛謹的南遷則是被劉裕俘獲裹挾南下至彭城。當然，隨著薛謹北歸，劉宋初年居江左的河東薛氏以薛弘敵一支爲主。

河東薛氏家族中第三次南遷的是反叛北魏逃奔江左的薛安都。劉裕失長安後，薛氏宗族大部在薛辯率領下投歸北魏，薛安都所繫南祖房一支應也在此時歸依北魏，薛安都在魏任「雍、秦二州都統」。〔註26〕

關於薛安都南奔劉宋，史籍記載不一。

《魏書》卷六一《薛安都傳》「眞君五年（444年），與東雍州刺史沮渠秉謀逆，事發，奔於劉義隆。」沮渠秉是盧水胡人的政權北涼國的皇子，太武帝太延五年（439年），北魏攻陷北涼都城姑臧，北涼國主沮渠牧犍投降，多數的北涼宗室和涼州三萬家吏民都被遷徙到北魏都城平城，沮渠牧犍之弟沮渠秉被任命爲東雍州刺史。《魏書》卷九九《沮渠蒙遜傳附子秉傳》：「蒙遜子秉，字季義。世祖以其父故，拜東雍州刺史。險詖多端，眞君中，遂與河東蜀薛安都謀逆。至京師，付其兄弟扼而殺之。」《魏書》卷四下《世祖太武帝紀下》繫沮渠秉伏誅於眞君五年秋七月，與其一道謀逆的薛安都大概就在此時逃奔劉宋。

但《宋書》載薛安都南奔的時間和事由不同。《宋書》卷八八《薛安都

〔註25〕《魏書》卷四二《薛辯傳》。
〔註26〕《宋書》卷八八《薛安都傳》。

傳》：「元嘉二十一年（眞君五年），索虜主拓跋燾擊芮芮大敗，安都與宗人薛永宗起義，永宗營汾曲，安都襲得弘農。會北地人蓋吳起兵，遂連衡相應。燾自率眾擊永宗，滅其族，進擊蓋吳。安都料眾寡不敵，率壯士辛靈度等，棄弘農歸國。」該條史料似乎欲將安都南奔的時間繫於元嘉二十一年，即北魏太武帝太平眞君五年，這與《魏書》所記時間並不矛盾。但南遷背景是薛安都與薛永宗反叛北魏失敗，這與《魏書》記載不同。

　　薛永宗和蓋吳起義是北魏太武帝年間的重要事件，《魏書》記載非常詳細，仔細查考史料，我們可以發現《宋書》此處記載存在前後矛盾的地方。根據《魏書》卷四下《世祖太武帝紀下》的記載，薛永宗應合北地人蓋吳起兵，事在眞君六年：「（十一月），河東蜀薛永宗聚黨盜官馬數千匹，驅三千餘人入汾曲，西通蓋吳，受其位號。」而太武帝拓跋燾親征薛永宗，在次年正月，「（眞君）七年春正月戊辰，車駕次東雍州。庚午，圍薛永宗營壘。永宗出戰，大敗，六軍乘之，永宗眾潰。永宗男女無少長赴汾水死。辛未，車駕南幸汾陰。庚辰，帝臨戲水。蓋吳退走北地。」〔註27〕如此，如果薛安都在與薛永宗起義失敗後南渡，則其南渡的時間應在元嘉二十三年即北魏太武帝太平眞君七年而非元嘉二十一年。即使《宋書》中「元嘉二十一年」限定的僅爲「安都與宗人薛永宗起義」的時間，也與《魏書》所記薛永宗起義的太平眞君六年即元嘉二十二年不符。

　　引起兩書記載不一的主要原因在於薛安都南奔劉宋後又復歸北土的複雜行蹤。關於薛安都奔劉宋後復北上寇亂的事實，《魏書》、《宋書》本傳皆有記載。《魏書·薛安都傳》記薛安都南奔後，「自盧氏入寇弘農，執太守李拔等，遂逼陝城。時秦州刺史杜道生討安都。仍執拔等南遁，及世祖臨江，拔乃得還。」《宋書·薛安都傳》記安都「棄弘農歸國」後，「太祖延見之，求北還構扇河、陝，招聚義眾。上許之，給錦百疋，雜繒三百疋。復襲弘農，虜已增戍，城不可克，蓋吳又死，乃退還上洛。」正因爲薛安都南投劉宋後，又有北上寇亂、事敗南遁之事，故關於他南渡江左之事很容易前後相混。細考《宋書》所載，薛安都南奔之前，與宗人薛永宗起義之時，有「襲得弘農」一事，但根據本傳上文所載，薛安都於南奔前在北魏任雍、秦二州都統，弘農爲其所有，不煩「襲」得。而且，若依《宋書·薛安都傳》所記南遷事狀，安都南遷劉宋後「構扇關陝」、「復襲弘農」的結果是「虜已增戍，城不可克」，

〔註27〕《魏書》卷四下《世祖太武帝紀下》。

並無「得弘農」之事。合理的解釋是薛安都在太武帝初年因驍勇果敢，任雍、秦二州都統。太平眞君五年與東雍州刺史沮渠秉連通謀逆，事發後逃奔劉宋。爲以武功自效，安都自請入北寇亂，並襲得弘農。安都入弘農，時逢其宗人薛永宗響應蓋吳起義，永宗兵敗，宗人盡塡汾河，安都復南遁，正所謂「棄弘農歸國」，而非首次來奔也。如此，薛安都南奔劉宋的時間和事由當以《魏書》所記才應恰當，《宋書》將薛安都南遷繫於元嘉二十一年本是事實，卻因南北阻隔，視聽不暢，不明曉沮渠秉與薛安都謀叛之事；加之安都南奔後復北上寇襲弘農，其宗人永宗起義，他正在弘農，遂有薛氏遭滅宗之禍後安都棄弘農再度「歸國」之事，從而使南人誤將第二次南歸記作首次南奔。需要指出的是，筆者做此推斷與劉淑芬先生觀點相同，不過劉先生對《宋書》「對於薛安都投奔劉宋的時間和經過，也有錯誤」未做詳細論證〔註28〕，筆者特做補充。

薛安都南奔劉宋，隨其一同南下的宗人較多。如安都從祖弟眞度、從叔沈、從弟道生、從子道淵及後來隨其一同北歸的兒子碩明等皆在安都南遷的隨行之列。從安都與這些人的不同親疏關係來看，薛安都南遷是薛氏「南祖房」支系的一次集體行動。至於薛安都南奔劉宋後，定居何地，史文沒有明確記載。但根據薛安都在南朝的活動特點，筆者推測薛安都率子侄宗人南奔後亦定居在襄陽。

《宋書‧薛安都傳》曰：「世祖鎮襄陽，板爲揚武將軍、北弘農太守。虜漸強盛，安都乃歸襄陽。」根據《宋書》卷六《孝武帝紀》，世祖即孝武帝劉駿鎮襄陽在元嘉二十二年。如前所述，安都在此前已經南奔劉宋，但其南渡不久，就自請北上，劉駿鎮襄陽之年，安都正在弘農參與其宗人薛永宗叛逆北魏的活動。永宗起義失敗後安都歸國，此後仍不斷北上用事，最終因「虜漸強盛」，「乃歸襄陽」。安都在結束虜事南歸之前即被臨鎮襄陽的劉駿版授官職，且在北上用事不果後先「退居上洛」〔註29〕，終歸「襄陽」。如此看來，薛安都在南奔之初可能就以襄陽爲其家族宗人的寓居之所。

此後，安都的活動大都與襄陽有關。元嘉二十五年，劉駿改鎮彭城，次年，隨王劉誕繼任雍州刺史，鎮襄陽。安都即受職劉誕，任建武將軍和後軍

〔註28〕劉淑芬《北魏時期的河東蜀薛》，刊於黃寬重、劉增貴《家族與社會》，中國大百科全書出版社，2005年。
〔註29〕《宋書》卷八八《薛安都傳》。

行參軍。同時，遷居襄陽的河東柳元景是劉宋時期襄陽崛起的雍州勢力的代表和核心人物，薛安都定居襄陽，隸於其下，多次隨其行事：元嘉二十七年，劉宋北伐，薛安都「隨柳元景向關、陝，率步騎居前」，「魯爽向虎牢，安都復隨元景北出，即據關城，期俱濟河取蒲坂。會爽退，安都復率所領隨元景引還」；〔註30〕元兇劉劭弒逆，安都「轉參軍事，加寧朔將軍，領馬軍，與柳元景俱發」〔註31〕。如此，薛安都南奔劉宋後定居襄陽是可以確信的。

　　前文曾述，河東薛氏中薛弘敞一支早在晉末宋初南遷襄陽。安都南下襄陽後，當與該支合流，故弘敞之子眞度與安都聯繫緊密，〔註32〕《魏書·薛安都傳》曰：「及安都爲徐州，眞度爲長史，頗有勇幹，爲其爪牙。」弘敞南下時，《周書·薛憕傳》載其「率宗人避地襄陽」，而《魏書·薛安都傳》載眞度「初與安都南奔」，不在其父率宗人南下之列，似乎不合情理。筆者認爲，大概因爲薛安都南渡後與之前南下的薛弘敞宗人同居襄陽，兩支合流，交往甚密。而且弘敞與安都同係「南祖房」，眞度爲安都從祖弟，故後人很容易誤以爲眞度是隨安都一起南下的。

第五節　京兆杜氏晚渡江左

　　東晉南朝政治舞臺上的京兆杜氏共有四個房支：一爲杜乂；二爲杜坦、杜驥兄弟；三爲杜靈啓、杜乾光兄弟子侄；四爲交趾杜慧度父子。其中杜乂南渡較早，上一章已詳述；杜慧度一房雖本爲京兆，但其房支與形成京兆杜氏士族地位的關鍵人物杜畿、杜預支系不詳，且其房支南遷交趾早在西晉永嘉之亂以前〔註33〕，不在本文所考永嘉亂後京兆杜氏遷徙情況範圍之內，故本節的研究對象僅有杜坦、杜驥兄弟和杜靈啓、杜乾光兩房。需要指出的是，關於永嘉亂後京兆杜氏各個房支的家族傳承與發展變遷，王力平在《中古杜

<hr>

〔註30〕《宋書》卷八八《薛安都傳》。
〔註31〕《宋書》卷八八《薛安都傳》。
〔註32〕《魏書》卷六一《薛安都傳》、《北史》卷三九《薛安都傳》皆記薛眞度爲薛安都從祖弟，據《齊故使持節都督北徐州諸軍事北徐州刺史薛公（懷儁）墓誌銘》（羅新、葉煒《新出魏晉南北朝墓誌疏證》，中華書局，2005年）「祖弘敞，秦州刺史、安邑侯。……父眞度，東西二荊豫華陽五州刺史、金紫光祿大夫、陽平公，贈征西將軍、并雍二州刺史，諡曰莊公。」可知薛安都從祖弟眞度實爲薛弘敞之子。
〔註33〕詳參王力平《中古杜氏家族的變遷》，商務印書館，2006年，第101～102頁。

氏家族的變遷》一書中有非常詳細的耙梳整理，但對杜坦、杜驥兄弟和杜靈啓、杜乾光兄弟兩個房支南遷江左的問題，尚有失察之處。

杜坦、杜驥出自西晉杜預之子杜耽之後，是杜耽曾孫。永嘉亂後，杜耽曾避亂河西，《宋書》卷六五《杜驥傳》：「曾祖耽，避難河西，因仕張氏。」晉成帝太元年間，苻堅平涼州，坦、驥的父祖還歸故土，先後屬苻秦、姚秦兩個關中政權統治。關於杜坦、杜驥兄弟的南遷時間，史籍記載比較明確：《宋書》卷六五《杜驥傳》：「高祖征長安，席捲隨從南還。」但傳文對杜坦、杜驥兄弟隨從劉裕北伐軍隊南奔後寓居何地記載不太明確。因為京兆杜氏在永嘉亂後的南遷房支形成了後世著名的杜氏新望──襄陽杜氏，且定居襄陽的杜遜一房與他們同為杜耽之後，南遷時間也大致相當〔註34〕，所以學人很容易將杜坦、杜驥兄弟的南遷寓所也判斷在襄陽，如王力平《四至九世紀襄陽杜氏家族述論》〔註35〕及其專著《中古杜氏家族的變遷》一書皆將杜坦兄弟繫於襄陽望下；劉靜夫刊於《許昌師專學報》的《京兆杜氏研究》一文亦認為杜坦兄弟為京兆杜氏南遷襄陽的房支之一〔註36〕。而實際上，關於杜坦兄弟南遷後的寓居地，史載中有兩條重要的史料可以反映，一為《宋書》卷八四《鄧琬傳》所載封賞功臣的詔書中，稱杜驥子杜幼文為「輔國將軍游擊將軍彭城杜幼文」；另一條為《宋書》卷八七《殷琰傳》中對杜坦之子杜叔寶的記載，傳文稱，殷琰任豫州刺史，自己沒有部曲，義故門生也寥寥數人，因此「受制於」「土人前右軍參軍杜叔寶」等，且言杜叔寶「既土豪鄉望，內外諸軍事並專之」。杜幼文被目為彭城人，杜叔寶又被視作豫州土人，杜坦兄弟房支在江左的寓居地斷非襄陽可明。而對這兩條史料，周一良先生在其《魏晉南北朝史札記》「晚渡北人」條中早已揭示，並已作出杜坦兄弟南遷後一支定居彭城、一支定居豫州治所壽陽的判斷。前述兩位學者可能疏忽史文且又無察先輩之述而導致誤斷。

與杜坦、杜驥兄弟南遷時間明確、遷徙地域不詳相反，杜靈啓、乾光父祖的南遷，可判斷遷徙地域而難分辨遷徙時間。靈啓、乾光亦為杜耽之後，《元和姓纂（附四校記）》卷六「杜氏條」載：「當陽侯元凱少子耽，晉涼州

〔註34〕詳見後文論述。
〔註35〕王力平《四至九世紀襄陽杜氏家族述論》收於張國剛《中國社會歷史評論》第三卷，中華書局，2001年。
〔註36〕《許昌師專學報》，1993年第3期。

刺史；生顧，西海太守；生遜，過江，隨元帝南遷，居襄陽。遜官至魏興太守，生靈啓、乾元〔註37〕。」如此，靈啓、乾光與坦、驥是同出杜耽的從兄弟。

　　關於靈啓、乾光一房的南遷，正史中僅載：「杜削，京兆杜陵人也。其先自北歸南，居於雍州之襄陽，子孫因家焉。祖靈啓，齊給事中。」〔註38〕「杜叔毗字子弼。其先，京兆杜陵人也，徙居襄陽。祖乾光，齊司徒右長史。」〔註39〕靈啓、乾光房支南遷後徙居襄陽的確可信，後世襄陽杜氏新望的形成正源於此〔註40〕。但《元和姓纂》所記該房支的南遷時間，令人生疑。杜耽在西晉末避居河西，任職涼州軍司時，張軌已刺涼州八年〔註41〕。軌於永寧初（公元301年）始刺涼州，八年以後已是永嘉二年（公元308年）。眾所周知，晉元帝司馬睿偕王導南渡建鄴，在永嘉元年（307年）九月。《元和姓纂》言杜遜隨晉元帝過江，但杜遜此時是否出生還不一定。即使杜遜確在司馬睿南渡建鄴時南遷，其子靈啓、乾光遠在時隔近兩個世紀的南齊任職（南齊於公元480年始建），實在離譜。正因如此，王力平在《四至九世紀襄陽杜氏家族述論》一文曾因此認為京兆杜氏「隨晉元帝南遷並定居襄陽者應該是杜顧，而不是杜遜。」並斷定「杜耽之子杜顧，於永嘉之亂後即隨晉元帝南渡，並在襄陽定居，總是事實。」但如此仍有不妥。因為杜顧官任西海，亦在涼州境內〔註42〕，且一般來講，史書追溯歷史人物官守，常記其終任，如此推論，他任西海太守應晚於杜耽任涼州軍司。縱若父子倆同時任職，遠在安土涼州，卻冒兵禍南遷，大不可能。王力平可能考慮到了這一點，在其後來出版的《中古杜氏家族的變遷》中將此相關內容作了修改，僅言「從字面上判斷，『過江，隨（晉）元帝南遷，居襄陽』者，應該是杜遜。」〔註43〕而不作明確判斷，並且刪除了她前文所作的「應該是杜顧，而不是杜遜」的

〔註37〕　「乾元」當作「乾光」，岑仲勉已出校。詳見《元和姓纂（附四校記）》卷六「杜氏」259條下校文。
〔註38〕　《梁書》卷四六《杜削傳》。
〔註39〕　《周書》卷四六《杜叔毗傳》。
〔註40〕　關於襄陽杜氏，《元和姓纂（附四校記）》與《新唐書・宰相世系表》「杜氏條」的記載有異，王力平《中古杜氏家族的變遷》已有詳辨，本文認同其觀點。詳參該書第67～69頁。
〔註41〕　見前揭《晉書・張軌傳》。
〔註42〕　《晉書》卷十四《地理志上》「涼州條」。
〔註43〕　王力平《中古杜氏家族的變遷》，商務印書館，2006年，第69頁。

「事實」斷定，徑直認爲「杜顧一支永嘉之亂後徑隨晉元帝司馬睿南渡，時間大約在317年以後不久」〔註44〕。王力平對中古杜氏家族各個房支變遷的耙梳整理十分詳審縝密，但在杜靈啓、杜乾光房支南遷一事上前後不合，特別是在其修改的最後定稿中不作明確判斷，留有疑慮，原因還在於對該房支南遷時間的認定問題上。

依筆者管見，對杜顧房支的南遷，如果不盯在人物上作非此即彼的判斷，而將疑慮放在「隨元帝南遷」上，問題就容易得多。實際上，無論是杜顧還是杜遜，只要認定他們是「隨元帝南遷」，就無法解釋該房支自東晉初年至南齊近兩個世紀僅傳兩至三代的問題。參考杜坦父祖的經歷，他們先隨杜耽在河西，後因苻堅平涼復歸本土，然後杜坦兄弟才在晉末宋初南遷。杜顧曾官任西海太守，與杜坦父祖一樣，遠在河西。河西當時爲魏晉士人避難的伊甸樂園，無論杜顧還是其子杜遜自河西南遷不太可能。合理的解釋是，杜顧房支同杜坦父祖一樣在苻堅平涼後裹挾復於本土，他們過江當亦自關中遷出。杜靈啓、杜乾光與杜坦兄弟同輩而活動時間較晚，因而靈啓、乾光應爲坦、驥之從弟，蓋杜顧一房在杜耽諸子中排行較小，因此杜遜的活動時間與杜坦兄弟相當。以靈啓、乾光活動於南齊來看，他們的父親杜遜過江應與杜坦兄弟過江時間大致相同，也只有如此，我們才能對上述諸多疑問給出大致合理的解釋。〔註45〕果如此，則杜顧房支南遷亦屬晚渡，而非王力平所推斷的「杜耽兩房子孫南渡的時間前後至少相差了100年」。

至於《元和姓纂》言杜遜過江是「隨元帝南遷」，因上文所論之諸多矛盾，筆者疑其爲衍文，或者爲「隨（宋）高祖南遷」之誤刻。無論如何，杜靈啓、杜乾光父祖的南遷絕非在東晉初期，更非隨晉元帝司馬睿南遷。儘管認爲杜遜與杜坦兄弟南遷時間大致相當尙沒有直接證據，但唯有作此推論才較合理。

補 記

弘農楊氏在永嘉亂起、關中地區爭戰不息之時，爲保持家族利益，輾轉

〔註44〕 王力平《中古杜氏家族的變遷》，商務印書館，2006年，第70頁。

〔註45〕 韓樹峰亦認爲「根據當時形勢分析，杜崱祖上的經歷大概與杜驥兄弟相似，即先隨杜耽避難於涼州，並仕於前涼政權。苻堅滅涼，復還原籍京兆。劉裕北征長安，又與杜驥兄弟一同隨劉裕南遷。」見《南北朝時期淮漢迆北的邊境豪族》社會科學文獻出版社，2003年，第126頁。

佐命於不同的胡族政權。〔註 46〕而在胡主與東晉政權戰事失利的情況下，原仕胡主的弘農楊氏成員隨東晉軍隊南下的也有其例，這就是江左政權下的弘農楊氏晚渡士人。

　　繼前章所述楊朗參與東晉政權後，弘農楊氏家族成員再次南下已在東晉穆帝永和十二年（356 年）以後。《晉書》卷八四《楊佺期傳》載佺期「父亮，少仕僞朝，後歸國，終於梁州刺史，以貞幹知名。」但未記其何時歸國。前文曾述，楊亮父楊林在永嘉亂後沒胡，楊亮先仕石趙，後又歸於姚襄。永和十二年，姚襄率部入許昌，晉穆帝遣桓溫討之。該年秋八月，桓溫與姚襄在伊水大戰，姚襄失敗，桓溫俘獲襄大部士女。〔註 47〕姚襄以客禮相待的楊亮就在此時奔歸桓溫。〔註 48〕時距東晉政權建立已有半個世紀，故江左士人「以其晚過江，婚宦失類，每排抑之」。〔註 49〕

〔註 46〕　《新唐書》卷七一下《宰相世系表一下》「楊氏條」有楊「鉉，燕北平郡守」、楊結「慕容氏中山相」的記載，但根據學界現有研究成果表明，出自楊鉉的隋朝皇室楊氏本爲山東寒庶，弘農地望是其發達之後冒認的（袁剛《楊隋出自山東寒庶》，《文史哲》1999 年第 6 期；王永興《楊隋氏族問題述要——學習陳寅恪先生史學的一些體會》，刊於王永興《陳寅恪先生史學述略稿》，北京大學出版社，1992 年）；楊結是北魏時期權位鼎盛的楊播兄弟之高祖，根據唐長孺先生《《魏書楊播傳》「自云弘農華陰人」》辨》（武漢大學歷史系、魏晉南北朝隋唐史研究室編《魏晉南北朝隋唐史資料》第五輯）所論，楊播一門可能出自馬渚諸楊，後來居弘農，遂以弘農爲望。如此，則《新唐書·宰相世系表》「楊氏條」關於這兩個房支的世系傳承記載是值得懷疑的，楊鉉和楊結是否爲弘農楊氏之後不可斷定，故本文論述弘農楊氏在永嘉亂後參與胡族政權的狀況對此兩處記載暫不考慮。

〔註 47〕　《晉書》卷八《穆帝紀》永和十二年、《晉書》卷一百十六《姚襄載記》並載。

〔註 48〕　《晉書》卷一百十六《姚襄載記》。

〔註 49〕　《晉書》卷八四《楊佺期傳》。

第五章　關中郡姓在江左的發展

　　關中郡姓自永嘉喪亂後先後南遷的家族房支，以晚渡爲主體，被江左士族高門所鄙。他們在江左多活躍在軍事戰爭中，依靠軍功獲得仕途官階，進而經營田產、交接士流以鞏固家族利益，提高社會聲望。也有家族房支因過度依賴皇權、陷於爭戰而帶來滅門之禍。

第一節　京兆韋氏在江左的發展

　　至晉末宋初爲止，江左境內的京兆韋氏先後有韋泓、韋玄子孫、韋羆、韋肅、韋軌、韋惠度等諸多房支。其中，東晉初年依從應詹南下的韋泓一身特立，勢單力薄。儘管其南遷較早，但無宗族力量支撐，很難有所作爲。他於晉元帝時位至中書令，後世子嗣無聞。可以說京兆韋氏在東晉政權內雖有韋泓任職，但終無明顯幹用，族單勢薄更難引起世人重視。

　　其後陸續南下的諸多房支中韋羆、韋肅、韋惠度等雖然在江左都取得了一定職位，但不久又各自北歸，在江左也沒有多少作爲。韋羆在苻堅滅時南下，直到劉裕建宋，「仕劉裕爲輔國將軍、秦州刺史」，子道福在宋孝武帝時歷「盱眙、南沛二郡太守，領鎮北府錄事參軍」，但不久即與薛安都擁州附魏，在北魏政權下謀求發展。〔註1〕韋肅隨劉義眞渡江，「歷魏郡弋陽二郡太守、豫州刺史」，子崇十歲時卒，妻鄭氏遂攜崇入魏。〔註2〕《北齊書》卷四五《韋道遜傳》曰：韋崇「自宋入魏」，則韋肅在宋任職不長。韋惠度，《周

〔註1〕　《魏書》卷四五《韋闐傳附從叔道福傳》。
〔註2〕　《魏書》卷四五《韋闐傳附從子崇傳》。

書》卷三九《韋瓏傳》載其「隨劉義眞過江，仕宋爲鎮西府司馬、順陽太守、行南雍州事。後於襄陽歸魏，拜中書侍郎，贈安西將軍、洛州刺史。」則其房支在江左也歷時較短。總之，這三個南遷房支雖在史載中於南朝劉宋時都有官職，但他們不久後皆各自北歸，在江左並無多少事蹟可聞。

京兆韋氏在江左活躍的房支爲韋玄孫韋叡兄弟及韋叡從弟韋愛房支。韋玄子祖歸、祖徵等在宋初南下襄陽，歷劉宋、蕭齊兩朝，韋叡父子一直在鄉里附近擔任郡守等職。《梁書》卷十二《韋叡傳》：「祖徵累爲郡守，每攜睿之職，視之如子。」韋叡歷任州主簿、廣德令、齊興太守、州別駕等職，「不欲遠鄉里」，齊末爲上庸太守。韋愛父子也不例外，《梁書》卷十二《韋叡傳附族弟愛傳》載，愛祖公循，任宋義陽太守。父義正，早卒。韋愛在宋齊時的主要任官爲州主簿。大概正因爲韋叡、韋愛房支長時間在地方任職，他們在襄陽鄉里樹立了很高的威望。史稱「叡兄纂、闡，並早知名」，「叡內兄王憕、姨弟杜惲，並有鄉里盛名」。〔註3〕陳顯達、崔慧景軍逼京師，民心慌駭的「西土人」謀之於叡。蕭衍起兵時，韋叡率郡人赴之，從其所領「眾二千、馬二百匹」可見其宗族勢力之盛及在鄉里的號召力之大。韋愛，史稱「沉敏有謀，素爲州里信伏」〔註4〕。

以韋叡、韋愛結於蕭衍爲契機，京兆韋氏在江左政治舞臺上日益活躍，成爲蕭梁名臣〔註5〕。蕭衍於永泰元年（498年）刺雍州，居襄陽的韋氏兄弟並爲其所重。據《梁書》卷十二《韋叡傳附韋愛傳》，蕭衍臨雍州時，正逢韋愛母卒，蕭衍「聞之，親往臨弔」，後引韋愛爲中兵參軍。蕭衍在齊末起兵並成功篡齊建梁，他的武裝力量基地即在以襄陽爲核心的雍州，而襄陽的韋氏兄弟也正是蕭衍所利用的主要勢力。陳顯達、崔慧景之亂，韋叡遣其二子自結於高祖，後親自率二千多軍馬奔赴蕭衍，蕭衍大喜，曰「他日見君之面，今日見君之心，吾事就矣。」〔註6〕蕭衍久臨雍州，對韋氏在襄陽的聲望及宗族勢力之盛深爲瞭解，韋叡率宗人投誠使其武裝力量大大增強，因而自喜「吾事就矣」。之後在蕭衍軍克郢、魯，平加湖等一系列戰爭中，韋

〔註3〕　《梁書》卷十二《韋叡傳》。
〔註4〕　《梁書》卷十二《韋叡傳附韋愛傳》。
〔註5〕　韋叡子韋放，《梁書》卷二八有傳，傳末「史臣曰」並稱裴邃、夏侯亶、韋放「允文武之任，蓋梁室之名臣歟。」
〔註6〕　《梁書》卷十二《韋叡傳》。

叡「多建謀策，皆見納用」，並以冠軍將軍、江夏太守鎮守郢城。〔註7〕蕭衍起兵之初，其兄蕭懿行郢州事，蕭衍欲聯雍、郢之勢以成大計，向蕭懿陳計曰：「郢州控帶荊湘，西注漢、沔；雍州士馬，呼吸數萬，虎眎其間，以觀天下。世治則竭誠本朝，時亂則爲國翦暴。可得與時進退，此蓋萬全之策。」〔註8〕郢州之地對蕭衍行事十分關鍵，他在發軍之時，以韋叡爲騏驥，留守郢城，行郢府事，足見對韋叡的信重。韋愛在蕭衍起兵後，被任爲壯武將軍、冠軍南平王司馬，帶襄陽令。韋氏兄弟因爲助蕭衍「義師」有功，蕭衍建梁後，韋叡遷升廷尉，封邑三百戶，韋愛也進號爲輔國將軍。襄陽的京兆韋氏自韋叡、韋愛開始逐漸由雍州地方發展至朝廷中央。

　　蕭衍建梁，韋叡以勳臣遷升高位已入花甲之年，至普通元年卒於家，其居梁世近二十年。這二十年中，韋叡先後爲梁武帝攻取合肥城、於邵陽洲抵禦北魏中山王元英之侵，威名大著。陳史部尚書姚察在《梁書‧韋叡傳》後曰：「韋叡起上庸以附義，……及合肥、邵陽之役，其功甚盛，推而弗有，君子哉。」《南史》卷五一《梁宗室上‧臨川靖惠王宏傳》載蕭宏率眾師北伐時，北人軍中有歌曰：「不畏蕭娘與呂姥，但畏合肥有韋武。」文後注：「武謂韋叡也。」韋叡憑藉入梁前後之軍功，深受梁武帝敬重。邵陽之役，梁武帝遣韋叡會師曹景宗時特別敕景宗曰：「韋叡，卿之鄉望，宜善敬之。」〔註9〕《梁書》卷九《曹景宗傳》又載，曹景宗爲人自恃尚勝，雖同朝公卿無所推揖，「惟韋叡年長，且州里勝流，特相敬重，同燕御筵，亦曲躬謙遜，高祖以此嘉之」。曹景宗爲新野人，宋文帝元嘉二十六年，新野割入雍州，所謂「鄉望」、「州里」即指曹景宗、韋叡二人同出雍州而言。蕭衍先是囑託曹景宗「善敬」韋叡，又以曹景宗敬重韋叡「嘉之」，足見蕭衍對韋叡的隆遇。史稱其「居朝廷，恂恂未嘗忤視，高祖甚禮敬之」〔註10〕。邵陽之役後，韋叡歷任員外散騎常侍、通直散騎常侍、散騎常侍等清職，又先後居江州刺史、雍州刺史、右衛將軍、智武將軍、護軍將軍、車騎將軍等大任，並終入直殿省。

　　自韋叡始，京兆韋氏在江左的政治地位日隆。韋叡四子：放、正、棱、黯。其中韋放同以軍功顯著，韋棱、韋黯則以經史知名。蕭衍臨雍州時，韋

〔註7〕《梁書》卷十二《韋叡傳》。
〔註8〕《梁書》卷一《武帝紀上》。
〔註9〕《梁書》卷十二《韋叡傳》。
〔註10〕《梁書》卷十二《韋叡傳》。

放即被任爲主簿。韋叡曾先遣子結於蕭衍，後又親自奔赴，因此韋放及諸弟較早即加入蕭衍在雍州營建的武裝力量集團。蕭衍建梁後，除韋叡官職遷升外，其兄弟子侄皆因功超拔高位。韋放居梁歷任盱眙太守、襄陽太守、竟陵太守、尋陽太守、梁、南秦二州刺史、北徐州刺史等職，史稱其「牧州典郡，破敵安邊，咸著功績」〔註11〕。韋正官至給事黃門侍郎。韋棱任治書侍御史、太子僕、光祿卿。韋黯歷官太僕卿、南豫州刺史、太府卿、輕車將軍等職。韋放子韋粲史稱「有父風」〔註12〕，亦爲梁世名臣，受皇太子蕭綱之寵遇，官至散騎常侍。侯景亂梁，韋粲隸河東柳仲禮節度勤王，叱子弟奮勇抗敵，最終與子尼及三弟助、警、構、從弟昂皆戰死。粲子諒於陳朝以學業爲始興王叔陵所用，仕至中錄事參軍兼記室〔註13〕，叔陵犯逆，韋諒等並伏誅。

要之，京兆韋叡房支在江左政治上的發展主要在梁武帝一朝，韋叡子孫居官顯赫，不僅以武勇見長，且有經史之名。韋放甚至與吳郡張氏聯姻，拒「勢族」通婚之請〔註14〕，足見韋氏在江左社會地位的提高。但梁朝政治因侯景之亂衰落，韋叡房支亦在侯景之亂中遭受重創。入陳，韋叡房支中唯有韋正子韋載、韋鼎名著於世。韋載在梁末侯景之亂後歸依江陵的梁元帝，仕元帝爲中書侍郎，隸王僧辯東討侯景。侯景平後，韋載任爲義興太守。陳霸先誅王僧辯，派周文育攻載，並以梁敬帝名義，敕其解兵。韋載遂降陳霸先，居左右，爲其謀議，仕至散騎常侍。韋鼎於侯景之亂平後，被王僧辯任爲戶曹屬，歷太尉掾、大司馬從事、中書侍郎等職，後投歸陳霸先，仕陳至散騎常侍、太府卿等。

韋愛較韋叡房支人物單鮮。史籍所載，韋愛後人居梁世者唯有其子乾向，他官至驍騎將軍，征北長史，汝陰、鍾離二郡太守。乾向子翽仕陳，頗有威名，亦曾任驍騎將軍，「驍騎之職，舊領營兵，兼統宿衛。自梁代已來，其任踰重，出則羽儀清道，入則與二衛通直，臨軒則升殿俠侍〔註15〕」，史稱「翽

〔註11〕　《梁書》卷二八「史臣曰」。

〔註12〕　《梁書》卷四三《韋粲傳》。

〔註13〕　《陳書》卷三六《始興王叔陵傳》。

〔註14〕　《梁書》卷二八《韋放傳》「放與吳郡張率皆有側室懷孕，因指爲婚姻。其後各產男女，未及成長而率亡，遺嗣孤弱，放常瞻恤之。及爲北徐州，時有勢族請姻者，放曰：『吾不失信於故友。』乃以息岐娶率女，又以女適率子，時稱放能篤舊。」

〔註15〕　《陳書》卷一八《韋載傳附族弟翽傳》。

素有名望，每大事恆令俠侍左右，時人榮之，號曰『俠御將軍』」〔註16〕。

第二節　河東裴氏在江左的發展

河東裴氏南遷江左的房支，史載較爲明確的即東晉初年的裴松之父祖與晉末宋初南遷壽陽的裴叔業、裴邃、裴季之等。不過除此以外，活躍於江左政治舞臺的還有一些世系不明的裴氏成員，如裴方明、裴祖隆、裴長穆、裴茂仲等人。他們的南遷時間和定居地域不可詳考，但自身在江左政權中也有一定的地位和影響。因此本節所述江左政治舞臺上的河東裴氏不單以裴松之、裴叔業、裴邃等子嗣繁盛的家族房支爲對象，那些在江左政權中有一定政治作爲和社會影響的形單影隻的裴氏成員亦包括在內，一併述之。

河東裴氏雖在東晉初年即有房支南渡，但歷東晉一朝，裴松之及其父祖在江左門閥士族中頗顯寂寥。依前所述，裴松之在江左居官三十年至劉宋年間才稍著名望；河東裴氏再次南遷遲至晉末宋初之際，這些晚渡房支爲江左政治舞臺上的河東裴氏塡充了新生力量，河東裴氏對江左的歷史影響才開始令人矚目。正因如此，本節論題專以南朝爲主。

一、劉宋時期的河東裴氏

東晉之初即已南下的裴松之房支世代以儒史爲業，立身儉素，與江左上流尚玄之風相左，難預高門。入於劉宋，裴松之稍著名望，以「廊廟之才」爲宋武帝所重，歷任國子博士、中書侍郎、中散大夫、太中大夫等職。他曾議五廟樂、巡使湘州，皆爲時人所稱，更以儒史之才爲陳壽《三國志》作注，成爲注史經典。裴松之子裴駰注《史記》，在宋代任南中郎參軍；駰子昭明太始中爲太學博士，參議太子納徵禮，詳正僻謬〔註17〕。一門三代對南朝禮樂典制以及史學文化建設貢獻頗多。只是僅憑儒史之業，其家族地位仍難比南朝名門。

與裴松之族屬較近的裴封之〔註18〕、裴璣之父子〔註19〕，二人分別官任

〔註16〕《陳書》卷一八《韋載傳附族弟翽傳》。
〔註17〕《宋書》卷十四《禮志一》；《南齊書》卷五三《裴昭明傳》。
〔註18〕《南齊書》卷二十《齊武穆裴皇后傳》作「樸之」，《南史》卷十一《齊武穆裴皇后傳》作「封之」。
〔註19〕裴封之、裴璣之爲南齊武穆裴皇后父祖，蕭道成齊國建，子蕭賾爲齊世子，

給事中、左兵參軍。裴璣之女於劉宋年間適蕭道成子蕭賾，蕭賾其時位宦尚輕，且家又貧薄，史載裴氏女功婦德不如蕭賾弟蕭嶷妻庾氏，不自營，又不整潔，故不為舅姑、蕭賾所重〔註20〕。依筆者淺見，裴氏所以不為所重，自身素養僅為一端，其家族地位不如江左門閥潁川庾氏可能才是更重要的緣由。

姻親關係是魏晉南北朝時期體現士族社會地位的重要指標。裴璣之女雖然後來貴為南齊武穆皇后，但其歸於蕭氏時在劉宋末年，此時蕭氏位宦尚輕，而且蘭陵蕭氏雖然憑藉武力取得皇位，但在江左門第中，僅屬次等士族〔註21〕。除蘭陵蕭氏以外，裴松之房支在劉宋時期的姻族還有魏氏、殷氏。《南史》卷三三《裴松之傳附曾孫裴子野傳》：「子野字幾原，生而母魏氏亡，為祖母殷氏所養」。傳文稱殷氏「柔明有文義，以章句授」子野，大概出自南朝世家大族陳郡殷氏，殷氏在劉宋時期地位尚隆，殷景仁在元嘉年間「與侍中右衛將軍王華、侍中驍騎將軍王曇首、侍中劉湛四人，並時為侍中，俱居門下，皆以風力局幹，冠冕一時，同升之美，近代莫及」，〔註22〕後位至司空。但裴子野母魏氏史載闕詳，江左魏氏大姓數會稽魏氏，為「會稽四族」之一〔註23〕。在東晉時，會稽士族為中央性的士族，地位僅次吳姓朱、張、顧、陸，但劉宋以後大都退回地方，成為地方性的士族。其中會稽魏氏人才不繼，更顯沒落。〔註24〕裴子野母親縱若出自會稽魏氏，已屬衰落士族。如此，裴松之房支在劉宋時期雖名望稍著，其家族地位仍居中等。毋怪乎至重文輕武的梁武帝時，裴子野仍遭遇因「資歷非次」，縱范縝讓官，仍不得通的尷尬境地。〔註25〕

裴氏為齊世子妃。依《南齊書》卷五三《裴昭明傳附顓傳》，裴妃曾向裴顓求外戚譜，裴顓為裴昭明從祖弟，則裴封之與裴松之房支當為近宗。

〔註20〕《南齊書》卷二十《齊武穆裴皇后傳》：「武穆裴皇后諱惠昭，河東聞喜人也。祖樸之，（《南史》作封之），給事中。父璣之，左軍參軍。后少與豫章王妃庾氏為娣姒，庾氏勤女工，奉事太祖、昭后恭謹不倦，后不能及，故不為舅姑所重，世祖家好亦薄焉。《南史》卷四二《齊高帝諸子·豫章文獻王嶷傳》：「妃庾氏，有女功婦德，嶷甚重之。宋時，武帝及嶷位宦尚輕，家又貧薄，庾氏常徹己損身，以相營奉。兄弟每行來公事，晚還饑疲，躬營飲食，未嘗不迎時先辦。雖豐儉隨事，而香淨適口。穆皇后不自營，又不整潔，上亦以此貴之。」

〔註21〕萬繩楠整理《陳寅恪魏晉南北朝史講演錄》，黃山書社，1987年，第121頁。

〔註22〕《宋書》卷六三《殷景仁傳》。

〔註23〕《世說新語·賞譽》「會稽孔沈、魏顗、虞球、虞存、謝奉，並是四族之俊條」。

〔註24〕參見劉淑芬《六朝會稽士族》，中央研究院《歷史語言研究所集刊》第56本第2分，1985年。

〔註25〕《梁書》卷三十《裴子野傳》。

　　河東裴氏在劉宋時期的婚姻關係方面，還有一例，即廣陵劉氏。《南史》卷十一《齊高昭劉皇后傳》：「高昭劉皇后諱智容，廣陵人也。祖玄之，父壽之，並員外郎。……年十七，裴方明爲子求婚，酬許已定，后夢見先有迎車至，猶如常家迎法，后不肯去；次有迎至，龍旂豹尾，有異於常，后喜而從之。既而與裴氏不成婚，竟嬪於上。」裴方明同出河東裴氏，在宋任益州刺史劉道濟中兵參軍。宋文帝元嘉十九年，曾率禁兵討南秦楊難當，克仇池〔註26〕。後被楊難當援軍擊敗，「坐破仇池斷割金銀諸雜寶貨，又藏難當善馬」〔註27〕，被宋左丞江奧彈劾〔註28〕，於元嘉二十年秋，下獄死〔註29〕。廣陵劉氏在江左也非高門，爲地方豪族，裴方明向其求婚竟被先許後退，更反映河東裴氏在江左的次等地位。

　　與裴松之房支世宗儒業不同，裴氏其他南遷房支爲立足江左，多以軍功自效。反映在其對南朝政治的影響上則以禦胡保邊、征討內寇、平壓叛逆爲主。晉末宋初南下的裴叔業等房支，因晚過江，又寓居邊荒之地，更需著意於武功將略。裴叔業父祖曾先避難於河西張氏政權，苻堅平河西時復歸，應在長安任職，所以不久又在宋武帝平關洛時南下。大概與其同時南下的裴景仁，在宋時被稱爲「傖人」，裴叔業、裴邃父祖此時南下，自亦屬「傖人」，難爲江左高門所重。雖然宋初已然南下，但劉宋政治舞臺上還沒有多少他們活躍的影子。《魏書·裴叔業傳》稱其父兄順宗、叔寶俱仕於蕭道成，裴叔業本人也在宋元徽末年出任蕭道成驃騎行參軍。〔註30〕裴邃父祖在劉宋時雖有官職記載，祖父裴壽孫爲劉裕前軍長史，父親裴長穆爲驍騎將軍〔註31〕，但都沒有什麼具體事蹟可聞。前面提到的裴景仁在劉宋大明年間任殿中員外將軍，也只有助戍彭城、撰寫《秦記》之事。另有一裴茂仲，世系不詳，因參與沈攸之叛亂伏誅〔註32〕，蓋爲地方豪帥。總之，劉宋年間，河東裴氏晚渡成員雖也曾參與戰事，擔任武職，但對整個家族而言，仍顯沉默，對劉宋政治也沒有多大影響。遷居壽陽的河東裴氏家族發展在蕭齊以後。

〔註26〕《宋書》卷四七《劉懷肅附弟懷敬傳》。
〔註27〕《南史》卷一七《劉懷素傳附弟懷敬傳》。
〔註28〕《南齊書》卷三九《陸澄傳》。
〔註29〕《宋書》卷五《文帝紀》。
〔註30〕《南齊書》卷五一《裴叔業傳》。
〔註31〕《梁書》卷二八《裴邃傳》。
〔註32〕《宋書》卷七四《沈攸之傳》。

二、齊梁時代的河東裴氏

河東裴氏一早一晚南遷的兩大房支在家學門風上有一文一武之差異。劉宋時期，裴松之房支多任職京師，晚渡裴氏尙在豫州地方蓄積力量。入於蕭齊，裴松之孫裴昭明因出使元魏，齊武帝許以「一郡相賞」，才得爲始安長史。之後雖有遷職，任「王玄邈安北長史、廣陵太守」，卻因「在事無所啓奏」，被齊明帝遣人代職，且「責之」。〔註33〕裴昭明從祖弟顗，又以不滿蕭道成禪宋建齊，上表誹謗，終被誅。裴昭明子裴子野仕梁，初以至孝之行、文史之才爲范雲、范縝薦舉，卻「以資歷非次」，不爲所通。而後爲吏部尙書徐勉推薦，才被梁武帝見重，官至鴻臚卿、領步兵校尉、著作郎、兼中書通事舍人等職。居禁省十餘年，以撰文修史爲本。除子謇後來官至通直郎外，其餘子嗣不爲所聞。

較之裴松之房支，齊梁之世，晚渡裴氏一躍而起，依憑壽陽疆場之地，創立軍功。並成爲齊明帝蕭鸞奪取政權的重要倚重力量，以勳臣倍受恩遇，引人囑目。

蕭齊時期河東裴氏發展的關鍵人物是裴叔業。自宋初南下至齊，裴叔業父祖在壽陽之地已歷六十多年。壽陽爲南朝對接元魏之地，密邇寇虜，又爲南朝淮南形勝之地。李燾《六朝通鑑博議》卷一「總六朝形勢論條」曰：「自晉迄梁，惟宋武帝守河，其餘皆保淮爲固，或守淮西，或守淮北，或守淮南。……至於守淮，則淮西之鎮莫大於垂瓠〔註34〕，淮北之鎮莫大於彭城，淮南之鎮莫大於壽春。」同書卷九「夏侯亶等攻壽陽，李憲以壽陽降條」後論曰：「壽春者，淮南之根本。淮北既去，則淮南當守；淮南欲守，則壽春在所先圖。譬之常人之家，必有堂奧之居。收貨財，聚子弟，以壯一室之望；四隅之地，雖有傾敗，而堂奧之勢，不可不壯。壽春在當時，江淮之堂奧也，南引汝、潁之利，東連三江之富，北接梁、宋，西通陳、許，五湖之阻可以捍外，淮泗之固可以蔽內，壤土富饒，兵甲堅利。」宋明帝時，薛安都據彭城降魏，淮北盡失。壽陽成爲南朝保淮之重陣。蕭道成齊臺剛建，北魏南下司豫，進寇壽陽。據守壽陽並已有相當實力的裴叔業被推爲軍主，成爲抵禦北魏的重要力量，以軍功將略在齊武帝時仕至右軍將軍、東中郎諮議參軍，仍不離壽陽本地。

〔註33〕《南齊書》卷五三《裴昭明傳》。
〔註34〕據胡阿祥師校記：「垂」應爲「懸」。

　　永明五年齊明帝蕭鸞刺豫州〔註35〕，裴叔業與之結緣，歷右軍司馬、建威將軍、軍主等職，並領陳留太守，成為蕭鸞在豫州建立武裝力量基地的重要拉攏對象。「在壽陽為佐數年」，裴叔業武裝力量不斷壯大，「雍州刺史王奐事難，叔業率部曲於城內起義」。〔註36〕延興元年，海陵王即位，蕭鸞以宣城王輔政，「厚任叔業以為心腹，使領軍掩襲諸蕃鎮，叔業盡心用命」〔註37〕，先後殺南平王銳〔註38〕、晉安王子懋〔註39〕、建安王子真〔註40〕，兵威勢強，成為蕭鸞奪權勳臣。蕭鸞即位後，裴叔業以功除黃門郎，三年後接替蕭遙欣、蕭遙昌任豫州刺史。以裴叔業之勳業為契機，裴叔業子嗣在南齊政權也紛紛累至高官，裴茜之仕蕭鸞為隨郡王左常侍、裴芬之仕蕭鸞為羽林監、裴叔業兄叔寶子植為蕭寶卷長水校尉、植弟颺為蕭寶卷驍騎將軍、颺弟衍為蕭寶卷陰平太守，裴叔業房支以豫州豪強的身份在南齊政權博取了重要的政治地位。但南朝宗室內爭激烈，皇帝多疑，裴叔業既然在豫州擁有強大的武裝力量和政治權勢，難免引人猜疑。壽陽作為淮南形勝之地，為京城建鄴之肩髀〔註41〕，既是朝廷禦寇重鎮，又容易結成叛逆之勢〔註42〕。為就近控制裴叔業，離散其在豫州地區的宗族和武裝力量，蕭寶卷遷調裴叔業任南兗州刺史，從而引起裴叔業率同豫州豪族集體降魏事件〔註43〕，裴叔業降魏將在下文討論河東裴氏北歸時討論。

　　居於壽陽的河東裴氏勇悍善戰，為蕭齊禦寇保邊，並成為齊明帝奪權的重要倚重力量，在南齊歷史舞臺中扮演了非常重要的角色。成也蕭何敗也蕭何，用心保境禦邊的河東裴氏最後又變成南齊痛失重地的罪魁禍首，壽陽之形勝，李燾言之鑿鑿，裴叔業舉州降魏，江左形勢遭受重創。

〔註35〕《南齊書》卷六《齊明帝紀》。

〔註36〕《南齊書》卷五一《裴叔業傳》。

〔註37〕《南齊書》卷五一《裴叔業傳》。

〔註38〕《南齊書》卷三五《南平王銳傳》。

〔註39〕《南齊書》卷四十《晉安王子懋傳》。

〔註40〕《南史》卷四四《齊建安王子真傳》。

〔註41〕《魏書》卷七一「史臣曰」：「壽春形勝，南鄭要險，乃建鄴之肩髀，成都之喉嗌。」

〔註42〕先裴叔業刺豫州的蕭遙昌弟蕭遙光曾利用豫州部曲叛亂，見《南齊書》卷四五《蕭遙光傳》。

〔註43〕參見韓樹峰《南北朝時期淮漢迤北德邊境豪族》第三章《豫州豪族在南朝的活動及其降魏》中「關於裴叔業降魏事件的分析」，社會科學文獻出版社，2003年。

　　與裴叔業房支同居壽陽的裴邃一房，在南齊時期活動仍然不多，地位也遜裴叔業一籌。蕭鸞即位後，任其親黨蕭遙欣爲豫州刺史，繼以遙欣弟遙昌代之。裴邃作爲勳臣裴叔業的族人，在蕭遙昌刺豫州時任主簿。據《南齊書》卷四五《蕭遙光傳》，蕭遙昌卒壽陽後，豫州部曲皆歸遙光。裴邃大概也於此時歸蕭遙光，爲參軍。蕭遙光敗後，裴邃返歸壽陽，裴叔業據壽陽歸魏時，裴邃也被卷帶入北，但又於梁天監初南下，仕於梁朝〔註44〕，此後活躍於蕭梁時期的河東裴氏即爲裴邃房支成員〔註45〕。

　　裴邃南返之初，即自願以「邊境自效」〔註46〕，仕梁二十多年，一直活動在淮、肥之間，爲蕭梁攻城略地，以武功求顯達。天監年間，先後攻克邵陽洲、羊石城、霍丘城、合肥，以功加官封爵，遷冠軍長史、廣陵太守，封夷陵縣子，邑三百戶。普通二年，平義州，除持節、督北徐州諸軍事、信武將軍、北徐州刺史。不久又遷督豫州、北豫、霍三州諸軍事、豫州刺史，鎮合肥。普通五年，蕭梁爲收復淮南失地，出兵北伐，裴邃家族成員爲北伐軍主要將領。裴邃任都督征討諸軍事，子之禮，侄之高、之平皆隨裴邃出征，第一個征討目標便是之前由其族人裴叔業舉族奉送北魏的壽陽。北伐軍一路勢如破竹，先後破狄丘、璧城、黎漿等城，屠安成、馬頭、沙陵等戍，直逼汝潁一帶。壽陽未克，裴邃先卒。之禮、之高、之平等子嗣仍隨軍隸都督夏侯亶攻克壽陽，以功在淮肥之間任地方刺史、太守之職。裴之禮：西豫州刺史；裴之高：梁郡太守，潁州刺史，譙州刺史等；裴之平：譙州長史、陽平太守〔註47〕。

　　裴邃家族以將略武勇著名蕭梁，在淮肥之間更具有較大影響。裴邃死，「淮、肥間莫不流涕，以爲邃不死，洛陽不足拔也」〔註48〕。侯景亂梁，裴邃子侄充勤王之師，裴之高總督江右援軍諸軍事，與韋粲軍俱立清塘營，隸柳仲禮總督。之高兄弟之平、之橫等同拒侯景，京城陷，他們仍返合肥〔註49〕。

〔註44〕《梁書》卷二八《裴邃傳》。
〔註45〕據《魏書》卷七一《裴叔業傳》，裴植長子昕北歸後亦南叛，但史籍中未載其南下後之行蹤。
〔註46〕《梁書》卷二八《裴邃傳》。
〔註47〕《梁書》卷二八《裴邃傳》。
〔註48〕《梁書》卷二八《裴邃傳》。
〔註49〕大概裴邃南下，攻克合肥以後，便以合肥爲家族寓居之地。裴氏家族多在淮肥之地活動，因其爲宗族勢力所在，影響較大。之高兄弟也有投降侯景者，《梁書》卷五六《侯景傳》：景以裴之悌爲使持節、平西將軍、合州刺史。

梁元帝在江陵即位，徵召之高兄弟〔註50〕，他們遂又歸仕江陵，官居顯職。
裴之高除特進、金紫光祿大夫；裴之平任散騎常侍、右衛將軍、太子詹事；
裴之橫任散騎常侍、廷尉卿；裴邃孫裴政為給事黃門侍郎〔註51〕。西魏陷江
陵，裴之高家族成員分散四處，之高子畿力抗西魏軍戰死，裴邃孫裴政被西
魏驅掠入長安，之高弟之橫、之平與子忌投陳霸先〔註52〕。陳霸先在建康立
蕭方智為帝，北齊為控制江南，遣蕭淵明南下為帝，裴之橫都督眾軍抗齊，
力不敵眾，戰死陣前，唯剩其子鳳寶〔註53〕、兄之平、之平子忌〔註54〕仕於
陳朝。而後隨著北方逐步統一南方，仕於江左的河東裴氏也逐漸入於長安政
權，與留居北方的宗人合流。

第三節　河東柳氏在江左的發展

江左的河東柳氏，一支為遷於汝、潁之間的西眷，一支為居於襄陽的東
眷。西眷柳氏在江左的發展不甚活躍，史載較少，可查考的事蹟甚寡。其中
柳恭的四代孫柳緝在宋時任司州別駕、宋安郡守，柳緝子僧習為齊奉朝請，
別無事蹟可聞。〔註55〕南齊時柳僧習隨河東裴叔業一起據州歸魏，西眷柳氏
在江左更加沈寂無聲。

東眷柳氏歷劉宋、蕭齊、蕭梁三個政權，皆有人物位極人臣：柳元景為
宋太尉；柳世隆為齊尚書令；柳慶遠為梁侍中，其他家族成員也多位高望隆。
而且在南朝上流高門中，甚獲世譽，得到琅玡王氏、陳郡謝氏、吳郡張氏等
士族高門的承認和接受。鑄就了河東柳氏在中古時期的士族聲望。關於東眷
柳氏在南朝的發展歷程，學人已多有討論〔註56〕，但考察河東柳氏地域選擇

〔註50〕《梁書》卷二八《裴邃傳附之高傳》載：「之高還合肥，與鄱陽王範西上。稍
　　　至新蔡，眾將一萬，未有所屬。元帝遣蕭慧正召之，以為侍中、護軍將軍。」
　　　同卷《裴邃傳附之橫傳》又曰：「之橫率眾與兄之高同歸元帝」。
〔註51〕以上皆出自《梁書》卷二八《裴邃傳》各附傳。
〔註52〕以上皆出自《梁書》卷二八《裴邃傳》各附傳。
〔註53〕《梁書》卷二八《裴邃傳附之橫傳》。
〔註54〕《陳書》卷二五《裴忌傳》。
〔註55〕《周書》卷二二《柳慶傳》，《北史》卷六四《柳虬傳》同。
〔註56〕李文才《襄陽柳氏與南朝政治──南渡士族個案研究之一》，刊於《大同職業
　　　技術學院學報》，2000年第4期；韓樹峰《河東柳氏在南朝的獨特發展歷程》，
　　　《中國史研究》，2000年第1期，韓文並見於氏著《南北朝時期淮漢迤北的邊
　　　境豪族》，社會科學文獻出版社，2003年。陳琳國《論南朝襄陽的晚渡士族》，

對其家族發展的影響還別有意義。綜觀東眷柳氏在南朝政治上的起步，與其遷入地襄陽的地理環境及政治軍事地位緊密關聯。河東柳氏依憑襄陽的宗族勢力、地方武裝取得戰功並獲取政治高位。又在家於建康後融入高門文化圈遂入於一流高門之列。因此本節即在前人已有論述基礎上再做補充。一方面補正房系錯誤，如糾正張燦輝將南徙襄陽的柳卓房支「號為西眷」、韓樹峰將柳崇、柳元章繫於柳耆之後等錯誤〔註 57〕。另一方面重點考察柳氏家族發展的地域因素。

一、柳元景自襄陽起步

襄陽是南北交爭之地，「居荊州上游，順漢水而下，足以威脅夏口、武昌，陸道南出，又可指向江陵，所以對荊州擁有極大的地理優勢」。〔註 58〕擁有如此地理優勢的襄陽在東晉時期雖然時丟時復，但在荊揚之爭的政治軍事局面中，襄陽之於荊州好比京口之於揚州一樣，是重要的武力支柱。時至劉宋統治時期，襄陽的地理優勢更凸顯出來，東晉時僑於襄陽的雍州實土化，〔註 59〕以襄陽為核心的雍州武裝力量不再是荊州勢力的附庸，而以獨立的姿態活躍在江左的政治舞臺上。徙居襄陽的河東柳氏也隨著襄陽地位的抬高而獲取仕途晉升的機會。

據《宋書·柳元景傳》，於東晉中葉南遷的東眷柳氏，歷柳卓、柳恬、柳憑三代，一直為邊郡太守。東眷柳氏在政治上的起步，要到劉宋時期的柳元景。宋文帝元嘉年間，以皇子鎮襄陽，《宋書·孝武帝紀》：「自晉氏江左以來，襄陽未有皇子重鎮，時太祖欲經略關、河，故有此授。」河東柳元景的發跡就以與鎮襄陽的皇子結緣開始。

《北京師範大學學報》，1991 年第 4 期；張燦輝《南朝河東柳氏家族研究》，《晉陽學刊》，1995 年第 6 期。

〔註 57〕據《元和姓纂（附四校記）》卷七「柳氏條」，柳崇、柳元章同為柳卓子柳傑之後。

〔註 58〕田餘慶《東晉門閥政治》，北京大學出版社，2005 年，第 111 頁。

〔註 59〕東晉之初已僑置雍州，《太平御覽》卷一六八《州郡部》「襄州條」引鮑至《南雍州記》曰：「永嘉之亂，三輔豪族流於沔，僑於漢側，立雍州，因人所思以安百姓也」，但並不常置，至胡亡氐亂以後，為適應雍秦流民南遷高潮，晉孝武帝始又僑置。《宋書》卷二七《州郡志》：「雍州刺史，晉江左立。胡亡氐亂，雍秦流民多南出藩沔。晉孝武帝始於襄陽僑立雍州，並立僑郡縣。」宋文帝元嘉二十六年，「割荊州之襄陽、南陽、新野、順陽、隨五郡為雍州。」雍州擁有實土。

　　柳元景在襄陽時，其勇武之名先後爲荆州刺史謝晦、雍州刺史劉道產所聞，並要其任職，但或因謝晦敗亡或因「居父憂」皆未被「加命」。後又被荆州刺史江夏王義恭召之，補爲江夏王國中軍將軍，遷殿中將軍、義恭司空行參軍，又隨府轉司徒太尉城局參軍等，但在其任內，並無事聞。其勇武才幹至劉駿鎮襄陽後才充分體現出來。

　　劉駿是宋文帝賜授鎮襄陽的首任皇子。元嘉二十二年正月，〔註60〕劉駿以都督雍、梁、南、北秦四州，荆州之襄陽、竟陵、南陽、順陽、新野、隨六郡諸軍事，寧蠻校尉，雍州刺史，持節，撫軍將軍的身份鎮襄陽。〔註61〕早在元嘉十九年前雍州刺史劉道產死後，緣沔「群蠻大爲寇暴」，〔註62〕因此劉駿出鎮襄陽的頭一件事便是征討緣沔蠻。〔註63〕柳元景時爲隨郡太守，亦遭群蠻攻擾，柳元景設方略，斬獲數百蠻眾，郡境肅然，已初顯伐蠻才能。據《宋書》卷七七《沈慶之傳》載，劉駿西上鎮襄陽時，正逢「蠻寇大甚」，水陸梗礙，劉駿被阻在大堤不得進，於是分遣沈慶之討蠻，及劉駿至襄陽，又遣沈慶之討蠻，柳元景因多有討蠻經驗，〔註64〕並在隨郡已初建功績，遂「副沈慶之征鄖山」。據《沈慶之傳》稱，「鄖山蠻最強盛」，魯宗之屢討皆不能克，最後被沈慶之剪定，柳元景既爲沈慶之征鄖山之副，因功除世祖安北府中兵參軍，始與劉駿即後來的孝武帝結緣。

　　劉駿在元嘉二十五年四月轉任徐州刺史，雍州刺史由蕭思話接任，蕭思話在任一年零三個月，又被宋文帝第六子劉誕代替，再次履行皇子鎮襄陽的職責，並眞正開始「經略關、河」，作大舉北伐的準備。襄陽外接關、河，是北伐軍重要的軍事重鎮，「乃罷江州軍府，文武悉配雍州，湘州入臺稅租雜物，悉給襄陽」。〔註65〕柳元景爲劉誕中兵參軍，任北伐隊伍中西路軍的統帥，弟弟柳元怙爲其軍副。結果北伐出師諸蕃包括王玄謨所領北府兵在內，「莫不奔敗」，唯獨柳元景所統雍州武裝「克弘農、關、陝三城，多獲首級，關洛震動」，〔註66〕後因其他各路軍隊敗北，「不宜獨進，且令班師」〔註67〕。柳元

〔註60〕《宋書》卷五《文帝紀》。
〔註61〕《宋書》卷六《孝武帝紀》。
〔註62〕《宋書》卷七七《柳元景傳》。
〔註63〕《宋書》卷五《文帝紀》。
〔註64〕《宋書》卷七七《柳元景傳》「少便弓馬，數隨父伐蠻。」
〔註65〕《宋書》卷七九《文王五‧竟陵王劉誕傳》。
〔註66〕《宋書》卷七九《文王五‧竟陵王劉誕傳》。
〔註67〕《宋書》卷七七《柳元景傳》。

景以雍州武裝爲依託，因緣時會，借北伐之機充分展示了其武功才幹，並大建功業，令劉宋朝廷側目。柳元景班師，劉誕「以鞍下馬迎元景。除寧朔將軍、京兆、廣平二郡太守，於樊城立府舍，率所領居之，統行北蠻事」。〔註68〕元嘉二十八年三月，臧質任雍州刺史，柳元景爲襄陽太守，將軍如故。至此爲止，柳元景雖聲威遠揚，但其職任和勢力一直停留在其鄉里本州即雍州範圍內。

元兇劉劭弒逆，劉駿率眾入討，先前已與劉駿結緣的柳元景再次受到重用，「以爲諮議參軍，領中兵，加冠軍將軍，太守如故」，「配萬人爲前鋒」，宗愨、薛安都等十三軍皆由其統帥，〔註69〕最終大敗劉劭。孝武帝於新亭即位，行重賞，因柳元景「願還鄉里」，遂「以元景爲侍中，領左衛將軍，轉使持節、監雍、梁、南北秦四州、荊州之竟陵、隨二郡諸軍事、前將軍、寧蠻校尉、雍州刺史」。〔註70〕柳元景作爲孝武帝勳臣，後又因平魯爽、劉義宣、臧質等叛亂，功業高築，屢被授予開府儀同三司、侍中、本州大中正、領軍、司空等職，並在孝武帝死後，受遺詔輔佐幼主，執掌朝政。柳元景終於由地方大族走向中央高門，爲其子侄如柳世隆、柳慶遠等獲取高位，進入高門士族行列奠定基礎。

二、襄陽宗族勢力

東眷柳氏在政治上的起步以襄陽地域的特殊地位爲契機，而柳氏維持其世代簪纓的高門地位，又有賴其宗族勢力在襄陽的發展壯大。

據《宋書·柳元景傳》，柳元景死於永光元年（465年），六十歲。則其生於東晉義熙元年（405年），與孝武帝劉駿首次結緣時已是不惑之年。自其曾祖柳卓於東晉中葉南下至此，柳氏已居襄陽近百年。儘管柳氏南徙襄陽之初「宗族蓋寡」，〔註71〕但歷此百年，特別是柳元景發跡之後，柳氏宗族已枝繁葉茂。永光元年，柳元景因謀廢前廢帝被殺，「諸弟侄在京邑及襄陽從死者數十人」〔註72〕，但因其宗族壯大，仍有較多成員存活下來，後世柳世隆、柳慶遠及其子嗣繁盛即爲明證。

〔註68〕《宋書》卷七七《柳元景傳》。
〔註69〕《宋書》卷七七《柳元景傳》。
〔註70〕《宋書》卷七七《柳元景傳》。
〔註71〕《周書》卷四二《柳霞傳》。
〔註72〕《宋書》卷七七《柳元景傳》。

　　大概正因爲柳氏南徙襄陽時宗族蓋寡，所以柳元景等人在位望日隆以後，十分注重培植他們在襄陽的宗族勢力。柳元景統兵討元兇，爲孝武帝元老勳臣，在孝武帝封賞之時，柳元景仍然「願還鄉里」，與家鄉保持著密切關係。蕭梁天監年間，柳慶遠兩次刺雍州，史稱其「重爲本州，頗屬清節，士庶懷之。」〔註73〕柳元景在劉宋王朝當權時，其宗族勢力在襄陽乃至雍州地域已十分強大，《宋書》卷七六《王玄謨傳》載王玄謨主持土斷雍州流民，引起百姓嗟怨，河東柳氏身爲僑寓流民，亦屬土斷之列，但新城太守柳僧景倚仗兄柳元景當朝權勢，竟以郡太守的身份「制令南陽、順陽、上庸、新城諸郡併發兵討玄謨」，柳氏地方勢力的強大可見一斑。

　　世家大族官任中央之後，因仕宦所需，會在京城之地另擇家宅居住下來。河東東眷柳氏在柳世隆時已在建康另有家宅，而且其墳墓也在建康。〔註74〕《周書》卷四二《柳霞傳》：「從祖太尉、世父儀同、從父司空，並以位望隆重，遂家於金陵。」齊尚書左僕射琅玡王儉因見重柳世隆子柳惔、柳悅，「嘗造世隆宅」。柳惲爲柳世隆子，《梁書》卷二一《柳惲傳》也載其「與陳郡謝瀹鄰居，瀹深所友愛。」柳氏進入高門行列，得到江左一流高門琅玡王氏、陳郡謝氏的承認和接受。既與陳郡謝氏爲鄰，並得王儉造訪，這裡的房宅當即柳氏「家於金陵」之宅。家於京師既是世家大族政治地位的標誌，也是仕宦之需，但他們不會放棄眞正支撐其中央勢力的地方宗族。直到梁末襄陽歸北，留居襄陽「獨守墳柏」的柳霞爲不虧祖宗先旨，辭別於江陵即帝位的蕭詧，隨襄陽一起歸北，襄陽早已成爲他們的鄉居本貫。

　　除柳霞及其父祖留守襄陽之外，與柳世隆同輩但稍後顯達的柳慶遠一房也仍家於襄陽，史料中沒有柳慶遠及其子孫柳津、柳仲禮等居於建康的記載。而《太平御覽》卷一百八十《居處部八》「宅」引《襄沔記》曰：「長流解西有梁曹儀同景宋（應爲景宗）、柳儀同慶遠、韋儀同叡諸宅，並相鄰次郭城西門。」可知柳慶遠仍家於襄陽。蕭衍在南齊時作宰雍州，柳慶遠便以知名爲「州綱紀」，蕭衍舉兵代齊，柳慶遠居「帷幄爲謀主」，〔註75〕甚爲蕭

〔註73〕　《梁書》卷九《柳慶遠傳》。
〔註74〕　《南齊書》卷二四《柳世隆傳》「世隆曉數術，於倪塘創墓，與賓客踐履，十往五往，常坐一處。及卒，墓正取其坐處焉」，《建康實錄》卷十五《齊上·柳世隆傳》載柳世隆「葬於倪塘」。《資治通鑒》卷一百一十《晉紀三十二》安帝隆安二年（398年）「恭以澹之素與牢之有隙條」胡三省注「倪塘」曰：倪塘在建康東北方山埭南，倪氏築塘，因以爲名。
〔註75〕　《梁書》卷九《柳慶遠傳》。

衍見重。蕭衍建梁，柳慶遠位至侍中。大概因其家於襄陽，「重爲本州」，所以曾兩次出爲雍州刺史。至其孫柳仲禮，爲雍州刺史蕭綱（梁簡文帝）長史，且「留在襄陽，馬仗軍人悉付之。撫循故舊，甚得眾和」。〔註76〕如此，在東眷柳氏如柳世隆者入居京師，成爲中央化的高門士族的同時，作爲支撐中央勢力的襄陽宗族勢力一直綿延不絕。

三、襄陽、建康分途

如前所論，徙於襄陽的河東東眷柳氏在中央化以後，再次出現分途，柳世隆一房家於建康，而柳慶遠、柳霞房支仍留居襄陽。家於建康和留居襄陽的房支具有不同的發展特點，從中也可看出地域在家族發展中的作用和影響。因爲襄陽的地理優勢以及雍州武裝在南朝政權北伐禦胡、內部政爭中的地位，儘管在政治地位上不比建康，但一直是河東柳氏發揮其武功特長的大平臺。柳氏在政治上的興起，一方面以襄陽爲基點，而另一方面又憑藉其在朝權勢得以有力培植他們在襄陽的宗族勢力。中央勢力與地方勢力互相支撐，成就了河東柳氏在南朝的高門士族地位。但對於分別家於京師與留居襄陽地方的兩個具體房支而言，其士族地位還是有高下之別的。

家於建康的柳世隆是河東柳氏在南朝政治發展中的第二個核心人物，也是河東柳氏眞正被士族高門承認的關鍵人物。這個關鍵，就在於柳世隆在文化上的轉變。即「世隆少立功名，晚專以談義自業。善彈琴，世稱柳公雙璝，爲士品第一。常云馬稍第一，清談第二，彈琴第三。在朝不干世務，垂簾鼓琴，風韻清遠，甚獲世譽。」〔註77〕柳世隆子柳悅「少有清致」、柳惔「風韻清爽」「屬文遒麗」，王儉謂其二人「柳氏二龍，可謂一日千里」，柳惔弟柳惲被陳郡謝瀹稱爲「宅南柳郎，可爲儀表」。〔註78〕柳世隆子嗣中已看不到武勇強豪的一面，而轉習文雅風流，從而被高門所賞。柳世隆房支的這種改變，雖與其保持士族地位的自身要求有關，但以京師爲家，對京師上流風尚耳濡目染也是其家族門風轉變的重要條件。

相反，留居襄陽的柳慶遠房支，深受襄陽作爲軍事重鎮所富有的武勇將帥之風薰染，即使柳慶遠位居侍中，仍以軍功爲長。陳吏部尚書姚察將其與

〔註76〕《南史》卷三八《柳元景附柳仲禮傳》。
〔註77〕《南齊書》卷二四《柳世隆傳》。
〔註78〕以上皆見《南史》卷三八《柳元景附世隆子傳》。

王茂、曹景宗並書，並且謂其「世爲將家」，與「爲士品第一」的柳世隆差別甚大。柳慶遠子孫如柳津、柳仲禮、柳敬禮等仍以武功擅長，或「勇力兼人，少有膽氣」〔註79〕，或「少以勇烈聞，粗暴無行檢」〔註80〕。遂成爲侯景亂梁時勤王之師的主要將領，與柳世隆子嗣亦大有區別。正是靠著柳世隆一房的儒雅風流，柳慶遠及其子孫才在不改變自己將門形象的前提下，也進入了高門士族行列。依此而論，建康作爲河東東眷柳氏南徙之後的第二個家居地，對河東柳氏獲取高門士族地位起著尤爲重要的作用。

第四節　河東薛氏在江左的發展

　　河東薛氏家族雖在晉末宋初就有成員南下襄陽，但直到薛安都率子侄宗人在宋文帝年間南來後，該家族在江左歷史舞臺上才活躍起來。因爲他們出自少數民族，且魏晉時期仍處於部落聯盟階段，尤以武勇善戰的軍事能力見長。《魏書·薛安都傳》曰：「安都在南，以武力見敘。」

　　薛安都南下初期自請北上用事，在弘農參與宗人薛永宗叛魏起義失敗後無功而返襄陽，他的發跡以劉宋政權著力經營襄陽爲契機。宋文帝以皇子劉駿鎮襄陽，標誌著劉宋政權重力經營襄陽的開始，史文曰「太祖欲經略關、河，故有此授」〔註81〕。劉駿之後，宋文帝以第六子劉誕鎮襄陽，並且「罷江州軍府，文武悉配雍州，湘州入臺稅租雜物，悉給襄陽」〔註82〕，以襄陽作爲北伐的重要戰略基地。以劉宋政權大力經營襄陽爲契機，遷居襄陽的北方豪強迅速發展壯大。〔註83〕正如前文所述，柳元景是孝武帝劉駿鎮襄陽後逐漸壯大的雍州勢力集團的代表和核心人物，薛安都在襄陽的早期發展與柳元景的活動緊密相連。

　　劉駿鎮襄陽之初，安都仍忙於北事，在襄陽的勢力很弱，雖被劉駿版爲「揚武將軍、北弘農太守」，但並無大的活動。在第二任皇子劉誕鎮襄陽後，薛安都初露頭腳，多次隨柳元景出師征戰：「隨柳元景向關、陝，率步騎居

〔註79〕《南史》卷三八《柳元景傳附津子仲禮傳》。
〔註80〕《南史》卷三八《柳元景傳附津子敬禮傳》。
〔註81〕《宋書》卷六《孝武帝紀》。
〔註82〕《宋書》卷七五《竟陵王劉誕傳》。
〔註83〕詳參韓樹峰《南北朝時期淮漢迤北的邊境豪族》「雍州豪族與劉宋政治」一章，社會科學文獻出版社，2003年。

前，所向克捷」；「魯爽向虎牢，安都復隨元景北出，即據關城，期俱濟河取蒲坂。會爽退，安都復率所領隨元景引還」。〔註84〕薛安都在北伐戰役中，勇猛善戰，成為主導戰事成功的靈魂人物，《宋書·柳元景傳》中對其在陣前的神勇表現有詳細的刻畫。元兇劉劭弒逆，劉駿率軍征討，薛安都再次與柳元景「俱發」，並因功在劉駿即帝位後除右軍將軍、封南鄉縣男。

自劉駿鎮襄陽首次版署薛安都官職到劉駿即帝位封賞勳臣，河東薛氏已憑藉軍功在江左獲得較大發展，但因為他們為地方豪帥，保持著武勇豪俠的家族門風，不為江左士人所禮。薛安都從弟道生，任大司馬參軍，因罪被秣陵令庾淑之所鞭。薛安都欲趨往復仇，被柳元景阻攔，柳元景曰：「卿從弟服章言論，與寒細不異，雖復人士，庾淑之亦何由得知？且人身犯罪，理應加罰，卿為朝廷勳臣，宜崇奉法憲，云何放恣，輒欲於都邑殺人。非唯科律所不容，主上亦無辭以相宥。」〔註85〕由柳元景所言可見，薛氏雖有勳功，但其家族門風「與寒細不異」，潁川大族出身的庾淑之並不以「人士」視之。

柳元景的勸責雖然阻攔了薛安都的復仇計劃，但他對薛氏「寒細」似的「服章言論」所作的提醒並未引起安都等人的重視。在整個劉宋時期，以安都所代表的南祖一房始終保持著尚武家風，憑藉驍勇善戰為劉宋朝廷建立戰功。如平定魯爽、南郡王義宣、臧質等人的叛亂，擊退虜寇，參與朝廷內爭〔註86〕等，薛安都在歷次戰爭中英勇無敵，聞名南境。宋前廢帝劉子業在位時，薛安都作為前朝勳臣，甚受禮遇，先後任使持節、督兗州諸軍事、前將軍、兗州刺史和督徐州豫州之梁郡諸軍事、平北將軍、徐州刺史等職。

劉彧殺子業自立，子業弟子勛起兵反抗，發生所謂「義嘉之亂」。義嘉之亂是孝武帝勢力集團的一次反攻，支持響應子勛的將帥是孝武帝劉駿諸王及其勳舊豪帥〔註87〕，如兗州刺史畢眾敬，「少好弓馬射獵，交結輕果，常於疆境盜掠為業。劉駿為徐兗刺史，辟為部從事。駿既竊號，歷其泰山太守、

〔註84〕《宋書》卷八八《薛安都傳》。
〔註85〕《宋書》卷八八《薛安都傳》。
〔註86〕如安都從子索兒在前廢帝劉子業在位時曾「從誅諸公」，被封武安縣男。
〔註87〕《宋書》卷八四《鄧琬傳》「郢州刺史安陸王子綏、荊州刺史臨海王子頊、會稽太守尋陽王子房、雍州刺史袁顗、梁州刺史柳元怙、益州刺史蕭惠開、廣州刺史袁曇遠、徐州刺史薛安都、青州刺史沈文秀、冀州刺史崔道固、湘州行事何慧文、吳郡太守顧琛、吳興太守王曇生、晉陵太守袁標、義興太守劉延熙並同叛逆。」

冗從僕射。」〔註88〕子勛叛起，遂聽從薛安都之意連謀起義。〔註89〕又如青州刺史崔道固，「世祖世，以幹用見知」，歷任職於太子子業及孝武帝諸王子鸞、子仁府，徐州刺史薛安都應子勛反叛後，宋明帝劉彧欲以崔道固任徐州以代薛安都，崔道固「不受命，遣子景徽、軍主傅靈越率眾赴安都」。〔註90〕薛安都仕劉宋，始受職於劉駿，且爲劉駿奪取政權所依靠的雍州武裝集團內的重要人物，並因此成爲孝武帝提拔封賞的勳臣。劉彧殺子業自立，以「平北將軍、徐州刺史薛安都進號安北將軍」，「安都亦不受命」。〔註91〕子勛叛起時，劉彧曾遣垣榮祖至彭城勸說薛安都，薛安都曰：「天命有在，今京都無百里地，莫論攻圍取勝，自可拍手笑殺。且我不欲負孝武」〔註92〕，遂與沈文秀、崔道固等舉兵共叛。

　　薛安都在當時勢力頗盛，是徐兗、青冀一帶謀叛的核心人物。如畢眾敬在四方反叛之初，本是受劉彧之命到兗州募人，但行至彭城後，「刺史薛安都召與密謀，云：『晉安有上流之名，且孝武第三子，當共卿爲計西從。』乃矯彧命，以眾敬行兗州事，眾敬從之」〔註93〕。之後畢眾敬遂殺原兗州刺史殷孝祖，領兗州，從薛安都一同反叛。又如青州刺史沈文秀反叛初，史文載：「時徐州刺史薛安都已同子勛，遣使報文秀，以四方齊舉，勸令同逆，文秀即令彌之等回應安都。」〔註94〕又言：「太始初，徐州刺史薛安都反，青州刺史沈文秀應之。」〔註95〕再如前文已引崔道固反叛之事，似亦以安都爲首。薛安都據徐州反所引起的連鎖效應正符傅靈越所言「薛公舉兵淮北，威震天下」〔註96〕。安都子侄宗人亦皆武勇豪俠，其從子索兒在子業時曾參與內爭「從誅諸公」，安都舉兵後，索兒等薛氏子侄宗人成爲核心支柱，因此被傅靈越批評「不能專任智勇，委付子侄，致敗之由，實在於此」〔註97〕。

〔註88〕《魏書》卷六一《畢眾敬傳》。
〔註89〕《魏書》卷六一《畢眾敬傳》。
〔註90〕《宋書》卷八八《崔道固傳》。
〔註91〕《宋書》卷八《明帝紀》。
〔註92〕《南齊書》卷二八《垣榮祖傳》。
〔註93〕《魏書》卷六一《畢眾敬傳》。
〔註94〕《宋書》卷八八《沈文秀傳》。
〔註95〕《南齊書》卷二八《劉善明傳》。
〔註96〕《宋書》卷八八《薛安都傳》。
〔註97〕《宋書》卷八八《薛安都傳》。

「義嘉之亂」很快被劉彧平定，薛安都舉彭城向劉彧請罪歸降，劉彧「雖相酬許，而辭旨簡略」〔註98〕，並派張永、沈攸之等重兵來迎，安都懼不免罪，遂邀引北魏入援。時值宋明帝太始二年、北魏天安元年（466年）。安都引魏軍入南，不僅所刺徐州為魏所得，且曾隨其一起反叛之兗州、淮西諸郡及青、齊二州先後歸北魏所有。〔註99〕至此，在南境歷22年的薛安都及其宗親大部復入北魏，南朝齊梁之世僅有少數河東薛氏成員活動於南境。

薛安都從子薛淵，先隨安都入北，旋又南奔，委身於鎮守淮陰的蕭道成，以後遂效力於南齊政權。蕭道成本是安都降魏時劉宋朝廷所遣鎮壓索兒等反叛的主要將領，薛淵投其門下，蕭道成遂利用其武勇之能「備衛帳內」，隨從征伐。薛淵在平沈攸之之難及蕭道成奪取政權諸戰事中作為蕭道成的親信屢立軍功，因此蕭道成建齊，薛淵以勳功頗受禮遇：「太祖即位，增邑為二千五百戶。除淮陵太守，加寧朔將軍，驍騎將軍如故。尋為直閣將軍，冠軍將軍。仍轉太子左率。」〔註100〕薛淵在南齊歷高帝、武帝兩世，多任將軍之職，為南齊抵禦虜寇。薛淵之後，其子嗣在南朝無聞。

先於薛安都南下同遷襄陽的薛弘敞一房，除薛真度多隨安都行動，比較活躍外〔註101〕，其房支成員在江左多寂寥無聞。真度從孫薛憕，《周書·薛憕傳》曰：「憕早喪父，家貧，躬耕以養祖母，有暇則覽文籍。時人未之奇也。江表取人，多以世族。憕既羈旅，不被擢用。然負才使氣，未嘗趣世祿之門。」薛憕父祖在南朝幾無事蹟，薛憕也因「羈旅」難入仕途，居南朝至梁武帝年間遂北歸洛陽〔註102〕。真度、憕之外，弘敞一房在南朝難覓蹤影。

要之，河東薛氏南遷江左的房支中，薛安都一支在南朝政治舞臺上最為活躍。他們憑藉軍功在劉宋取得政治地位，但因為保持武勇家風不變，不為南朝士人所禮，社會地位不高。而且因為過多地捲入南朝朝廷的政權內爭中，

〔註98〕《宋書》卷七四《沈攸之傳》。

〔註99〕《魏書》卷九七《島夷劉裕傳附駿弟彧傳》「初，彧遣其鎮軍張永、領軍沈攸之以大眾迎其徐州刺史薛安都。安都聞永將發，乃遣信請降。顯祖詔博陵公尉元、城陽公孔伯恭率騎二萬救之。永等。前後奮擊，斬首凍沒死者不可勝數。又其兗州刺史畢眾敬亦來降款，至是，徐兗及淮西諸郡、青齊二州相尋歸附。」

〔註100〕《南齊書》卷三十《薛淵傳》。

〔註101〕《魏書》卷六一《薛安都傳》「及安都為徐州，真度為長史，頗有勇幹，為其爪牙。」

〔註102〕《周書·薛憕傳》言憕「孝昌中，杖策還洛陽」，北魏孝昌年間值南朝梁武帝世。

兵敗後很難再保持其家族利益，遂乘機北上入魏。南齊之世，薛氏中雖有個別成員如薛淵等活躍於南境，但其宗族勢力寡薄，政治地位難以維持。梁武帝年間，仕途無望的薛憕北上洛陽，南朝境內河東薛氏的活動再無蹤跡可尋。

第五節　弘農楊氏在江左的發展

　　江左政治舞臺上的弘農楊氏，楊朗及楊亮父子皆出自楊準之後。楊朗渡江較早，惜其委賴王敦府下，王敦兵敗，楊朗雖得保全，在東晉朝廷享有官職，但楊氏家族並未因其得到發展。到東晉永和年間楊亮隨桓溫南下之後弘農楊氏才逐漸活躍起來。

　　永和十二年（356 年），桓溫在伊水大敗姚襄，隸屬姚襄部下的楊亮投奔桓溫。史籍記載，伊水戰勝後，桓溫將姚襄降民三千餘家徙於「江、漢之間」，〔註 103〕江、漢之間屬桓溫所經營的荊、梁勢力範圍之內，楊亮奔桓溫後，當亦被處之江、漢之間，成爲桓溫荊、梁武力集團中的新生力量。但自永和十二年至太和五年（370 年）初十多年間，楊亮在江左悄無聲跡，並未受到桓溫重視；直到太和五年，始有其任梁州刺史的記載。〔註 104〕據《宋書》卷三七《州郡志三》「梁州條」，曹魏平蜀後立梁州，治漢中南鄭；李氏兄弟據梁、益建成漢後，東晉政府僑置梁州於襄陽；成漢滅，梁州復舊，仍治漢中南鄭；譙縱時，梁州刺史治魏興；譙縱滅，梁州治漢中之苞中縣。楊亮於太和五年刺梁州，當在桓溫滅蜀、梁州復舊之後，治漢中。不久，孝武帝寧康二年（374 年），苻秦陷蜀，並失漢中，梁州又寄治襄陽〔註 105〕，毛穆之任梁州刺史〔註 106〕，楊亮當被免。太元二年（377 年）三月，朱序又爲梁州刺史，亦鎭襄陽，「以兗州刺史朱序爲南中郎將、梁州刺史、監沔中諸軍，鎭襄陽」〔註 107〕。淝水戰後，東晉進復漢中，梁州蓋又復歸舊治，〔註 108〕

〔註 103〕《晉書》卷八《穆帝紀》「永和十二年八月」，《晉書》卷九八《桓溫傳》。

〔註 104〕《晉書》卷五八《周訪傳附子楚傳》「又隴西人李高詐稱李雄子，破涪城。梁州刺史楊亮失守，楚遣其子討平之。」《資治通鑒》卷一百二《晉紀二十四》海西公太和五年（370 年）繫此事於海西公太和五年。

〔註 105〕胡阿祥《宋書州郡志匯釋》「梁州條」，安徽教育出版社，2006 年。

〔註 106〕萬斯同《東晉方鎭年表》，《二十五史補編》本。

〔註 107〕《晉書》卷九《孝武帝紀》「太元二年」，《晉書》卷八一《朱序傳》則記朱序於寧康（373～375 年）初「拜使持節、監沔中諸軍事、南中郎將、梁州刺史，鎭襄陽。」

楊亮再任梁州刺史〔註109〕。

楊亮刺梁州在時間上有隔斷，但他在巴蜀一帶一直比較活躍。如咸安元年（371 年），仇池氏楊纂臣服東晉而與苻秦絕，苻秦遣將攻楊纂，「晉梁州刺史楊亮遣督護郭寶率騎千餘救之，戰於陝中，爲雅等所敗，纂收眾奔還」；〔註110〕寧康元年（373 年），楊亮遣子楊廣襲仇池，與苻堅將楊安戰，楊廣敗，東晉「沮水諸戍皆委城奔潰，亮懼而退守磐險」〔註111〕；同年冬天，苻堅將王統、朱彤率眾寇蜀，「楊亮率巴獠萬餘拒之，戰於青谷，王師不利，亮奔固西城」；〔註112〕亦在同年，苻堅陷涪城，「梁州刺史楊亮、益州刺史周仲孫並委戍奔潰」。〔註113〕如此，楊亮在首次刺梁州時，戰事活動多以敗退告終。太元八年淝水之戰時，楊亮再次被予重任，之後在陣前節節獲勝。太元八年（383 年），楊亮被加「輔國將軍」〔註114〕，出師伐蜀，連拔五城；〔註115〕太元九年（384 年），「梁州刺史楊亮率眾五萬伐蜀，遣巴西太守費統將水陸兵三萬爲前鋒。亮屯巴郡，秦益州刺史王廣遣巴西太守康回等拒之。……秦康回兵數敗，退還成都。」〔註116〕

楊亮在巴蜀一帶活動多年，戰事由敗轉勝，與東晉、苻秦政權對峙形勢有關，也與其自身將略及部眾力量逐漸成熟壯大相關。據《晉書》卷八四《楊佺期傳》，「楊亮終於梁州刺史，以貞幹知名。」似乎楊亮自淝水戰後繼刺梁

〔註108〕 胡阿祥《宋書州郡志匯釋》「梁州條」，安徽教育出版社，2006 年。

〔註109〕 《資治通鑒》卷一百五《晉紀二十七》孝武帝太元九年（384 年）「梁州刺史楊亮率眾五萬伐蜀，遣巴西太守費統將水陸兵三萬爲前鋒」。

〔註110〕 《晉書》卷一百十三《苻堅載記上》；《資治通鑒》卷一百三《晉紀二十五》簡文帝咸安元年（371 年）。

〔註111〕 《晉書》卷一百十三《苻堅載記上》；《資治通鑒》卷一百三《晉紀二十五》孝武帝寧康元年（373 年）。

〔註112〕 《晉書》卷一百十三《苻堅載記上》；《資治通鑒》卷一百三《晉紀二十五》孝武帝寧康元年（373 年）冬。

〔註113〕 《晉書》卷七四《桓彝傳附桓豁傳》，《晉書》卷八一《毛寶傳附子穆之傳》記載略同，《資治通鑒》卷一百三《晉紀二十五》孝武帝寧康元年（373 年）繫之於孝武帝寧康元年。

〔註114〕 《晉書》卷九《孝武帝紀》「（太元八年）夏五月，輔國將軍楊亮伐蜀，拔五城，擒苻堅將魏光。」楊亮「輔國將軍」之任是加官，並非轉任，《通典》卷三三《職官十五》「郡太守」：「晉郡守皆加將軍，無者爲恥」；如前文所述，太元九年，楊亮仍居梁州刺史任。

〔註115〕 《晉書》卷十三《天文志下》「（太元八年四月）是月，桓沖征沔漢，楊亮伐蜀，並拔城略地。」《宋書》卷二五《天文志三》「太元八年」記載略同。

〔註116〕 《資治通鑒》卷一百五《晉紀二十七》孝武帝太元九年（384 年）。

州以後至終老未曾改任，但《晉書》卷九《孝武帝紀》載：太元十一年六月，「庚寅，以前輔國將軍楊亮爲西戎校尉、雍州刺史，鎮衛山陵。」此處的「前輔國將軍」即太元八年楊亮所加將軍之號。如此，《晉書》這兩處對楊亮官任的記載前後相左。按楊亮子楊佺期、楊廣兄弟繼楊亮之後活躍於江左，成爲雍州地方重要的武裝集團，被桓玄、殷仲堪等拉攏利用。以楊佺期、楊廣在雍州地方的力量發展來看，其父楊亮由治漢中之梁州進而轉任治襄陽的雍州刺史，爲其家族在襄陽地方迅速勃興提供重要時機。楊亮居職梁州刺史時，其活動範圍曾長期在巴、蜀一帶，其子楊廣也曾被楊亮派遣攻伐仇池，楊氏在巴蜀等地的戰事活動，鍛鍊了佺期兄弟的軍事才幹。太元十一年，距楊亮南奔桓溫的永和十二年已有三十多年，楊亮的軍事功績及其家族力量的壯大爲其「加輔國將軍」之號、轉任雍州刺史提供可能。《晉書》卷五八《周訪傳附周瓊傳》載「瓊勁烈有將略，歷數郡，代楊亮爲梁州刺史、建武將軍，領西戎校尉。」周瓊代楊亮爲梁州刺史的時間雖無明確記載，但上引史文後緊接著記載：「初，氐人竇衝求降，朝廷以爲東羌校尉。後衝反，欲入漢川，安定人皇甫釗、京兆人周勳等謀納衝，瓊密知之，收釗、勳等斬之。」《晉書》卷八一《朱序傳》記竇衝入漢川事於朱序追慕容永至上黨白水之後，曰：「序追永至上黨之白水，與永相持二旬。聞翟遼欲向金墉，乃還，遂攻翟釗於石門，遣參軍趙蕃破翟遼於懷縣，遼宵遁。序退次洛陽，留鷹揚將軍朱黨戍石門。序仍使子略督護洛城，趙蕃爲助。序還襄陽。會稽王道子以序勝負相補，不加褒貶。其後東羌校尉竇衝欲入漢川，安定人皇甫釗、京兆人周勳等謀納之。梁州刺史周瓊失巴西三郡，眾寡力弱，告急於序，序遣將軍皇甫貞率眾赴之。衝據長安東，釗、勳散走。」而《資治通鑑》卷一百七《晉紀二十九》繫朱序追慕容永事於太元十五年。則至遲在太元十五年前後，周瓊已在梁州刺史任上。聯繫前文楊亮在太元九年仍居梁州刺史職，而太元十一年任雍州刺史，太元十五年左右已居職梁州的周瓊很有可能即在太元十一年楊亮任雍州時代任梁州刺史。

　　與楊亮的相關史料記載零亂粗略相比，其子楊佺期在《晉書》裏有專傳，也可視爲弘農楊氏家族在東晉一朝的發展標誌。自楊亮以梁州刺史登上東晉歷史舞臺始，其家族已轉變原有出入儒玄之門風，而多以武幹爲事。楊亮子楊佺期、楊廣兄弟更以「沉勇果勁」、「強獷粗暴」著稱〔註 117〕。弘農楊氏

〔註 117〕《晉書》卷八四《楊佺期傳》。

雖爲漢魏大族，永嘉亂後多滯留在北，出仕胡主，楊亮於永和十二年南奔桓溫，已屬晚渡，爲江左吳姓及早渡士人所不禮，楊亮父子爲自高門戶，遂以武功自奮，「欲因事際以逞其志」〔註118〕。

自永和十二年楊亮南奔桓溫，至東晉孝武帝末年，楊氏兄弟在江、漢之間已形成一定的武裝力量，他們兄弟強獷驃悍的名聲在荊、雍一帶已頗有影響。故在東晉孝武帝死後發生的兩藩與中樞之爭中，楊氏兄弟所率領的以襄陽爲後方的流民武裝成爲殷仲堪起事的重要依賴對象〔註119〕，隆安元年（397年）殷仲堪欲舉兵應王恭，雍州刺史郗恢、南蠻校尉殷顗、南郡相江績皆不贊同，殷仲堪遂引楊佺期爲司馬，代江績爲南郡相；桓玄、殷仲堪領眾應王恭，但殷仲堪素無戎略，軍旅之事悉委楊佺期兄弟；這樣，在王恭、殷仲堪的叛亂中，楊佺期兄弟成爲荊州方向軍事聯盟的重要一支。隆安二年（398年），王恭再次聯絡殷仲堪、桓玄舉兵，殷仲堪應期發兵，楊佺期兄弟（兄廣、弟思平、從弟孜敬）所率舟師爲前鋒，桓玄次之，殷仲堪繼之；王恭兵敗被擒後，楊佺期、桓玄、殷仲堪回軍蔡洲，桓沖子桓修以楊佺期、殷仲堪、桓玄之西軍楊佺期武力最強，殷仲堪受制於桓玄，遂勸司馬道子利誘楊、桓，以桓玄爲江州刺史，楊佺期代郗恢爲都督梁、雍、秦三州諸軍事、雍州刺史，殷仲堪爲廣州刺史，桓修代殷仲堪爲荊州刺史。殷仲堪得詔書後大怒，因楊佺期、桓玄將士家屬多在江陵，仲堪遂以誅殺其家屬脅迫楊、桓二人同其不受朝命，於是他們彼此以子弟爲質盟於尋陽，推桓玄爲盟主。之後司馬道子復殷仲堪荊州本職，楊佺期、桓玄、殷仲堪遂各還本鎮（楊佺期爲雍州刺史、桓玄爲江州）。

楊佺期入雍州，遇到郗恢上下將士戮力距守，楊氏兄弟兵力雖強，仍需藉重桓玄聲威才以順利入府。桓玄素與殷仲堪、楊佺期不穆，殷仲堪亦疑楊佺期，東晉執政便乘隙交構，使之乖離，以桓玄兄桓偉代楊佺期兄楊廣爲南蠻校尉，殷仲堪抑止楊廣拒桓偉，並出楊廣爲宜都、建平二郡太守。楊佺期欲與殷仲堪聯兵襲桓玄，仲堪止之，爲防萬一，又以其弟殷遹屯於雍州北境，以遏佺期。佺期「勢不獨舉，乃解兵」。〔註120〕

隆安三年（399年），桓玄攻討殷仲堪，殷仲堪急召楊佺期入援。楊佺期以江陵軍資不足爲由邀殷仲堪赴襄陽共同待敵，殷仲堪欲保江陵，不捨棄

〔註118〕《晉書》卷八四《楊佺期傳》。
〔註119〕參見田餘慶《東晉門閥政治》，北京大學出版社，2005年，第231頁。
〔註120〕《晉書》卷八四《楊佺期傳》。

城而走，遂騙楊佺期江陵有儲。楊佺期率精兵赴江陵後，殷仲堪僅能以飯餉其軍，楊佺期遂不見仲堪，與兄廣等獨軍拒桓玄。最終楊佺期軍盡沒於玄，佺期單馬奔襄陽，亦被桓玄追獲，與兄廣並被殺。佺期弟思平，從弟尚保、孜敬，俱逃於蠻，劉裕起義時始歸國。楊思平、楊孜敬在晉末皆位至梁州刺史，仍屬楊氏宗族勢力所在範圍之內。孜敬、思平等歸國，常鬱鬱不得志。孜敬在襄陽見魯宗之部下皆佺期之舊，更憤憤不平，顯於辭色。後因魯宗之參軍劉千期當面折之，孜敬大怒，遂抽劍立殺劉千期，因此獲罪，死於義熙二年（406年）。二年以後楊思平也以罪伏誅，史言「楊氏遂滅」〔註121〕。

　　以楊佺期為首的楊氏宗族在襄陽擁有較強的武裝勢力，但最終不僅舊部盡歸他人，而且楊氏族人也相繼獲罪被殺，竟至一姓盡滅。關於楊佺期所在襄陽的武力集團的作用及其失敗，田餘慶先生在《東晉門閥政治》中曾有論述，今引述如下：「至於上游楊佺期的武力，與劉牢之的北府兵相比，性質上很相像而結局卻又不同。楊氏的兵力是上游荊州的決定力量，沒有它，殷仲堪和桓玄很難有所作為。而楊氏兄弟始終只是依違於門閥士族勢力之間，沒有獨立發展的打算，與劉牢之所統北府兵相似。不過，楊氏兄弟的武力被桓玄兼併後，就成為門閥士族桓玄的工具，成為桓玄入京代晉的墊腳石，這又與北府兵完全不同。桓玄兼併楊佺期，這是局部問題；桓玄終於被北府將劉裕所滅，這是全域問題。從局部看來，門閥士族可以吃掉強大的傖荒武將；從全域看來，門閥士族的統治地位終將要被傖荒武將所取代。」〔註122〕田先生此文是以門閥士族與傖荒武將的關係來論述東晉門閥政治格局的，但其就楊氏兄弟的發展命運所提出的觀點無疑是準確而深刻的。正如田先生在上引論述後文所言，江陵維持在上游的統治，襄陽的兵力是關鍵。〔註123〕殷仲堪、桓玄兩次響應王恭舉兵向闕，楊佺期的兵力是他們倚憑的關鍵武裝力量。但楊佺期入雍州後，頻頻受到殷仲堪的牽制而不能有所為，又在桓玄攻討江陵、襄陽時，放棄襄陽入援殷仲堪，始終不能獨力起事，這正是田先生所言「始終只是依違於門閥士族勢力之間，沒有獨立發展的打算」，終於導致身死將沒。

　　自永和十二年至義熙四年，弘農楊氏在江左境內活動約半個世紀，雖是

〔註121〕《晉書》卷八四《楊佺期傳》。
〔註122〕田餘慶《東晉門閥政治》，北京大學出版社，2005年，第235～236頁。
〔註123〕田餘慶《東晉門閥政治》，北京大學出版社，2005年，第236頁。

中原華胄後裔，但因南來較晚被目爲傖荒武將；雖欲憑藉武功取事，並凝聚起了強有力的精兵武將，但難以突破門閥士族的勢力掌控，不能獨立發展，故以武功自奮半個世紀的結果卻是一姓湮滅。

第六節　京兆杜氏在江左的發展

縱貫東晉南朝二百多年，江左歷史舞臺上活躍的京兆杜氏共有三房支，一支爲早渡的杜乂，另兩支即是晚渡江左的杜坦、杜驥兄弟和杜遜一房。

杜乂習尚玄風，盛名江左，爲江左名流所重。但在江左門閥政治環境中，眞正負盛譽的名士，都是政治上的無能之輩〔註 124〕，因此在政治事功上，杜乂雖仕至丹陽丞，並沒有多少作爲。杜乂早卒且身後無子，有女杜陵陽尚晉成帝爲杜皇后，亦無子身亡。杜乂房雖然早渡，且在江左名望高著，但因其無子而終，杜氏家族在江左的聲望難以延續。

晚渡江左的杜坦、杜驥兄弟和杜遜房支，分別活躍於宋和齊梁時期。杜氏在中朝「本爲中華高族」〔註 125〕，因爲南渡不早，且南遷後定居江北壽陽和長淮以北的彭城，屬傖楚之地，因而杜坦、杜驥兄弟被歧視爲荒傖。〔註 126〕東晉南朝傖楚之人，多以軍功自效，以達仕宦。杜坦兄弟家於江淮傖楚集團之中，雖仍傳繼其祖杜預之經學，並致齊地士眾習之〔註 127〕，但也不得不以武力自效，多任武職。杜驥子杜幼文，史言其「以軍功爲驍騎將軍」，是「義嘉之亂」追隨晉安王劉子勛的主要叛將。而杜坦子杜叔寶又是豫州刺史殷琰反叛的主要脅迫者。杜驥兄弟在宋初南下，宋文帝世任遇甚厚，世祖孝武帝時，杜驥、杜坦繼任青、冀二州刺史多年，至宋明帝時，他們的子嗣如杜叔寶已成爲能夠獨專一州「內外諸軍事」的「土豪鄉望」。只是杜幼文閒逸薄行，宋末廢帝時與阮佃夫接善，阮佃夫因陰謀行廢立之事於廢帝元徽四年四月被殺，兩個月後，杜幼文等亦伏誅。史言杜幼文兄叔文「及諸子侄在京邑方鎮者並誅」，唯有「幼文兄季文、弟希文等數人，逃亡得免」。〔註 128〕杜坦、杜驥兄弟一房至此幾遭覆滅，逃亡幸免之人後世無聞。〔註 129〕

〔註 124〕田餘慶《東晉門閥政治》，北京大學出版社，2005 年，第 145 頁。
〔註 125〕《宋書》卷六五《杜驥傳》。
〔註 126〕周一良《魏晉南北朝史札記》「晚渡北人條」，中華書局，1985 年。
〔註 127〕《魏書》卷八四《儒林傳序》。
〔註 128〕《宋書》卷六五《杜驥傳》。
〔註 129〕韓樹峰亦認爲「根據當時形勢分析，杜崱祖上的經歷大概與杜驥兄弟相似，

南遷後定居襄陽的杜遜一房，歷劉宋一朝，寂寥無聞。杜遜子靈啓、乾光，史載他們分別爲齊給事中和齊司徒右長史，具體事蹟亦一無所聞。杜靈啓子懷寶，在梁稍得發展，天監中，以功官至驍猛將軍、梁州刺史，自懷寶始，其房支子嗣開始在江左高著功名。正史書懷寶九子，卻各不相同，《梁書・杜崱傳》記爲：嵩、岑、嶷、岌、嶷、巘、岸、崱、幼安；《南史》卷六四《杜崱傳》則作：嵩、岑、嶷、岌、巘、岸、崱、嶷、幼安。而《元和姓纂（附四校記）》卷六「杜氏條」又作：岑、嶷、岩、嶷、岸、崱、幼安，僅有七子。且《梁書・杜崱傳》謂崱爲懷寶第七子，而對其兄弟九人的排序又爲：「崱兄弟九人，兄嵩、岑、嶷、岌、嶷、巘、岸及弟幼安」，崱位列第八。本文因正史皆作九人而依正史，又因《梁書》傳文矛盾而暫依《南史》。

杜崱兄弟俱知名當世，究其原因，實因其家族在襄陽與梁帝結緣而致。梁武帝蕭衍奪取政權以其出鎮雍州、在襄陽建立武力集團爲基礎。杜崱房支自南遷後居於襄陽歷宋齊兩朝，無大的作爲，至杜崱父懷寶時，杜氏家族在襄陽始嶄露頭角。蕭衍甫至襄陽，爲求「州綱」，詢問之人即是出自京兆的杜惲。杜懷寶「少有志節，常邀際會」，蕭衍坐鎮襄陽招攬軍將，杜懷寶遂得以與蕭衍結緣。蕭衍自襄陽東下，進逼京師，杜懷寶隨蕭偉留鎮襄陽，日後又以武勇多立功績。

杜崱兄弟知名當世，並非受其父親蔭庇，而是同樣因爲與坐鎮襄陽的梁朝皇室結緣所致。大概南遷後的杜氏房支傳承至梁世，已經如同杜坦房支在豫州一樣，成爲地方豪帥，個個英勇雄武〔註130〕，所以梁朝諸王鎮襄陽，必定會拉攏利用這些地方豪族，作爲自己奪取利益或者管理地方的重要力量。審諸史傳，杜崱兄弟在梁世的發展最先的起因是因爲杜崱、杜岸與梁元帝蕭繹「有舊」〔註131〕。所以有舊，是因爲蕭繹以皇弟身份在太清元年刺荊州，都督荊、雍、湘、司、郢、寧、梁時，杜崱曾參爲幕府〔註132〕，杜岸當也在此時與蕭繹結緣。之後杜崱兄弟因仍住襄陽，又成爲雍州刺史蕭詧之將。正

即先隨杜耽避難於涼州，並仕於前涼政權。符堅滅涼，復還原籍京兆。劉裕北征長安，又與杜驥兄弟一同隨劉裕南遷。」見《南北朝時期淮漢迤北的邊境豪族》社會科學文獻出版社，2003年，第126頁。

〔註130〕《梁書》卷四六《杜崱傳》言崱「幼有志氣，居鄉時以膽勇稱」；幼安「雄勇過人」；岑子龕「少驍勇，善用兵」。《南史》卷六四《杜崱傳》稱嶷「膂力絕人，便馬善射」，號爲「杜彪」。

〔註131〕《梁書》卷四六《杜崱傳》，《南史》卷六四《杜崱傳》。

〔註132〕《梁書》卷四六《杜崱傳》。

因爲之前有舊，所以在太清二年九月，雍州刺史蕭詧舉兵寇江陵時，本爲蕭詧將帥的杜崱及其兄弟數人率眾投奔蕭繹。

杜崱兄弟因投戈有功，他們每人被賜各領一方刺史，封爵千戶。而他們在梁世所創事功也正從此展開。先是隨王僧辯攻討侯景，杜崱與兄杜岑之子杜龕皆有功績，龕「論功爲最」，再致陞官加賞；再是幫助梁元帝平息各方反叛勢力：幼安隨王僧辯討河東王蕭譽，岸自請討襄陽蕭詧，崱、龕討王琳長史陸納、又討武陵王蕭紀。杜氏兄弟驍勇善戰，爲梁元帝平息戰亂，爭取了一方安隅。

但是，也正因爲杜崱兄弟過多的參與戰事，戰亂兵禍之後，他們子嗣繁盛的家族也遭折損。杜崱多方征戰終致邁疾而終，杜嶷被梁元帝猜忌害之，杜岸因討蕭詧兵敗，與兄巘連並母妻子女，被蕭詧一起清算，斬於襄陽北門。杜氏兄弟曾是蕭詧之叛將，蕭詧乘機新罪舊仇一起算，手段極其殘酷，「命人拔其（杜岸）舌，臠殺而烹之」〔註133〕。杜氏在襄陽的宗族親人，「幼弱下蠶室，又發其墳墓，燒其骸骨，灰而揚之，並以爲漆髇」。〔註134〕杜幼安討伐侯景失敗降之，被侯景所殺。至此，杜崱兄弟九人已所剩無幾。江陵陷後，杜龕仕蕭淵明，後因部將陷害，連同從弟北叟被陳蒨斬殺，至此「杜氏一門覆矣」。〔註135〕

杜遜子孫除杜懷寶一房外，還有杜乾光一支。杜乾光亦定居襄陽，但在齊梁之世，其房支成員並不活躍。杜乾光子杜漸在梁任邊城太守，沒有具體事蹟見諸史載。漸子叔毗，梁末仕宜豐侯蕭循，他的兄弟子侄也大都在蕭循陣營，「時叔毗兄君錫爲循中記室參軍，從子映錄事參軍，映弟晰中直兵參軍，並有文武材略，各領部曲數百人」。〔註136〕擁有一定的勢力。但隨著西魏經略漢川、蕭循部將降歸關中，杜君錫被蕭循將曹策加害，叔毗又出使長安不得南返。這一房支在南朝的活動也告結束。

〔註133〕《南史》卷六四《杜崱傳》。
〔註134〕《南史》卷六四《杜崱傳》。
〔註135〕《南史》卷六四《杜崱傳》。
〔註136〕《周書》卷四六《杜叔毗傳》。

第六章　關中郡姓入仕北魏

　　關中郡姓留居鄉土的家族房支在經歷胡族政權的頻繁更迭後，最終歸於拓跋鮮卑所建立的北魏政權統治，作爲北方傳統世族，他們是北魏鞏固壯大政權統治中積極徵召籠絡的對象。並且，隨著北魏政權的逐步漢化，遷於南方的房支也適時北上，積極入仕北魏，爲家族發展贏得新的機遇。

第一節　京兆韋氏入仕北魏

一、京兆韋氏留北房支入魏

　　西晉永嘉亂後，京兆韋氏家族主體長期出仕關中胡主政權。隨著其出仕政權如苻秦、姚秦的瓦解，不少韋氏家族成員紛紛南奔江左，這在前面章節內已經詳述。但除了南遷江左的幾個房支以外，韋氏尚有不少成員仍留居北方，後來加入北魏政權。本節即就韋氏留北房支參與北魏政權情況作一探討。

　　考諸史籍，京兆韋氏最先參與北魏政權人物是韋閬。韋閬房支後世被稱爲閬公房，韋閬父韋逵，爲東眷韋穆之後。韋閬參與北魏政權的背景與父親的仕宦經歷有關。《魏書》卷四五《韋閬傳》：「（閬）祖楷，晉建威將軍、長樂清河二郡太守。父逵，慕容垂吏部郎、大長秋卿。」後燕主慕容垂是在苻堅戰敗後建立政權的，地在河北。拓跋鮮卑復國也在苻堅敗亡後，不過北魏政權勢力增長很快，逐步平定河北，先在參合陂大敗慕容垂，後據有并州，不久逼向後燕都城中山，遂使慕容政權陷入四分五裂、骨肉相殘的局面。據《魏書·韋閬傳》，韋閬即在此時避居薊城，時爲北魏道武帝皇始二年（397 年）。

北魏平定河北以及在統一北方的過程中，不斷積極吸收漢族士人加入其統治政權，最著名的也是範圍最廣、力度最大的一次徵召士人是太武帝神麚四年（431 年）頒佈的徵士詔。這次應徵士人的名單，在高允晚年所作《徵士頌》保留下來，從中我們可以看到，「征西大將軍從事中郎京兆韋閬友規」就是在這次與高允、張偉等著名士人同時應召的。〔註 1〕太武帝拓跋燾先任其爲咸陽太守，後轉武都太守，「在郡十六年，卒」〔註 2〕。

如此，韋閬是在河北地區加入北魏政權的，而且韋閬應召之前，已在薊城避居三十餘年，如果從其父韋逵東投慕容垂算起，他們房支在河北地區居住時間更長。不過韋氏以京兆爲郡望，在神麚四年徵士的前一年，北魏剛剛攻取大夏之安定、長安、平涼，盡有隴山以東的關中地區。爲鞏固對剛剛據有的關中地區的統治，拓跋燾任韋閬爲征西大將軍從事中郎、咸陽太守、武都太守等職，一方面可以利用韋氏在鄉里的聲望安定地方統治，〔註 3〕另一方面也利於籠絡韋氏宗族其他成員加入統治政權。

與韋閬相似，同在關中鄉里任職的還有眞嘉〔註 4〕，眞嘉爲後世逍遙公韋瓊、郿國公韋孝寬之祖，在魏任馮翊、扶風二郡守。〔註 5〕他何時入魏，史無明載。《魏書》卷四五《韋閬傳》記其爲韋閬兄子，《新唐書·宰相世系表》「韋氏條」記其爲韋閬弟子，兩處記載雖然有別，但眞嘉當爲韋閬近侄無疑，有可能在韋閬應召入魏後一同仕魏。

北魏世，京兆韋氏留北房支中最有名望的除韋閬房支外，還有韋閬族人韋珍一支。《魏書》繫韋珍一房於韋閬傳下，對其先祖僅溯至其父韋尙。不過，上世紀末新出土的四方韋氏墓誌很好地彌補了文獻關於韋珍先祖世系生平記載的不足。根據《韋彧墓誌》〔註 6〕，韋尙爲西晉平北將軍韋廣曾孫，

〔註 1〕《魏書》卷四八《高允傳》。
〔註 2〕《魏書》卷四五《韋閬傳》。
〔註 3〕這一作用在蓋吳之亂時充分體現出來，在關中擾亂時，韋閬盡心撫納，所部獨全。詳見《魏書·韋閬傳》。
〔註 4〕《魏書》卷四五《韋閬傳》作「眞喜」；《周書》卷三一《韋孝寬傳》作「直善」；《新唐書》卷七四上《宰相世系表四上》「韋氏條」作「眞嘉」；《韋孝寬墓誌》（志文見戴應新《韋孝寬墓誌》，刊於《文博》1991 年第 5 期）作「眞惠」，爲同一人。
〔註 5〕《周書》卷三一《韋孝寬傳》。
〔註 6〕詳見周偉洲、賈麥明、穆小軍《新出土的四方北朝韋氏墓誌考釋》，《文博》，2000 年第 2 期。

父親韋宣曾任姚秦郎中，祖父韋諶爲清河府君。而據《梁書》卷十二《韋叡傳》載，韋廣有子韋軌，於東晉孝武太元初年南遷襄陽。如此韋諶、韋軌俱爲韋廣子，可以推測他們在永嘉亂後南北分途，韋軌南下，而韋諶一支留居北方。

　　韋諶一支參與北魏政權在韋尚時，《魏書·韋閬傳》載韋尚爲「樂安王良安西府從事中郎。卒，贈安遠將軍、雍州刺史。」《韋彧墓誌》載：「祖魏雍州刺史、杜縣簡侯，諱尚，追體潛龍，利見大人，會太祖武皇帝，添玉鳳池，衣錦鄉國」。「衣錦鄉國」當指任雍州刺史一職。與《韋彧墓誌》同時出土的《韋彪墓誌》又載：「曾祖尚，雍州刺史、杜縣侯。深體危亂，悟於有道，雌伏苻姚，雄翻後魏」〔註7〕兩條墓誌爲韋尚仕魏的時間和擔任官職提供了更明確的依據。「會太祖武皇帝」提供了一個更早的時間線索，「雌伏苻姚，雄翻後魏」又爲韋尚入魏之前的仕宦作了補充。太祖爲北魏開國皇帝道武帝拓跋珪之廟號，依此而論，韋尚似乎在道武帝在位時即已加入北魏政權，並且「衣錦鄉國」，任雍州刺史。周偉洲先生等人所作墓誌考釋正作此解。但將兩條碑文的記載和《魏書》的記載相對照，筆者發現碑文「會太祖武皇帝」可能有誤。

　　首先，《魏書·韋閬傳附韋珍傳》記韋尚曾任樂安王良安西府從事中郎，據《魏書·樂安王範傳》，最早被封樂安王者爲太宗明元帝之子拓跋範，時在泰常七年（422年），範子良襲封王位在高宗文成皇帝拓跋濬時（452～464年），則韋尚仕樂安王良不會早於文成皇帝即位的452年。而「太祖」即道武帝拓跋珪自公元386至408年在位，與文成皇帝相差四代、近半個世紀。其次，北魏據有關中在太武帝拓跋燾神䴥三年（430年），所謂「雍州刺史」一任當在此後設置，韋尚「衣錦鄉國」也應在此後，加之他和父親韋宣都曾在後秦任職，所謂「雄翻後魏」當在太武帝據有關中之後。因此「太祖武皇帝」很可能爲「太武皇帝」衍文，周偉洲先生等對此條碑文考釋不太準確。

　　要之，韋尚仕魏應在其鄉土本貫入魏之後，也在太武帝年間。而且從其所任雍州刺史、杜縣簡侯來看，與韋閬房支入魏後的仕宦具有相似之處，這一方面是北魏利用他們的聲望撫鎮地方的再次反映；另一方面，各個房支任

〔註7〕　詳見周偉洲、賈麥明、穆小軍《新出土的四方北朝韋氏墓誌考釋》，《文博》，
　　　　2000年第2期。

職鄉里本貫，也有助於韋氏鄉里宗族力量的強大，並爲獲取中央的政治社會地位奠定基礎。韋尚以後，韋珍在高祖朝多任武職，鎮守之地已不限於雍州本土，而多守邊境，官至中散大夫、鎮遠將軍、大尉諮議參軍等職。韋珍子纘、彧、朏等，分別以「中書學生」「奉朝請」「州主簿」爲起家官〔註8〕，遷轉迅速，世繼冠冕，政治地位逐漸中央化。

二、京兆韋氏南遷房支北歸

　　京兆韋氏參與北魏政治者，除前文所述在北魏統一黃河流域過程中陸續加入北魏政權的留北房支外，尚有南遷房支之北歸者。按南遷的京兆韋氏家族成員中，最早北歸的爲自襄陽北投姚秦的韋華。

　　韋華、韋謙兄弟南奔東晉襄陽在淝水之戰後，但不久就在東晉安帝隆安二年（398年）自襄陽叛晉北投後秦主姚興，這是韋氏南遷江左成員中之首次北歸者。韋華的北歸原因，日本安田二郎先生曾在其《晉宋革命和雍州（襄陽）的僑民——從軍政統治到民政統治》一文中論及〔註9〕，安田先生該文主要論證僑雍州之設置在從東晉到劉宋的過度中有一個從軍政統治到民政統治的過程，因此對韋華的北歸，安田先生是作爲例證來支撐其文章主要觀點的。概言之，安田先生對韋華北歸原因的觀點有二：一是東晉當時頗爲混亂的政局秩序；二是韋華作爲晚渡荒傖，在江左宦途不順。在第二點中，安田先生特別強調東晉政府在僑雍州沒有設置州職機構，韋華等晚渡士人得不到合理的安置是最重要最直接的原因。筆者對東晉、劉宋在僑雍州的統治狀態上注目不多，故對安田先生在僑雍州的統治形式方面的觀點尚不置可否，但對其對韋華北歸原因的論述，本文是贊成的。韋華北投姚興，繼續在關中仕職，劉裕平關中，其房支成員遂再次南下，此後京兆韋氏在江左政治舞臺上活躍的家族成員即以其後人爲主。

　　前文曾述，京兆韋氏家族晚渡江左成員中有不少在劉宋時期就已北歸，他們因爲歸國之勳，在北魏政權受到隆遇。同屬韋氏東眷穆后之韋羆〔註10〕，

〔註8〕 《魏書》卷四五《韋閬傳附韋珍傳》。
〔註9〕 劉俊文主編《日本中青年學者論中國史‧六朝隋唐卷》，上海古籍出版社，1995年。
〔註10〕 《魏書》卷四五《韋閬傳》載韋羆爲韋閬從叔韋道福之父，則韋羆應與韋閬祖韋楷同輩，據《新唐書》卷七四《宰相世系表四上》「韋氏條」：韋楷韋東眷韋穆之曾孫。則韋閬從叔祖韋羆也當爲韋穆之後。

在苻堅滅後南奔，其子韋道福仕劉宋爲盱眙、南沛二郡太守，薛安都據徐州歸魏時，史傳稱韋道福「參贊其事」〔註11〕，一同附魏。道福既能參贊北歸事，很可能他之前也曾參與叛亂。韋道福北歸時爲北魏獻文帝拓跋弘天安元年（466年），道福及其子欣宗等因歸國勳，被封賞高位，道福以功除安遠將軍、賜爵高密侯；欣宗亦被賜杜縣侯。欣宗從父弟合宗與道福父子一同北歸，任北魏東海太守。值得注意的是，道福及其子侄北歸後，他們並沒有復家京兆杜陵本土，上引《魏書》同傳載，韋道福「以功除安遠將軍，賜爵高密侯，因此仍家於彭城」，北魏以高密封賜，當爲利用其在當地的影響力以鎮守復地。道福子欣宗在孝文帝拓跋宏時，仍長期在彭城當地爲官，歷任彭城內史、徐州刺史等職，傳文稱其「撫綏內外，甚得民和」〔註12〕。

韋羆房支以外，同屬東眷韋穆后的韋崇亦有南遷後又北歸之經歷。韋崇爲韋閬從子，當亦爲東眷韋穆曾孫韋楷之後，其父韋肅與韋閬同輩。韋肅曾隨劉義眞渡江南下，仕劉宋魏郡弋陽二郡太守、豫州刺史等職。韋崇十歲時，韋肅死，韋崇母鄭氏攜韋崇歸魏。〔註13〕韋崇隨母歸魏後，寓居河、洛，亦沒有返居本貫。韋崇母鄭氏出自滎陽，北魏兗州刺史滎陽鄭羲即爲韋崇之舅〔註14〕。滎陽鄭氏在北魏爲漢族一流高門，享有很高的政治社會地位，所以韋崇母在丈夫死後攜兒北歸可能受了其外戚父兄之影響，而北歸後寓居之所亦定在離滎陽不遠的河洛一帶〔註15〕。韋崇入魏，一有歸國之勳，二有舅家滎陽鄭氏的照應，不僅官居顯職，任司徒從事中郎、司州中正、河南邑中正等，以平直爲當時所稱；而且其女被孝文帝納爲華嬪。孝文帝時，帝室與當時漢族清顯高門結成了特別嚴密的婚姻集團，這些漢族高門大姓爲當時的四姓或五姓家族，京兆韋氏特別是韋崇加入北魏政權不久，能入圍這一嚴密的婚姻圈實爲罕見。〔註16〕這一方面體現了京兆韋氏在北魏社會地位的提高，

〔註11〕《魏書》卷四五《韋閬傳附道福傳》。
〔註12〕《魏書》卷四五《韋閬傳附欣宗傳》。
〔註13〕《北齊書》卷四五《韋道遜傳》。
〔註14〕《魏書》卷四五《韋閬傳附崇傳》載韋崇少爲舅兗州刺史鄭羲所器賞。《魏書》卷五六《鄭羲傳》載鄭羲爲滎陽開封人。
〔註15〕《魏書》卷四五《韋閬傳附崇傳》載「因寓居河洛」，《北史》卷二六《韋閬傳附崇傳》同。《北齊書》卷四五《韋道遜傳》載韋道遜祖崇「自宋入魏，寓居河南洛陽」。
〔註16〕孝文帝時的四姓婚姻集團詳見陳爽《世家大族與北朝政治》，中國社會科學出版社，1998年。

另一方面，韋氏能加入其間，當是受其外家滎陽鄭氏的眷顧。韋崇二子猷之、休之在北魏分別官至太中大夫、光祿大夫，政治地位和社會聲望逐漸中央化。

京兆韋氏西眷韋潛之後，後世稱為平齊公房的韋惠度，亦屬南遷後北歸者。韋惠度隨劉義眞渡江南下後，仕宋為順陽太守，行南雍州事，後於襄陽歸魏，官至中書侍郎。其子千雄、千雄子英等在魏分別仕略陽郡守和代郡守等職。

韋道福、韋崇、韋惠度房支之北歸大概都在劉宋時期，他們在江左仕職不長，北投元魏的行動也比較分散，且各自孤絕，分別家於彭城、河洛等地，沒有形成較強大的宗族勢力。

南遷江左的京兆韋氏在蕭齊時期又有北歸元魏者，與劉宋時期北歸的韋氏房支一樣，隨裴叔業北歸的韋伯昕仍然沒有繁盛的家族力量。韋伯昕，其房支所屬、南遷時間皆無詳載。《魏書》卷七一《裴叔業傳附韋伯昕傳》記其為河東裴彥先妹婿，彥先為裴叔業侄，蕭齊時期，裴叔業連同南齊豫州豪族舉州歸魏，韋伯昕因有大志，裴叔業遣其送裴芬之入魏為質，之後北魏派將領迎裴叔業等歸魏，韋伯昕遂一同附魏，因功封拜官爵。

上述韋氏北歸的幾個房支在江左屬晚渡荒傖，大多活動在江淮迤北的邊境之地，而且房支之間各自孤絕，沒有在寓居地形成較強大的宗族力量，難以獲得蕭梁時期韋叡房支那樣的軍功和高位。從上述北歸活動來看，他們北投元魏的行動也各自分散，而且北歸後分別家於彭城、河洛等地的房支，與留北房支等舊貫親族沒有建立聯繫，不利於地方宗族勢力的壯大。〔註17〕儘管韋道福、韋崇等在北魏中期獲得一定的政治地位和社會聲望，而且韋崇甚至入圍孝文帝時期的五姓婚姻集團，但從長遠來看，這種分散孤絕的境地非常不利於家族整體力量的維持增長，北魏分裂以後，這種處境進一步影響到對東西政權的選擇。

第二節 河東裴氏入仕北魏

如前文所述，河東裴氏在永嘉亂後家族四散，河西、遼東、江左三大地域皆有其家族房支活動。但因河西張氏政權、遼東前燕政權後來都被前秦苻

〔註17〕韋伯昕房支自伯昕之後子孫無所考；惠度曾孫瑱北魏分裂後以望族在關中領鄉兵支持宇文氏，筆者推測惠度房支北歸後可能還於關中。

氏所滅，避居河西、遼東的河東裴氏房支又前後復歸桑梓〔註18〕，仕於關中
政權。因此河東裴氏向三大地域的播遷流寓又可歸結爲南北兩個系統。

五胡十六國紛爭的政治局面結束於拓跋魏政權。自道武帝拓跋珪立國至
太武帝拓跋燾統一黃河流域歷半個世紀，北魏在每一次接受其他胡族政權領
地的同時，並廣泛徵召吸收了大量漢族士人參與其政權統治。漢族士人與拓
跋鮮卑統治集團建立合作關係，促進了拓跋魏政權的漢化，漢化程度的深入
緩和了胡漢矛盾，又進一步吸引南方士人的北歸。河東裴氏南北房支參與北
魏政權即是在其鄉里河東入魏及被江左君主懷疑而北歸的歷史背景下發生
的。

一、北土河東裴氏入魏

河東裴氏五大著房，皆參與了北魏政權。除南來吳裴由南入魏外，西眷
裴、洗馬裴、中眷裴、東眷裴房支主體在苻秦東滅前燕、西平張氏後，並復
歸桑梓，他們加入北魏政權，大多在北魏佔領河東之後。

北魏據有河東始於太武帝始光三年（426年），在此之前，北魏政權中見不
到河東裴氏活動的身影。史載河東裴氏最早參與北魏政事者爲裴駿〔註19〕，裴
駿爲裴雙碩子，屬洗馬裴房支〔註20〕。據《魏書》卷四五《裴駿傳》，裴駿
出仕北魏緣於太平眞君年間的蓋吳叛亂。太平眞君六年（445年），蓋吳在關
中作亂，裴駿同鄉汾陰人薛永宗聚眾響應，來襲聞喜，裴駿早爲鄉里宗敬，
事發至此，遂率屬鄉豪，奔赴抗敵。拓跋燾親討蓋吳，引見裴駿，大加讚賞，
崔浩也深爲器重，以其爲三河領袖，官至中書博士、中書侍郎等。自裴駿始，
其房支子侄任職京師、享有聲譽美名者眾多。裴駿三子：裴修、裴務、裴宣。
裴務早喪，裴修、裴宣精於儒學，爲北魏朝廷所重，或主禮樂〔註21〕，或
官主客郎，與南朝聘使對接〔註22〕。裴修子詢，裴宣子敬憲、莊伯、獻伯，

〔註18〕見本書第三章第二節河東裴氏仕於「本貫胡主」條。
〔註19〕其父裴雙碩，史籍僅載其官守，無事蹟可聞。
〔註20〕《魏書》卷四五《裴駿傳》中，裴安祖以裴駿從弟附於裴駿傳後，而《新唐
書》卷七一上《宰相世系表一上》「裴氏條」中，裴安祖爲洗馬裴天恩之子，
因此裴駿應繫於洗馬裴。安祖爲駿之從弟，則雙碩、天恩爲同輩，據《新唐
書》卷七一上《宰相世系表一上》「裴氏條」，「洗馬裴出自粹子睴，睴生懂，
自河西歸桑梓，居解縣洗馬川，號洗馬裴」，懂「二子：天恩、天壽。」雙碩
與天恩或同父或同祖，蓋爲《新唐書‧宰相世系表》漏載。
〔註21〕《魏書》卷四五《裴駿傳附子修傳》。
〔註22〕《魏書》卷四五《裴駿傳附子宣傳》。

繼承家學，裴詢「多藝能，音律博弈，咸所開解」〔註23〕，曾監起居事，任秘書監，官至侍中；裴敬憲、裴莊伯，併入《文苑傳》〔註24〕，敬憲「工隸草，解音律，五言之作，獨擅於時。名聲甚重，後進共宗慕之」〔註25〕；莊伯「文筆與敬憲相亞」〔註26〕；莊伯弟獻伯「少以學尚風流，有名京洛」〔註27〕。

留居北土的河東裴氏家族中子嗣最為繁盛的房支為中眷裴，北魏時期中眷裴的主要人物有裴萬虎、裴雙虎、裴三虎三支。萬虎、雙虎、三虎並為裴翛之子，《魏書》卷六九《裴延儁傳》載裴翛任諮議參軍、并州別駕。《新唐書・宰相世系表》「裴氏條」：「中眷裴氏出自嗣中子翛，晉太尉宋公版諮議參軍、并州別駕，號中眷。」所謂晉太尉宋公，即為平關中滅後秦的劉裕。前文已述，後秦曾在河東置并州。劉裕平關中，以裴翛任并州別駕的并州當仍為置於河東的并州。如此，則《魏書》中裴翛的官職並非為北魏所授，裴翛既受劉裕版署，以其得號的中眷裴氏至此尚未參與北魏政權。劉裕平關中不久，其地尋入赫連勃勃，始光三年（426年）河東入魏，中眷裴萬虎、雙虎、三虎三支才真正加入北魏政權，據《新唐書・宰相世系表》「裴氏條」，裴雙虎為北魏河東郡太守、裴三虎任北魏義陽太守。中眷裴氏在正史中的記載主要集中於《魏書》和《北史》的《裴延儁傳》中，據傳文可知，中眷裴氏在北朝的活動多在孝文帝以後，裴延儁歷高祖、世宗、肅宗三朝，位至臺閣，倡行禮教，以文史知名。其子元直、敬猷，史稱「並有學尚」；〔註28〕延儁從弟夙，為孝文帝及任城王澄所重，貴顯於世；其他如延儁從祖弟良、良從兄父子慶孫、延儁從祖弟仲規、延儁從弟邃等在北魏中後期頗立軍功，為世所知〔註29〕。

正史記載中，西眷裴成員較少，主要人物為裴佗房支。《魏書》卷八八《良吏・裴佗傳》載裴佗父「景，惠州別駕」，而《北史・裴佗傳》、《新唐書・宰相世系表》「裴氏條」皆記裴佗父為景惠，任州別駕，魏晉南北朝並

〔註23〕《魏書》卷四五《裴駿傳附子宣傳》。
〔註24〕《魏書》卷四五《裴駿傳附子宣傳》，但考《魏書》有《文學傳》而無《文苑傳》，且今本《魏書・文學傳》中無「莊伯傳」。
〔註25〕《魏書》卷八五《文學・敬憲傳》。
〔註26〕《北史》卷三八《裴駿傳附莊伯傳》。
〔註27〕《北史》卷三八《裴駿傳附莊伯傳》。
〔註28〕《魏書》卷六九《裴延儁傳》。
〔註29〕《魏書》卷六九《裴延儁傳》。

無惠州，裴佗父的名諱和官職應從《北史》、《新唐書・宰相世系表》「裴氏條」。裴景惠任北魏州別駕的時間無考，但據《魏書・裴佗傳》，裴佗出仕北魏在孝文帝晚期，初「以高第除中書博士」，後「轉司徒參軍、司空記室、揚州任城王澄開府倉曹參軍」，歷孝文、孝明、孝莊三朝，卒於永安二年（539年）。則乃父任職北魏最早在獻文帝至孝文帝期間，絕不會早於太武帝佔領河東時。西眷裴在永嘉喪亂後避地河西，其家學賴以保存，故傳至北魏後期的裴佗，仍以「少治《春秋杜氏》、《毛詩》、《周易》，並舉其宗致」著名〔註30〕。世宗時，歷員外散騎常侍、河東邑中正、中散大夫、趙郡太守、平南將軍、東荊州刺史等職，為治有方，為吏民所懷。其子讓之、諏之、謀之、訥之等在北朝末年分別仕於東西魏北齊北周政權〔註31〕。

東眷裴，前文已述，苻堅滅前燕，東眷裴隨之復歸，後秦時任職本州刺史。《新唐書・宰相世系表》「裴氏條」載，東眷裴沖，後秦并州刺史。子道子，任本州別駕，從劉裕入關，事魏，南梁州刺史、義昌順伯。裴道子「從劉裕入關」，應始自河東，劉裕南下，留劉義真鎮關中，不久被赫連勃勃攻取，赫連勃勃旋又敗於北魏。所以裴道子雖從劉裕入關，但不久又歸於北魏。此後東眷裴氏參與北魏政權者即為裴道子及兄裴道護子嗣，他們加入北魏政權同樣在河東入北魏之後。

二、河東裴氏南遷房支北歸〔註32〕

北魏晚期政治舞臺上活躍的河東裴氏還有南來吳裴一支。南來吳裴房支在晉末宋初晚渡江左，家於壽陽，憑藉軍功在蕭齊前期迅速崛起。但隨著其宗族勢力在豫州地域的強大，引起朝廷的猜疑。壽陽為南北邊境之地，又為南北雙方急於爭奪的軍事重鎮，代蕭鸞即帝位的蕭寶卷天性猜疑，擁有強大武裝力量的豫州豪族先遭離散。裴叔業被蕭寶卷調離宗族聚居之地，以毗鄰建康的南兗州處之，裴叔業因不樂調遣，遂聯合豫州諸豪，舉壽陽歸魏。事未成，裴叔業卒，北歸事遂由其侄裴植完成，時為南齊永元二年、北魏宣武

〔註30〕《魏書》卷八八《裴佗傳》。

〔註31〕 裴諏之入關，仕於西魏北周，讓之等皆仕於東魏北齊。詳參後文「河東裴氏入關」一節。

〔註32〕 參見韓樹峰《南北朝時期淮漢迤北的邊境豪族》第三章第三節《豫州豪族與齊明帝篡位之關係及降魏》中「關於裴叔業降魏事件的分析」。社會科學文獻出版社，2003年。

帝景明元年（500年）。

裴叔業舉壽陽北歸，南齊丟失淮南之地，壽陽作為淮南之根本，「在敵則吾憂，在我則敵懼」〔註33〕，故北魏宣武帝對南來的裴叔業子侄頗多優遇，賜予他們將軍、刺史、侍郎等職。據前揭韓樹峰文考證，南來吳裴歸魏後，其任職地域和活動範圍大多在邊境諸州，與河東鄉里並無聯繫〔註34〕。韓文並據此及南來吳裴成員多任揚州中正一職認為，南來吳裴北歸後並未還籍河東，而仍居於豫州（北魏在裴叔業降魏後改置南齊豫州為揚州）。但筆者認為，正如周一良先生所說，北魏任裴植、裴炯、裴璨為揚州大中正，並封裴植為崇義縣開國侯、裴彥先為雍丘縣開國子，確是本其南來所貫，但北魏「凡封贈本貫州郡者，皆是尊崇之舉。大中正之官本身已屬名譽職」。〔註35〕而且從他們的歷任官職來看，除任職京師以外，地方職守中散居四處，南境諸州之任並非大部，只是死後贈官與揚州關係密切些。另外，南來吳裴任職南境諸州，一方面是因為他們熟悉當地鄉俗民風，北魏有意利用其加強對地方諸郡的統治；一方面南來吳裴本是以武勇將略擅長之房支，以他們任職邊境正是其家風所長。總之，以其成員任職與南境諸州有關，並不能證明他們仍家於豫州。

況且，如果南來吳裴果仍家於豫州，原先家居地壽陽應為鄉貫，但壽陽本疆場之地，是南北交爭的軍事重鎮，此後在南北政權中頻頻易手：景明元年裴叔業舉州降魏；二十七年後之孝昌二年，梁武帝收復壽陽，又置南豫州；後又降魏；陳宣帝太建年間盡復淮南之地，置豫州。如此，則南來吳裴作為北投元魏的南朝叛將，其房支主要成員必不可能仍一直留居此四戰之地。

而考諸史傳，南來吳裴的家居地更傾向於京師洛陽。《南齊書》卷五一《裴叔業傳》記裴叔業降魏事曰「植等皆還洛陽」。當然這裡的洛陽既可指洛陽地域也可指北魏政權，似乎不能作為南來吳裴居於洛陽的證明。但從裴植等人的行蹤多與嵩高山有關來看，他們居於洛陽比居於豫州更為可信。據《魏書》卷七一《裴叔業傳附兄子植傳》載，裴植歸魏後，除兗州刺史，兗州卸任，因嫌任職低微，隱居不出。傳文曰「兗州還也，表請解官，隱於嵩

〔註33〕 李燾《六朝通鑒博議》卷九「夏侯亶等攻壽陽，李憲以壽陽降條」。
〔註34〕 韓樹峰《南北朝時期淮漢迤北的邊境豪族》第三章第五節《豫州豪族在北魏南境諸州的活動》，社會科學文獻出版社，2003年7月。亦可參見王愛華《北魏後期南來吳裴與河東裴氏之比較》，《許昌學院學報》，2003年第4期。
〔註35〕 周一良《魏晉南北朝史札記》「北朝之中正」，中華書局，1985年，第574頁。

山」〔註36〕；後因長子昕南叛被出爲瀛州刺史時，其母自施三寶，被諸子贖出後又出家爲比丘尼，亦入「嵩高」數年才還家。傳文稱「植母既老，身又長嫡，其臨州也，妻子隨去，分違數歲。論者譏焉。」則裴植赴瀛州刺史任，攜妻子隨去，而母親諸弟留居於家。傳文又曰「植雖自州送祿俸母及贍諸弟，而各別資財，同居異爨，一門數灶，蓋亦染江南之俗也。」疑植母及諸弟所留之家應在離嵩高山不遠的洛陽，裴植「自州送祿」即是相對京師而言。北土風俗，數世同居，且並共資財，裴植居家洛陽而「同居異爨，一門數灶」，所以引人側目且謂其「染江南之俗」。裴植家門染江南之俗，與其原先南渡居家壽陽有關，如若北歸後仍居家豫州，所謂「各別資財，同居異爨，一門數灶」本是常態，時人不以爲異，史官也不必有此論也。

另據《魏書‧裴叔業傳附子粲傳》，裴粲因事免官後，宣武帝「聞粲善自標置，欲觀其風度，忽令傳詔就家急召之，須臾之間，使者相屬，闔家惬懼，不測所以」。爲表達宣武帝「欲觀其風度」之急切，「須臾之間，使者相屬」的用語容有溢飾，但如果裴植家門仍居豫州，裴粲免官居家，宣武帝使者須臾之間相屬就其門，未免過於誇張。而如果以其居家洛陽，史文之描述便合乎情理了。

當然，本文雖然認爲裴植率豫州豪族降魏後，其家族本支因功任職京師家於洛陽，但也不排除南來吳裴房支中較爲疏遠的家族成員仍居於豫州本貫，所以至唐武則天時期，仍有名裴懷古者，爲壽州壽春人〔註37〕。

再者，韓樹峰文以南來吳裴在汾河流域幾乎沒有活動痕跡而認爲「北朝時，『南來吳裴』肯定沒有返回汾河地區」〔註38〕的說法可能過於肯定。汾河流域並非全無南來吳裴的活動蹤跡，裴植子裴粲即曾「歷正平、恆農二郡太守」〔註39〕。《天下郡國利病書‧河汾燕聞錄》又載盛唐時的南來吳裴後人裴守貞、裴耀卿墓在稷山，裴僑卿家在稷山，墓在聞喜。毛漢光據此認爲裴叔業家族降魏後居住在汾河下游兩岸稷山一帶雖然不完全準確〔註40〕，但也不

〔註36〕同傳載：裴植子裴衍景明二年歸國，亦「欲辭朝命，請隱嵩高」。
〔註37〕《舊唐書》卷一八五（下）《良吏‧裴懷古傳》。
〔註38〕前揭韓樹峰《南北朝時期淮漢迤北的邊境豪族》，社會科學文獻出版社，2003年，第113頁。
〔註39〕《魏書》卷七一《裴叔業傳附粲傳》。
〔註40〕毛漢光《晉隋之際河東地區與河東大族》，《中國中古政治史論》，上海書店出版社，2002年。

排除北朝時期也有南來吳裴後人居於汾河流域的可能。

　　要之，南來吳裴北歸之後，其房支主要成員居家京師洛陽，而作為疏支遠宗的裴氏成員仍有居於壽陽者。而且隨著壽陽政治軍事局面的轉變，留居壽陽的南來吳裴後人也可能適時北上，與河東本望宗族合流。

第三節　河東柳氏入仕北魏

　　河東柳氏南遷者活躍於江左政治舞臺，成為河東柳氏在中古時期最耀眼的家族房支。而在南遷江左的柳氏房支為提高家族地位社會聲望苦心追求的同時，北方北魏政權下也活躍著河東柳氏的身影。考察這些家族的歷史淵源，竟然大多為南遷房支之後人（見下表）。所以河東柳氏入仕北魏的過程即與他們北歸歷程同步。

人　物	官　　職	爵位	房　　支		出　　處
柳光世	折衝將軍、河北太守	西陵男	元景從祖弟	東眷柳氏北歸者	《宋書》77《柳元景傳》
柳崇	司空司馬、衛尉少卿，邑中正、河北太守		柳軌後		《魏書》45《柳崇傳》
柳慶和	輕車將軍、給事中、本郡邑中正		柳崇子		同上
柳德逸	齊王丞相府主簿		柳慶和子		同上
柳楷	寧遠將軍、通直散騎侍郎、本郡邑中正		柳慶和弟		同上
柳文明	冀州刺史		柳元章父		《唐代墓誌彙編》
柳元章	正平太守	猗氏伯	柳崇從父弟		《魏書》45《柳崇傳》
柳敬起	寧遠將軍、尚書儀曹郎中、龍驤將軍、平陽太守		柳平孫		《魏書》45《柳崇傳》
柳仲起	咸陽王禧西曹書佐		柳敬起弟		同上
柳永	征虜將軍、太中大夫、本郡邑中正		柳敬起子		同上
柳暢	安東將軍、光祿大夫		柳敬起子		同上
柳範	前將軍、給事中、本州大中正		柳敬起子		同上
柳粹	東魏遼西太守		柳敬起子		同上

柳儁起	太尉默曹參軍、伏波將軍、司徒倉曹參軍		柳崇族子	同上
柳達摩	東魏陽城太守		柳儁起子	同上
柳援	車騎將軍、右光祿大夫		儁起後父弟	同上
柳子粲	東魏青州驃騎府中兵參軍		柳援子	同上
柳仲景	汝南王悅常侍		柳援從父弟	同上
柳僧習	北地穎川二郡守、揚州大中正		西眷柳氏北歸者	《周書》22《柳慶傳》
柳慶	中堅將軍			同上
柳鷟	臨淮王記室參軍事			同上
柳帶韋	洛州主簿			同上
柳虬	揚州中從事、鎮遠將軍			同上
柳檜	不詳			同上
柳懿	車騎將軍、儀同三司、汾州刺史			《周書》32《柳敏傳》
柳敏	河東郡丞			同上
柳玄達	輔國將軍、司徒諮議參軍	南頓縣開國子		《魏書》71《裴叔業傳附柳玄達傳》

一、西眷柳氏北歸

　　河東柳氏分東西二眷。如前所述，西眷柳氏在江左頗爲沈寂，而且他們在江左的歷史於齊末結束，齊永元二年（500 年）柳僧習據州隨裴叔業北歸爲其閉幕式〔註 41〕。這是正史記載中北歸最早的柳氏房支。於此時北歸的柳氏還有柳玄達，《魏書》卷七一《裴叔業傳附柳玄達傳》：「與叔業姻婭周旋，叔業之鎮壽春，委以管記。及叔業之被猜疑，將謀獻款，玄達贊成其計，前後表啓皆玄達之詞。」裴叔業以壽春降魏，是豫州集團的一次集體行動。西眷柳氏居汝、潁之間，柳玄達爲裴叔業管記，且結爲姻親，疑其亦屬西眷柳氏。

　　西眷柳氏還有柳懿、柳敏、柳昂子孫。《元和姓纂（附四校記）》卷七「柳氏條」和《新唐書》卷七三上《宰相世系表三上》「柳氏條」皆繫其於西眷之

〔註41〕　《周書》卷二二《柳慶傳》：「父僧習，齊奉朝請。魏景明中，與豫州刺史裴叔業據州歸魏。」

後〔註42〕。但《周書》卷三二《柳敏傳》載柳敏爲柳純之七世孫，柳純爲東眷柳卓之父，與《元和姓纂》、《新唐書·宰相世系表》記載不合。又柳懿與隨裴叔業歸北的柳僧習同輩，而《周書·柳敏傳》僅載柳敏父柳懿在北魏任官，不及其他父祖。因此筆者認爲柳懿之房雖是東眷柳純之後，但有可能其父祖輩曾出繼西眷，因此才有將其繫於西眷的記載。也因爲他們與西眷柳氏的關係，有可能同西眷其他房支一樣，隨裴叔業北歸，所以柳懿房支遲至柳懿才有居官北魏的記載。

二、東眷柳氏北歸

　　與西眷柳氏相比，東眷柳氏的北歸時間不一，性質不同。東眷柳氏在南朝政治舞臺上活躍了很久，直至梁末侯景之亂，居於襄陽的柳仲禮兄弟仍然爲勤王之師的主要領軍人物。東眷柳氏的先祖柳卓，共有四子：輔、恬、傑、奮。帶領柳氏家族進入南朝高門士族行列的是柳恬之後，也是柳氏在南朝政權最爲活躍的一房。柳恬之後如柳元景、柳世隆、柳慶遠者，一直功高位重，雖然在襄陽具有強大的宗族力量，但其家族中央化，並且「家於金陵」，既享受朝廷和當朝大族的極大禮遇，又對江左政權有很大的依賴性。既重襄陽又享高位，柳氏該房非在不得已情況下是不會叛離南朝政權北上歸魏的。因此在河東柳氏北歸的歷史過程中，我們看到柳恬房支的北歸多在梁末以後以戰俘身份「復家本土」的〔註43〕。

　　除柳恬房支以外，柳輔、柳傑之後都有北上歸魏者。《元和姓纂（附四校記）》卷七「柳氏條」：「東眷，卓過江，生輔、恬、傑、奮。輔生平，歸北。」柳卓至柳平僅歷三代，按柳卓四代孫柳元景生於東晉義熙元年即北魏道武帝天賜二年（405年）〔註44〕，柳平長元景一輩，疑柳平歸北可能早在東晉時期，因爲其河東本貫有「先留鄉里」的族人，柳平北歸後復家於河東也不無可能。柳平孫敬起、仲起，在北魏分別居官寧遠將軍、尚書儀曹郎中、龍驤將軍、平陽太守和咸陽王禧西曹書佐。柳敬起五子，多居本州大中正等

〔註42〕且《元和姓纂（附四校記）》卷七「柳氏條」岑仲勉注引《柳均志》：「公繫於西眷，至後魏車騎將軍汾州刺史懿。汾州生敏，周開府儀同三司、太子太傅，太傅則公之六代祖。太傅生務，隋唐州刺史。」
〔註43〕詳文見「河東柳氏入關」一節。
〔註44〕《宋書》卷七七《柳元景傳》「永光元年（465年）卒，六十歲。」

職。〔註45〕從柳敬起及子嗣的職權範圍來看，柳平後人應一直居於鄉里河東。

　　其次爲柳傑之後。《元和姓纂（附四校記）》卷七「柳氏條」：「傑孫雙虯、文明。虯生崇。文明生元章、仲仁、季和。元章生景賓、景鴻。景賓元孫季誠，金部郎中、揚州刺史。景鴻生儉，《隋書》有傳。仲仁曾孫崇貞，太原令；季貞生賁，長安丞。季和生贊，冀州刺史；七代孫貞，江州刺史。」《魏書》卷四五《柳崇傳》也載柳崇爲柳軌之後，且柳元章爲柳崇從父弟。《隋書》卷七三《循吏‧柳儉傳》又曰：「柳儉字道約，河東解人也。祖元璋，魏司州大中正、相華二州刺史。父裕，周聞喜令。」《隋書》不合《元和姓纂》處，羅振玉、岑仲勉均已出校，謂元章即元璋，而「裕許是名而景鴻是字也」。〔註46〕又《魏書》稱柳元章爲柳崇從父弟，則柳崇、柳元章同祖異父，柳雙虯、柳文明應爲同父。

　　柳崇、柳元章既同爲東眷柳卓子柳傑之後，而均任職北魏。且據《唐代墓誌彙編續集》所收《久視 00 七周故壯武將軍豳州良社府統軍廣周番禺府折衝上柱國柳府君墓誌銘並序》：「君諱行滿，字無溢，河東解人也。……五代組（祖）文明，魏冀州刺史，諡曰簡。高祖元章，魏安西府長史、司徒從事中郎、相州長史。曾祖景賓，魏西曹從事、給事中、輔國將軍。祖乾緒，魏徵奉朝請給事中，不應，卒，□贈吏部郎。……父玶，周中□□□□參軍、瀛州文安縣令、隋鴻臚太常丞、慶州司馬、雍州廣陽萬年令；……」柳元章父文明時已在北魏任職。

　　其先祖既已南徙襄陽，而他們在北魏任職，且柳崇曾在孝文帝時曾主持「檢斷」其鄉里河東與河北二郡爭境之事，則柳崇在鄉里應具有一定威信。如此，筆者推測其先祖自襄陽北歸後，亦回歸故土。只是其房支北歸時間，史無明載。

〔註45〕《魏書》卷四五《柳崇傳》。
〔註46〕見《元和姓纂（附四校記）》卷七「柳氏條」：「元章生景賓、景鴻。景賓元孫季誠，金部郎中、揚州刺史。景鴻生儉，《隋書》有傳」文後岑校：羅校云：「案《隋書柳儉傳》，祖元璋，父裕，與此不合。又『季成』，《唐表》作『秀誠』。」按元章當即元璋，《隋書》所不同者父裕耳。隋、唐人往往名字互行，則裕許是名而景鴻是字也。

第四節　河東薛氏入仕北魏

　　北魏是河東薛氏家族崛起的重要發展時期，儘管出自蜀族部落豪強，但由於他們武勇善戰，且在河東地區建立了強大的宗族勢力，是北魏統治者利用的重要軍事力量。河東薛氏北方房支參與北魏政權較早，多次爲北魏平定叛亂、抵禦外侵建立功勞；南遷房支的北歸給北魏帶來巨大的領土面積，使南北對峙局勢更有利於北方。這些功績使得他們在北魏朝廷蟬聯顯職，到孝文帝定姓族時，儼然與河東裴、柳等舊族衣冠並列，入於郡姓行列，奠定了薛氏家族的士族地位。

一、河東薛氏留北房支入魏

　　較之河東裴、柳和關中的韋、杜、楊等北方士族，河東薛氏參與北魏政權較早。薛辯繼父親薛強統領三薛後，先仕於姚秦關中政權，劉裕平姚泓，薛辯率領部眾集體降劉裕。不久赫連勃勃來攻，劉裕失長安，三薛部眾開始出現分散。薛弘敞率宗人南下襄陽〔註47〕，薛辯子薛謹也隨劉裕南下〔註48〕，但三薛宗族主體大都在薛辯統領下降歸北魏，而先前南下的薛謹得知父親降魏，也北上來歸。此時北魏正值明元帝拓跋嗣統治，北魏立國平城不久，尚無力西向，河東及長安等地胡族混雜，劉裕、劉義眞南歸後，此地復被赫連氏攻佔。薛氏歸降，拓跋嗣大悅，遂將「西蕃」之任委於薛辯，曰：「朕委卿西蕃，志在關右，卿宜克終良算，與朕爲長安主人。」〔註49〕因此從薛辯開始，薛氏宗族大部遂在河東爲北魏效力。

　　薛辯入魏是河東薛氏加入北魏政權的一次集體行動，但因爲薛辯在統領三營之初，已經漸失民心，部眾開始分散，因此在薛辯舉營降魏後，薛氏宗族中仍有個別房支脫離營部、起兵叛魏的現象發生。北魏太武帝太平眞君五年（444年），薛氏「南祖房」薛安都連應沮渠秉叛魏；次年又有薛永宗據汾曲響應北地人蓋吳之叛發生。兩次叛亂的結果，前者兵敗南奔劉宋，後者永宗房支成員盡填汾水。這兩次叛亂既是薛氏聯盟解體各房支開始獨立的明證，又反映了這些分散獨立的房支仍然實力強大，足以對北魏地方統治構成威脅。正因如此，北魏統治者在平定薛永宗叛亂時採用了「以薛治薛」的政

〔註47〕　《周書》卷三八《薛澄傳》。
〔註48〕　《魏書》卷四二《薛辯傳》。
〔註49〕　《北史》卷三六《薛辯傳》。

策，起用薛辯之孫薛洪祚，利用薛洪祚房支勢力成功截斷薛永宗與蓋吳的連應，對成功平定薛永宗叛亂起了關鍵作用。

據《新唐書》卷七三下《宰相世系表三下》「薛氏條」，薛氏遷居河東之初，就有「南祖」「北祖」「西祖」三房之分，因此世號「三薛」。但據《魏書·薛辯傳》載，到西祖薛強時，因爲北祖、南祖領袖子孫微劣，三薛遂由薛強全權統領。薛辯繼承父親薛強的事業，在舉營降魏時，儘管已出現部眾分散的情況，但總體而言，三薛之中，南祖、北祖仍在西祖房薛辯率領下集體入魏。但是，正如前文所言，薛氏部落體制在逐漸向封建化發展，三薛聯盟在薛辯統治時期已經很不穩固，開始出現房支獨立的情況。薛安都屬南祖房支，他在太平眞君五年南奔劉宋時，有不少南祖房的子侄宗人跟隨，如此，則以薛安都南奔爲標誌，薛氏南祖房主要成員遂正式從西祖房的領導中獨立出來。此後的南北朝舞臺上，河東薛氏就主要以南祖、西祖兩大房支活躍在政治舞臺上。

薛安都南奔後，北魏政權下活躍的薛氏成員主要爲「西祖」薛辯一房，從薛辯接受北魏明元帝官爵開始，這支薛氏逐漸獲得顯赫的政治社會地位。〔註50〕唐長孺先生因此認爲河東薛氏在孝文帝定姓族時能入郡姓，是由於薛辯一系子孫在北魏官爵顯赫的緣故。〔註51〕北魏中期，西祖薛氏與帝室聯姻，曾被北魏朝廷利用藉以平息薛永宗叛亂的薛洪祚尙魏文成帝女西河公主，成爲帝室貴婿，爲薛氏家族後世津津樂道。也正因爲這次聯姻關係，西祖薛洪祚及弟洪隆兩支遷居被賜封田華州華山郡之夏陽縣。〔註52〕這是河東

〔註50〕詳參劉淑芬《北魏時期的河東薛氏》，刊於黃寬重、劉增貴《家族與社會》，中國大百科全書出版社，2005 年。

〔註51〕唐長孺《論北魏孝文帝的定姓族》，收於《魏晉南北朝史論拾遺》，中華書局，1963 年。

〔註52〕關於新貫地所在，史傳中有幾處不同的記載：《魏書》卷四二《薛辯傳》：「驎駒（洪隆子）弟鳳子。自徙都洛邑，鳳子兄弟移屬華州河西郡焉。」《周書》卷三五《薛端傳》：「以隆兄洪祚尙魏文（成）帝女西河公主，有賜田在馮翊，洪隆子麟駒徙居之，遂家於馮翊之夏陽焉。」《北史》卷三六《薛辯附洪隆傳》與《周書》略同。據《魏書》卷一百六下《地形志》「華州條」，華州爲北魏孝武帝太和十一年分秦州之華山、澄城、白水置，領有華山郡、澄城郡、白水郡。華山郡下有夏陽縣。又據《通典》卷一百七十三《州郡三》「古雍州京兆府馮翊郡同州縣條」：「始皇平天下，爲內史地。項羽分爲塞國。漢高帝初置河上郡，後復爲內史。景帝時爲左內史。武帝改爲左馮翊。後漢因之。魏除左字，但爲馮翊郡。晉因之。後魏亦然，兼置華州。」故後魏之華州置於

薛氏在北魏境域內部所作的寓所遷移，聯繫到北魏末年分裂東西的政治局面，河東薛氏西祖房的這次遷居新貫無疑爲其向關中政權靠攏提前邁了一步。

除西祖房薛辯子孫以外，先前南下的南祖房成員的北歸對薛氏家族發展也有重要貢獻。

二、河東薛氏南遷房支北歸

河東薛氏南遷房支在南境的活動情況已見前章所論，所謂南遷房支的北歸主要指指薛安都舉彭城內附北魏一事。

南朝宋明帝太始二年，朝廷平定四方反叛，徐州刺史薛安都據彭城請降劉彧，言辭懇切，降書末尾曰「今天命大歸，群迷改屬，輒率領所部，束骸待誅，違拒之罪，伏聽湯鑊。」〔註53〕但劉彧「雖相酬許，辭旨簡略」〔註54〕，仍懷疑薛安都「誠心不款」〔註55〕，遂遣鎮軍張永、沈攸之等率重軍迎之。劉彧遣重兵迎降，實際意在征討，正如他在遣軍之初對蕭道成所言：「吾今因此北討，卿意以爲何如？」〔註56〕而且史文中有幾處記載明言劉彧遣軍征安都，《宋書·沈攸之傳》：「攸之前將軍，置佐吏，假節，與鎮軍將軍張永以重兵征安都」；《南齊書》卷二七《李安民傳》：「從張永、沈攸之討薛安都於彭城」；《南齊書》卷二七《王玄載傳》「明帝加賞，使隨張永討薛安都」等等。安都見劉彧大軍來迎，懼不免罪，遂在京兆韋道福〔註57〕、滎陽鄭演〔註58〕

舊馮翊郡地。《魏書》所載「華州河西郡」，考《魏書》卷一百六上《地形志》「晉州條」，東魏天平四年（537年）曾置河西郡，領夏陽縣，屬晉州。蓋薛氏所賜封田在夏陽縣，而所謂河西、馮翊、華州之稱蓋因年代久遠，北魏及此後東西兩政權政區設置多有變化，故易混淆。北齊魏收作《魏書》，《薛辯傳》中所記地名「華州」爲北魏時之舊稱，而「河西郡」又采其當世新名。而《周書》「馮翊」又取北魏「華州」所置之地。此前後牴牾，實際所指爲同一地，王仲犖《北周地理志》（中華書局，1980年）「關中同州條」考北魏時原屬華州華山郡之夏陽縣北周時屬同州，夏陽今地爲今陝西韓城縣南二十里芝川鎮稍北。

〔註53〕 《宋書》卷八八《薛安都傳》。
〔註54〕 《宋書》卷七四《沈攸之傳》。
〔註55〕 《宋書》卷五三《張茂度傳附張永傳》。
〔註56〕 《南齊書》卷一《高帝紀》。
〔註57〕 《魏書》卷四五《韋閬傳附從叔道福傳》。
〔註58〕 《魏書》卷五五《劉芳傳附鄭演傳》。

等參贊下要引北魏入援。

　　薛安都欲舉彭城降魏，遣其第四子道次爲質，並與北魏重臣李敷等互通信息，故北魏獻文帝召群臣議安都事時，李敷極力相贊。《魏書》卷三六《李順傳附子敷傳》載：「及劉彧徐州刺史薛安都、司州刺史常珍奇以彭城、懸瓠降附，於時朝議，謂彼誠僞未可信保。敷乃固執必然，曰：『劉氏喪亂，釁起蕭牆，骨肉內離，藩屏外叛．今以皇朝之靈，兵馬之力，兼併之會，宜在於今。況安都、珍奇識機歸命，奉誠萬里，小民元元，企仰皇化。今之事機，安可復失？』於是眾議乃同，遣師接援。淮海寧輯，敷有力焉。」天安元年（466 年）九月，北魏獻文帝詔鎮南大將軍、博陵公尉元，鎮東將軍、陽城公孔伯恭等率眾迎之。

　　尉元等南下彭城，薛安都「率文武出迎，元不加禮接」〔註59〕，安都遂有悔意，「謀圖元等，欲還以城叛。會元知之，遂不果發」〔註60〕。尉元遣李璨與「中書郎高閭入彭城說安都，安都即與俱載赴軍」〔註61〕，尉元始得入城。之後尉元、孔伯恭等大破劉宋張永、沈攸之軍，時逢大雪寒，張永軍凍死者萬計，於是尉元等遂定淮北。兗州刺史畢眾敬等亦詣尉元軍歸款，尉元並收之。獻文帝在尉元、孔伯恭之後復遣慕容白曜後繼，白曜攻下沈文秀、崔道固之青、齊二州，「崔道固及兗州刺史梁鄒守將劉休賓並面縛而降。白曜皆釋而禮之。送道固、休賓及其僚屬于京師。後乃徙二城民望於下館，朝廷置平齊郡，懷寧、歸安二縣以居之。自餘悉爲奴婢，分賜百官」〔註62〕。至此，以薛安都要引北魏重軍南下爲索引，原先相繼附安都反叛劉宋的淮西諸郡及青、齊二州相繼歸魏所有，故《魏書》卷八八傳末「史臣曰」謂薛安都「實啓東南」。

　　正因爲薛安都「送款彭方，開關徐宋」〔註63〕之功，北魏統治者對安都及其子侄群從甚至門生部曲等並加禮遇。安都於皇興二年（468 年）朝於京師，大見禮重，獻文帝授薛安都散騎常侍，都督徐、南北兗、青、冀五州諸軍事，鎮南大將軍、徐州刺史，賜爵河東公。從安都北歸的宗人同樣都被授予高官厚爵：安都兄子碩明「賜爵蒲坂侯、清河太守、太中大夫」，薛眞度

〔註59〕《魏書》卷四九《李靈傳附從子璨傳》。
〔註60〕《魏書》卷六一《薛安都傳》。
〔註61〕《魏書》卷四九《李靈傳附從子璨傳》。
〔註62〕《魏書》卷五十《慕容白曜傳》。
〔註63〕《魏書》卷六一《薛安都傳附眞度傳》

「從安都來降，爲上客」，安都「子姪群從並處上客，皆封侯，至於門生無不收敘焉。又爲起第宅，館宇崇麗，資給甚厚」。〔註64〕「客」是北魏招懷初附人士所授的一種官爵，上客、第一客爲「客」中最高的勳爵等級，而且可以由子孫繼承。〔註65〕徐兗青齊等地收歸北魏後，先後降魏的薛安都、畢眾敬、沈文秀、崔道固、房法壽、房崇吉等劉宋重臣中，薛安都、畢眾敬所受禮遇最高，畢眾敬與薛安都同時入朝，「因留之，賜甲第一區」〔註66〕，眾敬弟眾愛「隨兄入國，以勳爲第一客」〔註67〕，而房法壽、房崇吉、崔道固、沈文秀等皆不及薛安都、畢眾敬。《魏書》卷四三《房法壽傳》載，法壽等降魏後，「法壽、崇吉等與崔道固、劉休賓俱至京師。以法壽爲上客，崇吉爲次客，崔劉爲下客。法壽供給，亞於安都等。」次客、下客低於上客、第一客自不待言，而法壽雖爲上客，但供給仍亞於安都，可見薛安都及其子姪北歸後所受禮遇之隆厚。

薛安都降魏，爲其房支在北魏政壇佔有相當分量奠定基礎。安都入朝京師後一年即去世，其子孫在魏世代封爵授官，他的長子薛道標襲其爵位，先後出任平州、相州和秦州刺史〔註68〕。道標子薛達「以安都著勳先朝」，被封「河東郡開國侯，食邑八百戶」。〔註69〕甚至北魏朝廷爲嘉美薛安都開啓淮海之功，在安都從祖弟薛眞度兵敗赭陽後，不僅不奪其勳，且言「眞度之罪，誠如所奏。但頃與安都送款彭方，開闢徐宋；外捍沈攸、道成之師，內寧邊境烏合之眾；淮海來服，功頗在茲。言念厥績，每用嘉美，赭陽百敗，何足計也。」〔註70〕對薛氏之禮重可見一斑。除此之外，有學者還認爲，薛安都來歸，連帶地使薛氏留北房支西祖系更受重用，而且薛安都房支所享高官顯爵也是薛氏能入郡姓的重要原因。〔註71〕

薛安都北歸後，據前所引史料，獻文帝曾在京師爲其起第宅，大概安都

〔註64〕《魏書》卷六一《薛安都傳》。

〔註65〕詳參安介生《北魏時期的「上客」「第一客」與招懷政策》，《中國邊疆史地研究》，2007年第1期。

〔註66〕《魏書》卷六一《畢眾敬傳》。

〔註67〕《魏書》卷六一《畢眾敬傳》。

〔註68〕「秦州刺史」應爲「泰州刺史」之訛，詳參《魏書》卷六一「校勘記【二】」

〔註69〕《魏書》卷六一《薛安都傳》。

〔註70〕《魏書》卷六一《薛安都傳附眞度傳》。

〔註71〕劉淑芬《北魏時期的河東薛氏》，刊於黃寬重、劉增貴《家族與社會》，中國大百科全書出版社，2005年。

房支族人遂以平城為宅居地。但從另外一些史料還可看出，安都房支等人不僅官任常在河東一帶〔註72〕，而且在鄉里河東亦有家宅。《周書》卷三八《薛憕傳》載，薛憕在孝昌年間先自南入洛陽，後來因為與薛真度之子懷儁親善，「屬尒朱榮廢立，遂還河東，止懷儁家」。據《齊故使持節都督北徐州諸軍事北徐州刺史薛公（懷儁）墓誌銘》銘文〔註73〕，薛真度為薛弘敞之子，又弘敞之父名俟，因為《魏書·薛安都傳》謂薛真度為薛安都從祖弟，而《新唐書·宰相世系表》「薛氏條」中，安都祖堂兄弟六人中有名「煥」者，真度既為安都從祖弟，則弘敞之父「俟」極有可能就是薛堂之弟「煥」。果如此，則弘敞、真度、憕等與安都同係南祖房。真度北歸後既在河東有家宅，則同為南祖房的薛安都房支成員亦與河東鄉里保持者密切聯繫，故安都祖孫多人皆曾任職治河東的泰州刺史。

第五節　弘農楊氏地位的提升

弘農楊氏自兩漢時期形成聲威顯赫的世家大族，到兩晉時期逐漸衰落。永嘉亂後，弘農楊氏族人除前文所述楊準子楊朗、楊髦、楊林以及楊氏族人楊穎、楊桓等以外，其他成員蹤跡不明；就是在這幾個史文有載的房支中，楊林子楊亮在東晉中期南遷江左後，伴隨著楊佺期兄弟先後被殺，其房支在江左也聲跡全無；留在北方的曾出仕苻秦、呂涼、姚秦的楊穎、楊桓等楊氏族人其後世發展如何亦難以詳查。總之，在東晉末年江左楊氏覆滅以後，雖然弘農楊氏仍是大姓，但南北境內都難以看到弘農楊氏的活動蹤影。

在北魏中後期的政治舞臺上，出現了一個異常活躍的楊氏家族，其房支貴滿朝廷，政治權勢和社會地位遠超魏晉以來楊氏各房，楊播兄弟為其代表；緊接著在西魏北周時期，又出現了另一支楊氏家族，該支楊氏在北周末年奪取宇文氏皇權、登臨朝廷大寶，即為隋朝皇室楊氏。這兩個楊姓家族都自稱出自弘農，是東漢楊震之後，《新唐書》卷七一下《宰相世系表一下》「楊氏條」分別繫兩支於楊震子楊奉、楊牧門下。而關於這兩支弘農楊氏的世系傳承和郡望所繫，近代多有學者提出疑義，唐長孺《〈魏書·楊播傳〉「自云弘

〔註72〕據《魏書》卷六一《薛安都傳》記載，安都及其子孫共有五人生前曾任、或死後追贈泰州刺史，泰州治所即在河東蒲坂。當時以官本州刺史為榮，故安都祖孫多居此官。

〔註73〕羅新、葉煒《新出魏晉南北朝墓誌疏證》，中華書局，2005年。

農華陰人」辨》〔註 74〕對前一支楊姓的郡望提出疑問；袁剛《楊隋出自山東寒庶》〔註 75〕、王永興《楊隋氏族問題述要——學習陳寅恪先生史學的一些體會》〔註 76〕又在陳寅恪先生的基礎上對楊隋出身作了詳辨〔註 77〕。

就楊播一門而言，其郡望可疑之處在於《魏書‧楊播傳》所載「楊播，字延慶，自云恆農華陰人也」中之「自云」所致。假冒姓氏郡望在中古門第社會後期是經常出現的現象，史官作史以「自云」標其地望出身，意指該地望僅為傳主自封，而世人頗為懷疑。唐人李延壽作《北史‧楊播傳》時去除「自云」二字，並在《北史‧魏收傳》中論《魏書》曰：「其後群臣多言魏史不實，武成復敕更審。收又回換，遂為盧同立傳，崔綽反更附出。楊愔家傳本云『有魏已來，一門而已』，至是改此八字。又先云『弘農華陰人』，乃改『自云弘農』，以配王慧龍『自云太原人』，此其失也。」李延壽以魏收改楊播郡望「弘農華陰」曰「自云弘農」為失，遂在作《北史》時，去掉「自云」，直言楊播出自弘農。但正如唐長孺先生所論，楊播兄弟合族定居於華陰是真，但郡望出自華陰可疑，並認為他們可能出自馬渚諸楊。因為世系久遠難辨，且為抬高自身門望，楊播等遂假託弘農楊震之後，溯其家族傳承至楊震子楊奉八世孫、慕容氏中山相楊結之後。〔註 78〕楊播可能確有高祖為慕容氏中山相楊結，〔註 79〕但楊播高祖楊結不一定為楊奉八世孫；或者楊奉確有為官慕容氏中山相的八世孫楊結，但楊播不一定出自其後。楊播一門在與弘農楊氏祖先攀親之後，又合族以弘農華陰為貫，宅居地與墳塋都在華陰。〔註 80〕久而久之，這支假冒牌成為真正宗。

而特殊的皇室楊氏，本出山東寒庶，為自高門第，亦以弘農為地望，冒

〔註 74〕 唐長孺《〈魏書‧楊播傳〉「自云弘農華陰人」辨》，武漢大學歷史系、魏晉南北朝隋唐史研究室編《魏晉南北朝隋唐史資料》第五輯。

〔註 75〕 袁剛《楊隋出自山東寒庶》，《文史哲》，1999 年第 6 期。

〔註 76〕 王永興《陳寅恪先生史學述略稿》，北京大學出版社，1998 年。

〔註 77〕 陳寅恪先生的觀點參見萬繩楠整理《陳寅恪魏晉南北朝史講演錄》（黃山書社 1987 年，第 289 頁）及陳寅恪《唐代政治史述論稿》（三聯書店 2001 年，第 200 頁）。

〔註 78〕 《新唐書》卷七一下《宰相世系表一下》「楊氏條」。

〔註 79〕 如《魏書》卷五八《楊播傳》所載楊播先祖世次官任：高祖結，仕慕容氏，卒於中山相。曾祖珍，太祖時歸國，卒於上谷太守。祖真，河內、清河二郡太守。父懿，延興末為廣平太守，有稱績。

〔註 80〕 唐長孺《〈魏書‧楊播傳〉「自云弘農華陰人」辨》，武漢大學歷史系、魏晉南北朝隋唐史研究室編《魏晉南北朝隋唐史資料》第五輯。

認弘農楊震子楊牧爲祖，﹝註81﹞這與唐朝皇室李氏冒認隴西李氏同出一轍，陳寅恪、王永興、袁剛等文已有詳辨，今不贅言。

值得說明的是，這兩支可疑的弘農楊氏房支借助弘農楊氏的聲名在北朝實現了抬高自己家族門望的目的，而當他們被世人列入高門大姓以後，他們所享有的尊崇地位又對弘農楊氏這一郡望郡姓的發揚光大起了非常重要的作用。出自馬渚諸楊的楊播一門，在北魏一朝貴滿朝廷。楊播曾祖楊珍在北魏太武帝時入國，史稱自「入魏之始，即爲上客，給田宅，賜奴婢、馬牛羊，遂成富室」。﹝註82﹞楊珍孫楊懿死後被孝文帝加贈「弘農公」，表明其時該家族已以弘農爲貫。楊懿子楊播、楊椿、楊津、楊順兄弟在孝文帝時代更受寵任，楊播、楊椿兄弟並侍禁闈，楊津 11 歲就任馮太后的侍御中散。他們的子弟在北魏也官爵不減，楊椿曾誡子孫曰：「自爾（筆者按：入魏之始）至今二十年，二千石、方伯不絕，……汝家仕皇魏以來，高祖以下乃有七郡太守、三十二州刺史，內外顯職，時流少比。」﹝註83﹞魏收論楊播兄弟時也言：「楊播兄弟，俱以忠毅謙謹，荷內外之任，公卿牧守，榮赫累朝，所謂門生故吏遍於天下。」﹝註84﹞楊播兄弟貴顯朝廷之時正是孝文帝定姓族、北魏門閥制度確立之時，從北魏朝廷對楊播一門的寵遇來看，其家族入列郡姓當無疑問。楊播兄弟身後，子侄有名當世者亦多，《魏書》卷五八《楊播傳附弟津子遁傳》載：「其家貴顯，諸子弱冠，咸麇王爵」。楊播子楊侃、楊椿子楊昱、楊津子楊遁等在北魏末年平側護駕中皆有功績。楊播族弟楊鈞及其子楊暄、楊穆、楊儉、楊寬等亦居高職。北魏末年四方兵起，戰亂不休，楊氏兄弟子侄在創立功業的同時也遭到重創，一是河陰之變時，楊津弟楊暐難免其禍；二是莊帝殺尒朱榮時，楊侃參贊其事，尒朱天光、尒朱仲遠等爲尒朱榮報仇，京師、華陰東西兩處楊氏幾乎闔門被誅。在華陰的楊椿、楊侃、楊昱等被尒朱天光所害，在京師洛陽的楊順、楊仲宣（順子）、楊玄就（仲宣弟）、楊測（玄就弟）、楊津、楊遁（津子）等被尒朱仲遠殺害。另有居官在外的，尒朱氏亦不放過，如楊遁弟楊逸時任光州刺史，尒朱仲遠「遣使於州害之」﹝註85﹞，楊逸弟楊謐在晉陽被尒朱兆殺害﹝註86﹞。唯有楊津子楊愔逃出，投

﹝註81﹞《新唐書》卷七一下《宰相世系表一下》「楊氏條」。
﹝註82﹞《魏書》卷五八《楊播傳附弟椿傳》。
﹝註83﹞《魏書》卷五八《楊播傳附弟椿傳》。
﹝註84﹞《魏書》卷五八《楊播傳》「史臣曰」。
﹝註85﹞《魏書》卷五八《楊播傳附弟津子逸傳》。
﹝註86﹞《魏書》卷五八《楊播傳附弟津子謐傳》。

奔高昂兄弟才幸免於難。孝武帝永熙年間，楊椿等才被平反，闔家歸葬華陰，「一門之內，贈太師、太傅、丞相、大將軍者二人，太尉、錄尚書及中書令者三人，僕射、尚書者五人，刺史、太守者二十餘人。追榮之盛，古今未之有也。及喪柩進發，吉凶儀衛亘二十餘里，會葬者將萬人」〔註87〕，楊氏聲望不滅。如此，自楊播先祖於北魏太武帝時入國至楊椿等於孝武帝永熙年間闔家安葬近一百多年間，楊播一門在北魏一朝創立了尊貴顯赫的名望，而累代以弘農為貫、貴顯朝廷的楊氏，不僅其弘農郡望逐漸得到世人的認可，而且附著於他們家族的華貴為兩漢時代即已興起、魏晉時期又漸衰微的弘農楊氏大姓增添了新的光環，於是本為其利用來抬高門望的「弘農楊氏郡望郡姓」又依賴其家族的繁盛隆興重振聲威，「弘農楊氏」在北魏得以大張其勢，顯赫不墜。

在西魏北周興盛起來的另一支楊氏即後來登臨隋朝大寶的楊堅一系，其發跡之祖應溯至楊堅父楊忠。正史關於楊忠先世的記載多有不合之處，袁剛先生《楊隋出自山東寒庶》一文通過對《隋書·高祖紀》《北史·隋本紀》《周書·楊忠傳》《普六茹忠墓誌》中楊氏先世記載的比勘分析認為楊隋出自北魏武川鎮將是真，但所謂弘農楊震之後疑點甚多，不可信。袁剛文中並且通過正史中對楊隋外家的有關記載證明楊隋應出自山東寒庶，弘農楊氏是其冒認郡望；《新唐書》卷七一下《宰相世系表一下》「楊氏條」對楊隋先世的記載更不可信。楊隋先祖出身卑微，其家族發跡主要依靠楊忠在西魏北周的軍功。楊忠在北魏末年先加入尒朱氏集團，跟隨武川鎮將獨孤信；大統三年，楊忠隨賀拔岳、獨孤信入關，成為西魏重要的統兵將領；經過東西魏歷次爭戰，楊忠屢立戰功，逐漸進入西魏北周政權的上層。宇文泰在建立和鞏固西魏政權的過程中，通過建立府兵制度、賜姓、改易郡望等措施將鮮卑鎮將、關中豪族、山東入關兵團整合成了一個強有力的政治軍事集團。這一集團的核心統治者為府兵制中的八柱國，被賜姓普六茹氏的楊忠即為八柱國下的十二大將軍之一，而其兒女親家獨孤信為八柱國之一。關隴勳貴們通過互通婚姻來鞏固其利益集團，通過聯姻，楊隋在關隴集團中的地位更加鞏固了〔註88〕。周宣帝時，楊忠子楊堅之女楊麗華為皇后，楊堅以後父任大司馬、右司武，掌握軍權。宣帝死，年僅八歲的靜帝繼位，大權獨掌在楊堅一人手中。二年

〔註87〕《北齊書》卷三四《楊愔傳》。
〔註88〕 袁剛《楊隋出自山東寒庶》，《文史哲》，1999 年第 6 期。

後楊堅代周建隋，成爲皇帝。門閥觀念仍很盛行的隋唐時期，出身山東寒庶的楊隋皇室繼續以弘農郡望自高門第，「弘農楊氏」爲皇室所繫，其地位自然尊崇高貴。楊隋借助弘農郡望抬高自己的門第，同時也給弘農楊氏這一郡望郡姓注入了更強大的政治活力。如此，至唐人修定姓族譜系，弘農楊氏毫無疑問地入列關中郡姓首望。

第六節　京兆杜氏入仕北魏

永嘉亂後京兆杜氏滯留北土仕於各個胡族政權的成員，隨著拓跋魏對各個胡族政權的消滅，實現黃河以北地區的統一，他們又先後加入北魏政權與拓跋鮮卑統治者合作。

因爲京兆杜氏房支在晉末的遷徙路線和定居地域不同，雖然同在北地，他們各個房支加入北魏政權的形式仍有不同。首先是遷於河北的房支。北魏對河北地區的慕容燕政權征服較早，河北地區也因而較早地被北魏佔有，並且成爲其重要的立國基礎。杜氏在晉末遷於此地的有洹水杜氏和中山杜氏兩個房支，他們起先仕於在此立國的石趙政權，並分別在洹水、中山定居。短暫統一北方的苻秦敗亡後，慕容垂又立國中山，建立後燕。杜預子躓之孫杜嶷因關中擾亂追隨慕容垂來到河北並僑於趙郡〔註89〕，至此，河北地域就有了洹水、中山和杜嶷子孫三個房支。拓跋魏平定代北之後，道武帝拓跋珪就積極謀劃被後燕所佔有的河北地區。自道武帝皇始元年（396年）至天興元年（398年），除令支以東以北一小塊外，河北地區完全爲北魏所佔領，定居河北地域的杜氏房支隨之隸於北魏政權統治之下。

不過，北魏佔有河北之後，雖然得到了一批河北本土及早期遷於河北的外地士人與之合作，但京兆杜氏在河北的這三個房支在北魏政治舞臺上活動，晚在太武帝拓跋燾神麚四年徵士之後。杜嶷本爲慕容垂秘書監，並因而僑居趙郡，後燕潰滅後，杜嶷子杜銓仍留居此地，但他出仕北魏，始自「與盧玄、高允等同被徵爲中書博士」。〔註90〕而洹水、中山兩支，直到北魏中後期才看到他們的活動。入《北齊書》列傳的中山杜氏杜弼，北齊天寶十年（559年）卒，時年六十九，則其生年在北魏孝文帝太和十四年。《北齊書·

〔註89〕《魏書》卷四五《杜銓傳》。
〔註90〕《魏書》卷四五《杜銓傳》。

杜弼傳》載其祖彥衡任淮南太守，父慈度爲繁時令，又言「弼幼聰敏，家貧無書」。杜弼父祖初仕北魏，雖爲地方令守，但從「家貧無書」來看，杜弼父祖在北魏起步甚晚，且地位較低。另一支洹水杜氏，世傳經史文學而晚達仕宦，《北史》卷二六《杜銓傳》：「銓族孫景，字宣明，學通經史。州府交辟，不就。」杜景爲洹水杜氏杜曼之後〔註91〕，其子裕仕於北齊，則杜景的活動年代最早已在北魏末年。

　　杜銓神麚四年應召入魏，成爲京兆杜氏在北魏政權延續家族聲望的關鍵人物。京兆杜氏在漢魏西晉時期所享有的顯赫聲望雖在晉末遭到永嘉亂禍之重創，但至北魏太武帝時京兆杜氏在漢族士人中仍有一定影響。太武帝拓跋燾母爲魏郡杜豹女〔註92〕，杜豹死，拓跋燾爲其迎葬，欲選天下名望最高之杜氏一人爲宗正，行營護之事，因問崔浩「天下諸杜，何處望高？」崔浩對「京兆爲美」，並爲太武帝舉薦杜銓，曰：「中書博士杜銓，其家今在趙郡，是杜預之後，於今爲諸杜之最，即可取之。」〔註93〕太武帝拓跋燾時，拓跋鮮卑統治者已逐漸熟悉漢族士人傳統中的「士族姓望」觀念，因而拓跋燾才有「何處望高」之問。而京兆杜氏在北魏政治舞臺上剛剛起步，因而拓跋燾尚不知「京兆爲美」。由於崔浩的舉薦，又經杜銓爲拓跋燾外祖迎葬這件事，京兆杜氏之聲望實際上開始被北魏統治者承認。杜銓迎葬完畢，杜豹子杜超即杜密皇后兄遂與杜銓敘親，並勸其遷居魏郡。自杜銓至其曾孫杜鴻四代，在北魏相繼仕居高位。杜銓以中書博士起家，官至中書侍郎；其子振亦官中書博士；振子遇起家奉朝請，官至員外散騎常侍，尚書起部郎中，後出爲河東太守；遇子鴻在北魏末年仕司徒倉曹參軍。

　　雖然杜銓房支在北魏漸獲名位，且北魏主拓跋燾視京兆杜氏爲外家，〔註94〕但與京兆杜氏有承繼關係的中山杜氏、洹水杜氏在太武帝統治時期

〔註91〕《元和姓纂（附四校記）》卷六「杜氏條」曰杜曼「七代孫君賜，隋樂陵令，生正元、正藏、正倫、正儀、正德。」而據《北史》卷二六《杜銓傳》，正藏、正儀、正倫爲杜裕之子，杜裕爲杜景之子。而任樂陵令者爲杜裕，時在北齊。《新唐書·宰相世系表》「杜氏條」則作君賜生景，景生子裕，子裕生正玄。本文從《北史》。

〔註92〕《魏書》卷八三《外戚·杜超傳》載杜超爲魏郡鄴人，王力平疑其爲胡姓獨孤渾氏改濮陽杜氏，見其著《中古杜氏家族的變遷》，商務印書館，2006年，第320頁。

〔註93〕《魏書》卷四五《杜銓傳》。

〔註94〕《宋書》卷九五《索虜傳》載，太原民顏白鹿被北魏俘，白鹿詭稱劉宋青州

無聞於世。蓋這兩個房支自京兆遷居新地，久而以新貫爲望，與京兆本望逐漸疏遠，與杜銓等族人更無甚聯繫。中山杜氏之杜弼晚在宣武帝末年才以軍功起家，之後在東魏北齊知名。洹水杜氏杜景父子不以仕宦爲務，北魏時期也看不到他們房支的活動。

除遷於河北地域的京兆杜氏房支外，北魏政權下的其他京兆杜氏房支大多是在京兆本貫入魏後始與北魏主合作。前文曾述，京兆杜氏留居本貫的成員曾先後出仕立國關中的苻秦和姚秦政權。東晉末劉裕平關中，杜坦兄弟和杜遜房支隨之南遷。但仍有繼續留在關中者，如杜預子杜錫孫杜悊一房、杜預子杜尹子孫以及後漢杜篤之後。劉裕敗姚秦不久，關中復爲赫連夏所有，神䴥三年（430 年），北魏太武帝攻取大夏之安定、長安、平涼，隴山以東的關中地區歸入北魏。留居關中本土的京兆杜氏隨之入魏。

關中雖在太武帝拓跋燾時入魏，但史載中京兆本土杜氏最早在北魏政治舞臺上活動要到孝文帝時期。《魏書》卷四五《杜銓傳》所記銓族子洪太，爲永嘉亂後屯居一泉塢的西晉弘農太守杜尹之後。《魏書》記杜洪太於孝文帝延興中爲中書博士，其後他的子孫相繼在中央或地方任職，這是這批入魏的京兆杜氏中最早在北魏仕職的記載。其他如杜錫孫杜悊之後杜建父子〔註 95〕，在魏分別任輔國將軍和儀同三司、武都郡守〔註 96〕，但均無事蹟可聞。而且杜建孫杜杲起家仕職在北魏末西魏初，則杜建、杜皎任職應不會早於孝文帝時期。另有《隋書》卷五四《杜整傳》中的杜整房支，出自後漢杜篤之後〔註 97〕，非承繼魏晉時期的杜畿、杜預。杜整起家出仕在西魏大統末年，其本傳載他的祖父杜盛任魏直閣將軍、潁川太守，父親杜辟爲渭州刺史，也應在北魏後期。

如此，北魏政治舞臺上的京兆杜氏，首推最早入仕的杜銓房支顯名。其他房支參與北魏政權大都較晚或者無甚功業見聞於世，不過既然他們同爲諸杜之最，憑藉其先聲望，逐漸在地方發展起來，所以我們看到大多數房支在北魏末年至隋唐時期逐漸興旺隆盛。

刺史京兆杜驥使其歸誠，拓跋燾聞之，喜曰「我外家也」。拓跋燾因妻杜氏，又感悦京兆杜氏高望，遂稱京兆杜氏爲外家。

〔註95〕這一支的世系承繼，史載頗爲雜亂。《元和姓纂（附四校記）》卷六「杜氏條」，岑仲勉曾作了綜合梳理辨析，但仍沒有最後的結論。本文從《周書・杜杲傳》所載。

〔註96〕《周書》卷三九《杜杲傳》。

〔註97〕《元和姓纂（附四校記）》卷六「杜氏條」。

　　另外，比較本文所述其他關中郡姓如河東裴氏、河東柳氏、京兆韋氏等，他們幾個家族參與北魏政權皆有南遷房支後來北歸入魏的情況，而京兆杜氏在北魏政權下似乎只有原先淹留北方的房支，南遷江淮和襄陽的杜氏房支均沒有後來北歸的現象發生。這一點也是京兆杜氏區別於其他關中郡姓家族的特點所在。

第七章　關中郡姓入關

北魏分裂東西，南北政局再次呈現三家鼎足之勢：東魏北齊跨據山東、西魏北周盤踞關隴、蕭梁陳朝偏安江左。在這種社會局勢的轉變過程中，關中郡姓再次面臨出仕不同政權的選擇，他們或隨孝武帝入關，或仕於東魏北齊，又或因江陵陷落而入關中，再或仍留居南方仕於陳朝。三方對峙的情勢最終以北周滅北齊、隋滅陳結束，分家南北、各處東西的韋、裴、柳、薛、楊、杜各家族房支最後統一於長安政權，號爲「關中郡姓」首望。但對其各自家族各別房支而言，加入關中政權的時間與背景各有不同，在關中政權中的地位也各有區別。

第一節　京兆韋氏入關

一、京兆韋氏南遷房支入關

如前文所述，江左京兆韋氏在侯景之亂中幾遭覆宗之禍，在梁末陳朝，唯有韋載、韋鼎及韋載族弟翽數人活動的身影。他們家族的寓居地襄陽在梁末入西魏，但史載中見不到他們家族成員在襄陽入魏時入關。韋載在陳朝太建年間卒，其族弟翽也死於太建年間，韋翽子宏在陳官至永嘉王府諮議參軍，陳亡後入隋。〔註1〕韋鼎仕陳太府卿，也在陳亡後入隋。楊堅對韋鼎特相委重，「及陳平，上馳召之，授上儀同三司，待遇甚厚」。〔註2〕韋鼎等自

〔註1〕　《陳書》卷一八《韋載傳》。
〔註2〕　《隋書》卷七八《韋鼎傳》。

南入隋，與在北房支隔絕久遠，已難辨宗族遠近。京兆逍遙公房韋世康，在隋知名於世，隋文帝楊堅曾問韋鼎曰：「韋世康與公相去遠近？」鼎對曰：「臣宗族分派，南北孤絕，自生以來，未嘗訪問。」於是楊堅「乃命官給酒肴，遣世康與鼎還杜陵，樂飲十餘日」，之後韋鼎「考校昭穆，自楚太傅孟以下二十餘世，作《韋氏譜》七卷」〔註3〕。至此，永嘉亂後分徙四途的京兆韋氏終於在同一政權下合流，共同維持發展其家族利益。

二、京兆韋氏在北房支入關

在不同時期以各種途徑加入北魏政權的京兆韋氏房支，在北魏分裂東西後同樣面臨著政權選擇問題。韋氏郡望雖在關中，但考之於史，京兆韋氏在東西政權下各有人物，茲列於下（名諱不詳者代以「（ ）」）：

北歸房支：

西眷韋潛──（ ）──（ ）──惠度──千雄──英──瑱（西魏車騎大將軍、儀同三司、散騎常侍；周驃騎大將軍、平齊惠公）──師（隋汴州刺史）

《周書》卷三九《韋瑱傳》《北史》卷六四《韋瑱傳》

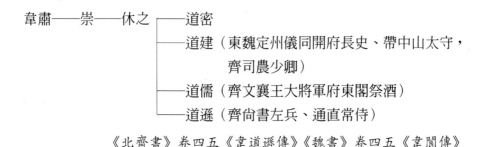

韋肅──崇──休之┬道密
　　　　　　　├道建（東魏定州儀同開府長史、帶中山太守，齊司農少卿）
　　　　　　　├道儒（齊文襄王大將軍府東閣祭酒）
　　　　　　　└道遜（齊尚書左兵、通直常侍）

《北齊書》卷四五《韋道遜傳》《魏書》卷四五《韋閬傳》

韋羆──道福──欣宗──元叡（東魏潁州驃騎府長史）

《魏書》卷四五《韋閬傳》

留北房支：

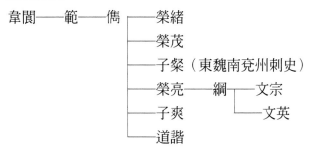

《魏書》卷四五《韋閬傳》《北齊書》卷二七《韋子粲傳》《北史》
卷二六《韋閬傳》

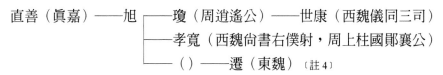

《周書》卷三一《韋孝寬傳》《隋書》卷四七《韋世康傳》《北史》
卷六四《韋孝寬傳》

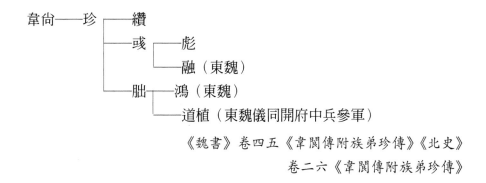

《魏書》卷四五《韋閬傳附族弟珍傳》《北史》
卷二六《韋閬傳附族弟珍傳》

　　按京兆韋氏加入北魏政權之情形劃分，北魏政權下的京兆韋氏諸多房支
可以分為留北房支和北歸房支。北歸房支有韋惠度支（平齊公房）、韋肅支、
韋道福支；留北房支有韋閬支、韋直善支（逍遙公房和郿公房）、韋閬族弟韋
珍支。他們在北魏分裂東西後的政治歸向分析如下：

〔註4〕　《周書》卷三一《韋孝寬傳》：「孝寬弟子遷，先在山東」。

　　一、北歸房支，其一是韋惠度支，出自西眷韋潛，至韋瑱時號爲平齊公房。《新唐書》卷七四上《宰相世系表四上》「韋氏條」載「潛曾孫惠度，後魏中書侍郎。生千雄，略陽太守。生鄭子，字英，代郡守、兗州刺史。生瑱，字世珍，後周侍中、平齊惠公，號平齊公房。」韋瑱入關較早，「太祖爲丞相，加前將軍、太中大夫，封長安縣男，食邑三百戶。轉行臺左丞，加撫軍將軍、銀青光祿大夫，遷使持節、都督南郢州諸軍事、南郢州刺史。復入爲行臺左丞」。〔註5〕韋瑱後來參加了東西魏之間的歷次戰爭，官至「鴻臚卿。以望族，兼領鄉兵，加帥都督。遷大都督、通直散騎常侍，行京兆郡事，進車騎大將軍、儀同三司、散騎常侍。魏恭帝二年，賜姓宇文氏」。〔註6〕從韋瑱以望族兼領鄉兵來看，韋瑱房支可能自惠度北歸後還歸關中本土，逐漸成爲關中地方豪族。同時韋瑱領鄉兵被宇文泰封賜高位，也是宇文泰籠絡關隴本地豪族、吸收豪族武裝力量以增強軍事實力政策的一個例子。韋瑱以關中望族的身份和領有鄉兵的武裝實力加入關中政權，爲宇文泰對抗山東、江南政權增加助力。

　　北歸房支另外兩支，韋肅支和韋道福支皆仕於東魏北齊。韋肅子韋崇自江左北歸後，「寓居河南洛陽」，〔註7〕韋道福隨薛安都北歸後，「仍家於彭城」〔註8〕，他們入魏以後與關中鄉里並無聯繫，宗族力量薄弱，在北魏分裂後，他們既沒有入仕西魏北周的地緣基礎，也無宇文泰急需籠絡吸收的宗族武裝力量，只能隨北魏末年控制京師洛陽的高氏政權進退。

　　二、留北房支，韋閬支子孫大都在關西，唯子粲及其弟道諧被俘至東魏北齊。據《北齊書》卷二七《韋子粲傳》，子粲早年曾從尒朱天光平關右，較早入關，孝武帝西遷，子粲被任命南汾州刺史。高歡攻討南汾州，子粲「子弟俱破獲，送晉陽，蒙放免。以粲爲并州長史，累遷豫州刺史」。其弟道諧與子粲俱仕東魏〔註9〕。除被俘的子粲子弟外，韋閬支留在關中者尚多，同

〔註5〕　《周書》卷三九《韋瑱傳》。
〔註6〕　《周書》卷三九《韋瑱傳》。
〔註7〕　《北齊書》卷四五《韋道遜傳》。
〔註8〕　《魏書》卷四五《韋閬傳附從叔道福傳》。
〔註9〕　據《魏書》卷四五《韋閬傳》載，子粲少弟道諧爲南汾州鎮城都督，蓋與子粲任南汾州刺史同時。又據《北齊書》卷二七《韋子粲傳》，子粲與道諧入東魏後，子粲富貴後特棄道諧，令其異居，爲史官指責不顧恩義。蓋道諧在東魏官職頗微，抑或並無所任。

傳載，子粲「子侄親屬，闔門百口悉在西魏」，因子粲等「陷城不能死難，多致誅滅」〔註10〕。

　　韋直善支後世分兩房，直善子旭二子：瓊、孝寬，瓊在北周被封逍遙公，號逍遙公房，孝寬在隋被封郿襄公，號郿公房。北魏分裂後，逍遙公房和郿公房大都仕於西魏北周。〔註11〕《周書》卷三一《韋孝寬傳》載韋孝寬「普泰中，以都督從荊州刺史源子恭鎮襄城，以功除析陽郡守。時獨孤信爲新野郡守，同荊州，與孝寬情好款密，政術俱美，荊部吏人，號爲聯璧。孝武初，以都督鎮城。文帝自原州赴雍州，命孝寬隨軍。」孝寬與獨孤信關係密切，又隨軍從文帝赴雍州，當是宇文泰利用其雍州望族的身份進一步籠絡雍州地方人士。孝寬在西魏北周多立軍功，位至上柱國、郿國公。孝寬兄瓊，淡泊名利，雖處關中，但隱居不仕，「屬太祖經綸王業，側席求賢，聞瓊養高不仕，虛心敬悅，遣使辟之，備加禮命。雖情諭甚至，而竟不能屈」，〔註12〕「魏、周二代，十徵不出，號爲逍遙公」。〔註13〕其子世康仕西魏儀同三司，尚魏文帝女襄樂公主，後仕周歷沔、硤二州刺史、司州總管長史等職。

　　韋珍支在北魏分裂東西後悉仕東魏北齊。

　　要之，從上述北魏政權下的京兆韋氏主要房支在東西魏分裂後的政治歸向可以看出，本爲關中名望的京兆韋氏，在關中具有強大的宗族力量，除自南北歸寓居別處而與關中鄉里關係疏遠的韋肅、韋道福兩支，以及留北房支韋珍一支以外，其他主要房支大都較早地歸屬宇文氏集團，成爲宇文氏所要積極籠絡的關中主要代表人士。爲了爭取京兆韋氏的支持，宇文氏在獎勵軍功的同時亦採用嚴厲的軍法威懾手段，對被東魏俘虜的韋子粲房支成員大加誅滅，致使子粲房支幾乎闔門盡滅，於是韋瑱及韋直善兩支成爲西魏北周乃至隋世京兆韋氏的代表人物，分別爲平齊公房、逍遙公房、郿公房。

〔註10〕《周書》卷三四《裴寬傳》：「時汾州刺史韋子粲降於東魏，子粲兄弟在關中者，咸已從坐。其季弟子爽先在洛，窘急，乃投寬。寬開懷納之。遇有大赦，或傳子爽合免，因爾遂出。子爽卒以伏法。」雖遇有大赦而爽卒以伏法，可見宇文氏對韋子粲房支成員懲處之重，遭遇這次滅家之禍，蓋子粲房支留西魏者幾無幸免。

〔註11〕《周書》卷三一《韋孝寬傳》：「孝寬弟子遷，先在山東」，爲韋直善支仕於東魏北齊之個例。

〔註12〕《周書》卷三一《韋孝寬附兄瓊傳》。

〔註13〕《隋書》卷四七《韋世康傳》。

第二節　河東裴氏入關

一、江左河東裴氏入關

依前所述，東晉以來，在江左活動的河東裴氏主要成員可分兩個系統三大房支。兩個系統謂南下時間一早一晚且徙居地域一在京畿一在江淮之間而言；三大房支則分別為裴松之、裴叔業、裴邃房支。論及河東裴氏自江左入關的問題，已於南齊永元年間北歸的裴叔業房支與之無涉，因此本節論述對象只有裴松之、裴邃兩個房支。

裴邃房支以軍功顯於南朝，自梁末動亂以後，隨著北方統一南方戰事的推進，裴邃子嗣或死於戰禍〔註 14〕，或以戰俘被驅入關。今以時間順序略述如下：

侯景之亂，裴邃子姪戰敗投奔江陵之梁元帝，西魏陷江陵，驅掠江陵士民入關，裴邃孫裴政即在此列。《梁書》卷二八《裴邃傳》載：「江陵陷，（政）隨例入西魏。」《隋書》卷六六《裴政傳》亦曰：「會江陵陷，與城中朝士俱送於京師。」裴政入關，家族中是否有其他成員隨行，不得而知。同歷此次戰亂的裴之高子裴畿、畿弟機並力戰而死〔註 15〕。與裴政父子同仕江陵的裴之高兄弟裴之平、裴之橫等紛紛轉投陳霸先，其中裴之橫在抵抗北齊遣蕭淵明主梁嗣時戰死，之平父子仍留在江左〔註 16〕。

裴之平，據《陳書》卷二五《裴忌傳》載，陳文帝時「除光祿大夫、慈訓宮徽衛尉，並不就。」其子裴忌以勇力隨陳武帝征討，為陳武帝所用。歷武帝至宣帝四代，裴忌屢建軍功，官至豫州刺史，後因隨吳明徹進軍彭、汴，於呂梁軍敗被囚，始入北周。

裴忌軍敗被俘入關，其子裴蘊留仕陳朝。裴蘊因其父在北，曾「陰奉表於高祖，請為內應」，陳平後，裴蘊入關。隋文帝因其「夙有向化之心，超授儀同」。〔註 17〕

〔註 14〕裴之高子裴畿、裴機死於江陵陷落；裴之高死於北齊。

〔註 15〕《梁書》卷二八《裴邃傳附之高傳》：「子畿，……西魏攻陷江陵，畿力戰死之。」《南史》卷八《梁元帝紀》：「將軍裴畿、畿弟機並被害。」

〔註 16〕河東裴氏仕於陳朝者還有世系不詳的裴子烈。據《陳書》卷九《吳明徹傳附裴子烈傳》載，裴子烈父親裴猗為梁代員外散騎常侍。裴子烈早孤，驍勇善戰，在陳隨吳明徹征討，官至電威將軍、北譙太守、岳陽內史。陳後主至德四年卒，其家族餘脈大概也在隋平陳時入關。

〔註 17〕《隋書》卷六七《裴蘊傳》。

梁末至陳，裴邃子嗣陸續入關之狀大致如上。不過西魏北周、東魏北齊與江南梁陳三方鼎足之時，除西魏北周對梁、陳戰事之外，東魏北齊也時時不忘進取江南，因此江左河東裴氏除大部入關外，也有逢機入山東者。裴景徽，任陳朝合州刺史，是北齊將王琳兄王瑉之婿。北齊遣王琳向陳進取，裴景徽「請以私屬導引齊師」，之後因北齊師沉吟不決，裴景徽恐事泄，便「挺身歸齊」，〔註18〕時爲陳天嘉二年〔註19〕。

裴松之房支繼梁時裴子野之後，其家族又陷入沈寂〔註20〕。裴子野子嗣後人入關情況，因史籍闕載，難以詳考。

二、河東裴氏在北房支入關

北魏分裂爲東西魏時，參與北魏政權的河東裴氏諸多房支，在兩個政權之間作了不同的選擇。毛漢光先生曾說：「因河東地區適位於兩大集團之交界區上，其人物之投效何方，影響甚大」，因此他在《北朝東西政權之河東爭奪戰》一文中曾對河東裴氏、河東柳氏、河東薛氏三個重要家族成員在東西魏分裂時的人物動向，作過歸納統計。〔註21〕本節擬在毛先生歸納的基礎上，對河東裴氏北方房支的入關過程作詳細陳述。

參與北魏政權的河東裴氏中，西眷裴氏成員較少。以經學爲業的裴佗出仕北魏已值北魏末期。永熙三年（534 年），孝武帝率兵西遷，高歡進入洛陽，擁立元善見爲孝靜帝，北魏正式分裂。高歡立孝靜帝後，實際完全掌握了統治權，他嫌洛陽逼近前方，決定遷都鄴城。命令下達三天之內，洛陽官民四十萬戶狼狽上路。裴佗子讓之、讞之等兄弟五人及其母親俱在遷徙之列，唯讓之第二弟諏之留在河南。〔註22〕西魏大統三年（537 年），宇文泰

〔註18〕《北齊書》卷三二《王琳傳》；《南史》卷六四《王琳傳》。
〔註19〕《陳書》卷三《世祖紀》。
〔註20〕《梁書》卷三十《裴子野傳》及《南史》卷三三《裴松之傳附子野傳》中唯記裴子野有子裴謇，「官至通直郎」。餘便不聞。
〔註21〕毛漢光《北朝東西政權之河東爭奪戰》，收於氏著《中國中古政治史論》，上海書店出版社，2002 年。
〔註22〕《北齊書》卷三五《裴讓之附弟諏之傳》：「遷鄴後，諏之留在河南」；又《北齊書》卷三五《裴讓之傳》：「第二弟諏之奔關右，兄弟五人皆拘繫。神武問曰：『諏之何在？』答曰：『昔吳、蜀二國，諸葛兄弟各得遂心，況讓之老母在，君臣分定，失忠與孝，愚夫不爲。伏願明公以誠信待物，若以不信處物，物亦安能自信？以此定霸，猶卻行而求道耳。』神武善其言，兄弟俱釋。」

在沙苑大捷後，遣元季海、獨孤信率軍進攻洛陽，獨孤信入據金墉後，引裴諏之爲開府屬。據《周書》卷三八《柳虯傳》，元季海、獨孤信鎮洛陽時，「於時舊京荒廢，人物罕極。唯有虯在陽城，裴諏在潁川。信等乃俱徵之，……並掌文翰。時人爲之語曰：『北府裴諏，南省柳虯。』」後來高歡在河南反攻，獨孤信失敗，東魏洛州刺史王元軌召裴諏之爲中從事，但不久「西師忽至」，諏之「遂隨西師入關，周文帝以爲大行臺倉曹郎中」，〔註23〕這是西眷裴氏在東西魏分裂時唯一入關之例。裴讓之兄弟諸人在東魏北齊皆知名於世，其遺嗣在周滅齊時入關，如裴訥之次子裴矩，仕齊爲高平王文學，「及齊亡，不得調。高祖爲定州總管，召補記室，甚親敬之」〔註24〕；裴讓之六弟謁之仕東魏北齊，「齊亡，卒於壺關令」〔註25〕。

與西眷裴氏大部入河北仕於東魏北齊相同，南來吳裴房支在東西魏分裂時，也少有人入關。據本書第六章第二節「南遷房支的北歸」所述，南來吳裴北歸後，很可能大多居於洛陽。孝武帝西遷，高歡遷洛陽官民入鄴時，南來吳裴主體成員大概亦在此列，故史載中，除裴叔業玄孫裴測「天平中，走於關西」〔註26〕外，其他成員大多在東魏北齊任職：裴僑尼「武定中，員外羽林監。齊受禪，爵例降」；裴英起（裴彥先孫）「武定末，洛州刺史」；裴威起（英起弟）「卒於齊王開府中兵參軍」；裴斌「武定中，廣州長流參軍。齊受禪，爵例降」；裴嵩「武定中，河內太守。齊受禪，爵例降」。〔註27〕另外，毛漢光《北朝東西政權之河東爭奪戰》文中依據《新唐書》卷七一上《宰相世系表一上》「裴氏條」對南來吳裴裴丕一支中有裴舒曾任周車騎將軍、元氏公的記載，認爲「似乎這一支一直在西區發展，且多屬武職」。如此，總體來說，南來吳裴的主體成員在北魏分裂東西後大都仕於東魏北齊，他們入關的時間亦可能要到北周滅北齊之後。

東眷裴氏的歸向，比較明確。據《周書》卷三四《裴寬傳》載，裴寬在

讓之等俱在東魏北齊可明：又據下文所引《周書·柳虯傳》，獨孤信鎮洛陽時，洛京荒廢，人物罕極，僅以諏之、柳虯爲名，故讓之等兄弟五人及其老母應在之前遷都鄴城時就已離開河南。

〔註23〕《北齊書》卷三五《裴讓之附弟諏之傳》。
〔註24〕《隋書》卷六七《裴矩傳》。
〔註25〕《北史》卷三八《裴佗傳附謁之傳》。
〔註26〕《魏書》卷七一《裴叔業傳附測傳》。
〔註27〕以上俱見《魏書》卷七一《裴叔業傳》各附傳。

魏孝明帝時釋褐員外散騎侍郎，魏孝武末，又除廣陵王府直兵參軍，加寧朔將軍、員外散騎常侍。孝武西遷，裴寬問其諸弟歸向，眾無所對，裴寬以爲「天子西幸，理無東面」，乃將家屬避難於大石岩。獨孤信鎮洛陽時，裴寬等始出，乃投歸西魏北周。東眷裴氏另一支主要人物裴果，曾於北魏太昌（532年）初年在并州遇宇文泰，「果知非常人，密託付焉」〔註28〕。永熙中，裴果任河北郡守，「及齊神武敗於沙苑，果乃率其宗黨歸關」。〔註29〕如此，東眷裴氏兩支主要人物一支在裴寬帶領下在獨孤信鎮洛陽時投歸西魏北周，一支在裴果率領下於沙苑之戰後入關。

中眷裴氏有萬虎、雙虎、三虎三支。北魏分裂東西，中眷裴氏這三個房支也以各房支爲中心分別仕於東西政權。據《魏書》卷六九《裴延儁傳》、《周書》卷三七《裴文舉傳》、《周書》卷三五《裴俠傳》，東西魏分裂時，雙虎一支主要人物爲裴俠及裴文舉父裴邃；萬虎一支主要人物爲裴仲規、裴良；三虎一支主要人物爲裴夙父子。從正史記載來看，雙虎一支大都仕於西魏北周，而萬虎、三虎兩支則皆仕於東魏北齊。

東西魏分裂時，雙虎支裴邃尚居鄉里河東，大統三年（537年），東魏寇河東，裴邃「糾合鄉人，分據險要以自固」，「及李弼略地東境，邃爲之鄉導，多所降下」，〔註30〕後乃接受西魏北周任命。雙虎支裴俠，魏孝武帝徵河南兵防備高歡時，裴俠率所部入洛陽。中軍將軍王思政問裴俠曰：「今權臣擅命，王室日卑，奈何？」俠曰：「宇文泰爲三軍所推，居百二之地，所謂已操戈矛，寧肯授人以柄！雖欲投之，恐無異避湯入火也。」思政曰：「然則如何而可？」俠曰：「圖歡有立至之憂，西巡有將來之慮，且至關右徐思其宜耳。」思政然之，乃進俠於帝，授左中郎。〔註31〕可見，孝武帝見逼於高歡選擇行止時〔註32〕，裴俠爲建議入關者之一〔註33〕。因此不久孝武西遷，

〔註28〕《周書》卷三六《裴果傳》。

〔註29〕《周書》卷三六《裴果傳》。

〔註30〕《周書》卷三七《裴文舉傳》。

〔註31〕《資治通鑑》卷一百五十六《梁紀十二》武帝中大通六年（534年）「魏南秦州刺史隴西李弼說侯莫陳悅條」。

〔註32〕《資治通鑑》卷一百五十六《梁紀十二》武帝中大通六年（534年）七月：「魏主問計於群臣，或欲奔梁，或云南依賀拔勝，或云西就關中，或云守洛口死戰，計未決。」

〔註33〕《資治通鑑》卷一百五十六《梁紀十二》武帝中大通六年（534年）六月載，主張西遷入關者有：中軍將軍王思政、散騎侍郎河東柳慶、閤內都督宇文顯

裴俠拋妻子從行〔註34〕，「賜爵清河縣伯，除丞相府士曹參軍」。〔註35〕

　　萬虎、三虎房支的動向見載於《魏書》卷六九《裴延儁傳》中。三虎支裴夙，高祖孝文帝時卒於河北郡守，有子三人：範、升之、鑒。範早卒，升之、鑒在東魏武定末年分別任太尉掾、司徒右長史。〔註36〕萬虎支人員稍盛，《魏書》卷六九《裴延儁傳》、《北史》卷三八《裴延儁傳》皆謂：延儁從祖弟良、延儁從祖弟叔義。而《新唐書》卷七一上《宰相世系表一上》「裴氏條」繫良於萬虎支，則叔義、良可能共祖萬虎，他們可能為兄弟，也可能為從兄弟。〔註37〕考之史傳，裴良於孝靜初任衛大將軍、太府卿，其子叔祉武定末任太子洗馬；裴叔義三子伯茂、景融、景顏，皆在東魏北齊任職，伯茂「天平初遷鄴，又為《遷都賦》，文多不載。」〔註38〕景融在東魏孝靜帝元象中，任錄事參軍；景融弟景顏孝靜初為司空長史。另有裴宣明，《魏書》卷六九《裴延儁傳》不載，《北史》卷三八《裴延儁傳》載其為延儁從父兄，《新唐書》卷七一上《宰相世系表一上》「裴氏條」繫其於萬虎房，但與裴良相隔四代，頗有疑處，本節暫以其為萬虎支〔註39〕。裴宣明子景鴻任北齊和夷郡守，景鴻兄景鸞子文端任北齊行臺郎。〔註40〕如此，萬虎房支幾乎悉仕東魏北齊。

　　洗馬裴房支，正史有載的只有裴獻伯仕於東魏北齊：「武定末，廷尉卿」。〔註41〕另有同出洗馬裴的裴彥，曾任北周驃騎大將軍。〔註42〕毛漢光先生《北朝東西政權之河東爭奪戰》一文中不以裴駿房為洗馬裴，認為洗馬裴彥「為

　　　　和、東郡太守河東裴俠等。

〔註34〕《周書》卷三五《裴俠傳》：「俄而孝武西遷，俠將行而妻子猶在東郡。滎陽鄭偉謂俠曰：『天下方亂，未知烏之所集。何如東就妻子，徐擇木焉。』俠曰：『忠義之道，庸可忽乎！吾既食人之祿，寧以妻子易圖也。』遂從入關。」

〔註35〕《周書》卷三五《裴俠傳》。

〔註36〕《魏書》卷六九《裴延儁傳》。

〔註37〕參見毛漢光《北朝東西政權之河東爭奪戰》，《中國中古政治史論》，上海書店出版社，2002年。

〔註38〕《魏書》卷八五《文學‧裴伯茂傳》。

〔註39〕筆者暫以《新唐書》卷七一上《宰相世系表一上》「裴氏條」為據，前揭毛漢光《北朝東西政權之河東爭奪戰》文中亦以其為萬虎支。趙超《新唐書宰相世系表集校》（中華書局1998年）卷一「裴氏」認為「宣明為良從祖兄弟，與裴延儁同為雙虎之孫。《新表》將宣明以下一支置於萬虎五世孫受以下，甚謬。當上移，改排在雙虎一支內。」可參看。

〔註40〕《北史》卷三八《裴延儁傳》。

〔註41〕《魏書》卷四五《裴駿傳》。

〔註42〕《新唐書》卷七一上《宰相世系表一上》「裴氏條」。

周驃騎大將軍、吉陽郡公，此職此爵甚可能因軍功而得。……洗馬川之地望……在鹽池西南方，今地方志中還有洗馬川、洗馬村之名。裴氏的地方勢力已達解縣，洗馬裴房傾向於西魏北周，加強了宇文氏在鹽池以南之勢力」。〔註43〕按本文以裴駿房繫於洗馬裴，而裴駿子宣第四子獻伯曾在東魏仕職，則洗馬裴一支中，並非全歸向西魏北周。

　　總之，北魏末年分裂東西時，河東裴氏在北房支的歸向頗爲複雜。從整體來看，河東裴氏分別歸於東魏北齊、西魏北周的成員數量皆不爲少，難以明斷其家族整體傾向如何，惟細察具體房支，才有如上所作具體分析。單以入關來看，河東裴氏各房支加入關中政權的情形可作如下總結：一、北魏末年，仍以河東地方爲主要活動地域和勢力範圍的房支，其成員多傾向於西魏北周。此處又有兩端，或在孝武帝西遷時，率領群從隨行，如中眷裴雙虎支裴俠；或在孝武帝西遷時，暫擇安定處抑或在鄉里一帶據險自固，而後在東西對戰中逐漸歸向西魏北周，如雙虎支裴邃，東眷裴寬、裴果，西眷裴諏之等。二、北魏中後期，官任京師，逐漸官僚化，缺乏地方宗族勢力的房支，在高歡擄官民遷都鄴時，皆在從徙之列，如南來吳裴房支。仕於東魏北齊的裴氏成員子嗣多在北周滅北齊後入關，如西眷裴訥之子裴矩。作爲河東大族，他們的動向對東西政權爭奪河東甚至東西政權對抗實力對比具有關鍵作用，毛漢光先生《晉隋之際河東地區與河東大族》與《北朝東西政權之河東爭奪戰》兩篇文章有具體詳論〔註44〕，茲不贅述。

第三節　河東柳氏入關

　　河東柳氏中最早面臨入關選擇的是仕於北魏的房支。如前所述，河東柳氏仕於北魏者大多是先前南遷而後北歸者，在魏仕職時間較短，西眷柳氏入北已經是魏宣武帝時期，東眷柳氏如柳崇等人發跡也最早不過魏孝文帝時期。儘管北魏政權對北歸士族有較高的禮遇，〔註45〕但河東柳氏在北魏時的任職大多爲地方郡守之類，以其權勢範圍而論，遠不能與當朝大族如崔、盧、鄭、李相比。北魏分裂東西，河東柳氏主要房支先後入關，成爲西魏北周隋

〔註43〕毛漢光《中國中古政治史論》，上海書店出版社，2002年，第160頁。
〔註44〕皆收於氏著《中國中古政治史論》，上海書店出版社，2002年。
〔註45〕周一良《魏晉南北朝史札記》「北魏用人兼容並包條」，中華書局，1985年。

政權核心關隴集團的組成部分，其地位遂日益興旺起來。

以公元 534 年魏孝武帝西遷關中、高歡立元善見爲孝靜帝爲標誌，拓跋魏政權始分爲二。此後，東魏北齊西魏北周之間處於長期的對抗、爭奪中，河東地區更是對峙雙方極力爭奪的對象和交鋒前沿〔註46〕，原仕於北魏的河東柳氏也面臨著東西之分。

魏孝武帝西遷前夕，西眷柳慶以散騎常侍的身份「馳傳入關」，與宇文泰「共論時事」，宇文泰使柳慶向孝武帝轉達「奉迎輿駕」之意。柳慶回洛陽覆命，便以「關中金城千里，天下之強國也。宇文泰忠誠奮發，朝廷之良臣也。以陛下之聖明，仗宇文泰之力用，進可以東向而制群雄，退可以閉關而固天府」勸孝武帝入關，孝武帝「深納之」。孝武帝西遷之行既有柳慶勸諫之功，孝武帝可能曾要其同行，但「慶以母老不從」，直到「獨孤信之鎮洛陽」後，「乃得入關」。〔註47〕

按獨孤信鎮洛陽在西魏大統三年沙苑之戰後，沙苑之戰的結果，河東被西魏奪得，不少河東大族歸降宇文氏。《周書》卷三五《薛善傳附敬珍傳》：「及李弼軍至河東，珍與小白等率猗氏、南解、北解、安邑、溫泉、虞鄉等六縣戶十餘萬歸附。」河東柳氏也在宇文泰籠絡之列，《周書》卷三二《柳敏傳》：「及文帝克復河東，見而器異之，乃謂之曰：『今日不喜得河東，喜得卿也。』即拜丞相府參軍事。俄轉戶曹參軍，兼記室。」柳敏與柳慶同屬西眷，北魏分裂東西之前，柳敏任河東郡丞，史載「朝議以敏之本邑，故有此授」，因爲與鄉里關係密切，所以隨著河東入西魏而投奔宇文泰。

獨孤信鎮洛陽在西魏克河東前後〔註48〕，則柳慶入關與柳敏幾乎同時。柳慶作爲西眷柳氏的主要房支，與他一起入關的兄弟子侄很多。據《元和姓纂（附四校記）》卷七「柳氏條」，柳慶兄弟五人：鷟、慶、虬（《周書》卷三八《柳虬傳》作「虬」）、檜、駑。其中柳鷟正史無載，柳駑早卒，柳虬、柳檜也都在沙苑之戰、獨孤信鎮洛陽後入關。據《周書》三八《柳虬傳》，大統三年獨孤信鎮洛陽時，洛陽荒殘，人士流散，唯有柳虬在陽城，裴諏在潁川。獨孤信徵召柳虬爲行臺郎中，虬於「四年，入朝」。柳虬弟柳檜「大統四年，從太祖戰於河橋。」則在此之前也已入關。柳駑子柳帶韋，史稱其

〔註46〕 毛漢光《北朝東西政權之河東爭奪戰》，《中國中古政治史論》，上海書店出版社，2002 年；宋傑《兩魏周齊戰爭中的河東》，中國社會科學出版社，2006 年。
〔註47〕 以上皆引自《周書》卷二二《柳慶傳》。
〔註48〕 《周書》卷二《文帝紀下》。

「與諸父歸朝，太祖辟爲參軍」，〔註49〕也可說明柳慶兄弟入關是其房支的一次集體行動。

　　與西眷柳氏在東西魏分裂不久即入關投奔宇文氏不同，仕於北魏的其他柳氏房支，後來大多任職於東魏北齊。如東眷柳傑之後柳崇子孫、柳輔之後柳敬起兄弟子嗣、柳崇族子柳儁起、柳崇後父弟柳援等〔註50〕。北周滅北齊後，這些房支在周隋時期多不爲所聞，蓋他們於北齊滅亡入關以後，已成爲河東柳氏之次要房支，與西眷柳氏及東眷江南入關房支地位懸殊。

　　居於江左襄陽、建康的東眷柳氏大多因爲戰敗以俘虜身份入於關隴政權。按時間先後敘述如下：

　　侯景亂梁時，柳慶遠孫柳仲禮兄弟因戰敗歸西魏。《隋書》卷六二《柳彧傳》：「父仲禮，爲梁將，敗歸周，復家本土。」《北史》卷七七《柳彧傳》同載：「仲禮，梁敗見囚於周，復家河東。」比《隋書》更具體一些。《南史》卷三八《柳元景傳附仲禮傳》中又記：「仲禮與戰於漴頭，大敗，並弟子禮沒於魏。」按侯景亂梁，柳仲禮爲勤王之師的總督。但因稍受挫敗，便頓兵不戰，後與弟同降於侯景。侯景復仲禮司州刺史位，遣其攻郢州之蕭綸、巴西之蕭紀，並留敬禮爲質。柳仲禮西上江陵，逢雍州刺史蕭詧進兵江陵，湘東王蕭繹任柳仲禮爲雍州刺史，使其攻蕭詧治所襄陽。蕭詧引西魏爲援，柳仲禮被西魏將楊忠擒，並虜其眾。這就是柳仲禮及弟子禮入西魏的歷史背景，時爲西魏大統十六年。宇文氏掌控西魏政權，並最終禪魏建周，楊隋政權禪北周國祚，故溯其事在周。柳仲禮弟敬禮以人質留侯景軍中，後因叛景被殺，遂不得北上。柳仲禮雖以敗俘入西魏，「魏相安定公待仲禮以客禮」，〔註51〕並復家本土，與留居鄉里柳氏合族。此爲其一。

　　蕭詧引西魏抵抗叔父蕭繹，西魏以蕭詧爲傀儡，封其爲梁主，並派重兵駐於襄陽，監視蕭詧。襄陽距離江陵五百里路，勢同唇齒，〔註52〕無襄陽則江陵三面受敵。丟失襄陽，蕭繹之江陵政權也不能久存。兩年以後，西魏恭帝元年冬，宇文泰命于謹、宇文護、楊忠、韋孝寬等率步騎五萬南侵江陵，襄陽蕭詧助戰，梁元帝被殺，江陵陷落。西魏將江陵人民驅歸關中，立蕭詧

<hr>

〔註49〕《周書》卷二二《柳慶傳附兄子帶韋傳》。
〔註50〕《魏書》卷四五《柳崇傳》；另據《魏書》卷七一《裴叔業傳》，同仕於東魏北齊的柳氏成員尚有柳玄達子柳綈、柳遠等。
〔註51〕《南史》卷三八《柳元景傳附仲禮傳》。
〔註52〕《南齊書》卷一五《州郡志下》「荊州條」。

居空城江陵爲梁主，襄陽收歸西魏。寓居襄陽和仕於蕭繹江陵政權的河東柳氏也隨之入關。柳世隆曾孫柳裘仕於梁元帝，即於江陵平時入關。〔註53〕

如前所述，江左河東柳氏在走向中央化的同時，其寓居襄陽的宗族勢力也日益壯大，雖然中央化的柳世隆房支家於建康，但柳元景弟柳叔珍子柳慶遠、柳季遠兄弟仍留居襄陽。柳慶遠孫柳仲禮兄弟於楊忠援蕭詧攻江陵時，已經戰敗歸北。西魏以襄陽爲附庸國時，柳季遠子柳霞爲蕭詧侍中、驃騎大將軍、開府儀同三司等。及蕭詧居江陵爲梁主，襄陽收歸西魏，柳霞攜子柳靖等入西魏。《周書》卷四二《柳霞傳》載其辭別蕭詧文：「陛下中興鼎運，龍飛舊楚。臣昔因幸會，早奉名節，理當以身許國，期之始終。自晉氏南遷，臣宗族蓋寡。從祖太尉、世父儀同、從父司空，並以位望隆重，遂家於金陵。唯留先臣，獨守墳栢。嘗誡臣等，使不違此志。今襄陽既入北朝，臣若陪隨鑾蹕，進則無益塵露，退則有虧先旨。伏願曲垂照鑒，亮臣此心。」蕭詧許之，柳霞「因留鄉里，以經籍自娛。」子柳靖「隨霞入朝，授大都督，歷河南、德廣二郡守。」因江陵政權敗亡和襄陽收歸西魏幾乎同步，故河東柳氏於此兩種情況下入關的，歸爲一類，是爲其二。

蕭詧自襄陽入江陵爲梁主，河東柳氏家族中除柳霞攜子隨襄陽入北外，仍有隨蕭詧繼續仕於梁國者，如柳世隆曾孫柳洋、柳顧言（又作晉）等。他們加入關中政權要在隋文帝開皇七年廢梁國以後。《周書》卷四八《蕭詧傳附柳洋傳》：「梁國廢，以郡歸隋，授開府儀同三司。尋卒。」《北史》卷八三《柳晉傳》：「後蕭詧據荊州，以爲侍中，領國子祭酒、吏部尚書。及梁國廢，拜開府，爲內史侍郎。」柳洋、柳顧言分別爲柳世隆孫柳昭、柳暉子。柳昭、柳暉、柳映及上文所述柳裘父柳明皆爲柳世隆子柳惔之子〔註54〕，在柳裘於西魏陷江陵時入北之後，同祖兄弟柳洋、柳顧言等仕於蕭詧的梁國。此外，與柳洋、柳顧言同時歸北的還有柳霞之子柳莊〔註55〕。柳霞攜子柳靖隨襄陽收歸西魏入北，柳莊未同行，也在隋廢梁國時入北。《周書》卷四二《柳霞傳》：「莊字思敬。器量貞固，有經世之才。初仕梁，歷中書舍人、尚書右丞、給事黃門侍郎、尚書吏部郎中、鴻臚太府卿。入隋，位至開府儀同三司、給事黃門侍郎、饒州刺史。」《隋書》卷六六《柳莊傳》也載：「及梁

〔註53〕《隋書》卷三八《柳裘傳》。
〔註54〕柳明，《元和姓纂（附四校記）》卷七「柳氏條」中作「晒」，岑注以爲「明」爲修史者避唐諱改。
〔註55〕與仕於陳朝的柳莊非一人。

國廢，授開府儀同三司，尋除給事黃門侍郎，並賜以田宅。」河東柳氏於梁國廢時入北，是爲其三。

河東柳氏在江左的發展持續至南朝末，陳後主母親即陳宣帝陳頊皇后爲柳世隆孫柳偃之女。柳世隆孫柳偃在梁代有重名，尚梁武帝女長城公主。侯景亂梁之後，柳偃女柳氏與弟弟柳盼避禍江陵，梁元帝以柳氏適陳頊。陳頊即位，柳氏立爲皇后。柳盼又尚陳文帝女富陽公主，以弟舅居高位，後卒於陳。同仕於陳朝的還有前文提到的柳映子柳莊，亦「素有名望，深被恩遇」。〔註 56〕柳后與柳莊皆於陳末入長安，時爲開皇九年正月，爲河東柳氏加入關中政權之最末一支。

上述南朝河東柳氏隨著社會形勢的轉變分階段入關，多就其入西魏北周隋三朝仕職而言，至於其仕於關中政權之後的籍貫地，則或以長安爲新貫，如柳慶子柳旦支；〔註 57〕或復於本土河東，如入關較早的柳仲禮、柳子禮兄弟及陳末入隋的柳莊〔註 58〕；或仍以襄陽爲籍。《新唐書》卷一四二《柳渾傳》：渾爲「梁僕射惔六世孫，後籍襄州。」《舊唐書》卷一二五《柳渾傳》亦曰：「柳渾字夷曠，襄州人，其先自河東徙焉。六代祖惔，梁僕射。」可見直至唐代，河東柳氏仍有居於襄陽者，而且因其家族世代寓居襄陽，到唐代已經徑稱其爲襄州人，而不再像南朝時期只言郡望了。不過依前所述，柳惔父柳世隆在南朝中央化之後曾家於京師建康與高門謝氏爲鄰，而唐代柳渾既爲柳惔之後，卻籍於襄陽，則說明柳世隆房支雖在京師有宅，但並未與襄陽脫離關係。梁末侯景之亂，建康遭受浩劫，「南朝四百八十寺，多少樓臺煙雨中」，家於建康的柳氏成員很有可能在戰亂時期返居他們的宗族聚居地襄陽，所以柳惔孫柳裘、柳洋、柳顧言等在侯景之亂後皆仕職於距襄陽五百里的江陵政權。

第四節　河東薛氏入關

北朝末年四方亂起，河東薛氏家族在仕途歸向上面臨新的選擇。據前文

〔註 56〕《陳書》卷七《高宗柳皇后傳》。

〔註 57〕柳旦及子柳則均葬於萬年縣，參見毛漢光《從士族籍貫遷移看唐代士族之中央化》，收於《中國中古社會史論》，上海書店出版社，2002 年。

〔註 58〕《舊唐書》卷一百八十九下《儒學傳下‧柳沖傳》：「柳沖，蒲州虞鄉人也，隋饒州刺史莊曾孫也。其先仕江左，世居襄陽。陳亡，還鄉里。」

所述，早在北魏中期〔註 59〕，薛氏西祖系薛洪祚、薛洪隆房支已家於新貫華州之夏陽〔註 60〕。至北魏末年，薛洪隆玄孫薛端以天下擾亂，棄官歸鄉里，與宗親及家僮等居楊氏壁〔註 61〕。宇文泰奉迎孝武帝入關，「令大都督薛崇禮據龍門，引端同行」。薛崇禮，《魏書》卷三五《薛善傳》記爲薛善族兄，薛善屬薛洪隆弟薛破胡一房，同爲西祖系。宇文泰蓋因崇禮、端爲近宗，故令薛崇禮爲龍門都督，引薛端同行。不料「崇禮尋失守，遂降東魏」。〔註 62〕《北齊書》卷二十《薛脩義傳》記薛崇禮降東魏事曰：「武帝之入關也，高祖奉迎臨潼關，以脩義爲關右行臺，自龍門濟河。西魏北華州刺史薛崇禮屯楊氏壁，脩義以書招之，崇禮率萬餘人降。」崇禮所率萬餘人中，包括薛端及其宗親、家僮等在內。但在薛循義將其兵將脅迫薛端等東向時〔註 63〕，端與宗室起兵叛之，「循義遣騎追，端且戰且馳，遂入石城柵，得免」。〔註 64〕東魏都督乙幹貴等「數來慰喻，知端無降意，遂拔還河東」〔註 65〕。之後，東魏又遣將據守楊氏壁，薛端等設奇退兵，復還楊氏壁，宇文泰「降書勞問，徵端赴闕，以爲大丞相府戶曹參軍」〔註 66〕，正式加入關中政治集團，最終位至軍司馬、驃騎大將軍、開府儀同三司，被賜姓「宇文氏」。〔註 67〕同屬薛洪隆一支的薛琰，官至北周渭南太守，琰子濬任北周新豐令。〔註 68〕

河東薛氏西祖系除家於華州夏陽的薛洪隆房支外，出自薛洪隆弟破胡的

〔註 59〕 《魏書》卷四二《薛辯傳附鳳子傳》「驎駒弟鳳子。自徙都洛邑，鳳子兄弟移屬華州河西郡焉。」

〔註 60〕 關於新貫地，詳參前文「河東薛氏留北房支入魏」一節。

〔註 61〕 《資治通鑒》卷一百五十六《梁紀十二》武帝中大通六年（534 年）「魏宇文泰進軍攻潼關，斬薛瑜，虜其卒七千人，還長安，進位大丞相。東魏行臺薛脩義等渡河據楊氏壁。」文後胡三省注曰：「據《薛端傳》，楊氏壁在龍門西岸，當在華陰、夏陽之間，蓋華陰諸楊遇亂築壁以自守，因以爲名。」《讀史方輿紀要》卷五四《陝西三·西安府下》「華州華陰縣楊氏壁」謂楊氏壁在華陰縣東北。王仲犖《北周地理志》（中華書局，1980 年）「關中同州夏陽縣」認爲前兩種看法「皆失之偏南。西魏嘗於楊氏壁僑置南汾州，當不至距汾水入河處過遠。今繫之夏陽縣下。」

〔註 62〕 《周書》卷三五《薛端傳》。

〔註 63〕 《周書》卷三五《薛端傳》作「循義」，《北齊書》卷二十《薛脩義傳》作「薛脩義」。下文倶稱「循義」。

〔註 64〕 《周書》卷三五《薛端傳》。

〔註 65〕 《周書》卷三五《薛端傳》。

〔註 66〕 《周書》卷三五《薛端傳》。

〔註 67〕 《周書》卷三五《薛端傳》。

〔註 68〕 《隋書》卷七二《薛濬傳》。

薛善也入關較早。薛善爲薛破胡子和之子，魏孝武西遷時，東魏改薛氏鄉里
河東爲泰州，任薛善爲泰州別駕。大統三年，東魏於沙苑之戰時敗績，高歡
留之前降歸東魏的薛崇禮守河東，宇文泰遣李弼來攻，崇禮固守不下。薛善
勸崇禮輸誠西魏，薛崇禮先是猶豫不決，會薛善從弟馥妹夫高子信亦欲接應
西軍，「善即令弟濟將門生數十人，與信、馥等斬關引弼軍入」〔註69〕。薛崇
禮出走，被追獲。〔註70〕薛善等凡「預謀者並賞五等爵」。薛善兄弟等人遂歸
順西魏。薛善在周官至京兆尹、博平公，亦被賜姓宇文氏。薛端、薛善降歸
西魏，對西魏順利攻下河東，起了很大助力，毛漢光先生《北朝東西政權之
河東爭奪戰》〔註71〕一文對此有詳細論述，茲不贅述。

　　同出河東薛氏西祖系的薛孝通在北魏分裂後的歸向選擇上，是個特例。
據《北史》卷三六《薛辯傳附孝通傳》載，薛孝通以贊立之功，爲節閔帝信
重，「孝通內典機密，外參朝政，軍國動靜，預以謀謨。加以汲引人物，知名
之士，多見推薦」。高歡起兵河朔，孝通以關中形勝之地，力主據之，並向節
閔帝推薦賀拔岳、宇文泰。史載「孝通與賀拔岳同事天光，又與周文帝有舊，
二人並先在關右，因並推薦之。乃超授岳岐、華、秦、雍諸軍事，關西大行
臺，雍州牧；周文帝爲左丞，孝通爲右丞。齎詔書馳驛入關授岳等，同鎮長
安。岳深相器重，待以師友之禮。與周文帝結爲兄弟，情寄特隆。」如此，
薛孝通與宇文泰關係甚爲密切，本可能成爲關隴集團中的重要人物。但太昌
元年（532 年），薛孝通「因使入朝，仍被留京師」。孝武帝西遷，薛孝通因爲
與宇文泰友密，又是賀拔岳鎮關中之計的倡創者，所以被高歡執送晉陽，從
而無緣西向。薛孝通在東魏，一直被高歡疑忌，「不加位秩，但引爲坐客，時
訪文典大事而已」。興和二年，卒於鄴。「魏前二年，周文帝追軫舊好，奏贈
車騎將軍、儀同三司、青州刺史。齊武平初，又贈鄭州刺史」。〔註72〕薛孝通
仕於東魏，卻被宇文泰奏贈其官，「這是當時東西分裂情況下很特殊的例子」
〔註73〕。孝通子道衡在北齊才名顯著，河東裴讞目之爲「關西孔子」，〔註74〕

〔註69〕　《周書》卷三五《薛善傳》。
〔註70〕　《資治通鑑》卷一百五十六《梁紀十三》武帝大同三年（537 年）「東魏丞相
　　　　　歡將兵二十萬自壺口趣蒲津條」。
〔註71〕　收於氏著《中國中古政治史論》，上海書店出版社，2002 年。
〔註72〕　以上皆引自《北史》卷三六《薛辯傳附孝通傳》。
〔註73〕　毛漢光《北朝東西政權之河東爭奪戰》，《中國中古政治史論》，上海書店出版
　　　　　社，2002 年。
〔註74〕　《隋書》卷五七《薛道衡傳》。

北周滅齊，道衡入關。

河東薛氏仕於東魏北齊者除孝通父子外，尚有前文曾提過的薛循義兄弟及循義從弟嘉族父子：循義任北齊關右行臺，弟光熾任北齊東雍州刺史，從弟嘉族任北齊華州刺史，嘉族子任北齊揚州刺史。其子嗣大概在周滅齊後入關。

河東薛氏南祖系與西祖一樣，在東西兩個政權中，皆有人物。南祖房在皇興二年北歸後，薛安都子孫在北魏朝廷仕於顯職，禮遇甚重。雖然在鄉里河東仍有家宅〔註75〕，但已逐漸官僚化。北魏分裂東西，南祖房支並沒有如同西祖房薛端、薛善他們在河東以及黃河以西華州夏陽一帶擁有的武裝力量，故他們房支很可能在高歡令官民遷鄴時隨眾東行，因此仕於東魏北齊，如薛安都孫薛保興，為北齊青州樂安郡守〔註76〕，薛眞度孫湛儒為東魏司空水曹參軍。南祖房中，只有孝昌（525～527年）年間才從江左北歸的薛憕較早入關。薛憕「孝昌中，杖策還洛陽。……屬尒朱榮廢立，遂還河東，止懷僑家。……及齊神武起兵，憕乃東遊陳、梁間，謂族人孝通曰：『高歡阻兵陵上，喪亂方始。關中形勝之地，必有霸王居之。』乃與孝通俱遊長安。侯莫陳悅聞之，召為行臺郎中，除鎮遠將軍、步兵校尉」。〔註77〕宇文泰平侯莫陳悅，悅餘部大部分皆降於泰，薛憕被宇文泰引為記事參軍，成為河東薛氏南祖房較早加入關中政權者。

此外，據《隋書》卷六五《薛世雄傳》，薛世雄「本河東汾陰人，其先寓居關中。父回，字道弘，仕周，官至涇州刺史。」薛回出自河東薛氏，但世系傳承不明，既然「其先寓居關中」，則東西魏分裂時，這支薛氏當仕於西魏北周，故薛回任周涇州刺史。值得注意的是，《北史》卷七六《薛世雄傳》謂薛世雄「其先寓居敦煌」，不同於《隋書》所載，不知孰是。不過無論關中、敦煌，薛回父子在北魏分裂後皆可能直接出仕西魏北周，而不可能離開關中鄉里或從敦煌越關中東渡河北。

要之，河東薛氏在北魏分裂東西後，他們在歸向選擇上雖東西皆有，但總體來看，有以下兩個特徵：一是如同河東裴氏南來吳裴房支一樣，薛氏南祖房由於北歸後官僚化漸強，鄉里宗族勢力薄弱，受京師政治動盪影響較大，故較多被高氏勢力裹挾東行；二是留北房支在鄉里宗族勢力強大，在東西戰

〔註75〕見前文「河東薛氏南遷房支北歸」一節。
〔註76〕趙萬里《漢魏南北朝墓誌集釋》卷八圖版443《薛保興墓誌》。
〔註77〕《周書》卷三八《薛憕傳》。

爭對峙中，薛氏西祖房支率領宗族勢力有較強的迴旋能力。同時因爲其鄉里河東是東西兩政權爭奪重鎮，故薛氏人物成爲兩方爭取的對象，而由於他們傾向於西魏，不僅爲西魏奪取河東增添助力，反過來又因此立功，成爲西魏北周重用將領。

第五節　「弘農楊氏」入關

　　楊播一門在普泰元年遭遇滅家之禍，闔家男女幾乎盡被殺害。但在後來的東魏北齊、西魏北周境內，仍能看到其族人活躍的身影。如在東魏北齊地位尊顯的楊愔即爲楊播弟楊津之子。普泰元年，尒朱兆等報尒朱榮被殺之仇，殺莊帝後，楊愔正在入洛途中，路經邯鄲，被邯鄲楊寬執送相州刺史鄭誕，鄭誕遣隊主鞏榮貴送其入都，楊愔不忍被弑父仇人所囚，懇請自縊，而讓榮貴傳首至都，以領其功。榮貴感念其情，遂與楊愔俱逃。於是楊愔幸免於禍，後投奔高昂兄弟。據《北齊書》卷三四《楊愔傳》，楊愔「家門遇禍，唯有二弟一妹及兄孫女數人」，楊愔「撫養孤幼，慈旨溫顏，咸出人表」。如此，楊愔家門群從弟侄皆隨其一起投歸高氏。楊愔以盛德名家之子甚受高歡禮遇，先妻高歡女，又尚太原長公主（魏孝靜皇后）。楊愔在東魏北齊官任數遷，位至尚書令、特進、驃騎大將軍，「濟南嗣業，任遇益隆，朝章國命，一人而已」。〔註78〕乾明元年，被孝昭帝所誅，其房支在後世不爲所聞。

　　西魏北周政權下的「弘農楊氏」較東魏北齊境內較多。楊播族弟楊鈞，有子四人：楊暄、楊穆、楊儉、楊寬。普泰之禍，蓋不涉及楊播房之疏族，故楊儉、楊寬等皆免於難。楊儉於普泰初年任征南將軍、金紫光祿大夫，「永熙中，以本將軍除北雍州刺史，仍陷關西」〔註79〕，孝武帝西遷後，被任侍中、驃騎將軍〔註80〕；楊寬於永熙年間任武衛將軍、黃門郎，孝武帝入關時，楊寬在隨行之列。所以西魏北周境內，活躍著許多出自楊鈞一房的楊氏成員。楊寬隨孝武帝入關後，「頻牧數州，號爲清簡。歷居臺閣，有當官之譽」。〔註81〕北周保定元年，總管梁、興等十九州諸軍事、梁州刺史，卒於州。楊寬兄子楊敷，是後來隋朝宰相楊素之父，正史不載其何時入關，但他在「大

〔註78〕《北齊書》卷三四《楊愔傳》。
〔註79〕《魏書》卷五八《楊播傳》。
〔註80〕《周書》卷二二《楊寬傳》。
〔註81〕《周書》卷二二《楊寬傳》。

統元年，拜奉車都尉」，〔註82〕大統元年爲孝武帝西遷的永熙三年之次年，因此筆者疑他可能同其叔楊寬等人一起入關。據《周書·楊敷傳》載，楊敷在西魏北周居驃騎大將軍、開府儀同三司等顯任，又於保定六年出鎭周齊爭戰重地之汾州。北齊段孝先進寇汾州，楊敷城內兵乏糧盡，終爲北齊所陷，楊敷殊死戰，也終被段孝先所擒。楊敷入齊，不受所任，憂憤而卒。楊敷守節陷齊，其子楊素仍在北周，周武帝即位，拜楊素車騎大將軍、儀同三司，漸被禮遇。平齊之役，楊素領軍爲先驅，立大軍功，被封成安縣公，此後楊素在伐陳、擊潰突厥、消滅楊諒等戰爭中頻頻立功，在隋朝功高一世，位隆勢重，爲隋朝重要的元老功臣。〔註83〕楊寬、楊敷等爲楊播族人入關的重要一支，也是西魏周隋時期「弘農楊氏」中除皇室楊氏之外最爲顯赫的一支。

除隨從孝武帝入關的楊寬一房之外，西魏周隋境內的另外一個重要的「弘農楊氏」房支則爲楊隋之祖楊忠一房。魏末喪亂，楊忠父楊禎攜家避亂中山，楊禎結義徒討鮮于修禮，不幸死之。楊忠18歲時客遊泰山，正逢南梁來攻，遂被擄至江左，五年後才在元顥入洛時歸魏，投奔尒朱氏集團，隨獨孤信征討。孝武帝西遷時，楊忠隨獨孤信在洛，遂隨從入關。楊忠入關後，甚受宇文泰信用，數次領兵出征，平潼關、破回洛、擒竇泰、破沙苑、河橋之役、邙山之戰，楊忠均立戰功。魏恭帝初，楊忠被賜普六茹氏，孝閔帝時，進位柱國大將軍，成爲關隴勳貴中的重要一員。

周隋之際，還有頗受宇文泰、楊隋朝廷禮接的楊紹一支。《周書》卷二九《楊紹傳》載其也爲弘農華陰人，楊紹祖楊國爲鎭西將軍、父楊定爲新興太守。楊紹在西魏北周多立軍功，後被賜姓叱利氏〔註84〕，位至大將軍。其子楊雄大象末年進位上柱國，同爲關隴集團之上層；在隋朝又被楊堅引爲同宗，封爲觀德王。前揭袁剛《楊隋出自山東寒庶》中認爲楊雄父楊紹「賜姓叱利引氏，楊忠則賜姓普六茹，說明楊忠與楊紹並非同宗，都是寒門雜姓。」如此，楊紹父子在北周隋朝的顯貴，實賴於其軍功，而「弘農楊氏」郡望又被其利用來抬高門第。無論如何，他們這些僞認弘農楊氏的假冒牌，在關隴集團中的尊崇地位使「弘農楊氏」貴上加貴。

〔註82〕《周書》卷三四《楊敷傳》。
〔註83〕楊素事見《隋書》卷四八《楊素傳》。
〔註84〕《周書》卷二九《楊紹傳》。《隋書》卷四三《觀德王雄傳》、《北史》卷六八《楊紹傳》俱作：「叱呂引氏」，又《魏書》卷一百十三《官氏志》中有「叱呂氏」，不知孰是。

第六節　京兆杜氏入關

一、南遷房支入關

　　京兆杜氏南遷江淮、襄陽的房支，以武功自奮，在南朝保境禦胡、政治內爭等軍事活動中屢立戰功，並因此博得了一定的政治社會地位。但因為他們陷入南朝政權內部鬥爭過深，難免招來殺身滅族之禍，成為政治鬥爭的犧牲品。

　　如前所述，南遷彭城、壽陽的杜坦、杜驥兄弟房支在劉宋一朝頗知名，但杜驥第五子杜幼文因與阮佃夫過從甚密，引來殺身之禍，並殃及宗親，杜氏兄弟子姪無論在京師或方鎮者俱被誅。杜坦杜驥兄弟房支在宋末遭到這次滅族之禍後，雖有數人逃脫幸免，但下落不明。史文也不見他們的子嗣參與周隋關中政權的記載。

　　南遷襄陽的杜靈啓、杜乾光兄弟房支活動於齊梁之世，而在梁代最為隆盛。但也因為杜崱兄弟參與梁元帝蕭繹叔姪之間的奪權鬥爭，且他們的鄉里襄陽就是重要的戰場所在，所以雖然杜崱兄弟歸誠梁元帝後屢立戰功，所受封賞貴厚，卻仍遭來杜氏家族的第二次滅族之禍。鎮守襄陽的蕭詧在杜岸兵敗後用盡酷刑，杜岸、杜巘兄弟母妻子姪連同襄陽宗親無論老幼皆罹禍難。時在蕭繹帳下的杜岸其他兄弟幸免於難，但因戰事紛擾，損折嚴重。杜崱因戰疾而終，杜幼安降侯景後被殺。如果他們在江陵子嗣有繼，那麼很有可能在西魏破江陵後被虜掠入關。《周書》卷二《文帝紀下》載：魏恭帝元年十一月陷江陵後，「擒梁元帝，殺之，並虜其百官及士民以歸。沒為奴婢者十餘萬，其免者二百餘家」。且將襄陽收復，給傀儡皇帝蕭詧留了一座江陵空城。經此巨變，杜氏在江陵宗族遺嗣和襄陽的所有經濟田產俱入關中。

　　西魏平江陵後，杜崱子姪中也有繼續在江左活動而未入關者。杜崱第二兄杜岑子杜龕，與王僧辯結親，在江陵陷落後奉蕭淵明為梁主，守吳興。陳霸先襲京師，殺王僧辯，杜龕據吳興拒之。後陳霸先遣將討龕，龕降被殺，其妻王氏截髮出家，史稱「杜氏一門覆矣」〔註85〕。這是杜氏南遷房支所遭受的第三次重創。在此次重創後，如果杜氏幸有遺裔留存陳朝，當在隋朝滅陳後入關。

〔註85〕《南史》卷六四《杜崱傳附龕傳》。

以上對杜崱兄弟後人的入關情況僅為依據史實進行的合理推測，史文中並沒有該房支具體人物在關中政權下活動的記載。而自杜氏南遷房支中入關並在西魏北周顯達者為同出襄陽與杜崱兄弟為從兄弟的杜叔毗。杜叔毗祖乾光與杜崱祖靈啓同出南遷襄陽的杜遜，亦活動於齊梁之世。梁末政亂時，杜叔毗兄弟歸依宜豐侯蕭循。西魏大統十七年，宇文泰派軍經略漢川，圍蕭循於南鄭，蕭循遣叔毗議和。叔毗使命未返而蕭循部將降西魏，叔毗因而留在長安。叔毗兄弟子侄前在南鄭者，俱遭蕭循部將曹策、劉曉等謀害。叔毗在關中官至硤州刺史，後因伐陳兵敗被殺。唐世杜審言、杜甫即為杜叔毗之後。

二、留北房支入關

永嘉亂後分散各處各求自保的京兆杜氏留北房支在北魏統一北方後先後加入北魏政權，共仕拓跋鮮卑統治者，以求仕途發展，重振門戶。但隨著北魏末年政權分裂，這些在北魏政權下合流的杜氏同宗再次分散仕職，各保其主。

上述在北魏政權下起步較晚的洹水、中山杜氏因居於河北地區，東魏北齊跨居山東，這兩支杜氏成員皆仕職東魏北齊。中山杜氏杜弼被高歡信用，典掌機密，高洋禪魏建齊，杜弼又有定策之功，是東魏北齊立國的重要勳臣。杜弼性質直，常直言進諫，面折朝臣，而致怨毒，終為人誣陷，被高洋斬殺。杜弼子蕤、臺卿、光遠等皆被遠徙。高演即位，蕤等並還都城鄴。後主高緯天統年間，杜弼復被平反贈官。蕤兄弟子嗣仕職北齊，見稱當世，杜蕤北齊末年官至吏部郎中，杜臺卿官至國子祭酒，領尚書左丞。周武帝平齊，「命尚書左僕射陽休之以下知名朝士十八人隨駕入關」，蕤兄弟雖係知名朝士，但「不預此名」，而返居鄉里。〔註86〕蓋中山杜氏這一房支自杜弼以來忠心仕職於東魏北齊政權，北齊被北周平滅，杜蕤兄弟仍不忍遠離故土，仕於敵國，故不受周武帝隨駕入關之召。其後，臺卿又被徵召，仍不受命，史言「臺卿後雖被徵，為其聾疾放歸」〔註87〕。臺卿雖確有耳疾，但他在北齊仕清顯之職，而後又於隋朝開皇年間被徵為著作郎。史官既言「放歸」，則臺卿耳疾只是藉口，不願仕職北周才是真意。臺卿之兄杜蕤在北周亦無職任記載，但在隋朝

〔註86〕《北齊書》卷二四《杜弼傳》。《北史》卷五五《杜弼傳附臺卿傳》：「及周武平齊，歸鄉里。以禮記、春秋講授子弟。」
〔註87〕《北齊書》卷二四《杜弼傳》。

開皇中任開州刺史。蕤子公瞻、公瞻子之松並在隋朝任職。如此可見，中山杜弼房支雖然在北齊潰滅之後隸屬北周統治，但杜蕤兄弟眞正在關中政權下仕職要到隋朝以後。

洹水杜氏杜景一房，在北朝政治上起步甚晚，杜景被「州府交辟，不就」〔註88〕，景子裕也「官非貴仕」。但杜景「學通經史」，而杜裕「文學相傳」，〔註89〕在河北地區頗有名聲。魏分東西，不以仕宦爲務的杜景房支居留本地。而後杜裕被東魏北齊任用，位止樂陵令。與中山杜蕤兄弟相似，北齊滅亡，杜裕居家教授，終於鄉里，並未入關。其子正玄、正藏、正倫等在隋開皇年間，俱以文章詣闕，名著三河之間，也未在北周仕職。

同居河北地區的杜銓房支，《魏書·杜銓傳》載其房支事蹟至杜銓曾孫杜鴻於孝武帝永熙中任司徒倉曹參軍止，之後其房支便不見史載。按杜鴻任職司徒倉曹參軍的永熙年間，正是北魏孝武帝的最後統治時期。永熙三年，以孝武帝入關爲標誌，北魏政權分裂東西。杜銓房支的仕宦活動也隨之結束。《魏書》撰者魏收仕於東魏北齊，因而《魏書》對許多由北魏入東魏北齊的傳主在東魏北齊的活動作了記載，但對北魏分裂後入於關西的人物僅記至北魏結束。杜銓房支在北朝的活動於永熙年間結束，很有可能杜鴻等人在北魏分裂後自洛陽沒入關西，而未在東魏北齊政權下活動。但因爲該房支自杜銓父杜嶷始即僑居河北地區〔註90〕，即使入關西，與其鄉里的經濟基礎和宗族勢力隔絕，在處於戰爭紛亂的關西地區很難有所作爲，從而逐漸沒落，不見於史載。

居於關中本土的京兆杜氏，在北魏分裂後，大都仕於立國本貫的西魏北周政權。如知名周隋兩世的杜杲房支，《周書》卷三九《杜杲傳》載杲於「永熙三年，起家奉朝請」，永熙三年即爲孝武帝入關之年，杜杲起家釋褐當在孝武帝入關之初。杜杲房支在孝武帝朝地位較高，《周書·杜杲傳》載杲之族父瓚爲黃門侍郎、度支尚書，尚孝武帝妹新豐公主。既爲皇室之戚，孝武帝自洛陽入關，杜瓚等當隨從同行。不過既然關中爲杜杲房支本貫，其房支在孝武帝入關前本在鄉里也有可能，故《周書·杜杲傳》不言隨孝武帝入關。

另有杜整一房，也在關中，《隋書》卷五四《杜整傳》言整於魏大統末襲

〔註88〕《北史》卷二六《杜銓傳》。
〔註89〕以上並見《北史》卷二六《杜銓傳》。
〔註90〕《魏書》卷四五《杜銓傳》言杜嶷僑居趙郡，而後因爲杜超與杜銓敍親，引之入魏郡，杜銓房支是否從此在魏郡定居不可知。

爵武鄉侯，則杜整一房在其父祖時已投奔西魏政權。杜整在西魏北周乃至隋朝，深受親遇，史言「聲籍著美」〔註91〕。

　　宇文氏立國關中，爲對抗山東高氏和江左蕭梁，在關中招攬雍秦豪族，引爲其用。長期淹留關中的京兆杜氏房支經歷北魏統一以來的安定時期，在北魏後期已逐漸發展起來。宇文氏重用軍功武臣，京兆杜氏房支爲壯大家族重振門戶，遂紛紛與之合作。所以我們在石刻碑銘中看到諸多在前朝無聞而於魏末周隋興旺起來的杜氏宗族成員。如唐杜文貢曾祖植爲周滄州樂陵縣令，植子愷、愷子原始俱任職於隋朝；唐杜慶曾祖按爲周豫、虢二州刺史，按子緒任隋肥鄉令；唐南州刺史杜舉曾祖嵩爲周奉朝請、齊王府司馬、幽州刺史、煦山公，嵩子忍任隋易州司馬、毛州長史、疊州總管，襲封煦山公，忍子舒任隋太府寺丞、少府監丞、少府少監、左衛將軍。〔註92〕

　　此外，關中本土的京兆杜氏中，也有在北魏分裂後入仕東魏北齊於北周滅齊後才入關的房支。西晉杜尹之後杜洪太房支，在北魏中後期任職較高，洪太子祖悅之子長文、長文弟子達俱在北魏分裂後出仕東魏北齊，長文爲東魏安西將軍、光祿大夫，達爲齊文襄王大都督府戶曹參軍。〔註93〕只有洪太另一子顯因戰亂沒於關西，爲西魏安平公〔註94〕

〔註91〕《北史》卷七七「論曰」。

〔註92〕以上分別見唐杜文貢、杜慶、杜舉墓誌銘，收於周紹良、趙超《唐代墓誌彙編》，上海古籍出版社，1992年。

〔註93〕《魏書》卷四五《杜銓傳》。

〔註94〕《元和姓纂（附四校記）》卷六「杜氏條」。

第八章　關中郡姓家族遷徙與地域社會

　　關中郡姓歷魏晉南北朝至隋唐，冠纓不墜，是中古時期頗爲突出的地域集團。通過前文各章的考察可以明確，他們在魏晉南北朝時期不斷在不同政權和地域間往返遷徙，賴以生存的地域社會環境經常發生轉換。本章即以前文的個案考察爲基礎，總結探討家族遷徙與家族發展、家族遷徙與地域社會的密切關係，並以某些家族或某些房支爲例討論遷入地的社會融合、家族遷徙對家風家學的影響等問題。

第一節　永嘉亂後關中郡姓的地域選擇與家族發展

　　關中郡姓在魏晉南北朝四百多年間輾轉遷移，曾依違往復於南北、東西各個政權之間，以求維持家族地位，至隋唐時期成爲顯赫的關隴貴族。曾經家於各地、往復南北又分隔東西的家族房支是如何維繫家族命脈，共同推進他們家族發展的？他們的輾轉遷移對生存地域產生了什麼影響？本節欲在前文各章對六個家族個案遷徙發展的考察基礎上，總結這一族群在晉隋之間紛繁複雜的遷移行爲，特別是依違往復南北政權的過程，以求更加深入細緻地認識他們在中古時期的發展，從而爲研究家族遷移與區域社會之間的關係奠定基礎。

一、永嘉亂後關中郡姓的遷移

　　永嘉之亂掀起的移民潮持續時間很長，遷徙規模和所涉範圍也極其廣

泛。就本文所涉關中郡姓而論，他們在永嘉亂後的四散遷移狀況，按照時間和方向，製成《關中郡姓遷移時間及寓居地域詳表》（表1）

如表 1 所示，永嘉亂後關中郡姓輾轉遷移狀況可謂複雜，不僅涉及房支眾多，遷移時間不一，而且流徙方向多變，寓居地域各異。綜而觀之，關中郡姓較為集中、較成聲勢或影響重大的幾次遷移有：一、永嘉禍起之時，四散避居江左、河西、遼東、河北等地；二、胡亡氐亂，晉宋易代之際，關中郡姓紛紛南遷至襄陽、壽陽等南北邊境之地。這是關中郡姓南遷之主潮，拉開了他們各自家族依違南北、家於各地的大序幕；三、劉宋、蕭齊政局動亂、宗室鬥爭時期，失勢的南方房支投奔北朝，多以北朝都城為寓居地；四、梁朝滅亡、江陵陷落直至南朝結束，寓居江左的關中郡姓家族房支多作為敗俘先後入關。

無論南遷還是北歸，對於韋、裴、柳、薛、楊、杜這樣的世家大族的生存而言，是一次次生存地域的選擇和轉換，隨之變換的有田園家宅、家族聚離的生存問題，亦有仕途保棄、聲望揚廢等發展問題。那麼在面臨上述四個階段的歷史轉折時，他們在地域選擇方面有著怎樣的思考和無奈，而在南北往復的動盪變遷中，家族的生存和發展又有著怎樣的變化呢？

表1　關中郡姓遷移時間及寓居地域詳表

家族	遷徙方向		房支或代表人物	時　代	史　料　記　載
京兆韋氏	兩晉之際	本土	韋謏父子	前趙、後趙	《晉書》卷91《儒學·韋謏傳》
			韋鍾、韋華	前秦	《晉書》卷9《孝武帝紀》《晉書》卷113《苻堅載記上》
			韋羆		《魏書》卷45《韋閬傳》
			韋宣	後秦	《韋彧墓誌》周偉洲、賈麥明、穆小軍《新出土的四方北朝韋氏墓誌考釋》，《文博》2000年第2期
			韋惠度		《周書》卷39《韋瑱傳》
	遼東		韋逵	後燕慕容垂	《魏書》卷45《韋閬傳》
	江左		韋泓	東晉元帝	《晉書》卷70《應詹傳》
	晚渡江左		韋鍾子韋謙	晉孝武帝太元十年	《資治通鑑》卷106《晉紀二十八》孝武帝太元十年（385年）「西燕主沖攻秦高陽愍公方於驪山條」。

		韋鍾子韋華	晉孝武帝太元九年〔註1〕	《晉書》卷10《安帝紀》《晉書》卷117《姚興載記上》
		韋軌	晉孝武帝太元初	《梁書》卷12《韋叡傳》
		韋羆	晉孝武帝太元九年	《魏書》卷45《韋閬傳》
		韋玄子韋祖徵、韋祖歸	東晉末	《梁書》卷12《韋叡傳》
		韋肅		《魏書》卷45《韋閬傳》
		韋惠度		《周書》卷39《韋瑱傳》
	南遷房支北歸	韋羆子韋道福	北魏獻文帝	《魏書》卷45《韋閬傳附道福傳》
		韋肅子韋崇	不詳	《魏書》卷45《韋閬傳附崇傳》
		韋惠度		《周書》卷39《韋瑱傳》
		韋鼎	隋滅陳	《隋書》卷七八《韋鼎傳》
		韋宏		《陳書》卷一八《韋載傳》
河東裴氏	兩晉之際	本土	裴憲、裴挹、裴毅	後趙	《晉書》卷35《裴秀傳附楷子憲傳》
			裴峙、裴邁		《晉書》卷35《裴秀傳附楷子憲傳》
		遼東	東眷裴嶷、裴開	西晉末	《晉書》卷108《慕容廆載記》
		河西	西眷裴詵	西晉	《新唐書》卷71《宰相世系表一上》
			中眷裴	西晉末	《南齊書》卷51《裴叔業傳》《魏書》卷71《裴叔業傳》
			南來吳裴		《南齊書》卷51《裴叔業傳》《魏書》卷71《裴叔業傳》
		江左	裴純		《晉書》卷5《孝懷帝紀》
	晚渡江左	南來吳裴	東晉安帝	《魏書》卷71《裴叔業傳》《北齊書》卷21《高乾傳附裴英起傳》
		裴壽孫	東晉末	《隋書》卷66《裴政傳》
	南遷房支北歸	裴叔業	南齊永元二年（500年）	《魏書》卷71《裴叔業傳》
		裴政	梁陳之際	《梁書》卷28《裴邃傳》
		裴忌	陳（兵敗被俘）	《陳書》卷25《裴忌傳》
		裴蘊	隋滅陳	《隋書》卷67《裴蘊傳》
		裴景徽	陳（降北齊）	《北齊書》卷32《王琳傳》；《南史》卷64《王琳傳》

〔註1〕　韋華南奔襄陽的時間不見史載，但據其先在苻秦任職，後自襄陽投姚興，推測其可能在苻堅政權解體時南奔襄陽。

河東柳氏	兩晉之際（本土）	東眷柳純、柳卓	前趙後趙	《晉書》卷 104《石勒載記上》《宋書》卷 77《柳元景傳》《隋書》卷 62《柳彧傳》
		西眷柳耆、柳恭	後趙	《晉書》卷 107《石季龍載記下》《周書》22《柳慶傳》
	晚渡江左	西眷柳恭	秦、趙喪亂	《周書》22《柳慶傳》
		東眷柳卓		《宋書》卷 77《柳元景傳》《隋書》卷 62《柳彧傳》
		柳光世	宋元嘉二十七年	《宋書》卷 77《柳元景傳》
	南遷房支北歸	西眷柳僧習	南齊永元二年（500 年）	《周書》卷 22《柳慶傳》，《北史》卷 64《柳虯傳》
		西眷柳玄達	同上	《魏書》卷 71《裴叔業傳附柳玄達傳》
		西眷柳懿		《周書》卷 32《柳敏傳》
		東眷柳平		《元和姓纂（附四校記）》卷 7「柳氏條」
		東眷柳崇、柳元章	不詳	《魏書》卷 45《柳崇傳》《隋書》卷 73《循吏·柳儉傳》《唐代墓誌彙編續集》所收《久視 00 七周故壯武將軍豳州良社府統軍廣周番禺府折衝上柱國柳府君墓誌銘並序》
		柳仲禮	梁陳之際	《隋書》卷 62《柳彧傳》《北史》卷 77《柳彧傳》《南史》卷 38《柳元景傳附仲禮傳》
		柳裘		《隋書》卷 38《柳裘傳》
		柳霞、柳靖		《周書》卷 42《柳霞傳》
		柳洋、柳顧言（晉）、柳莊	後梁滅	《周書》卷 48《蕭詧傳附柳洋傳》《北史》卷 83《柳䛒傳》《周書》卷 42《柳霞傳》
		陳高宗柳皇后、柳莊〔註2〕	隋滅陳	《陳書》卷 7《高宗柳皇后傳》

〔註 2〕 柳映之子，非上文所見柳霞子柳莊。

	兩晉之際本土	薛強、薛辯		後趙、前秦、後秦	《魏書》卷42《薛辯傳》
河東薛氏	晚渡江左	薛弘敞		東晉末	《周書》卷38《薛憕傳》
		西祖房薛謹			《魏書》卷42《薛辯傳》
		南祖房薛安都、薛眞度、薛沈、薛道生、薛道淵、薛碩明等		宋元嘉二十三年	《魏書》卷61《薛安都傳》《宋書》卷88《薛安都傳》
	南渡房支北歸	薛安都		宋明帝太始二年	《魏書》卷61《薛安都傳》《宋書》卷88《薛安都傳》
弘農楊氏	兩晉之際	本土	楊髦、楊林	後趙	《世說新語・品藻》「冀州刺史楊淮二子喬與髦條」注引《晉諸公贊》,《晉書》卷84《楊佺期傳》,《晉書》卷116《姚襄載記》
			楊穎、楊桓	前秦、後涼	《晉書》卷122《呂光載記》,《晉書》卷122《呂纂載記》
		江左	楊朗	東晉初	《世說新語・識鑒》「王將軍始下條」
	晚渡江左	楊亮、楊佺期		東晉穆帝	《晉書》卷84《楊佺期傳》,《晉書》卷8《穆帝紀》,《晉書》卷116《姚襄載記》
京兆杜氏	兩晉之際	本土	杜曼	後趙	《元和姓纂（附四校記）》卷六「杜氏條」,《新唐書》卷72《宰相世系表二上》「杜氏條」
			杜敏	前秦	《晉書》卷115《苻丕載記》
			杜尹		《晉書》卷63《魏濬傳附子該傳》
			杜洪		《晉書》卷112《苻健載記》
			杜胄		《元和姓纂（附四校記）》卷6「杜氏」條
			杜瑾	後秦	《晉書》卷117《姚興載記上》
			杜挻		《晉書》卷117《姚興載記上》
		河北	中山杜氏杜驚	西晉末	《北齊書》卷24《杜弼傳》
			洹水杜氏杜曼	後趙	《元和姓纂（附四校記）》卷六「杜氏條」,《新唐書》卷72《宰相世系表二上》「杜氏條」
			杜嶷	後燕	《魏書》卷45《杜銓傳》

	河西	杜耽	西晉末	《宋書》卷 65《杜驥傳》
	江左	杜乂		《世說新語‧賞譽》「有人目杜弘治條」
晚渡江左	杜坦、杜驥		東晉末	《宋書》卷 65《杜驥傳》，《宋書》卷 84《鄧琬傳》，《宋書》卷 87《殷琰傳》
	杜遜		東晉末	《元和姓纂（附四校記）》卷 6「杜氏條」

二、關中郡姓的地域選擇

（一）永嘉禍起，關中郡姓家族四散，但主支仍留居本土。

如表 1 所示，關中郡姓在永嘉禍起之際，除河東裴氏、京兆杜氏、弘農楊氏家族有個別房支或成員南遷外，大部分家族房支都留居本土，仕於胡主政權。眾所周知，永嘉亂後，中朝衣冠紛紛南遷，關中六大郡姓中除河東柳、薛外，俱為漢魏舊族，甚至是四海通家。在此南遷大潮中，卻保居本土、固守家業，與同為中原士族的僑姓分隔南北，令人費思。除路途阻隔，安土重遷外，何啟民先生曾從文化傳統上做出解答，認為這些自保不遷的中原郡姓多為不染玄風抱持經學的舊閥閱者，而十六國胡主政權的漢化修養與漢化措施不僅有助於消解華夷之別，而且對其發揮才學有特殊的吸引力。〔註3〕田餘慶先生在《東晉門閥政治》中通過縝密探察，認為過不過江和他們是否屬於東海王司馬越陣營有關。〔註4〕筆者在該書第三章對河東裴氏、京兆杜氏所做個案考察中發現，個別過江的房支成員裴純、杜乂在魏晉時已染玄風，與過江的衣冠士族有著一致的文化風尚，的確符合何先生所論，且司馬越裴妃即裴純之妹，杜乂妻河東裴遐女裴穆，裴遐為司馬越主簿，故杜乂也應屬司馬越陣營。

除江左外，河東裴氏、京兆杜氏一些房支選擇了河西、遼東、河北作為避居之所。河東裴氏在晉末喪亂之前，有房支成員分別在河西、遼東一帶任職，喪亂發生時，河西尚且安定，或者遠居遼東路途阻隔返歸不得，只得避居當地。京兆杜氏在河北任職者也在戰亂發生後選擇當地寓居。分隔東西的

〔註3〕 何啟民《五胡亂華時期的中原郡姓》，收於《中古門第論集》，臺灣學生書局，1982 年。
〔註4〕 田餘慶《東晉門閥政治》，北京大學出版社，2005 年，第 276 頁。

河東裴氏之後又因苻堅滅前涼、滅前燕而重歸桑梓。淝水戰後,前秦政權崩潰,許多家族房支成員又被紛紛獨立建國的其他政權裏挾遷徙外地,比如京兆韋逵、杜嶷出仕後燕。

(二)胡亡氐亂、晉宋易代之際,關中郡姓南遷至襄陽、壽陽等邊境之地。

關中郡姓第二個遷移浪潮以南遷為主,且多以襄陽、壽陽等邊境之地為主要遷入地。對永嘉亂後士族南遷的地域選擇,陳寅恪先生早在《魏晉南北朝史講演錄》中就有精闢的論述,並多為學人轉引。就本書所論家族而言,他們的南遷房支屬陳寅恪先生所論遷於襄陽的次等士族一類。「永嘉之亂以來,居於南陽及新野地域的次等士族與上等士族同時南徙,但次等士族多止於襄陽一帶。其後『胡亡氐亂,雍、秦流民多南出樊沔』,東晉孝武帝遂於襄陽僑立雍州,並立僑郡縣以居流人。」〔註5〕《太平御覽》卷一六八《州郡部》「襄州條」引鮑至《南雍州記》曰:「永嘉之亂,三輔豪族流於樊沔,僑於漢側,立雍州。」〔註6〕

其實,襄陽所在的樊沔一帶,在永嘉之初已是司、雍、秦流民的遷入地,《晉書·王彌傳》載:永嘉初,王彌轉戰至襄城一帶,「河東、平陽、弘農、上黨諸流人之在潁川、襄城、汝南、南陽、河南者數萬家,為舊居人所不禮,皆焚燒城邑,殺二千石長吏以應彌」,此後襄陽不斷受到流寇的騷擾,致使襄陽本地士人陸續南遷,〔註7〕從而又給南遷雍秦流民騰出空地,雍、秦流民不斷南來,與本地次等士族逐漸融洽,故胡亡氐亂後,更大規模的雍、秦流民遷於襄陽一帶。如此,對於晚來的韋、裴、柳、薛、楊、杜南遷房支而言,先前已遷襄陽的雍秦流民與他們有著共同的地域背景和心理感召力〔註8〕,以

〔註5〕 萬繩楠《陳寅恪魏晉南北朝史講演錄》,黃山書社,1987年,第126頁。

〔註6〕 宋昉《太平御覽》卷一六八《州郡部》,中華書局,1960年,第819頁。

〔註7〕 安田二郎《晉宋革命和雍州(襄陽)的僑民——從軍政統治到民政統治》(劉俊文主編《日本中青年學者論中國史》六朝隋唐卷,上海古籍出版社,1995年。):「可是襄陽這地方,在永嘉大亂時多次受到流寇的騷擾,後來又因後趙的佔領受到重創。比如曾以『宗族強盛』自豪的後漢蔡瑁以來的名族蔡氏,因流賊王如的掠奪、殺戮,而遭『一宗盡滅』之禍,在石勒的大將郭敬的攻擊下,襄陽城遭到破壞,百姓也被強行趕到沔北。因此,南陽淯陽的樂氏、南陽涅陽的劉氏,以及宗氏、新野郡新野的庾氏等諸豪族都為避難移居到了江陵。住民們都盡快南下江陵,或逆漢水而上流亡到四川境內當地人口驟減,一片荒涼。」

〔註8〕 河東三姓郡望雖在河東,但在北與雍秦士人同仕於苻秦、姚秦政權,當與關

此為寓居地便不難理解。東晉朝廷立雍州，僑置京兆、始平、扶風、河南、北河南等郡縣〔註9〕，既是對流民的一種安撫，也是對他們寓居此地在制度上的認可，故劉裕平關中後，隨其裹挾而下的關輔士人仍以襄陽為第二故鄉。劉宋時期，雍州及所屬僑郡縣逐漸具有實土，宋文帝元嘉二十六年，「割荊州之襄陽、南陽、新野、順陽、隨五郡為雍州，而僑郡縣猶寄寓在諸郡界」〔註10〕。宋孝武帝大明中，「又分實土郡縣以為僑郡縣」〔註11〕。

從地理條件上講，漢水與關中河洛相近，司、雍、秦、并、冀等州流民沿漢水南下是他們比較便宜的南遷路線〔註12〕，而且，「漢水流域的自然環境及社會經濟文化的各個方面，都明顯的具有南北交匯、過度的地理特徵」〔註13〕。雍秦流民南遷於此，無論在生產生活習慣還是文化風俗等方面，與鄉里差距不大，容易適應。更尤其，韋、裴、柳、薛、楊、杜南遷房支縱是漢魏冠族，因為晚渡，已與江左朝廷及上層士人文化風貌格格不入，故居有數萬鄉民、自然地理人文地理條件相近的襄陽為其僑居優選。而河東裴氏南遷房支先居襄陽後遷壽陽，大概是其繼續南移，謀圖接近京師建康所作的一次努力，又因難以插入上層士人勢力範圍，遂擇豫州重要的軍事重鎮而居。

（三）關中郡姓南遷房支北歸，多寓居北朝都城。

最後兩個階段的遷移皆為南遷房支的北歸，主要集中在韋、裴、柳、薛四個家族。宋、齊時期，關中大族的北歸以河東薛安都、河東裴叔業擁地降北為主，韋、柳兩姓北歸房支多是隨其行動，且成員較少。梁末至南朝滅亡，他們的北歸以敗降西魏北周、隋朝為主。京兆杜氏和弘農楊氏留居南朝者先

輔士人交往較多。
〔註9〕 《晉書》卷十四《地理志上》「雍州」。
〔註10〕 《宋書》卷三七《州郡志三》「雍州」。
〔註11〕 《宋書》卷三七《州郡志三》「雍州」。
〔註12〕 魯西奇《區域歷史地理研究：對象與方法——漢水流域的個案考察》謂司、雍、秦、并、冀諸州流民沿漢水流域南遷，「主要有三條通道：西路，自關中出褒斜等秦嶺隘道入漢中；中路，或順武關路出關中，或經方城隘道下南陽，遂麇集於襄河河谷地帶或南陽盆地南部，或者繼續沿漢水南下，寄居於宜城平原；東路，司豫流人又或者出「義陽三關」，越過大別山脈，進入隨棗走廊東部。巴蜀流民之進入本區，則多出劍閣入漢中，亦有少部分東出三峽進入江漢之間。」（廣西人民出版社，2000年，第209頁。）寓居襄陽的關中郡姓六大家族房支當為三條通道中的中路。
〔註13〕 魯西奇《區域歷史地理研究：對象與方法——漢水流域的個案考察》，廣西人民出版社，2000年，第34頁。

後遭遇戰禍，終至全宗盡滅，〔註 14〕少有成員北歸。基於北歸的不同背景，關中大族南遷房支歸北後寓居地域不一，或爲北朝都城，即元魏的洛陽、高齊的鄴都、宇文周楊隋的長安；或仍居舊地。總之，除河東柳仲禮一支北歸後家於河東之外，很少回鄉。

主動投誠的薛安都、裴叔業及其家族房支在南朝依靠軍功發跡壯大，對皇權的依賴性比較大，因而才會先後在皇權政治的壓迫下北降。而北歸後的薛氏、裴氏雖然頗受禮遇，但更加依賴皇權的庇護。他們的投誠使北魏獲地得人，顯赫的功績帶來了崇高的官爵、厚重的祿秩，他們不僅不需要依賴鄉里宗親，反而成爲本土房支的庇護者〔註 15〕。如此，中央化、官僚化的北歸房支在皇帝的賜助下，寓居於都城。相較於主動投誠功績顯赫的薛安都、裴叔業家族房支，戰敗降歸的柳氏、韋氏、裴氏等在寓居地域上沒有主動權，因此他們大多作爲降俘被西魏北周楊隋裹挾入關，與關中的本土宗族合流。

三、關中郡姓移民房支的發展

（一）早渡個人或房支難入高門。

韋泓、楊朗、杜乂他們以一介之身，獨自過江，後嗣難繼，因此難以維繫家族在江左的名望；裴松之父祖等雖領有房支，但因立身簡素，世習儒史，與江左上流尙玄之風相左，亦難顯聲望。東晉孝武帝太元十八年（391 年）裴松之拜「殿中將軍」，「直衛左右」。後被有「南北之望」的琅琊王茂之、會稽謝輶接任。〔註 16〕可見河東裴氏在東晉已非名家，難入望族。松之於東晉居官近三十年直至劉宋名望才顯，官至太中大夫。裴松之子駰注《史記》，在宋代任南中郎參軍；駰子昭明太始中爲太學博士，參議太子納徵禮，詳正僻謬。〔註 17〕一門三代對南朝禮樂典制以及史學文化建設貢獻頗多。只是僅憑儒史之業，其家族地位仍難比南朝名門。

（二）晚渡房支憑藉軍功獲取高職。

南遷較晚的家族房支爲了維持家族利益，提高在江左的政治社會地位，

〔註 14〕 《晉書》卷八四《楊佺期傳》，《南史》卷六四《杜崱傳》。
〔註 15〕 劉淑芬《北魏時期的河東薛氏》收於黃寬重、劉增貴《家族與社會》，中國大百科全書出版社，2005 年，第 271～273 頁。
〔註 16〕 《宋書》卷六四《裴松之傳》。
〔註 17〕 《宋書》卷十四《禮志一》；《南齊書》卷五三《裴昭明傳》。

不得不憑藉軍功獲取高職。襄陽、壽陽皆爲江左政權的軍事重鎮。「襄陽，荊楚之舊，西接益梁，與關隴咫尺；北去洛河，不盈千里，土沃田良，方城險峻，水路流通，轉運無滯，進可以掃蕩秦趙，退可以保據上流」；〔註18〕壽陽則是淮南之根本，「南引汝、潁之利，東連三江之富，北接梁、宋，西通陳許，五湖之阻可以捍外，淮淝之固可以蔽內，壤土富饒，兵甲堅利」〔註19〕，皆爲兵家必爭之地。而且，襄陽「原野遼闊，牧畜發達，尤其以軍馬產地聞名，人人善騎射，尚武風氣濃厚」；「群山之中聚居著非漢民族的『蠻』。〔註20〕這樣的自然人文地理環境爲六大家族南遷房支形成武勇豪俠的家族門風、鍛鍊軍事才幹創造了條件。漢魏舊門弘農楊氏一改原來出入儒玄之門風，多以武幹爲事。楊佺期、楊廣沉勇果勁、強獷粗暴，在荊、雍一帶頗有影響，東晉孝武帝死後發生的兩藩與中樞之爭中，楊氏兄弟所率領的以襄陽爲後方的流民武裝是殷仲堪起事的重要依賴對象。〔註21〕

並且，劉裕建宋後，以皇子鎮襄陽，所謂「自晉氏江左以來，襄陽未有皇子重鎮，時太祖欲經略關、河，故有此授」〔註22〕。以宋孝武帝劉駿鎮襄陽爲契機，河東柳元景與其結緣，之後頻立戰功，孝武帝即位後，柳元景位至侍中、司空等職，並在孝武帝死後輔佐幼主，執掌朝政，河東柳氏在南朝以此發跡；河東薛安都也在劉宋政權經營襄陽時發展壯大，在劉駿即帝位後成爲勳臣。南齊末年，蕭衍鎮襄陽，久居襄陽已稍著聲名的京兆韋叡、韋愛房支被蕭衍拉攏利用，在蕭衍建梁後成爲梁時名臣；京兆杜懷寶房支亦在蕭衍坐鎮襄陽招攬軍將時得到重用；壽陽的裴叔業在蕭鸞刺豫州時引爲心腹，之後在南齊擁有強大武裝力量，直至最終爲朝廷猜忌。總而言之，襄陽、壽陽的地理位置爲關中郡姓晚渡房支以武功自奮創立條件，而兩地的軍事戰略地位所引來的皇子、宗室王坐鎮，又爲他們日後參與南朝政治內爭、創立功勳提供了機緣。

根據《南朝雍州豪族的門第及其仕途軌跡述論》一文的統計揭示：晚渡江左的關中郡姓代表人物在雍州、豫州憑藉軍功和皇權的提攜發跡後，他們

〔註18〕《晉書》卷七三《庾亮傳》。

〔註19〕李燾《六朝通鑒博議》，南京出版社，2007年，第244頁。

〔註20〕安田二郎《晉宋革命和雍州（襄陽）的僑民——從軍政統治到民政統治》，收於劉俊文《日本中青年學者論中國史》六朝隋唐卷，上海古籍出版社，1995。

〔註21〕田餘慶《東晉門閥政治》，北京大學出版社，2005年，第231頁。

〔註22〕《宋書》卷六《孝武帝紀》。

的子孫爲官顯赫，「一般能達到二品、三品，即使在蕭衍行十八班後，其班品也都高於流內十班，並且能持續三代以上」，文章並認爲「如假以時日，其門品的不斷上升，以致獲取『平流進取』的入仕特權，並非沒有可能」。〔註 23〕但是隨著河東薛安都、河東裴叔業的擁地北投及杜氏一門遭遇滅宗之禍，他們入居江左高門的道路中斷，京兆韋氏和河東柳氏走的更加長遠。河東柳氏在南朝政治發展中的第二個核心人物柳世隆在建康積極轉變家學門風，「專以談義自業。善彈琴，世稱柳公雙璅，爲士品第一。常自云馬稍第一，清談第二，彈琴第三。在朝不干世務，垂簾鼓琴，風韻清遠，甚獲世譽」〔註 24〕，這是關中郡姓在南朝聲望最高的家族房支。京兆韋叡子孫在梁朝居官顯赫，不僅以武勇見長，且有經史之名，甚至與江東大族吳郡張氏聯姻，足見韋氏在江左亦得到高門士族的認可。不過依憑軍功和皇權提攜發展壯大的家族權勢更容易受皇權盛衰、軍事勝敗、政權交替的影響，弘農楊氏在東晉末年一門並沒，河東薛氏、裴氏被迫北投、京兆杜氏在梁末遭遇滅門之禍、京兆韋氏重創於侯景之亂，莫不如此。

（三）北歸房支快速中央化。

北魏用人「採取兼容並包之方針……對於南朝北投者，拓跋氏尤能注意拔擢」〔註 25〕，因此舉地投北的裴、薛等南來豪族在北魏境遇頗好。薛安都於獻文帝皇興二年（468 年），「與畢眾敬朝於京師，大見禮重。子姪群從並處上客，皆封侯，至於門生無不收敘焉。又爲起第宅，館宇崇麗，資給甚厚。」〔註 26〕「客」是北魏招懷初附人士所授的一種官爵，上客、第一客爲「客」中最高的勳爵等級，而且可以由子孫繼承。〔註 27〕又據學者論證，薛安都來歸，連帶地使薛氏留北房支西祖系更受重用，而且薛安都房支所享高官顯爵也是薛氏能入郡姓的重要原因。〔註 28〕裴叔業房支北歸後被賜予將軍、刺

〔註 23〕 王永平、徐成《南朝雍州豪族的門第及其仕途軌跡述論》，《南京理工大學學報（社會科學版）》，2010 年第 1 期。

〔註 24〕 《南齊書》卷二四《柳世隆傳》。

〔註 25〕 周一良《魏晉南北朝史札記》「北魏用人兼容並包」條，中華書局，2007 年，第 351～353 頁。

〔註 26〕 《魏書》卷六一《薛安都傳》。

〔註 27〕 詳參安介生《北魏時期的「上客」「第一客」與招懷政策》，《中國邊疆史地研究》，2007 年第 1 期。

〔註 28〕 劉淑芬《北魏時期的河東薛氏》，刊於黃寬重、劉增貴《家族與社會》，中國大百科全書出版社，2005 年。

史、侍郎等職，有學者統計，裴叔業房支 16 人仕職，其中三品以上有 8 人，占總人數 50%，而且得到了更高的封爵。〔註29〕隨從薛氏、裴氏北歸的韋氏、柳氏也大都受到較高禮遇。如韋道福以功除安遠將軍、賜爵高密侯；韋欣宗被賜爵杜縣侯。隨裴叔業入魏的韋伯昕官至員外散騎常侍、中壘將軍。柳僧習任北地、潁川二郡守，揚州大中正。

不過，從他們的任職地域來看，除少數職於京師外，在地方任職的大多仍仕於南境諸州。大概魏主對他們既要賞賜招撫，又有意利用他們熟悉南境邊地風俗民情的優勢對當地進行控制。值得注意的是，這些北歸房支和關中、河東故鄉基本毫無聯繫，任職地域也很少涉及。大概隨著官僚化的加強，對皇權政治有了更多的依賴性，也缺乏地方武裝力量。後來北魏分裂東西，關中、河東一帶憑藉宗族武裝力量迂迴輾轉，被宇文氏積極爭取之時，這些北歸房支卻因受京師政治動盪影響，幾乎全部被高歡勢力裹挾向東，悉仕東魏北齊。〔註30〕

至於梁末至陳亡以敗俘身份入關的關中郡姓，或因自身聲望，或因個人專長，加之故鄉本族的庇護，皆受到重用。比如河東裴政，「會江陵陷，與城中朝士俱送于京師。周文帝聞其忠，授員外散騎侍郎，引事相府。命與盧辯依《周禮》建六卿，設公卿大夫士，並撰次朝儀，車服器用，多遵古禮，革漢、魏之法，事並施行。尋授刑部下大夫，轉少司憲。政明習故事，又參定《周律》。」〔註31〕裴蘊在陳亡之後「上以為夙有向化之心，超授儀同。」〔註32〕又如河東柳莊，梁國被廢後入隋，被「授開府儀同三司，尋除給事黃門侍郎，並賜以田宅」〔註33〕，又因學業和世務兼備，得朝臣厚待。京兆韋鼎，陳亡入隋，「上馳召之，授上儀同三司，待遇甚厚」。〔註34〕與本土宗族共同構築其家族聲望，入據關隴貴族集團。

〔註29〕王愛華《北魏後期南來吳裴與河東裴氏之比較》，《許昌學院學報》，2003 年第 4 期。
〔註30〕詳參本書第七章「關中郡姓入關」中對各個家族的考察。
〔註31〕《隋書》卷六六《裴政傳》。
〔註32〕《隋書》卷六七《裴蘊傳》。
〔註33〕《隋書》卷六六《柳莊傳》。
〔註34〕《隋書》卷六七《韋鼎傳》。

第二節　空間轉換、家族發展與區域社會——以關中郡姓南遷北歸爲中心

　　歷兩晉十六國戰亂紛紜、南北朝侵擾不安的動盪變局，關中郡姓或早或遲地分房分支、播遷四地以求安身保家。同一家族既有僑支又有本支，分別家於南北東西，仕於相互敵對的王朝。縱然房支家於各地，仕途各有升降，但對聯繫其家族血脈、標誌門資聲望的郡望一直標榜不變，共同撐起了各家族的貴顯榮耀。不過，這樣的空間轉換，這些家族主動或被動的移民選擇，對家族發展的影響如何？又對他們的生存地域發生著怎樣的作用？本節將以關中郡姓的南遷北歸爲線索，將他們置放於不斷轉換的地域環境中，通過考察他們在不同地域社會活動中的角色扮演及移居地的社會生活狀況，分析空間轉換對家族本身、以及家族的移居地和故鄉的地域社會及地域文化究竟產生了怎樣的影響，進而尋求家族發展與地域社會的密切關係。

一、中古關中郡姓的空間轉換

　　對於永嘉亂後關中郡姓六大家族的遷徙，筆者通過前文各章的個案考察及上節內容的綜合判斷，可得出如下結論，永嘉亂後關中郡姓較爲集中、較成聲勢或影響較大的遷移可以分爲四個階段：

　　第一階段爲永嘉禍起之時，六大家族避居江左、河西、遼東、河北者有之，而以留居故土爲主流。南遷江左的多爲家族中的個別人物或房支，他們或因一身孑立，後世無繼；或因世以儒史爲業，與江左高門文化風向相左，難以維繫在江左的大族地位。

　　第二階段爲胡亡氐亂、晉宋易代之際，關中郡姓紛紛南遷，並以襄陽、壽陽等南北邊境之地爲寓居之所，依靠創立軍功提升家族地位。但因對皇權依賴過甚，故家族發展又受王室政變、朝代更迭、政局變動影響頗大。

　　第三階段爲劉宋、蕭齊政局動亂時，失勢的南方房支主動投誠北朝，多以北朝都城爲寓居地。因爲功績顯赫，頗受北朝禮遇，使鄉里宗親同受庇護。但也因中央化過強，受京城政局變動影響較大，北魏分裂東西時，大部分被裹挾向東，出仕東魏北齊。

　　第四階段爲梁朝滅亡、江陵陷落直至南朝結束，宋齊以後繼續寓居江左的房支多作爲敗俘先後入關。他們中或因自身聲望，或因個人專長，加之受

到故鄉本族的庇護，也頗受重用，與本土宗族共同構築其家族聲望，入據關隴貴族集團。

又可注意者，如以南遷北歸爲線索，上述四個階段可作如下總結，第一個階段爲關中郡姓南遷之始，數量不多；第二個階段是關中郡姓南遷之主潮，拉開了他們各自家族依違南北、家於各地的大序幕；第三和第四個階段則以南遷房支的北歸行爲爲主，隨著北方政權變動，他們的北歸地也各有不同。

二、關中郡姓遷移對家族發展的影響

（一）維繫家族生存發展，保持家族地位。

中古時期關中郡姓的空間轉換是維繫家族生存發展，保持家族地位的重要手段。永嘉禍起，關中、河東地域遭受兵亂甚巨，不少家族爲門戶之計子弟分途遷移，以求安身保家，維持家族生存。河東裴氏、京兆杜氏在永嘉之亂後離開鄉里避亂河西、南奔江左和託命於慕容廆者，即爲此例。而這種子弟分散遷移的行爲也造成家族分房分支。北方士族重同姓，合族而居，世代同堂，但爲躲避戰亂，子弟分散，南北隔絕、東西相阻，寓居於各地的兄弟便各自成立門戶，成爲各自所在政權下的本家族的代表房支，如河東裴氏所定著之五房，其名稱來源即緣於他們的遷徙活動：西眷裴緣於避居河西；南來吳裴緣於其南遷又北歸；東眷裴則曾託命於遼東慕容廆。〔註35〕家於各地的家族房支儘管仍繫於原來的郡望，但歷久彌長，新貫逐漸成爲新望，如同出京兆的襄陽杜氏、中山杜氏、洹水杜氏。〔註36〕

也有家族在移民之後在仕途、聲望等方面獲得明顯的發展與提升。魏晉南北朝時期的河東柳氏以南遷房支爲著，柳元景及其子侄在江左政權不僅撈取了提高家族地位的政治資本，而且注重培養其在襄陽的宗族力量，因時制宜地改變家族門風，儼然成爲江左一流高門。河東薛安都雖南遷不久即北歸，但正是他們房支的北歸，不僅自身獲取了北魏朝廷極高的禮遇，也給留北房支的發展帶去機遇。當然，也不排除有南遷房支給本家族帶來滅門之禍的現象，如弘農楊氏，楊佺期一門在江左遭滅族之禍，其家族在北房支蹤跡難覓。

〔註35〕《新唐書》卷七一《宰相世系表一上》「裴氏條」。
〔註36〕《新唐書》卷七二《宰相世系表二上》「杜氏條」。

（二）削弱地方宗族基礎，不利於長遠發展。

除楊、杜兩姓外，韋、裴、柳、薛四個家族南遷後皆有北返現象，以河東薛安都、河東裴叔業擁地北歸為典型，韋、柳兩姓北歸房支多是隨其行動，且成員較少。就河東薛、裴兩個家族的北歸房支而言，他們在北魏受到極高禮遇，北魏朝廷甚至在平城一帶為薛安都房支建造家宅，裴叔業房支也大多，居於京師洛陽一帶。隨著兩個北歸房支官僚化的加強，他們與原先的河東鄉里宗族缺乏聯繫，也不具有地方武裝力量。因此在北魏分裂東西時，河東的薛氏、裴氏憑藉宗族武裝力量迂迴輾轉，被宇文氏積極爭取，而薛安都、裴叔業房支成員卻因受京師政治動盪影響較大，幾乎全部被高歡勢力裹挾向東，悉仕東魏北齊。〔註37〕齊亡後，史載中也不見他們房支的子嗣入關，大概在北齊逐漸蕭條卑微，再度發展要待隋唐以後了。

（三）融入地方社會，改變家學門風。

關中郡姓除河東柳氏、薛氏外，京兆韋氏、杜氏，弘農楊氏和河東裴氏皆為漢魏舊門，名著一時，譽滿天下，但他們南遷後，寓於南北邊境之地，與群蠻雜處。受當地地域文化的影響，又為提高本家族的地位，不得不以武功自奮。因此原經史儒業世家轉而以將略為長，成為武宗豪強。如京兆杜驥、杜坦兄弟雖涉史傳，但南遷後也以將略為主，因此對「朝廷常以傖荒遇之，雖復人才可施，每為清塗所隔」〔註38〕的現狀頗為憤慨；杜崱也以「膽勇」稱名於鄉〔註39〕。又如弘農楊佺期兄弟出自漢代經學大家楊震之後，過江後，「自雲門戶承籍，江表莫比，有以其門地比王珣者，猶恚恨，而時人以其晚過江，婚宦失類，每排抑之，恆慷慨切齒，欲因事際以逞其志。」因此家風遂變，以「沈勇果勁」、「強獷粗暴」著稱。〔註40〕此外如京兆韋氏、河東柳氏、河東裴氏、河東薛氏等無不靠武勇能戰在江左謀求仕宦之途。

東晉南朝高門士族以玄風相尚，關中郡姓南遷房支欲被其接納，須在文化修養上向其靠攏。陳寅恪在《唐代政治史述論稿》中篇《政治革命及黨派分野》中曾指出：「夫士族之特點既在其門風之優美，不同於凡庶，而優美之門風實基於學業之因襲」，認為士族社會地位的重要表徵在於優美的門風

〔註37〕參考本書第七章「關中郡姓入關」第二節、第四節的相關內容。
〔註38〕《宋書》卷六五《杜驥傳》。
〔註39〕《梁書》卷四六《杜崱傳》。
〔註40〕《晉書》卷八四《楊佺期傳》。

和世代因襲的學業。靠軍功獲取家族地位的南遷房支欲在江左士族社會中立足，關鍵的因素是家學門風。河東柳氏便是諸多南遷武宗豪強中積極轉變家族門風的表率。河東柳氏自柳元景於襄陽發跡，至柳世隆時已宅於建康，一方面主動尋求家風的轉變，一方面受京城上流風尚的薰染，柳世隆時已爲名門。《南齊書》卷 24《柳世隆傳》載：「世隆少立功名，晚專以談義爲業。善談琴，世稱柳公雙璅，爲士品第一。常自云馬矟第一，清談第二，彈琴第三。在朝不干世務，垂簾鼓琴，風韻清遠，甚獲世譽。」〔註41〕柳世隆子柳悅、柳惔、柳惲等皆好學善文，擅長音律、彈琴等才藝。

　　關中郡姓南遷房支在南方地域社會中所受影響還可以從他們北歸後生活狀況中反映出來。北朝重同姓，累世而居，但裴叔業房支因爲久居淮南，漸染南風，北遷後「各別資財，同居異爨，一門數灶」，論者稱「蓋亦染江南之俗也」。〔註42〕此外，裴叔業房支在南，濡染佛法，北歸後多有崇佛、歸隱佛寺之行。同傳載裴植「少而好學，覽綜經史，尤長釋典，善談理義」，降魏後曾因不滿官任「表請解官，隱於嵩山」，臨終「遺令子弟命盡之後，剪落鬚髮，被以法服，以沙門禮葬於嵩高之陰」。裴粲「性好釋學，親升講座，雖持義未精，而風韻可重」。裴粲弟裴衍也曾「欲辭朝命，請隱嵩高」。〔註43〕裴植、裴粲等「以文士而信佛，並談義理，雖不必精深，固仍襲南朝之風也」。〔註44〕

　　當關中郡姓南遷房支北歸後，他們在南方所薰習的個性風采和名士氣質，在北人看來，異常新鮮。據《魏書‧裴叔業傳》，隨叔業入魏的柳遠「性粗疏無拘檢，時人或謂之『柳顛』，好彈琴，耽酒，時有文詠。……每出訪，家人或問有何消息，答曰：『無所聞，縱聞亦不解。』」柳諧「頗好文學，善鼓琴，以新聲手勢，京師士子翕然從學。」同傳記載，裴粲以儒雅風度被人仰慕稱奇，魏高陽王元雍曾有意辟其爲從事，「粲不從，雍甚以爲恨」，但一次粲見雍，「神情閒邁，舉止抑揚，雍目之不覺解顏。及坐定，謂粲曰：『相愛舉動，可更爲一行。』粲便下席爲行，從容而出。……後世宗聞粲善自標置，欲觀其風度，忽令傳詔就家召之，須臾之間，使者相屬，闔家恇懼，不

〔註41〕《南齊書》卷二四《柳世隆傳》。
〔註42〕《魏書》卷七一《裴叔業傳附裴植傳》。
〔註43〕以上同出《魏書》卷七一《裴叔業傳》。
〔註44〕湯用彤《漢魏兩晉南北朝佛教史》，北京大學出版社，2011 年，第 283、284 頁。

測所以，粲更恬然，神色不變。世宗歎異之。……又嘗詣清河王懌，下車始進，便屬暴雨，粲容步舒雅，不以沾濡改節。懌乃令人持蓋覆之，歎謂左右曰：『何代無奇人。』」河東柳氏、裴氏的個性風采和儀表風度，自然濡染自南，蘊含著江左文化的精神氣韻。

三、關中郡姓遷移與區域社會

（一）減少人口，強化胡漢人口比例中胡族的優勢。

對遷出地而言，關中郡姓的外遷，最直接的影響是當地人口的減少。雖然關中郡姓移民的主體多是個別房支甚至零星成員，但中古時期的移民潮，是以貴族、官僚、地主為主，裹挾大量賓客平民的大規模移徙。雖然我們對關中郡姓及隨他們一起遷移的人口數量無從掌握，但應該明確的是，幾次較集中的移民當不是這些家族房支的單獨行動，尤其是胡亡氐亂時期的晚渡，更是這一時期大規模的移民浪潮。作為三輔著姓和河東大族，他們在戰亂動盪時的去留選擇會對當地人眾造成很大影響。因此，關中郡姓的外徙必將帶來故鄉人口特別是漢族人口的下降。

而關中、河東地域的人口結構，早在東漢三國時期已受到眾多非漢民族人眾的衝擊，形成多民族雜居的狀態。董卓之亂使關中「不復人跡」，至三國時期，關中人口非常稀少。與此同時，羌、氐等少數民族大規模地移居關中，「曹操統一北方時，羌人在關中和西北人口中的比例已經大大上升，成為人數僅次於漢人的第二大民族」。〔註45〕至西晉時期，氐、羌和其他少數民族在關中已有非常廣泛的分佈。江統《徙戎論》云：「關中之人百餘萬口，率其多少，戎狄居半」〔註46〕至於河東地域，漢魏時期已有不少非漢民族進入。江統《徙戎論》中又云：「建武中，以馬援領隴西太守，討叛羌，徙其餘種於關中，居馮翊、河東空地，而與華人雜處。」曹操曾將內遷河東的匈奴分為五部，共有三萬餘落，十幾萬人，不少部眾已居於汾河流域。

十六國時期，隨著胡族政權先後對關中、河東的統治，尤其是苻堅統一之後，關中、河東湧入了更多的各民族人口。如公元371年苻堅曾「徙關東豪傑及諸雜夷十萬戶於關中」，〔註47〕）十多年後「鮮卑、羌、羯，布諸畿

〔註45〕葛劍雄等《簡明中國移民史》，福建人民出版社，1993年，第123頁。

〔註46〕《晉書》卷五六《江統傳》。

〔註47〕《晉書》卷一百十三《苻堅載記上》。

甸」，又稱「鮮卑、羌、羯，攢聚如林」。〔註48〕據學者統計，當時關中附近地區的氐人至少在 20 萬戶以上，按每戶 5 人計，氐族總人口應在 100 萬以上。〔註49〕數量和實力僅次於氐人的是羌人。公元 386 年，羌人首領姚萇建立後秦政權，儘管數十年後被東晉所滅，但可以肯定大多數羌族平民仍然留居關隴地區。可以說東漢以後，關中乃至河東地區，胡漢民族的人口比重呈現胡族漸增，壓倒漢人的態勢。而胡亡氐亂乃至劉宋初年，關中、河東等地士族的南遷，使得漢族人口的比例再次急劇下降，加強了胡漢力量對比中胡族的優勢。

（二）胡族勢力增強，關中、河東地域本土文化衰退。

依據盧雲《漢晉文化地理》中的結論，兩漢時期，關中所在的三輔地區是全國文化最為發達的地區之一。經由東漢末年的戰亂，關中文化雖有衰落，且向武文化流行，不過由於許多世家大族的存在，三國西晉時期，關中文化仍保持著較為發達的狀態，學術文化上保持著兩漢以來的經學傳統與教育形式，少有清談之士，以儒學、文賦見長。〔註50〕

河東地區的文化在曹魏時期有了顯著的發展，儒學發達，號稱「特多儒者」〔註51〕。西晉時期更成為文化發展水平最高的地區，保持經學傳統的同時也開始出現習老莊、尚清談的風氣。〔註52〕文學成果也較突出，《通典》卷179《州郡八》「古冀州下」：「山西土瘠，其人勤儉，而河東，魏晉以降，文學盛興，閭井之間，習於程法。」

需要注意的是，兩漢魏晉時期關中文化發達的狀態以及魏晉時期顯著發展起來的河東文化依賴的是本地域密佈的官僚和士族。特別是魏晉時期，「學校中心移於家族，而家族復限於地域，故魏晉南北朝之學術、宗教皆與家族、地域兩點不可分離。」〔註53〕但是隨著西晉末年永嘉之亂的發生，延綿至東晉南朝一百多年的人口遷移，特別是關中、河東世家大族的外遷，使得關中、河東地區本土文化的積累和發展受到干擾，本就「五方錯雜，風俗不一」

〔註48〕《晉書》卷一百十四《符堅載記下》。
〔註49〕馬長壽《碑銘所見先秦至隋初的關中部族》，中華書局，1985 年，第 10 頁。
〔註50〕盧雲《漢晉文化地理》，陝西人民教育出版社，1991 年，第 50～129 頁。
〔註51〕《三國志·魏志》卷十六《杜畿傳》。
〔註52〕盧雲《漢晉文化地理》，陝西人民教育出版社，1991 年，第 101～128 頁。
〔註53〕陳寅恪《隋唐制度淵源略論稿》，三聯書店，2001 年，第 20 頁。

〔註 54〕的關中與文學興盛的河東的文化面貌皆漸趨胡化，文化成果也漸趨寂寥。在語言上，「秦漢以來，內史、三輔而外，河東實爲首郡，當時語言文字，逼近西京，自永嘉南渡，五部分居，始變中華之音。」〔註 55〕

（三）騰出空間，為民族融合創造最佳的地理環境和條件。

關中、河東地域大族的外遷給內遷的胡族騰出生存空間，使得這些地域形成眾多民族雜居的局面，爲民族融合創造了最佳的地理環境和條件，使各族原有的政治、經濟和文化等各方面的差別快速消失。鮮卑、氐、羌、羯等游牧民族遷入內地，原來廣闊草原的地理環境改變，不得不盡快地使自己適應和從事內地的農業或半農半牧的經濟生活。他們內徙後，關中、河東等地原先較爲先進的文化必然對之產生決定性的影響。

周偉洲《論魏晉南北朝時期北方的民族融合》曾作出判斷：「隋唐時內遷的氐族就很少見於記載，說明他們的民族特點基本消失，融入到漢族之中」；「關中羌村中的婚姻情況，南北朝至隋代仍以同族之間通婚爲主，唐以後則與異族（主要是漢族）通婚較爲普遍；說明關中羌族進一步漢化，直到唐中葉後，最終融入漢族」。〔註 56〕而關中的羯人也在東晉南北朝時期漸漸融入漢族，「經過前秦亡後的戰亂，有關羯人的記載不再出現，羯作爲一個民族在中原已不復存在，關中是羯族移民最後一個聚居區。」〔註 57〕

總之，十六國北朝時期民族融合的大陣地中，關中與河東等地是民族分佈最爲複雜、民族矛盾最爲深刻、民族更替最爲頻繁、民族融合最爲急劇的地區。當地留居的漢族士人及庶民是漢文化的重要載體，是胡族漢化的重要施行者，而世家大族及流亡民眾的外遷爲大量民族的分佈騰出了空間，創造了環境與條件，有力助推了這場急劇複雜的民族融合過程。

（四）溝通南北，促進南遷地域社會進步和文化發展。

關中郡姓從漢魏名郡遷入漢淮流域，是對寓居地勞動力的又一次補充，對當地生產發展和社會進步當有積極推動作用。魯西奇《區域歷史地理研究：

〔註 54〕《通典》卷一百七十四《州郡四》「古雍州下·風俗」。

〔註 55〕《古今圖書集成》第 654 冊《理學彙編·字學典》，卷 145《方言部匯考三·山西志書》。

〔註 56〕周偉洲《論魏晉南北朝時期北方的民族融合》，《社會科學戰線》，1990 年第 3 期。

〔註 57〕葛劍雄等《簡明中國移民史》，福建人民出版社，1993 年，第 162 頁。

對象與方法——漢水流域的個案考察》第三章《秦漢至六朝時期漢水流域的人口、經濟、聚落與文化》考察襄陽為中心的襄宜平原在魏晉南北朝時期的發展時指出：「全國經濟總體上處於衰退狀態，……但是，在這一時期襄宜平原與隨棗走廊的經濟不僅沒有衰退，反而有較大的發展。……大量南下的流民成為這一帶重要的生力軍。統治階級『招懷初附，勸課農桑』。不多久，襄陽已出現『田土肥良，桑梓野澤，處處而有』的繁盛景象。」〔註 58〕北人南遷促進了當地牛耕和鐵農具的普遍推廣，並推動了旱作麥、粟尤其是小麥等種植面積的擴大，而這也成為襄陽等地這一時期經濟開發的重要特點。

其次，因為關中郡姓大多為漢魏舊族，世習儒學文史，他們寓居襄陽、壽陽等地，也使當地社會文化得到加速發展。《隋書》卷 31《地理志下》「荊州條」載，「其人率多勁悍決烈，蓋亦天性然也。南郡、夷陵、竟陵、沔陽、沅陵、清江、襄陽、春陵、漢東、安陸、永安、義陽、九江、江夏諸郡，多雜蠻左，……自晉氏南遷之後，南郡、襄陽，皆為重鎮，四方湊會，故益多衣冠之緒，稍尚禮義經籍焉。」此處之「衣冠之緒」當以關中郡姓為代表，儘管他們南遷後多仕武職，但對傳統的經史文學等家學並未摒棄。例如京兆韋叡「時雖老，暇日猶課諸兒以學。第三子棱，尤明經史，世稱其洽聞，叡每坐棱使說書，其所發摘，棱猶弗之逮也。高祖方銳意釋氏，天下咸從風而化；叡自以信受素薄，位居大臣，不欲與俗俯仰，所行略如他日。」〔註 59〕其子韋棱、韋黯或「以書史為業」、或「少習經史，有文詞。」〔註 60〕韋叡孫韋載十二歲已熟通《漢書》，長大後，博涉文史。〔註 61〕

關中郡姓作為地方名望，「擁有一般人難以抗衡的政治、經濟、文化等優勢，並通過婚姻交遊圈將這種優勢擴大，逐步掌握地方話語權，引起社會廣泛關注，從而矜式鄉里，典型後進，對地方起到良好的示範作用和教育作用」。〔註 62〕所以使本是人多勁悍的襄陽等地「稍尚禮義經籍」。這種示範和教育作用在士族的任職地也會發揮重要作用，如京兆杜坦兄弟之於青州，

〔註 58〕魯西奇《區域歷史地理研究：對象與方法——漢水流域的個案考察》，廣西人民出版社，2000 年，第 233 頁。

〔註 59〕《梁書》卷十二《韋叡傳》。

〔註 60〕《梁書》卷十二《韋叡傳》。

〔註 61〕《陳書》卷十八《韋載傳》。

〔註 62〕張劍《家族與地域風習之關係——以宋代宗澤及其家族為中心》，《中國文化研究》，2007 年春之卷。

《魏書》卷 84《儒林傳》載：晉世杜預注左氏，預玄孫坦、坦弟驥於劉義隆世並爲青州刺史，傳其家業，故齊地多習之。

（五）影響南北對峙形勢，促進南方文化北傳。

關中郡姓南遷後屢創軍功，積聚了強大的軍事力量，在江左王室爭鬥、禦敵平叛中發揮了非常重要的作用，甚至他們的政治軍事舉動直接影響著南北政權的對峙局勢。眾所周知，東晉十六國南北朝對峙期間，南北對峙力量總的趨勢是北強南弱，東晉南朝特別是南朝的北部疆域一直向南退縮。而關中郡姓據地投北曾加劇這種趨勢。正如李燾《六朝通鑒博議》「總六朝形勢論」中分析說：「大抵守河而不能則守淮西、淮北，守淮西、淮北而不能則守淮南，畫守長江則不足道。……迨明帝時薛安都以彭城叛，常珍奇以懸瓠叛，淮之西、北，遂爲元魏所取，則其所守，又徒在於淮南也。齊永元之際，裴叔業又以壽春叛，淮南之地復爲元魏所取。梁武帝既復淮南，歷侯景之亂其地沒於高齊。陵夷至於陳，但以長江爲境，故陳氏無藩籬之固，在六朝最爲至弱，無足怪者。」〔註63〕

正是宋明帝時薛安都舉州降魏，使劉宋喪失淮北四州及豫州淮西地，蕭齊時期裴叔業率同豫州豪族集體降魏，又使南齊丟淮南，導致南北對峙力量對比北強南弱的趨勢進一步發展和凸顯。另外，梁陳至隋期間關中郡姓在南家族房支入關，進一步強化北方政權的優勢，並再次削弱這些家族在第二故鄉的家族力量。

當然，南遷房支的北歸不僅造成南北政治軍事力量的消長，而且他們同時也是南方文化北傳的使者，在先分裂後統一的歷史局面下，推進著南北文化、胡漢風情的流動交融。河東裴氏將佛法與義理結合給北朝佛教文化帶去新的氣象，同時他們和河東柳氏在南方薰習的個性品質與北朝質樸雄豪之風融通發展。梁陳至隋期間入關的關中郡姓南方房支，將南方文學藝術和典章制度帶入關中，對北周與隋朝文化發展、制度建設及外交方面有著較大影響。如河東裴政在江陵陷落後入長安，「與盧辯依《周禮》建六卿，設公卿大夫士，並撰次朝儀，車服器用，多遵古禮，革漢、魏之法，事並施行。……又參定《周律》。……又善鍾律，嘗與長孫紹遠論樂。……高祖攝政，……詔與蘇威等修定律令。政採魏、晉刑典，下至齊、梁，沿革輕重，取齊折衷。

〔註63〕李燾《六朝通鑒博議》，南京出版社，2007年，第154、155頁。

同撰著者十有餘人，凡疑滯不通，皆取決於政。」〔註64〕河東柳裘同於江陵陷落後入關，「周明、武間，自麟趾學士累遷太子侍讀」〔註65〕。後梁滅，柳莊入關，「明習舊章，雅達政事，凡所駁正，帝莫不稱善。蘇威爲納言，重莊器識，常奏帝云：『江南人有學業者，多不習世務，習世務者，又無學業。能兼之者，不過於柳莊。』」〔註66〕如果說南北文化的交流、南朝文化的北傳更多依託的是南北士人的遷移和流動，那麼南遷又北歸的關中郡姓家族房支，他們在其中發揮的重要作用不容忽視。

第三節　關中郡姓南遷房支的社會融合

「社會融合（social integration）」是 1966 年法國實證主義社會學家涂爾幹在研究自殺率時提出的。但它至今還是一個模糊的概念，沒有一致認同的清晰定義。有學者認爲社會融合是指不同個體或群體與某個群體的內聚性，表徵的是個體在某個群體中的參與程度和認同程度及群體成員之間的相互依賴程度〔註67〕。也有學者進一步認爲，社會融合是個體與個體之間、群體與群體之間或不同文化之間互相融合、互相適應的過程，並以構築和諧的社會爲目標〔註68〕。

總體而言，對社會融合的研究分成了兩類，一類是將某個系統作爲整體，關注其社會關係或聯繫的總體情況，社會融合是影響整體和諧的重要因素；另一類是關注社會融合本身，其特徵是考察個體或群體與社會系統之間的社會關係或聯繫，包括不同種族、不同地區、不同商業組織之間的社會融合，也包括國內、國際移民與當地社會的社會融合，甚至還有國家之間的融合情況。〔註69〕其中，移民的社會融合問題不僅是社會融合研究的重要內容，也是移民研究的重要內容。對國際移民的社會融合關注較多的是國外學

〔註64〕《隋書》卷六六《裴政傳》。

〔註65〕《隋書》卷三八《柳裘傳》。

〔註66〕《隋書》卷六六《柳莊傳》。

〔註67〕Schwarzweller H.K.〈Parental family ties and social integration of rural to urban migrants〉,〈Journal of Marriage and the Family〉, 1964 年第 4 期。

〔註68〕任遠、鄔民樂《城市流動人口的社會融合：文獻述評》,《人口研究》, 2006 年第 3 期。

〔註69〕李樹茁, 任義科, 靳小怡, 費爾德曼《中國農民工的社會融合及其影響因素研究——基於社會支持網絡的分析》,《人口與經濟》, 2008 年第 2 期。

者〔註70〕，而國內學者對農民工的社會融合問題關注的較多〔註71〕。

　　我國古代魏晉南北朝時期是一個典型的移民社會，陳寅恪先生說「兩晉
南北朝三百年來的大變動，可以說就是由人口的大流動、大遷徙問題引起」，
「不徙有事發生，徙則有大事發生，南北朝無一大事不與徙有關」〔註72〕。
在大規模移民潮的影響下，僑民與本土士民的關係即僑舊關係問題構成東晉
南朝社會的核心矛盾〔註73〕，僑民與本土士民的衝突與融合深刻影響至當時
政治、經濟、軍事、文化、社會活動諸方面。僑民在寓居地域的社會參與、
社會互動、融入地方社會的意願和能力及本地社會對他們的接受程度影響著
東晉南朝的政權鞏固和社會穩定。因此，學者對這一時期的移民問題十分關
注並形成了豐碩的研究成果〔註74〕。但在諸多移民問題的研究中，多集中於
對移民本身或將移民問題置於政治史、文化史視野下的一些討論，關注僑民
群體的社會生活，從社會史角度考察他們在遷入地的社會參與、社會互動、
融入地方社會的意願和能力、本土士民對他們的社會接收，以及分析僑舊民
眾社會生活安定和諧的影響因素等的研究則還很少，秦冬梅《論東晉北方士
族與南方社會的融合》是這方面的有益探索〔註75〕。據此，本節內容將從社
會史角度運用社會融合這一社會學理論，對「關中郡姓南遷房支」這一僑民
群體，在江左的社會融合的相關問題進行考察，嘗試彌補對士族群體的社會
史研究，並進一步揭示家族發展與地域社會的密切關係。

　　東晉南朝的社會群體構成從等級上分士族、庶族兩類，從來源上又可分
僑人、土著兩類，結合言之，東晉南朝社會群體由僑姓士族、僑姓庶族、本
土士族、本土庶族四類構成。本書所論關中郡姓，韋、裴、楊、杜在漢魏時

〔註70〕 Myers S.M.〈Childhood migration and social integration in adulthood〉,〈Journal of
　　　　 Marriage and the Family〉，1999 年第 3 期。
〔註71〕 宋國愷、王起《流動人口的社會融合研究綜述》,《廣州大學學報》，2012 年第
　　　　 8 期。
〔註72〕 萬繩楠《陳寅恪魏晉南北朝史講演錄》，黃山書社，1987 年，第 129 頁。
〔註73〕 朴漢濟先生認為「僑舊體制」正是東晉南朝時期的社會特徵，詳參周偉洲《「胡
　　　　 漢體制」與「僑舊體制」論——評朴漢濟教授關於魏晉南北朝隋唐史研究的
　　　　 新體系》，刊於《中國史研究》1997 年第 1 期。
〔註74〕 代表作品如譚其驤《晉永嘉喪亂後之民族遷徙》（收入《長水集》上，人民出
　　　　 版社 1987 年），葛劍雄《中國移民史》第二卷（福建人民出版社 1997 年），
　　　　 胡阿祥師《東晉南朝僑州郡縣與僑流人口研究》（江蘇教育出版社 2008 年）。
〔註75〕 秦冬梅《論東晉北方士族與南方社會的融合》，《北京師範大學學報》，2003
　　　　 年第 5 期。

期已是著姓大族，河東柳、薛在南渡時也已有強大的宗族基礎和武裝勢力。但至東晉南朝時期，作為晚渡士族的他們，因為婚宦失類，被江左士人目為荒傖，淪為次等士族，已失去魏晉時期作為高門甲族的政治地位和社會聲望，與早渡江的僑姓高門階層差異較大，社會距離較遠。為了在異地維持家族利益、提高家族名望，他們需要通過各種途徑融入當地社會，來尋求本土庶族、本土士族乃至僑姓士族的社會支持，獲得士族身份認同。

一、關中郡姓南遷房支在鄉里社會的社會融合

（一）獲取鄉民的依附和擁護。

關中郡姓南遷房支的社會融合首先從居住地開始，除早渡江的河東裴松之父祖、京兆韋泓、京兆杜乂可能居於建康周圍以外，於胡亡氐亂、晉宋革命之際南遷的關中郡姓房支主要寓居襄陽、壽陽等邊境之地。在這些地域他們逐漸成為鄉里領袖，成為鄉里社會的名望家族。如京兆杜惲擁有「鄉里盛名」〔註 76〕，京兆韋叡被稱「鄉望」〔註 77〕，叡族弟愛「素為州里信伏」〔註 78〕，韋祖徵「州里宿德」〔註 79〕，河東柳慶遠被舉為「州綱」〔註 80〕等等。

鄉里社會是一個地緣社會，地域認同是士人形成鄉里社會的基礎。關中郡姓作為移民群體，能在遷入地塑造社會名望，一方面與鄉里社會的群體構成有關，另一方面緣於他們在地方社會的積極作為。就前者而言，襄陽地域先後接受了大量的雍、秦流民，與關中郡姓有著相近的地緣關係，甚至他們在原籍地可能就是京兆韋、杜等家族的擁薑。許多跟隨關中郡姓一起南來的流民，往往成為士族豪強的部曲、賓客。在遷移過程中和擇地定居後，這些依附民不斷增多並強化著對這些南遷大族強宗地位的認同。因此關中郡姓遷移和落腳的過程，同時也是一個以大族為核心的流民群體對其利益共同體進一步強化認同、形成地方鄉里勢力的過程。從這點意義上講，關中郡姓在襄陽的鄉里社會很大程度上是故鄉鄉里社會的移植。不過寓居地域畢竟有著來源複雜的眾多流民群體以及當地原生的鄉里勢力，作為晚渡的異鄉人，他們

〔註 76〕 《梁書》卷十二《韋叡傳》。
〔註 77〕 《梁書》卷十二《韋叡傳》。
〔註 78〕 《梁書》卷十二《韋叡傳附族弟愛傳》。
〔註 79〕 《南史》卷三八《柳元景附世隆傳》。
〔註 80〕 《梁書》卷九《柳慶遠傳》。

如何在遷入地獲取聲望？又如何聲名遠播？與他們在鄉里社會的積極作爲是密不可分的。

　　首先，憑藉武力才幹爲流民爭取生活資源，保地方社會平安。襄陽所在的樊沔一帶分散著許多蠻人，「襄陽以西，中廬、宜城之西山，皆蠻居之，所謂山蠻也。宋、齊以後，謂之雍州蠻」〔註81〕，他們「分建種落，佈在諸郡縣」，「結黨連群，動有數百千人，州郡力弱，則起爲盜賊，種類稍多，戶口不可知也，所在多深險」〔註82〕。這些蠻人出山，與當地民眾搶奪人口、土地。當地居民和外遷來的僑民自然也需要守衛、爭取並擴充自己的實力，於是就導致了雍州地域上非常重要的生存鬥爭——伐蠻。在伐蠻鬥爭中，那些英勇強盛、戰功赫赫的豪強便贏得聲望，成爲鄉里民眾、地方政府乃至朝廷統治者的重要保護勢力和倚賴對象。河東柳元景年少時即多次隨父親伐蠻，在父輩稱頌中以「勇」聞名，再經過人際網絡的連接，口耳相傳流入士人群體，後來獲得荊州刺史、雍州刺史的數番徵召〔註83〕。

　　其二，招募率領部曲賓客，組建武裝，在捍禦外敵、安民保境中建立功業，取得聲名。襄陽地處南北邊境之地，常受戰事紛擾，薛安都南遷後，仍「北還構扇河、陝，招聚義眾。……復襲弘農……爲建武將軍，隨柳元景向關、陝，率步騎居前，所向克捷……」〔註84〕。久之，關中郡姓的武裝力量軍功頻建，成爲江左朝廷經營邊事的重要倚重力量，自然也爲鄉人敬服。

　　其三，撫恤宗族鄉民，爲鄉里所懷。關中郡姓特別重視撫恤宗族鄉民，這一方面是這些世家大族對儒家倫理觀念的繼承和踐行，另一方面也是他們在異地培植宗族基礎的努力。如《梁書》卷 12《韋叡傳》載叡「性慈愛，撫孤兄子過於己子，歷官所得祿賜，皆散之親故，家無餘財。」韋叡不僅對侄子及親故散施財物，而且對族中賓客友朋、門生故吏等也多有撫恤。天監十七年，韋叡回鄉任雍州刺史，客陰僧光路邊迎接，韋叡餉其耕牛十頭，並「於故舊，無所遺惜，士大夫年七十以上，多與假板縣令，鄉里甚懷之」〔註85〕。韋叡兄闡，「所得俸祿百餘萬，還家悉委伯父處分，鄉里宗事之」〔註86〕。

〔註81〕《資治通鑒》卷一百四「晉孝武帝太元元年」條，第 3273 頁。
〔註82〕《宋書》卷九七《夷蠻傳》。
〔註83〕《宋書》卷七七《柳元景傳》。
〔註84〕《宋書》卷八八《薛安都傳》。
〔註85〕《梁書》卷十二《韋叡傳》。
〔註86〕《南史》卷五八《韋叡傳附闡傳》。

第四，傳承家學，以學識為鄉人敬重。關中郡姓南遷後一方面憑藉武事鋪墊仕進之路，另一方面也非常注重家學傳承。在雍、秦士人南遷之前，襄陽一帶「率多勁悍決列」〔註87〕，民眾對禮儀經籍較為陌生。京兆韋氏西漢時期已為衣冠著姓，世代以經史為業，南遷後，仍抱持不輟。例如京兆韋叡「時雖老，暇日猶課諸兒以學。第三子棱，尤明經史，世稱其洽聞，叡每坐棱使說書，其所發摘，棱猶弗之逮也」〔註88〕。其子韋棱、韋黯或「以書史為業」〔註89〕或「少習經史，有文詞」〔註90〕。韋叡孫韋載十二歲已熟通《漢書》，長大後，博涉文史。〔註91〕京兆杜氏亦為三輔著姓，西晉杜預注左氏，杜坦、杜驥在南，仍不忘傳其家業，任青州刺史期間，齊地多習之。〔註92〕河東裴邃十歲能屬文，善《左氏春秋》。〔註93〕裴忌少聰敏，有識量，頗涉史傳，為當時所稱。〔註94〕

在鄉里社會，文化學識是樹立威信、提高名望的重要途徑。「就微觀而言，如果一個人在中國社會裏能識字，那麼對不識字的人而言，他本身就成為了一個權威者，因為認識這種難認的圖畫式的方塊字本身就意味著此人是個有文化、受過教育和知書達禮的人……如果誰能掌握和控制言語的表達、書寫和傳播的權利，誰就是該社會的權威」〔註95〕因此京兆韋杜、河東裴氏所擁學識是贏得宗族鄉人特別敬重的重要因素。

（二）與鄉里士人的社會交往。

除了個人才能對家族聲望的構建作用外，魏晉南北朝時期士人之間的交往、品評對個人乃至家族聲名的塑造和傳播也極為重要。關中郡姓在鄉里的社會交往同樣為他們獲取仕途進階和聲望提升提供了有利機會。

第一，他們在鄉里彼此稱揚，相互品評，既利於獲得辟召和舉薦升遷的機會，同時又密切著相互間的社會關係、保護著他們的家族利益。蕭衍鎮雍

〔註87〕《隋書》卷三一《地理志下》「荊州條」。
〔註88〕《梁書》卷十二《韋叡傳》。
〔註89〕《梁書》卷十二《韋叡傳》。
〔註90〕《梁書》卷十二《韋叡傳》。
〔註91〕《陳書》卷一八《韋載傳》。
〔註92〕《魏書》卷八四《儒林傳》。
〔註93〕《梁書》卷二八《裴邃傳》。
〔註94〕《陳書》卷二五《裴忌傳》。
〔註95〕翟學偉《中國社會中的日常權威：關係與權力的社會學研究》，社會科學文獻出版社，2004年，第127頁。

州，問京兆杜惲求州綱，杜惲爲之舉薦柳慶遠。韋祖徵爲「州里宿德」，河東柳氏家族成員也十分敬重他，「（柳）世隆雖已貴重，每爲之拜」。〔註96〕京兆韋、杜本爲同鄉，在故鄉已有密切交往，《宋書》卷65《杜驥傳》：「北土舊法，問疾必遣子弟。驥年十三，父使候同郡韋華。華子玄有高名，見而異之，以女妻焉」。移居襄陽後，兩家仍然關係緊密，彼此聯姻，下文將述及。河東薛安都南遷後，常年跟隨柳元景出戰，建立了密切的關係。薛安都從弟道生犯罪被秣陵令庾淑之鞭罰，安都怒欲殺淑之，路遇柳元景，元景責讓安都，載之俱歸。〔註97〕

　　第二，關中郡姓遷入異地，在聯姻對象上也有著明顯的身份性和地域性。據文獻記載，京兆杜氏聯姻家族5例，1例爲河東裴氏（杜乂妻〔註98〕），3例爲京兆韋氏（杜驥妻韋玄女〔註99〕，杜惲爲韋叡姨弟〔註100〕，杜幼文爲韋叡外兄〔註101〕），1例爲太原王氏（杜龕爲王僧辯之婿〔註102〕）。河東柳氏聯姻家族9例，1例爲京兆韋氏（柳仲禮爲韋粲外弟〔註103〕），2例爲河東裴氏（柳諧爲裴藹之內弟〔註104〕，柳玄達與裴叔業姻婭周旋〔註105〕），3例爲郡望不可考的崔氏（崔靈鳳女適柳世隆子〔註106〕）、郭氏（柳世隆母郭氏〔註107〕）、閻氏（世隆妻〔註108〕），1例爲皇族蘭陵蕭氏（柳偃尚長城公主〔註109〕），2例爲皇族吳興陳氏（柳盼尚富陽公主〔註110〕柳敬言爲陳高宗柳皇后〔註111〕）。河東裴氏南來吳裴房支聯姻家族7例〔註112〕，1例爲京兆

〔註96〕《南史》卷三八《柳元景傳附世隆傳》。
〔註97〕《宋書》卷八八《薛安都傳》。
〔註98〕《晉書》卷九三《杜乂傳》。
〔註99〕《宋書》卷六五《杜驥傳》。
〔註100〕《梁書》卷十二《韋叡傳》。
〔註101〕《梁書》卷十二《韋叡傳》。
〔註102〕《梁書》卷四六《杜崱傳附龕傳》。
〔註103〕《梁書》卷四三《韋粲傳》。
〔註104〕《魏書》卷七一《裴叔業傳附藹之傳》。
〔註105〕《魏書》卷七一《裴叔業傳附柳玄達傳》。
〔註106〕《宋書》卷七四《沈攸之傳》。
〔註107〕《南史》卷三八《柳元景傳附世隆傳》。
〔註108〕《南史》卷三八《柳元景傳附世隆傳》。
〔註109〕《梁書》卷二一《柳惲傳附偃傳》。
〔註110〕《陳書》卷七《高宗柳皇后傳附弟盼傳》。
〔註111〕《陳書》卷七《高宗柳皇后傳》。
〔註112〕裴松之一房南遷較早，居於京畿一帶，較南來吳裴房地位較高。聯姻家族有
　　　　7例，1例爲京兆杜氏（杜乂妻裴氏），1例爲潁川庾氏（庾楷爲裴松之舅父），

韋氏（韋伯昕爲裴叔業侄女之夫〔註113〕），2 例爲河東柳氏（柳諧爲裴藹之內弟，柳玄達與裴叔業姻婭周旋），1 例爲河東薛氏（薛安都女婿爲裴祖隆〔註114〕），1 例爲譙郡夏侯氏（裴植母爲夏侯道遷姊〔註115〕），1 例爲安定皇甫氏（裴植姑子爲皇甫仲達〔註116〕），1 例爲北地梁氏（北地梁祐爲裴叔業從姑子〔註117〕）。河東薛氏婚姻家族 2 例，河東裴氏 1 例（薛安都女婿爲裴祖隆），安定皇甫氏 1 例（薛安都之女爲皇甫肅兄婦〔註118〕）。京兆韋氏婚姻家族 8 例，1 例爲河東裴氏（韋伯昕爲裴叔業兄女夫），3 例爲京兆杜氏（杜驥妻韋玄女，杜憚爲韋叡姨弟，杜幼文爲韋叡外兄），1 例爲河東柳氏（柳仲禮爲韋粲外弟），2 例爲吳郡張氏（韋放以息岐娶吳郡張率女，又以女適張率子〔註119〕），1 例爲不可考的王氏（韋叡內兄王憕〔註120〕）。據此可以看出，他們家族之間的聯姻，同出關中郡姓的家族所佔比例較高，彼此結成了較爲緊密的婚姻圈，從而在地緣關係基礎上通過聯姻使血緣關係進一步擴展。聯姻家族中的安定皇甫、北地梁氏等亦爲寓居襄陽一帶的豪族，他們同爲遷徙家族、地位較低，與關中郡姓有較強的同質性，譙郡夏侯氏爲南來吳裴氏所在豫州的同鄉。至於韋氏與吳郡高門及柳氏與皇族聯姻已是梁以後關中郡姓中央化後對社會名望的進一步謀求了。

不僅如此，韋、裴、柳、薛、杜氏互爲婚姻，在血緣、地緣的雙重結合下形成了盤根錯節的利益共同體。在雍州，他們之間互相支持，重建家族勢力，成爲地方社會秩序的領導者；在王朝興替、宗室鬥爭的政治、軍事紛爭中，他們往往共進退。通過聯姻，進一步實現了家族聲名的塑造和提升。如蕭衍以雍州爲根據地以梁代齊，韋、柳積極擁護；薛安都北歸，裴祖隆、柳光世、韋道福等參贊其事；裴叔業舉豫州降魏，柳玄達、柳僧習、皇甫光、梁祐、韋伯昕等姻族同鄉集體而動，作出一致選擇。

1 例爲樂安任氏（任遙妻河東裴氏，裴子野於昉爲從中表），1 例爲汝南周氏（周弘正妻裴子野女），1 例爲殷氏（裴子野祖母爲殷氏），1 例爲魏氏（裴子野母爲魏氏），1 例爲蘭陵蕭氏（裴氏適蕭齊）。

〔註113〕 《魏書》卷七一《裴叔業傳》。
〔註114〕 《魏書》卷六一《薛安都傳》。
〔註115〕 《魏書》卷七一《裴叔業傳附子植傳》。
〔註116〕 《魏書》卷七一《裴叔業傳附子植傳》。
〔註117〕 《北史》卷四五《裴叔業傳附梁祐傳》。
〔註118〕 《南齊書》卷二五《垣崇祖傳》。
〔註119〕 《梁書》卷二八《韋放傳》。
〔註120〕 《梁書》卷十二《韋叡傳》。

（三）地域認同意識的形成

關中郡姓在寓居地域的社會融合情況還可以通過家族成員的地域認同意識反映出來。東晉南朝，僑姓士族無論寓居何地都世代冠以北方郡望，以彰門第。關中郡姓六大家族雖在江左亦以京兆、河東標榜，但在努力維繫家族利益的過程中對居住地和江左社會文化亦形成了一定的認同。如裴叔業盛飾左右服玩向北方族人裴聿誇耀在南方的富貴，輕鄙北方族人之儉陋，〔註121〕表明他們對在南方的富貴生活頗為滿意甚至得意。裴叔業房支濡染南風，北歸後，裴植與母親諸弟「各別資財，同居異爨，一門數灶」，〔註122〕反映他們對江左生活習慣的認同。裴叔業一房後被世人名為「南來吳裴」〔註123〕，以與北方宗族相別。京兆韋鼎陳滅後入隋，任職長安，卻從未返鄉，自稱「臣宗族分派，南北孤絕，自生以來，未嘗訪問」〔註124〕，後在隋文帝御遣下始回杜陵。寓居襄陽的杜氏也逐漸與京兆本宗疏遠，號「襄陽杜氏」〔註125〕。與籍貫地宗族十分疏離的關中郡姓，在生活習慣和情感上更認同於數代寓居的襄陽以及江左社會。而且，他們仕職南朝期間在任職地域的選擇上也多以寓居地為意。如柳元景助劉駿滅劉劭，軍功顯赫，劉駿問元景事平之後願任何地，元景表示「願回鄉里」〔註126〕。無獨有偶，韋叡值齊末，「不欲遠鄉里，求為上庸太守，加建威將軍」〔註127〕。柳元景侄慶遠同樣「重為本州，頗厲清節，士庶懷之」〔註128〕。表明他們對寓居地域已有較明顯的地域歸屬感。

同時，墳塋地的選擇是傳統中國人鄉土意識的最重要表徵。魏晉南北朝時期遷移異地或任職在外的士人死後多採用歸鄉葬的方式回歸故土家園。但南北隔絕既久，東晉南朝僑人回歸北方故里安葬已不可能，僑遷地便成為入土為安的第二故鄉。據《周書》卷42《柳霞傳》載，河東柳霞任職雍州主簿時，其父卒於揚州，霞自襄陽奔赴，六日而至。雖路途遙遠，風險重重，柳霞仍堅持「奉喪溯江西歸，中流風起，舟中之人，相顧失色。霞抱棺號慟，訴天求哀，俄頃之間，風浪止息。」河東柳氏自元景、世隆、慶遠等任職中

〔註121〕《魏書》卷七一《裴叔業傳》。
〔註122〕《魏書》卷七一《裴叔業傳附子植傳》。
〔註123〕《新唐書》卷七一上《宰相世系表一上》「裴氏條」。
〔註124〕《隋書》卷七八《韋鼎傳》。
〔註125〕《新唐書》卷七二上《宰相世系表二上》「杜氏條」。
〔註126〕《宋書》卷七七《柳元景傳》。
〔註127〕《梁書》卷十二《韋叡傳》。
〔註128〕《梁書》卷九《柳慶遠傳》。

樞後家於金陵，柳霞房支則留居襄陽，「獨守墳柏」。梁末襄陽入北，蕭詧於江陵稱帝，任職持節、侍中、驃騎大將軍的柳霞辭別蕭詧，曰：「陛下中興鼎運，龍飛舊楚。臣昔因幸會，早奉名節，理當以身許國，期之始終。自晉氏南遷，臣宗族蓋寡。從祖太尉、世父儀同、從父司空，並以位望隆重，遂家於金陵。唯留先臣，獨守墳柏。常誡臣等，使不違此志。今襄陽既入北朝，臣若陪隨鑾蹕，進則無益塵露，退則有虧先旨。伏願曲垂照鑒，亮臣此心。」遂留鄉里。柳霞眷戀墳隴，凸顯著他們家族對襄陽安土重遷的鄉里觀念。韋愛房支墳隴亦在襄陽，「遭母憂，廬於墓側，負土起墳。高祖臨雍州，聞之，親往臨弔」〔註129〕。

如此，關中郡姓遷居異地後憑藉軍功、學識、品行，依靠輿論和聯姻逐漸取得了鄉里社會對他們家族地位的支持，成為鄉里社會認可的表率和社會秩序的領導者。相應地，他們也逐漸形成了對寓居地的地域認同，有一定的地域歸屬感，在鄉里社會的融合程度較高。

二、關中郡姓南遷房支與江左上層社會的融合

東晉南朝時，南遷較晚的士人被目為傖人，為僑姓高門和吳地士族排斥，《宋書》卷65《杜驥傳》載「晚渡北人，朝廷常以傖荒遇之，雖復人才可施，每為清塗所隔。」關中郡姓南遷後便被視為荒傖，如京兆杜坦曾對宋文帝直言：「臣本中華高族，……直以南度不早，便以荒傖賜隔。……聖朝雖復拔才，臣恐未必能也」〔註130〕。弘農楊「佺期沈勇果勁，而兄廣及弟思平等皆強獷粗暴。自云門戶承籍，江表莫比，有以其門地比王珣者，猶恚恨，而時人以其晚過江，婚宦失類，每排抑之，恆慷慨切齒，欲因事際以逞其志」〔註131〕。曾在魏晉時早已名著四海的河東裴氏在江左同樣難與僑姓高門、吳地士族為伍，如裴松之年二十時拜殿中將軍，因「此官直衛左右，晉孝武帝太元中革選名家以參顧問，始用琅邪王茂之、會稽謝輶」〔註132〕。儘管在魏晉時已屬四海望族，但時過境遷，東晉南朝的江左社會名望已非他們所屬。裴松之子嗣世傳儒史之業，至梁世，裴子野仍「起身下位，身賤名

〔註129〕《梁書》卷十二《韋叡傳附族弟愛傳》。
〔註130〕《宋書》卷六五《杜驥傳》。
〔註131〕《晉書》卷八四《楊佺期傳》。
〔註132〕《宋書》卷六四《裴松之傳》。

微」，范縝奏請子野代任國子博士位，終因「資歷非次」爲有司拒絕。〔註133〕
儘管關中郡姓在喬遷地的鄉里社會可以樹立威望，成爲地方領袖，但爲家族
發展計，南遷後的關中郡姓必須在軍功和政治權位的拔助下才能破除上層社
會圈的藩籬，融入其中，獲得本土士族、僑姓士族的社會支持，進而取得自
我身份認同，爲長遠發展奠定基礎。

（一）結緣宗室權貴

南朝宋、齊、梁、陳四個政權的皇族門第不高，甚至出身寒素，且宋、
齊、梁皇族同屬移民，與晚渡的關中郡姓有著較強的同質性，同樣爲僑姓士
族、本土士族所不齒。南朝朝廷重視雍州、豫州等戰略要地，多派宗室王鎮
守經略，於是僑居在當地的關中郡姓常常是他們積極徵召拉攏的豪族勢力。
史籍記載中可以看到關中郡姓較多家族成員的起家官即於鎮守本州的宗室王
府任職，他們逐漸圍繞在宗室王周圍，結識更多的權力人員，擴展社會交往
範圍，密切著與權力集團的社會關係。隨著宗室王在權力爭鬥中取勝，他們
也隨即成爲軍功勳臣，與皇權勢力集團有了更多的行爲互動。

如韋叡子放、正、棱、黯皆有能名。正起家南康王行參軍，棱起家安成
王府行參軍，放起家齊晉安王寧朔主簿，黯起家太子舍人，韋放子粲起家梁
晉安王行參軍。

再如裴叔業少便弓馬，有武幹。齊永明年間，蕭鸞刺豫州，叔業任其右
軍司馬，後歷任晉安王征北諮議、晉熙王冠軍司馬。史書載「叔業早與高宗
接事，高宗輔政，厚任叔業爲心腹，⋯⋯叔業盡心用命」〔註134〕。蕭鸞自
立，以叔業爲給事黃門侍郎，封武昌縣開國伯，食邑五百戶，後拜持節、冠
軍將軍、徐州刺史。鸞死，蕭寶卷自立，遷叔業本將軍、南兗州刺史，叔業
心不自安，問計於雍州刺史蕭衍，終舉豫州投北。裴叔業投北，參與其謀者
諸如天水尹挺、武都楊令寶、安定皇甫光、北地梁祐、清河崔高客、天水閻
慶胤、河東柳僧習等皆爲當地豪族。裴叔業危急時刻尋求計策的人選爲雍州
刺史宗室王蕭衍，他對蕭衍的信任也反映了關中郡姓與宗室權貴的逐漸融
合。

這種融合不僅緣自戰事活動中的行爲配合以及豪族倚賴權貴的利益驅
動，還在於他們兩個群體不斷加深的情感認同。關中郡姓與彭城劉氏、蘭陵

〔註133〕《梁書》卷三十《裴子野傳》。
〔註134〕《南齊書》卷五一《裴叔業傳》。

蕭氏在江左士人看來同樣門第卑微，他們在社會心理、文化方面不僅沒有較大隔閡，甚至隨著以地緣關係爲紐帶的利益共同體的形成，更加深了彼此間情感上的認同。《南齊書》卷 24《柳世隆傳》載，柳世隆、蕭賾任職晉熙王劉燮府，兩人「相遇甚歡」，蕭道成謀渡廣陵，令蕭賾同會京邑，欲留「文武兼資人與汝意合者，委以後事」，認爲世隆爲最佳人選，蕭賾即推舉世隆自代。河東柳氏與蘭陵蕭氏在身份等級、文化心理上接近，能夠彼此接納，因此相遇甚歡、志同道合。世隆子惔後爲齊巴東王蕭子響友，惔弟憕爲梁鎮北始興王賞識，任其長史。後始興王移鎮益州，復請憕隨任，前後祈請四次，憕復任鎮西長史、蜀郡太守。〔註 135〕裴子野在梁武帝時以史才被世人所重，梁武帝深爲嘉賞，宗室諸王與其情誼篤厚，「及葬，湘東王爲之墓誌銘，陳於藏內。邵陵王又立墓誌，塈於羨道。羨道列誌，自此始焉」〔註 136〕。湘東王蕭繹、邵陵王蕭綸皆爲裴子野誌墓，且爲之開創了羨道列誌之禮制，體現了蕭氏對裴子野的深厚情誼。

積極參與宗室集團戰事行動並且屢獲戰功的關中郡姓得到仕途晉升的機會，或者任總一方，或者當選朝官，成爲中央化的朝廷勳貴。政治地位的提升爲關中郡姓營造了更廣闊的多層次的社會關係網。在政治權力的拉動下，韋、柳等家族漸漸在京城立足，逐漸形成了對江左上流社會的心理認同，並自覺融入其中。

（二）交好高門巨族

史文記載，隨著政治地位的提升，關中郡姓家族成員在京城活動廣泛，社會交往對象中多有高門甲族的身影。如河東柳氏，柳元景在宋前廢帝時成爲輔政大臣，與琅邪顏師伯等常相馳逐，聲樂酣酒，以夜繼晝。〔註 137〕柳世隆與吳郡張緒、琅邪王延之、吳興沈琛爲君子之交，〔註 138〕齊永明年間，世隆遷護軍，爲王儉敬重，史書載「衛軍王儉修下官敬甚謹。世隆止之，儉曰：『將軍雖存弘眷，如王典何。』其見重如此」〔註 139〕。王儉還特別賞識世隆子悅、惔二兄弟，謂人曰：「柳氏二龍，可謂一日千里」〔註 140〕，並親自造訪

〔註 135〕《南史》卷三八《柳元景傳附惔傳憕傳》。
〔註 136〕《南史》卷三三《裴松之傳附子野傳》。
〔註 137〕《宋書》卷七七《柳元景傳》。
〔註 138〕《南史》卷三八《柳元景傳附世隆傳》。
〔註 139〕《南史》卷三八《柳元景傳附世隆傳》。
〔註 140〕《南史》卷三八《柳元景傳附惔傳》。

世隆宅，求見悅及惔。世隆子惲與陳郡謝瀹鄰居，深見友愛，惲以琴藝爲蕭子良賞狎，以文才被琅邪王融賞識，並與琅邪王瞻博射。〔註141〕惔、惲等常預帝宴，賦詩作文，爲世所賞。

又如京兆韋氏，韋叡兄纂受沈約推重，「纂仕齊，位司徒記室、特進，沈約嘗稱纂於上曰：『恨陛下不與此人同時，其學非臣輩也。』」〔註142〕韋叡子「放與吳郡張率皆有側室懷孕，因指爲婚姻。其後各產男女，未及成長而率亡，遺嗣孤弱，放常贍恤之。及爲北徐州，時有勢族請姻者，放曰：『吾不失信於故友。』乃以息岐娶率女，又以女適率子，時稱放能篤舊」〔註143〕。韋放子粲與潁川庾仲容、吳郡張率，並忘年交好。〔註144〕韋棱及河東裴子野與沛國劉顯、南陽劉之遴、陳郡殷芸、陳留阮蕭緒、吳郡顧協等深相賞好。〔註145〕河東裴子野又與陳郡謝徵友善，子野嘗爲《寒夜直宿賦》以贈徵，徵爲感友賦以酬之。〔註146〕

京兆杜氏，杜驥子幼文在宋元徽中爲散騎常侍，與吳興沈勃、吳郡孫超之常相從，並與恩倖阮佃夫厚善。〔註147〕

可見，柳、韋、裴等家族的朋友圈已由雍州地方擴展至京城社會，無論在交遊圈還是聯姻對象上都有了僑姓高門和吳姓甲族的身影。這樣的社會交往及社會活動既是關中郡姓努力融入江左上層社會的結果，同時也促使他們借助這些家族的社會支持，獲取更多的政治社會資源，提升家族地位和社會名望，從而增強同爲上層士族的「我輩意識」。

爲融入高門士族群體，關中郡姓家族積極主動改變家學門風，改變生活習慣，迎合上層群體的主流文化。河東柳元景以軍功起家，位至三公，侄柳世隆文武兼備，助蕭氏建齊後雖歷任武職，但已積極從文，性愛涉獵，借秘閣書二千卷。晚年「專以談義自業。善彈琴，世稱柳公雙璅，爲士品第一。常自云馬槊第一，清談第二，彈琴第三。在朝不干世務，垂簾鼓琴，風韻清遠，甚獲世譽」〔註148〕。在薛道生犯罪被秣陵令庾淑之鞭罰一事上，與薛

〔註141〕《梁書》卷二一《柳惲傳》。
〔註142〕《南史》卷五八《韋叡傳附兄纂傳》。
〔註143〕《梁書》卷二八《韋放傳》。
〔註144〕《梁書》卷四三《韋粲傳》。
〔註145〕《梁書》卷三十《裴子野傳》。
〔註146〕《梁書》卷五十《謝徵傳》。
〔註147〕《宋書》卷六五《杜驥傳附子幼文傳》。
〔註148〕《南齊書》卷二四《柳世隆傳》。

安都武勇好殺處事莽撞不同，柳元景不僅將其勸回，且對薛氏的言行服細加以批評：「卿從弟服章言論，與寒細不異，雖復人士，庾淑之亦由得知？」〔註149〕柳氏主動在文化上改變家學門風的做法曾多被學人討論，被認為是柳氏在南朝躋身士族行列的關鍵所在。從社會融合的角度看，關中郡姓在言行服細、文化風尚上積極向高門士族的傚仿甚至超越反映了他們對江左文化的心理認同及融入江左社會的心理自覺，這是他們對江左主流社會的情感融合。柳氏對士族高門群體的自我認同，不僅是促發他們幾代人積極參與江左政治、軍事，不斷進取仕宦地位的動力來源和行為自覺，也是政治地位提升、文化風尚轉變以後的意識強化。

比較而言，裴（南來吳裴）、薛、楊、杜在融入江左社會的努力方面更多的體現為軍事上的活躍，在寓居地他們同樣獲得宗室諸王的青睞和徵召，積極參與了宗室集團之間的權力鬥爭和南北邊境的爭奪之戰，也獲得了仕途上的晉升機會。但從他們的社會交往來看，史文可考的多為同質性強的社會關係，大多是在寓居地域或官任地結交一些為高門士族所鄙薄的次等士族或荒傖豪帥，表明他們對江左上流社會融入程度不高。

結合關中郡姓在鄉里社會和江左上流社會的融合情況可以看出，晚來的僑姓士族在江左的社會融合過程比較緩慢，且十分困難。作為原士族高門或地方豪族，在政治地位、武裝勢力、文化積澱的作用下，他們在鄉里社會較易樹立權威，營造家族勢力，獲取社會支持。更因為寓居地域聚居著相當多的北方鄉鄰，因此他們對鄉里社會的地域認同形成較快，具有一定的地域歸屬感。但在江左上層社會中的融合程度不高，且呈現家族房支之間的明顯差異。造成這一特徵的原因來自社會結構、朝廷政策、家族自身、社會動盪等四個方面。

三、影響關中郡姓社會融合程度的因素

（一）士庶懸隔的等級社會

魏晉南北朝時期士庶懸隔、等級森嚴。東晉南朝時期僑姓門閥與吳姓士族高居主導地位，晚渡的關中郡姓是為其不齒的荒傖。無論在仕宦地位、門第等級及家學風尚方面都有著懸殊的差距。在當時的社會，高門甲族操縱著國家政治權柄、身份性的內婚制維持著上流士族的門第血統、家學家教把控

〔註149〕《宋書》卷八八《薛安都傳》。

著學術文化的傳承。正常情況下，寒門家族乃至中下層士族要實現自下而上的社會流動幾乎沒有可資憑藉的途徑，只有在政局動盪、政治集團權力爭奪的鬥爭中，次等士族才有機會憑藉武力建立軍功求得官職，即便如此，仍因爲曾涉仕胡族或與胡族、寒賤通婚即被清途所隔、士人鄙棄。因此關中郡姓在江左上層社會的社會接受度低，很難獲取身份認同和士族群體的社會支持。

（二）穩中有變的統治政策

關中郡姓在江左的社會融合還受到東晉南朝統治政策的影響，一方面東晉南朝通過在雍州、豫州等地僑置郡縣安撫流民，同時也是對流民的限制，阻止他們繼續南下。因此關中郡姓南遷後，寓居邊境之地，雖原是高門大族也只能與江左高門分隔而與次等士族聚居。在寓居地域實行土斷後，更在當地紮根下來。另一方面，南朝統治者對雍州的著意經營、舉用寒人武人的政策爲關中郡姓提供了展示才能、創立軍功的機會。宗室出鎮雍州雖是對日益壯大的雍州武裝勢力的震懾，但同時又是拉攏當地強宗豪右建立武裝根據地的極好機會。因此關中郡姓家族成員多被宗室諸王賞識提拔，徵召舉用，借機發展壯大家族。宋、齊、梁三朝本爲移民政權，劉裕出身寒微，蕭齊亦非高門，掌握政權後在官員選用上給寒士武人開放機會，梁武帝時更是寒士荒傖咸被進用，僑姓高門和吳姓士族政治地位逐漸衰落，因此次等士族與高門巨族政治地位的差距逐漸縮小，在眾多的政治社會場合中，出現了高門與次等士族甚至士庶共濟一堂的場面，關中郡姓從而得以獲取更多的社會支持。

（三）家族宗親的自身努力

如上所述，關中郡姓在江左雖同爲次等士族，但在社會融合方面還存在內部差異，不同家族甚至不同房支的社會融合程度不一。這與當時的社會制度、統治政策有關，也在於各家族房支在融入江左社會方面是否積極。河東柳氏在仕途提升的同時改變家學門風，習學江左上流文化，技藝超群且風韻清遠。而河東薛安都雖追隨柳元景頻立戰功，仕階順達，但服章言論粗鄙，雖復人士，仍被人輕鄙。此外，江左選官用人看中士人品評、輿論推舉，因此攀附權貴、交接名士是獲得辟舉、徵召的重要途徑，但河東薛憕「負才使氣，未嘗趣世祿之門」，連同爲關中郡姓的京兆韋潛度都勸他「褰裾數參吏部」，仍不爲所動。〔註150〕河東裴氏家族中，裴叔業、裴邃房支以軍功揚名

〔註150〕《周書》卷三八《薛憕傳》。

於豫州，身邊團聚著的大多爲同鄉同僚，與江左高門之間幾無社會交往活動，裴松之房支雖難預高門之列，但至裴子野時，因文史之才，結交士人，爲世所重，社會融合度提高。

（四）動盪不安的社會時局

對於晚渡的關中郡姓而言，他們在鄉里及京城的社會融合情況受到時局的巨大影響。他們因社會動盪而遷徙，也因戰亂不斷而嶄露頭角，再因政權交替成爲朝廷重臣，又因政治集團鬥爭北投甚至身死族滅。可見一方面社會動盪給關中郡姓在江左社會立足、發展壯大提供機會，鄉里社會、宗族權貴、皇室帝族甚至僑姓高門、吳地大族逐漸對他們認可、接受甚至推崇。另一方面社會動盪也可能使他們辛苦經營的家業化爲灰燼，不斷增強的社會融合的進程被擱置。薛安都因爲政治鬥爭北投、裴叔業因爲被皇權猜忌北歸、楊氏一門在政局動盪中覆滅、杜氏家族在政局變化中迎來滅家之禍。生存尚且不易，更遑論社會融合。

四、關中郡姓南遷房支社會融合產生的影響

（一）社會融合與家族發展

關中郡姓在寓居地域的融入程度與家族生存發展有著密切聯繫。家族依靠掌控地方權威、維繫地方社會秩序成爲鄉里領袖進而獵取朝廷官職，得以提升仕途、彰顯門第。如前所述，他們通過軍功、學識在地方樹立權威，並借助聯姻手段結成利益共同體，依靠地方社會支持，相互品評，形成輿論，成爲地方名望家族，從而獲取徵召、辟舉機會。

在南朝上層社會空間，關中郡姓也積極融入，一方面借助政治權力，另一方面通過改變自身尚武的家學門風，逐漸士族化、江南化，從而與宗室皇族、僑姓高門、吳姓士族都建立了較爲密切的社會關係，獲取了他們在南朝進一步發展的社會支持。這種社會關係的構建既是關中郡姓在南朝社會融合的途徑，也是他們積極融入的結果。最終提升了關中郡姓在南朝上層社會群體中的社會聲望。

對於晚渡的關中郡姓來說，無論在鄉里還是建康上流社會，積極融入始終是家族發展壯大的必要姿態。而從實際結果來看，河東柳氏的社會融合度最高，其家族人士在服章言論、風範儀態、趨走應對方面也更與江左高門家

族相近，所取得的政治地位和社會聲望也最高。相反地河東薛氏保持著寒細武人的社會生活習慣，很難為江左士人認同。此外，關中郡姓南渡後世代與寓居地土著雜居雜婚，無論主動與否，社會風習、文化觀念等方面逐漸同化的趨勢是一定的。河東裴叔業房支在齊蕭寶卷世北歸，在生活習慣上已受南人影響，也正是在江左，河東裴氏濡染佛教文化，虔誠信佛。〔註151〕故此，南來吳裴與諸河東裴氏、襄陽杜氏與諸京兆杜氏之區別不僅僅在於寓居地域不同和宗族血緣的疏離，更在於基於不同地域生活環境之上而形成的不同家族文化、社會風習。

（二）社會融合與多元文化

關中郡姓在南朝的社會融合不僅是逐漸對江左社會主流文化、生活方式認同、接受、採用甚至超越的過程，也是以自身的文化和生活方式對寓居地發生影響的過程。他們是寓居地經濟開發的促進者，是寓居地社會秩序的領導者，是寓居地社會文化進步的推動者。〔註152〕他們的武勇膽烈在南朝戰爭風雲中唱響了英勇雄壯的戰歌，又以世代承襲和日漸創新的文化成就豐富充實了士人風采。以關中郡姓為代表的北方士人南來寓居多年後，人多勁悍的襄陽一帶「稍尚禮義經籍」〔註153〕。江左上層士人以談義為重，儒史被視為素業，但河東裴氏之史學、京兆杜氏之經學仍助推了東晉南朝史學、經學的發展。裴松之《三國志注》、裴駰《史記集解》、裴子野《宋略》在東晉六朝的史著中成就卓著，為世人稱讚。〔註154〕京兆杜坦、杜驥先後任青州刺史，將其家業傳至齊地，齊人多習之。

因此，關中郡姓在東晉南朝的社會融合也是與江左社會群體的社會風習、文化觀念相互作用相互影響的過程。結果便是多元文化交融，並在江左社會大放異彩、繽彩紛呈。

〔註151〕詳參本章第四節「家族遷徙與家族文化——以東晉南北朝河東裴氏遷移房支的佛教信仰為中心」。

〔註152〕詳參本章第二節「空間轉換、家族發展與區域社會——以關中郡姓南遷北歸為中心」。

〔註153〕《隋書》卷三一《地理志下》「荊州條」。

〔註154〕邱敏《六朝史學》，南京出版社2003年，第313～330頁；第233～237頁；第135～139頁。

第四節　家族遷徙與家族文化——以東晉南北朝河東 裴氏遷移房支的佛教信仰爲中心

　　世家大族家風家學的傳承在家族遷移中艱難維持，生存地域的轉換帶來的新的地域風習、文化風尚也會對各自家族的家風家學造成衝擊。關中郡姓的遷移對其家族文化的持續與演變帶來的影響應是非常重大的，比如前文曾多次提及的經史世家晚渡江左後轉變爲戰陣英豪；因軍功獲得官階晉升後又轉向玄談文藝等等。不過要從深入細微處觀察，河東裴氏的佛教信仰狀況可以爲我們考察家族遷徙與家族文化的關係問題提供一例。

　　關於河東裴氏的佛教信仰，李浩《唐代三大地域文學士族研究》一書中，曾有專文《裴氏與佛教信仰》考察唐代河東裴氏對佛教的弘闡及修持情況。其實早在東晉南北朝時期，河東裴氏家族中已有成員篤信佛教，甚至出家爲僧。因爲當時社會動盪分裂，裴氏家族分散各地，不同房支在佛教信仰方面也各具特點。本節即從追溯河東裴氏結緣佛教的時空機緣入手，以遷移房支爲中心，考察東晉南北朝時期河東裴氏對佛教傳播及發展所作貢獻，分析河東裴氏家族成員信仰佛教的房支特點及歷史原因，從一個家族內部不同房支對佛教的不同態度來探求家族遷徙對家族文化的影響。

一、河東裴氏結緣佛教

　　東晉南北朝時期的河東裴氏以經史儒業傳家，人才輩出，著述豐富，但也不乏擅長釋學、專修佛理之人。《魏書·裴叔業傳》載：裴植「少而好學，覽綜經史，尤長釋典，善談理義。」臨終「遺令子弟命盡之後，剪落鬚髮，被以法服，以沙門禮葬於嵩高之陰。」裴粲「性好釋學，親升講座。」裴衍上表乞垂詔命，「請隱嵩高。」裴植、裴粲、裴衍同出一房，是東晉南北朝河東裴氏信佛最典型者。那麼河東裴氏何時與佛教結緣呢？

　　查考史籍可以發現，梁釋慧皎《高僧傳》中有智稱法師者，即出自河東裴氏。《高僧傳》卷十一《明律》「齊京師安樂寺釋智稱」曰：「智稱，姓裴，本河東聞喜人。魏冀州刺史徽之後也。祖世避難，寓居京口。」智稱因不喜交兵殺戮，「偶讀《瑞應經》，乃深生感悟。……乃投南澗禪房宗公，請受五戒。宋孝武時迎益州仰禪師下都供養，稱便束意歸依，仰亦厚相將接。及仰反汶江，因扈遊而上，於蜀裴寺出家。」其族人裴子野在《齊安樂寺律師智

稱法師碑》稱智稱「以宋太始元年，出家於玉壘。」〔註155〕

　　《水經注》卷三三「江水」曰：「江水又逕汶江道，汶出徼外岷山西玉輪阪下而南行，又東逕其縣而東注於大江。……又有湔水入焉，水出綿虒道，亦曰綿虒縣之玉壘山。」〔註156〕仰禪師反汶江，扈遊而上，即至玉壘，所謂「蜀裴寺」即在此處。玉壘山所在的綿虒縣，《水經注》同條記其爲「汶山郡治，劉備之所置也。」《華陽國志》卷三「汶山郡汶山縣條」也載「有玉壘山，出璧玉，湔水所出。」《宋書・州郡志》「益州條」引《晉太康志》謂汶山郡爲「漢武帝立，孝宣地節三年合蜀郡，劉氏又立」。《通典》卷一七六《州郡六》「古梁州下通化郡茂州條」又曰：「漢武帝開其地，屬蜀郡，後漢因之。晉屬汶山郡，宋齊皆因之。梁置繩州。後周改爲汶山郡。」如此，自劉備重立汶山郡，玉壘山在行政區劃上即不再屬於蜀郡，《高僧傳》傳文所稱「蜀裴寺」的「蜀」似乎不應爲「蜀郡」，而是範圍更廣的通稱「蜀地」。但《高僧傳》中另一條史文否定了這種理解，《高僧傳》卷十一《明律》「齊蜀靈建寺釋法琳」載：「釋法琳，姓樂，晉原臨邛人。少出家，止蜀郡裴寺。」「裴寺」的確在蜀郡。如此，《高僧傳》智稱傳文與裴子野所撰碑文記載智稱的出家地似乎矛盾。

　　其實，玉壘在歷代文人筆下，多用作成都之代稱，晉代左思《蜀都賦》有：「廓靈關以爲門，包玉壘而爲宇。」劉逵注曰：「玉壘，山名也，湔水出焉。在成都西北岷山界。」〔註157〕清代張素有《擬李義山〈井絡〉一首》：「玉壘山前花黯黯，錦官城外鼓逢逢。」〔註158〕裴子野所撰碑文爲散文，「出家於玉壘」當亦爲文學手法，以玉壘代指成都，而非實指玉壘山，更非玉壘山所屬政區汶山郡，故「蜀裴寺」與「玉壘」應是一地。

　　智稱法師於宋明帝太始元年（465年）在蜀郡裴寺出家，爲河東裴氏家族中篤信佛教的典型人物。那麼智稱是否爲裴家最早結緣佛教之人呢？其駐錫地裴寺中的「裴」與家族姓氏有無聯繫？

　　其實在智稱之前，河東裴氏已有成員奉佛，《繫觀世音應驗記》四十七條記載：「裴安起，河東人也。從虜中叛歸，至河邊，不得過。望見追騎在

〔註155〕嚴可均《全上古三代秦漢三國六朝文》，中華書局，1985年，第582頁。
〔註156〕酈道元著，陳橋驛校證《水經注校證》，中華書局，2007年，第766頁。
〔註157〕（梁）蕭統編，（唐）李善注《文選》，上海古籍出版社，1986年，第176頁。
〔註158〕金建陵、張末梅編校《南社張素詩文集》，大眾文藝出版社，2008年，第1036頁。

後，死在須臾，於是喚觀世音。始得數聲，仍見一白狼從草中出，仰視安起，回還繞之。安起目不暇視，狼還入草。斯須追至，安起心悟，復喚狼：『若是觀世音，更來救我！』道此未竟，應聲即出。安起跳往抱之，狼一擲便過南岸。集止之間，奄失狼所在。追騎共在北岸，望之歡悅無極。宋孝建初，劉瑀作益州，爾時，安起為成都縣界起一塔，既嘗荷神力，殊大精進。蔣山上定林寺阿練道人釋道儼，在蜀識裴，恆聞其自序此事，為杲具說。安起即齊州刺史裴叔業父也。」〔註159〕

　　《繫觀世音應驗記》雖為小說，不過其中所記「宋孝建初，劉瑀作益州」與《宋書》卷六《孝武帝紀》「（孝建三年夏五月）壬戌，以右衛將軍劉瑀為益州刺史」相符。而且告知陸杲故事的釋道儼，《繫觀世音應驗記》載其為釋道汪弟子，同書所記汪公事蹟與《高僧傳》卷七《義解四》「宋蜀武擔寺釋道汪」傳文略同。而裴叔業，《南齊書》、《魏書》俱有傳，曾任南齊徐州刺史、豫州刺史等職，此處「齊州刺史」，董志翹注文認為是寫本有誤。又《魏書‧裴叔業傳》載裴叔業父名順宗，疑為安起之字號。如此，靈驗故事雖不足信，但此處所涉史文確有可徵之處，裴氏在成都起塔建寺蓋有可能。宋孝武帝孝建三年（456），裴安起「為成都縣界起一塔，」「殊大精進」。如果將裴安起於成都起塔建寺與釋智稱出家之蜀郡裴寺聯繫起來考慮，則裴寺有可能因裴安起起塔得名，而智稱本出裴家，先受五戒，隨禪師仰公同至蜀郡，駐錫裴寺，本有奉佛之心，再蒙先祖感召，遂有出家之舉。

　　而且，從《繫觀世音應驗記》記載來看，裴安起奉佛並非始於蜀地，其在南遷之前即有觀世音信仰。關於裴叔業父祖的南遷情況，《魏書》卷七一《裴叔業傳》記載「裴叔業，河東聞喜人也。魏冀州刺史徽之後也。五代祖苞，晉秦州刺史。祖邕，自河東居於襄陽。父順宗、兄叔寶仕蕭道成，並有名位。」而《南齊書》卷五一《裴叔業傳》又載：「裴叔業，河東聞喜人，晉冀州刺史徽後也。徽子游擊將軍黎，遇中朝亂，子孫沒涼州，仕於張氏。黎玄孫先福，義熙末還南，至滎陽太守。叔業父祖晚渡。」《北齊書》卷二一《高乾傳附裴英起傳》又載：「裴英起，河東人。其先晉末渡淮，寓居淮南之壽陽縣。」韓樹峰《河東裴氏南遷述論》認為，裴叔業父祖南渡在東晉義熙末年，先「自河東居於襄陽」，而後渡淮，「寓居淮南之壽陽縣。」〔註160〕

〔註159〕董志翹《〈觀世音應驗記三種〉譯注》，江蘇古籍出版社，2002年，第155頁。
〔註160〕韓樹峰《河東裴氏南遷述論》，《中國史研究》，1996年第2期。

那麼裴安起的佛教信仰是否來自河東桑梓呢？就筆者寓目所及，魏晉時期，河東僅有「蒲坂」一地稍涉佛法。後秦晉王姚緒鎮河東時，曾請釋法和「往蒲坂講說。」〔註161〕釋法和與釋道安同學，曾與安公詳定新經，參正文義，姚緒請其至蒲坂講經說法，對河東佛教傳播定有貢獻。早於此前的曹魏西晉時期，北方佛教重鎮在首都洛陽，河東裴氏在曹魏西晉時期，官居中央，身在京城，不可能對京城洛陽活躍的崇佛禮佛行為毫無所聞。當時佛教性空之說，憑藉《老》、《莊》清談，吸引著當時的文人名士。裴頠深患時俗放蕩，不尊儒術，何晏、阮籍，素有高名於世，口談浮虛，不遵禮法，故著《崇有論》。〔註162〕湯用彤認為裴頠駁斥「虛無」、「空無」及「本無」，「未必不兼指佛家之說。」〔註163〕不過裴氏當時雖對佛教有所領略，尚未有崇信佛教的行為。

值得注意的是，裴安起父祖在晉末禍亂之時，他們曾寓居河西，即上文所謂「徽子游擊將軍黎，遇中朝亂，子孫沒涼州，仕於張氏。」考《新唐書》卷七一上《宰相世系表一上》「裴氏條」，黎有二子：粹、苞。粹為晉武威太守，苞任晉秦州刺史。所謂「子孫沒涼州」即為此二人之子孫。裴叔業父裴安起出自裴苞一支，苞孫嗣曾任「西涼武都太守，」直至苻堅克河西，他們才還歸河東。如果說在晉末喪亂之前及還歸河東後他們所受佛教影響不大，那麼寓居涼州的這段時間，極有可能是他們濡染佛法的恰當時機。當時的涼州是魏晉時期佛教傳播重鎮。《魏書》卷一一四《釋老志》記載：「涼州自張軌後，世信佛教。敦煌地接西域，道俗交得其舊式，村塢相屬，多有塔寺。太延中，涼州平，徙其國人於京邑，沙門佛事俱東，象教彌增矣。」

河東裴氏在中古時期定著五房：西眷裴、中眷裴、東眷裴、洗馬川裴和南來吳裴。南來吳裴和洗馬川裴皆出自西眷裴，即曾寓居涼州的裴黎一房。他們在苻堅平涼，還歸河東後，一支寓居河東解縣洗馬川，故號洗馬川裴。另一支東晉末年南遷江左，後又復歸北地，故稱南來吳裴。〔註164〕南遷的裴安起即出南來吳裴。筆者查考史籍發現裴氏五房中僅南來吳裴有崇信佛教的史文記載，雖然這與他們在南方生存環境密切相關，但考慮到裴安起南遷

〔註161〕《高僧傳》卷五《義解二》「晉蒲坂釋法和」。
〔註162〕《晉書》卷三五《裴秀傳附裴頠傳》。
〔註163〕湯用彤《漢魏兩晉南北朝佛教史》，北京大學出版社，2011年，第164頁。
〔註164〕《新唐書》卷七一《宰相世系表一上》「裴氏條」。

之前已一心稱名觀世音，而其他裴氏房支竟無信佛記載的情況，筆者認為，魏晉時期洛陽和河東桑梓的佛教文化對裴氏並未發生多大影響，相比之下，晉末寓居涼州的經歷倒極有可能是裴氏佛法啓蒙的重要時期。

裴安起南遷後，又歷蜀地。據湯用彤《漢魏兩晉南北朝佛教史》，東晉時，涼州與江南交通，常經益部，故西域僧人頗止蜀中。再加道安徒眾至蜀中傳道講經的開創之功，蜀土佛教得以興盛。〔註165〕蒙蜀中佛法加被，裴安起遂在成都建塔奉佛，因其奠基之功，裴安起建塔處極有可能成為後來的「裴寺」。此後有意皈依佛教的智稱至此，遂正式出家，成為史文記載中河東裴氏家族最早出家的僧人。當然裴安起建塔處與智稱出家的「裴寺」是否同為一處，不得而知，「裴寺」寺名所得與河東裴氏特別是裴安起是否有關，也待明證。但無論如何，在河東裴氏奉佛道路上，蜀地是非常重要的地緣條件。

如此，河東裴氏與佛法結緣的時間較早，最遲在東晉十六國時期，已有觀世音信仰。而在地緣條件上，河東、洛陽、涼州、蜀地的佛教氛圍可能對其家族信佛都有影響，但比較來看，涼州、蜀地的影響較大，蜀地尤為河東裴氏皈依佛教的重要地域，甚至出現了可能與河東裴氏關係密切的「裴寺」。

二、河東裴氏與佛教文化

既與佛法結緣，河東裴氏對東晉南北朝時期的佛教傳播、佛學發展也做出了一定的貢獻。

首先，建塔奉佛。如上所述，裴安起因受觀世音庇護得以逃脫追捕，感念佛法護祐，又受蜀地佛教氛圍影響，在成都縣界造塔。佛塔是佛的象徵，佛教思想中，見塔如見佛，建造佛塔具有無上功德。同時佛塔的存在使信徒對佛教的信仰具體化，廣大信眾通過敬拜佛塔奉佛禮佛，因而裴氏所造佛塔必會成為聯繫佛教信眾，進行佛教活動的中心所在。如此，裴安起建佛塔不僅體現自身的佛教崇拜，而且也推動了佛教信仰在蜀地的進一步傳播和發展。

其次，講經弘法。根據《齊安樂寺律師智稱法師碑》，宋大明年間，智稱法師從宗公仰禪師受學，在裴寺出家後，於諸多佛道中，宗於律學。後又師從隱、具二律師等受禪律，至京師聽法穎講律。太始六年（470），開始在

〔註165〕湯用彤《漢魏兩晉南北朝佛教史》，北京大學出版社，2011年，第140頁。

震澤講十誦。據湯用彤先生所考,「南方在宋代除《十誦》以外,已幾無律學。」〔註166〕前揭碑文言,在法華、維摩、涅槃、成實諸論徒眾甚廣、才學多著之際,智稱振裘持領律學,「坐高堂而延四眾,轉法輪而朝同業者,二十有餘載。」因此,南方「律學之盛,始自智稱。」〔註167〕

延至齊代,智稱律師講經不輟。齊永明年間,文宣王曾召集京師碩學名僧於普弘寺送講,請智稱法師講《十誦》,「僧眾數百,皆執卷承旨」。不僅如此,智稱尚多次受邀至他地講律。前揭《高僧傳》傳文載,「定林法獻於講席相值,聞其往復清玄,仍攜止山寺。」又有「餘杭寶安寺釋僧志請稱還鄉,開講十誦」。有「雲棲寺復屈爲寺主,稱乃受任」。後有「末方沙門慧始請稱還鄉講說,親里知舊皆來問訊,悉殷勤訓勗,示以孝慈。」《高僧傳》載其「講大本三十餘遍」,碑文言「四十有餘講」。總之,智稱律師中興律學,並受邀多地講說,終使律學在南方興盛。不僅如此,智稱將其律學所得撰《義記》八篇,傳於後學,世人頗爲推崇。釋慧皎《高僧傳·明律篇論》載「……智稱律師,竭有深思。凡所披釋,並開拓門戶,更立科目。齊梁之間,號稱命世,學徒傳記,於今尙焉。」其弟子法超,傳其律學,「梁武帝敕集《出律要議》十四卷,通下梁境,並依詳用。」〔註168〕

再者,篤信修持。南北朝時期河東裴氏居家成員中也不乏虔誠信佛,用心修持者。爲智稱法師撰寫碑文的裴子野,即爲其一,據《梁書》卷三十《裴子野傳》記載,裴子野「末年深信釋氏,持其教戒,終身飯麥食蔬。」《隋書·經籍志》錄裴子野曾撰《眾僧傳》二十卷,《內典錄》十,著錄裴子野《沙門傳》三十卷,並注云,其十卷劉謬撰。蓋因裴子野平生多結交僧眾,爲他們作傳,亦隨其奉佛。其族人智稱律師既誦戒律,廣傳齊、梁之境,故子野雖未出家,仍「持其教戒,終身飯麥食蔬。」

誠心修持佛法的裴氏成員還有上文所言裴叔業房支。裴叔業父祖在晉末宋初南遷,除裴叔業父裴安起奉佛外,裴叔業兄裴叔寶家中多有修持佛法之人。叔寶子植,「少而好學,覽綜經史,尤長釋典,善談理義。」南齊東昏侯永元二年(500年),裴叔業聯合豫州諸豪,舉壽陽歸魏。事未成,裴叔業卒,北歸事由其姪裴植完成。北歸後,裴植及諸弟奉佛行爲愈甚。據《魏

〔註166〕湯用彤《漢魏兩晉南北朝佛教史》,北京大學出版社,2011年,第567頁。
〔註167〕湯用彤《漢魏兩晉南北朝佛教史》,北京大學出版社,2011年,第568頁。
〔註168〕湯用彤《漢魏兩晉南北朝佛教史》,北京大學出版社,2011年,第568頁。

書・裴叔業傳》，植曾「表請解官，隱於嵩山」，宣武帝不許，後被專擅朝權的于忠構陷殺害，「臨終，神志自若，遺令子弟命盡之後，剪落鬚髮，被以法服，以沙門禮葬於嵩高之陰。」植母亦信佛，「植在瀛州也，其母年逾七十，以身爲婢，自施三寶，布衣麻菲，手執箕帚，於沙門寺灑掃。植弟瑜、粲、衍並亦奴僕之服，泣涕而從，有感道俗。諸子各以布帛數百贖免其母。於是出家爲比丘尼，入嵩高，積歲乃還家。」蓋受其家傳佛教信仰所遺，又有隨母親灑掃沙門寺之經歷，故裴粲、裴衍修持佛法更爲精進，裴粲「性好釋學，親升講座，雖持義未精，而風韻可重。」粲弟衍在歸魏後第二年辭去朝命，隱於嵩高。

三、河東裴氏遷移房支信仰佛教原因

魏晉南北朝時期河東裴氏定著五房，上文所考信仰佛教的裴氏成員，多出於西眷裴和南來吳裴，而且他們的奉佛行爲也主要發生在移居地。苻堅平涼後世居北地的裴氏房支中幾無涉獵佛法之人，史載中僅有北魏時期裴延儁爲皇帝崇信佛教上疏諫言一事。北魏宣武帝專心釋典，時任中書侍郎的裴延儁曾爲此諫言：「……陛下道悟自深，淵鑒獨得；升法座於宸闈，釋覺善於日宇；凡在聽矚，塵蔽俱開。然《五經》治世之模，六籍軌俗之本。……伏願經書互覽，孔釋兼存，則內外俱周，眞俗斯暢。」〔註169〕裴延儁出自中眷裴，世以墳史爲業，以「五經」「六籍」爲本，不過當時北魏朝廷崇佛尤甚，裴延儁也只能順勢而爲，主張「孔釋兼存」。

如此，河東裴氏信仰佛教者多爲外遷房支，考其原因如下：

第一、受戰亂所困，兵禍所逼。爲尋求生存而輾轉遷移的裴氏家族成員更易感受生命的脆弱與無常，裴安起父祖先避難於西涼，後被苻堅驅歸，再於晉末過江，僑居襄陽、壽陽。裴叔業等爲保持家族地位，在江左南征北戰，終成豫州領袖，卻又因皇帝猜忌舉地降北。西涼、關中、荊州、豫州、洛陽，一個世家大族爲躲避災禍、尋求生存繁衍幾番顛簸。裴安起躲避追兵得到觀世音護祐遂篤信佛教雖是故事，但顛沛流離、居無寧日的人眾尋求精神護祐更易於接受佛教卻是事實。

對於外遷的世家大族而言，生存繁衍僅是其一，更重要的是要保持家族地位不墜，融入異地生活，得到異地世家大族的認同。裴子野，晉太子左率

〔註169〕《魏書》卷六九《裴延儁傳》。

康八世孫，曾祖裴松之、祖父裴駰皆以史學才能名著於世，但裴氏在江左並非名家，裴松之年二十，拜殿中將軍，因「此官直衛左右，晉孝武太元中革選名家以參顧問，始用琅邪王茂之、會稽謝輶，皆南北之望。」〔註170〕裴叔業父祖過江已是晉末，屬晚渡荒傖。智稱出家前，爲家族崛起「羈束戎旅，俯起阡陌」，裴叔業等更是英勇尚武，依靠武功爭取家族功名，後雖勢力強固，但被皇帝猜忌，遂舉地投北。北魏朝廷雖嘉賞裴植等人功績，但其家族在洛陽朝廷的境遇依然艱險，裴植終被構陷遇害。戎馬倥傯，顛沛流離，卻很難得到社會認同，這樣的仕宦經歷、生活境遇難免會感歎「名不常居，功難與畢」〔註171〕，遂於佛教尋求所託。

第二、移居地有濃厚的佛教氛圍。如果說佛教氛圍濃厚的西涼、蜀地是河東裴氏結緣佛教最早的地域空間，那麼彭城、壽春、建康、洛陽等佛教重鎮則持續薰習著他們的佛法追求。建康爲江左佛教中心所在，佛寺、僧徒的數量居南境之首，裴子野身居建康，交接高僧，很容易受佛教影響而親自習受。

至於裴叔業房支，據筆者前文考察，他們渡江後的寓居地和活動範圍多在彭城、壽春一帶，而在東晉南朝時期，這些地方是僅次於首都建康的佛教重鎮。嚴耕望《魏晉南北朝佛教地理稿》關於彭城、壽春佛教論到：「彭城爲自古名地，……魏晉以下，南北交兵甚繁，彭城居南北水陸交通樞紐地位，常爲徐州治所，東方重鎮，形成中國東疆一大都會，具備宗教發達之條件。……故彭城佛教實較泰山爲盛，可視爲南北兩朝佛教中間聯繫之重鎮，亦大江以北，東方之唯一佛教中心，而壽春亞之。」〔註172〕

裴叔業北歸後，裴植等人居於都城洛陽。洛陽在三國西晉時期，已是北方佛教中心，雖經晉室傾覆，洛陽荒殘，但北魏「孝文遷都，洛陽復興，孝文及其後諸帝多崇佛法，故洛陽佛寺漸立，」嚴耕望估計「北朝末期，洛陽僧徒必踰十萬，決非誇張。」〔註173〕而「嵩山爲洛陽近地，盛衰相依」，爲「南北朝後期禪學之基地」。〔註174〕如此，本就有佛教家世遺傳的裴叔業房支在彭

〔註170〕《宋書》卷六四《裴松之傳》。
〔註171〕裴子野《齊安樂寺律師智稱法師碑》，嚴可均《全上古三代秦漢三國六朝文》，中華書局，1985年。
〔註172〕嚴耕望《魏晉南北朝佛教地理稿》，上海古籍出版社，2007年，第124～126頁。
〔註173〕嚴耕望《魏晉南北朝佛教地理稿》，上海古籍出版社，2007年，第112頁。
〔註174〕嚴耕望《魏晉南北朝佛教地理稿》，上海古籍出版社，2007年，第113頁。

城、壽春等地持續薰習佛法，北歸後，嵩山更成爲他們奉佛禮佛甚至歸隱出家的目的地。

南北佛法不同，南方偏尚玄學義理，北方重在宗教行爲。裴植、裴粲等北歸，遂將南方義學傳北，故湯用彤論裴植、裴粲等「以文士而信佛，並談義理，雖不必精深，固仍襲南朝之風也」。〔註175〕

第三、家學家風的影響。東晉南北朝時期政局混亂，社會動盪，官學崩解，學術、宗教限於家族、地域。爲鞏固、維持甚至提高家族的政治社會地位，家族內部十分注重家風家學的傳承和發揚，家族中的長輩承擔了家族教育的施教工作，他們有意識地將世傳家學教授給子孫，訓誡其傳承家學，保持家風，因而家族子弟的知識、思想、文化、信仰、習慣等往往與家族長輩一脈相承。

河東裴氏世以儒經文史傳家，但裴叔業等南遷房支寓居南北邊境之地，爲提高在江左的門第聲望，他們習尚武功，以求仕進。在精神文化方面，受前述兩方面原因的影響，佛教信仰不僅被南遷家族房支接受，並與儒經文史一道在家族內部世代相習，因而自裴叔業父祖與佛教結緣，建塔奉佛，至裴植一輩，更加精進。加之當時母親在家庭教育中具有重要地位，所以母親的言傳身教對子輩的思想觀念影響極大。裴植母親篤信佛教，一度自施三寶，成爲比丘尼，在嵩高山出家，裴瑜、裴粲、裴衍兄弟皆曾隨母親灑掃沙門寺。凡此種種，當對裴粲、裴衍的佛學修養有重要影響。史載裴粲精於釋學，曾爲北魏肅宗侍講，裴衍則性好山林，隱於嵩高，至世宗末年才出山。

總之，東晉南北朝時期河東裴氏在佛教信仰方面具有明顯的房支區別，輾轉遷移的家族房支在顛沛流離、動盪不安的生活中尋求佛法護祐，異地濃厚的佛教文化氛圍和家學家風的包容性、創造性使佛教信仰在他們房支內部紮根並世代傳習。他們對佛教文化的貢獻體現在起建佛塔、講經弘法和篤信修持等方面。河東裴氏在佛教信仰方面的房支區別可以進一步印證東晉南北朝時期學術、宗教限於家族與地域的特點，也反映了東晉南北朝時期人口遷移特別是家族遷移對文化傳播的作用。

〔註175〕湯用彤《漢魏兩晉南北朝佛教史》，北京大學出版社，2011 年，第 283～284頁。

第五節　再論北朝河東三姓入關問題

　　魏晉南北朝時期，河東裴、柳、薛三大家族爲當世著姓，《古今姓氏書辨證》卷 38「魏太和族品，柳、裴、薛爲河東三姓。」唐人柳芳總結魏晉南北朝以來的姓族，分爲五大類，將河東三姓列於關中郡姓首望。究其原因，學界已有許多討論。唐長孺先生認爲「其所云『關中』實際上是包括河東之裴、柳、薛及弘農之楊在內的，亦即西魏境內諸著姓」〔註176〕，意即河東、弘農歸屬西魏政權管轄，故屬關中著姓。毛漢光《北朝東西政權之河東爭奪戰》一文詳考北魏分裂之際河東大族的動向，認爲河東三姓「主支大部分歸向西魏北周，其人物與關中政權長期結合」是他們位列關中郡姓的原因。〔註177〕在此基礎上，李浩《「關中郡姓」辨析》〔註178〕從文化地理、政治文化等角度進行分析，認爲將河東三大姓歸入「關中郡姓」是因爲「河東地近京畿……從文化地理上與關中有千絲萬縷的聯繫。尤其是政治上，河東裴、薛、柳三氏從北魏開始，歷東魏北齊、西魏北周、楊隋、李唐等北方政權，簪纓冠冕，代不乏人。」其歸入「關中郡姓」，「是對裴、薛、柳三大河東勢力與關隴集團結合歷史的認可，又是對三姓著房長期遷居長安、以關中諸州郡爲本貫這一事實的承認。」李永康、張彩琴《河東士族歸入「關中郡姓」考釋——以河東裴氏爲個案》雖然對李浩的部分觀點提出質疑，但也認爲河東三姓在北魏分裂後主動與西魏北周政權結合、進入關隴集團核心是他們入於關中郡姓的主要原因。〔註179〕如此，諸多研究成果對這一氏族譜學之謎大致討論清楚，基本認定河東三姓與關中政權的深厚淵源奠定了他們的姓族屬性。爲證明這一結論，諸位前輩將討論對象重點放在了較早入關的河東三姓代表房支身上，對入仕東魏北齊及隔絕於南方後來入關的房支皆未多作關注。而揆諸史實，參與魏、周及隋政權的河東三姓房支眾多，他們的來源地域、入關時間、入關背景、入關後的處境等雖呈現各種差異，但對北朝隋唐時期家族門第的提升形成合力。筆者在前文第七章中已從個案角度梳理了每個家族不同房支的入關過程，但對作爲同一地域的這三個家族在入關問題上的整體特徵還很欠缺。據此，筆者本節欲對河

〔註176〕唐長孺《魏晉南北朝隋唐史三論》，武漢大學出版社，1993 年，第 377 頁。
〔註177〕毛漢光《中國中古政治史論》，上海書店出版社，2002 年，第 186 頁。
〔註178〕李浩《關中郡姓辨析》，《歷史研究》，2000 年第 5 期。
〔註179〕李永康、張彩琴《河東士族歸入「關中郡姓」考釋——以河東裴氏爲個案》，《運城學院學報》，2005 年第 1 期。

東三姓南北東西所有房支的入關問題再進行詳細考論，以期深化中古河東三姓的家族史研究。

北魏出帝脩（即孝武帝）永熙三年（534年），魏帝與高歡關係惡化。七月，魏帝與高歡兵戎相見，宇文泰迎魏帝入關，定都長安。高歡入洛陽，立元善見為帝，魏分東西。北方境內河東三姓各房支對東西政權的向背歸屬不同，南朝境內的河東三姓在動盪的南方社會中無暇北顧。但隨著北周滅北齊、隋代周及隋滅陳，分散南北東西的河東三姓終以關中政權為仕宦依歸。今以關中政權為河東三姓從分散到匯合的落腳點，考察他們入關的具體狀況。

一、河東三姓在北房支入關

北魏分裂時，河東三姓在北房支成員在面對兩個政權的動向上，毛漢光先生在《北朝東西政權之河東爭奪戰》及本書第七章個案考察部分已作歸納統計，本節在此基礎上，對河東三姓北方房支的入關時間與背景作進一步梳理統計，並分析不同房支不同選擇的歷史原因。

表一　河東三姓在北房支東西動向及入關詳考 〔註 180〕

家族	房 支	代表人物	活動地域	選擇政權	入關時間	備 註
河東裴氏	西眷裴	裴讓之	洛陽	東魏北齊	齊亡（577年）	
		裴讞之				
		裴諏之				
		裴訥之				
		裴諏之	潁川	西魏北周	大統四年（538年）	
	南來吳裴	裴僑尼	洛陽	東魏北齊	齊亡（577年）	
		裴英起				
		裴威起				
		裴斌				
		裴嵩				
		裴測	洛陽	西魏北周	天平（534～537年）中	
		裴舒				

〔註 180〕 本表依據《魏書》、《北齊書》、《周書》、《隋書》、《北史》本傳製作。

	東眷裴	裴寬	自洛陽避難於大石岩	西魏北周	獨孤信鎮洛陽（537 年）
		裴果	任河北郡守		沙苑之役後（537 年）
	雙虎支	裴俠	洛陽	西魏北周	從孝武帝西遷（534 年）
		裴邃	河東		西魏占河東（537 年）
	中眷裴	萬虎支	裴叔義		
			裴伯茂		
			裴景融		
			裴景顏	東魏北齊	不詳
			裴良		
			裴叔祉		
		三虎支	裴範		
			裴升之		
			裴鑒		
	洗馬川裴	裴獻伯		東魏北齊	不詳
		裴彥		西魏北周	不詳
河東柳氏	西眷	柳慶	洛陽	西魏北周	獨孤信鎮洛陽（537 年）
		柳敏	河東		沙苑之役後（537 年）
		柳虯	陽城		獨孤信鎮洛陽（537 年）
	東眷	柳崇子孫		東魏北齊	不詳
		柳敬起兄弟子嗣			
		柳僑起			
		柳援			
		柳絺			
		柳遠			

		薛端	楊氏壁			
河東薛氏	西祖系	薛善	河東	西魏北周	沙苑之役（537年）	
		薛崇禮				先降東魏後歸西魏
		薛孝通	洛陽		卒於鄴	被高歡執送晉陽
		薛道衡	洛陽	東魏北齊	齊亡（577年）	孝通子
		薛循義兄弟				
		薛嘉族父子				
	南祖系	薛保興	洛陽	東魏北齊	不詳	
		薛湛儒				
		薛憕	長安	西魏北周	孝武帝、高歡交惡（534年）	
		薛世雄	關中／敦煌		不詳	
		薛寘	洛陽		從孝武西遷（534年）	房系不詳

從上表可以看出，河東三姓在北房支的入關時間與背景有五種情況：1、北魏正式分裂前，已在關中地域或歸屬宇文泰勢力；2、孝武帝與高歡交惡伊始，追隨孝武帝西遷；3、洛陽被宇文氏收歸，特別是獨孤信鎮守洛陽時被徵召；4、河東被宇文氏奪取後隨地域一起加入關中政權；5、北齊滅亡後入關。如此，河東三姓在北魏分裂東西及東西政權對峙交戰過程中，不同的房支成員在不同的歷史背景下選擇了不同的政權和地域歸屬。至於他們各個房支不同動向的原因，筆者通過把梳史料，認爲值得討論的有以下幾個因素：

首先，他們的東西動向與所處活動地域密切相關。宅於、任職於河東及活動於關中與河東之間地域的房支成員，加入宇文泰勢力較早。北魏分裂後，東西政權對河東一帶的爭奪戰十分激烈，其中尤以沙苑之役最爲關鍵。東魏天平四年（西魏大統三年，537年）十月，高歡率眾十萬出壺口，趨蒲坂濟河，與宇文泰戰於沙苑，結果高歡敗歸。之後，西魏賀拔勝、李弼渡河圍蒲坂，牙門將高子信開門納勝軍，東魏將薛崇禮棄城走。宇文泰進軍蒲坂，略定汾、絳。〔註181〕很快，李弼順利攻下河東。活動於河東一帶的河東三

〔註181〕《周書》卷二《文帝紀》。

姓家族成員紛紛歸附西魏。如，河東裴氏雙虎支裴邃，於大統三年（537 年），「糾合鄉人，分據險要以自固」，抗拒高歡。「及李弼略地東境，邃爲之鄉導，多所降下」，後乃接受西魏北周任命。〔註 182〕西魏克復河東時，河東柳氏西眷柳敏任河東郡丞，據《周書》卷三二《柳敏傳》載，宇文泰「見而器異之，乃謂之曰：『今日不喜得河東，喜得卿也。』即拜丞相府參軍事。俄轉戶曹參軍，兼記事。」東眷裴氏裴果任河北郡守，北魏河北郡領縣四：北安邑、南安邑、河北、太陽，即中條山一帶，在河東南區，「及齊神武敗於沙苑，果乃率其宗黨歸闕」〔註 183〕。

　　河東薛氏西祖系薛洪祚、薛洪隆房支家於華州之夏陽，至北魏末年，薛洪隆玄孫薛端以天下擾亂，棄官歸鄉里，與宗親及家僮等居楊氏壁〔註 184〕。宇文泰奉迎孝武帝入關，派薛崇禮邀引端西行，同時，東魏關右行臺薛氏族人薛脩義又勸崇禮東向〔註 185〕，崇禮率端與宗親、家僮等萬餘人降之。但當脩義將兵脅迫端等東向時，端與宗親起兵叛之，被脩義追討至石城柵。此後東魏都督乙幹貴幾次勸降無果，東魏又派人據守楊氏壁，終被端設奇兵擊退，復還楊氏壁。最終宇文泰「降書勞問，徵端赴闕，以爲大丞相府戶曹參軍」〔註 186〕，正式加入關中政治集團，最終位至軍司馬、驃騎大將軍、開府儀同三司，被賜姓「宇文氏」。〔註 187〕同屬河東薛氏西祖系的薛善，也活動在河東一帶。孝武西遷時，東魏改河東爲泰州，薛善任泰州別駕。沙苑之役後，李弼來攻河東，同族薛崇禮固守河東，薛善勸崇禮輸誠西魏，崇禮先

〔註 182〕《周書》卷三七《裴文舉傳》。
〔註 183〕《周書》卷三六《裴果傳》。
〔註 184〕（宋）司馬光《資治通鑑》卷一百五十六《梁紀十二》武帝中大通六年（534年）「魏宇文泰進軍攻潼關，斬薛瑜，虜其卒七千人，還長安，進位大丞相。東魏行臺薛脩義等渡河據楊氏壁。」文後胡三省注曰：「據《薛端傳》，楊氏壁在龍門西岸，當在華陰、夏陽之間，蓋華陰諸楊遇亂築壁以自守，因以爲名。」中華書局，1963 年，第 4855 頁。顧祖禹撰，賀次君、施和金點校《讀史方輿紀要》卷五四《陝西三・西安府下》「華州華陰縣楊氏壁」謂楊氏壁在華陰縣東北。中華書局 2005 年，第 2590 頁。王仲犖《北周地理志》卷一「關中同州夏陽縣」認爲前兩種看法「皆失之偏南。西魏嘗於楊氏壁僑置南汾州，當不至距汾水入河處過遠。今繫之夏陽縣下。」中華書局，1980 年，第 63 頁。
〔註 185〕《周書》卷三五《薛端傳》作「循義」，（唐）李百藥《北齊書》卷二十《薛脩義傳》作「脩義」。
〔註 186〕《周書》卷三五《薛端傳》。
〔註 187〕《周書》卷三五《薛端傳》。

是猶豫不決，會薛善從弟馥妹夫高子信亦欲接應西軍，「善即令弟濟將門生數十人，與信、馥等斬關引弼軍入」〔註 188〕，遂歸順西魏。

　　與河東不同，活動於京師洛陽的河東三姓家族成員，或被高歡裏挾驅馳遷入鄴城，或在洛陽被西魏鎮守時加入關中政權。東魏永熙三年（534 年），高歡擁立孝靜帝後，完全掌握了統治權，他嫌洛陽逼近前方，決定遷都鄴城。命令下達三天之內，洛陽官民四十萬戶狼狽上路。西眷裴佗子讓之、讜之等兄弟五人及其母親俱在遷徙之列，唯讓之第二弟諏之留在河南。〔註 189〕南來吳裴一房主體成員也當在此時入鄴，故他們皆在東魏北齊任職：《魏書·裴叔業傳》載：裴僑尼「武定中，員外羽林監。齊受禪，爵例降」；裴英起（裴彥先孫）「武定末，洛州刺史」；裴威起（英起弟）「卒於齊王開府中兵參軍」；裴斌「武定中，廣州長流參軍。齊受禪，爵例降」；裴嵩「武定中，河內太守。齊受禪，爵例降」。

　　河東薛氏西祖系薛孝通與宇文泰有舊，賀拔岳以師友之禮相待，與宇文泰結爲兄弟，對關中勢力集團有肇基之力。〔註 190〕然東西分裂時，薛孝通恰在京師，被高歡強行執送晉陽，從而無緣西向。其子薛道衡隨其仕東魏北齊，至北周滅齊後道衡入關。

　　留守京師洛陽一帶的其他房支成員，在洛陽被西魏佔領後陸續加入關中政權。據《周書》卷三八《柳虬傳》，元季海、獨孤信鎮洛陽時，「於時舊京荒廢，人物罕極。唯有虬在陽城，裴諏在潁川。信等乃俱徵之，……並掌文翰。時人爲之語曰：『北府裴諏，南省柳虬。』」後來高歡在河南反攻，獨孤信失敗，東魏洛州刺史王元軌召裴諏之爲中從事，但不久「西師忽至」，諏之「遂隨西師入關，周文帝以爲大行臺倉曹郎中」〔註 191〕。

　　當然，受活動地域和社會動盪局勢所限，此前已寓居於關東的家族成員，入仕西魏北周則在情理之中。如河東薛世雄，《隋書》卷六五《薛世雄

〔註 188〕《周書》卷三五《薛善傳》。
〔註 189〕《北齊書》卷三五《裴讓之附弟諏之傳》：「遷鄴後，諏之留在河南」；又《北齊書》卷三五《裴讓之傳》：「第二弟諏之奔關右，兄弟五人皆拘繫。神武問曰：』諏之何在？」答曰：『昔吳、蜀二國，諸葛兄弟各得遂心，況讓之老母在，君臣分定，失忠與孝，愚夫不爲。伏願明公以誠信待物，若以不信處物，物亦安能自信？以此定霸，猶卻行而求道耳。』神武善其言，兄弟俱釋。」讓之等俱在東魏北齊可明。
〔註 190〕《北史》卷三六《薛辯傳附孝通傳》。
〔註 191〕《北齊書》卷三五《裴讓之附弟諏之傳》。

傳》載其「本河東汾陰人，其先寓居關中。父回，字道弘，仕周，官至涇州刺史。」《北史》卷七六《薛世雄傳》謂薛世雄「其先寓居敦煌」，與《隋書》記載不同，不知孰是。不過無論關中、敦煌，薛回父子在北魏分裂後皆可能直接出仕西魏北周，而不可能離開關中鄉里或從敦煌越關中東渡河北。

其次，河東三姓家族房支的動向與分裂前所屬政治陣營有關。河東三姓在東西歸屬上並非全是猝不及防或迫於局勢的被動選擇，有些家族成員在北魏分裂之前已有較明確的政治傾向。他們中有關中集團形成的重要謀謨之士，如上文所言薛孝通，為節閔帝信重，力主據關中，並向節閔帝推薦賀拔岳、宇文泰。賀拔岳待以師友之禮，宇文泰與之結為兄弟。如若不為高歡強行執送晉陽，孝通及子道衡等應早已是關隴集團核心成員。也有宇文泰的故舊，如東眷裴果，《周書·裴果傳》記其北魏太昌初年（532 年）在并州遇宇文泰時，「果知非常人，密託付焉」，高歡敗於沙苑，「果乃率其宗黨歸闕」。

還有孝武帝西行關中的積極勸諫者。如雙虎支裴俠，魏孝武帝徵河南兵防備高歡時，裴俠率所部入洛陽。當時朝臣為朝廷命運擔憂，各有思慮。《資治通鑑》卷一百五十六《梁紀十二》武帝中大通六年（534 年）「魏南秦州刺史隴西李弼說侯莫陳悅條」記載了裴俠的意見，當時中軍將軍王思政問裴俠：「今權臣擅命，王室日卑，奈何？」俠曰：「宇文泰為三軍所推，居百二之地，所謂已操戈矛，寧肯授人以柄！雖欲投之，恐無異避湯入火也。」思政曰：「然則如何而可？」俠曰：「圖歡有立至之憂，西巡有將來之慮，且至關右徐思其宜耳。」王思政非常贊同裴俠的意見，故向孝武帝舉薦，俠被授左中郎。可見，孝武帝見逼於高歡選擇行止時，裴俠為建議入關者之一〔註192〕。不久，孝武西遷，裴俠拋妻子從行〔註193〕。另據《周書·柳慶傳》載，西眷柳慶在北魏分裂前曾以散騎常侍的身份「馳傳入關」，與宇文泰「共論時事」，宇文泰使柳慶向孝武帝轉達「奉迎輿駕」之意。柳慶回洛陽覆命，便以「關中金城千里，天下之強國也。宇文泰忠誠奮發，朝廷之良臣也。以陛下之聖明，仗宇文泰之力用，進可以東向而制群雄，退可以閉關而固天府」勸孝武帝入

〔註192〕（宋）司馬光《資治通鑑》卷一百五十六《梁紀十二》武帝中大通六年（534年）六月載，主張西遷入關者有：中軍將軍王思政、散騎侍郎河東柳慶、閣內都督宇文顯和、東郡太守河東裴俠等。

〔註193〕《周書》卷三五《裴俠傳》：「俄而孝武西遷，俠將行而妻子猶在東郡。滎陽鄭偉謂俠曰：『天下方亂，未知鳥之所集。何如東就妻子，徐擇木焉。』俠曰：『忠義之道，庸可忽乎！吾既食人之祿，寧以妻子易圖也。』遂從入關。」

關，孝武帝「深納之」。孝武帝西遷之行既有柳慶勸諫之功，孝武帝要其同行，但「慶以母老不從」，直到「獨孤信之鎮洛陽」後，「乃得入關」。

當然，河東三姓中也有高歡之故舊，忠於東魏勢力者。河東薛脩義一房最爲典型。據《北齊書·薛脩義傳》，北魏孝莊帝曾任脩義爲弘農、河北、河東、正平四郡大都督，當時高歡任晉州刺史，高歡待脩義甚厚。後來高歡起兵信都，脩義從其至晉陽，又從其平尒朱兆。蓋因兩者有如此深厚的淵源關係，因此武帝與高歡交惡，脩義仍以高歡惟命是從。高歡軍臨潼關，脩義被任以關右行臺，招降歸於西魏的族人薛崇禮。脩義從弟嘉族在高歡起兵信都時自正平響應，從平四胡於韓陵。與賀拔岳對陣失敗，嘉族棄馬浮河而歸，忠誠可鑒。脩義子震鎮守龍門時陷於西魏，但心念東魏，終於元象（538年）中，逃還東魏。

最後，河東三姓選擇東向抑或西行，尚有一個因素值得重視，即宗族鄉里基礎。在前文所述河東三姓活動地域與房支動向的關係中可以看出，較早入關的房支在河東一帶有著較強的宗族力量。東魏軍至，他們可以帥宗親據險自固，或者率宗親合族加入關中政權。同時，他們較強的地方宗族組織和武裝力量也是東西政權對峙時雙方極力爭奪的對象。一旦宗族鄉里被西魏佔據，宗族組織強盛、土著根基深厚的河東三姓房支加入關中政權也就成自然之勢。與之相反的是，河東裴氏中的南來吳裴房支、河東薛氏中南祖系中薛安都一房的子嗣，他們自江左舉地北歸，在北魏得到了較高的政治待遇，門第聲望得到提升，但南遷北歸的輾轉流徙削弱了宗族組織，他們在北歸後多宅於京師洛陽，與鄉里宗族房支幾無聯繫。〔註194〕爲洛陽的既得利益計，孝武西遷之行他們不會相從；鄉里宗族力量薄弱、土著根基喪失，河東一帶的政權歸屬，他們不以爲意。因此他們在東西分立後，被高歡勢力裹挾著一同入鄴。

二、河東三姓在南房支入關

河東三姓在永嘉亂後的南遷情況，學界多有論述，本章第一節「永嘉亂後關中郡姓的地域選擇與家族發展」也對包括河東三姓在內的關中郡姓的南遷北歸情況作了考述。約略言之，北魏分裂東西之際，依然在江左活動的河東三姓主要有裴氏和柳氏兩個家族，河東薛氏經歷薛安都北歸後在江左幾無

〔註194〕詳參本書第六章「關中郡姓入仕北魏」。

蹤影。河東裴氏在南來吳裴北歸後主要有裴松之、裴邃兩房子嗣仍活躍在江左，河東柳氏活躍在江左主要爲柳世隆、柳慶遠、柳季遠房支子嗣。今據《宋書》、《南齊書》、《梁書》、《陳書》、《南史》、《隋書》、《北史》所載本傳內容，按房支逐一梳理他們自江左入關的經歷如下：

　　河東裴氏：

　　裴邃房：裴邃孫政，江陵陷，與城中朝士俱送於京師。

　　邃侄之高，之高子畿、畿弟機於江陵陷落時戰死。

　　之高弟之平、之橫轉投陳霸先，之橫在抵抗蕭淵明入主樑嗣時戰死。之平不就陳職。

　　之平子忌仕陳官至豫州刺史，周武帝宣政元年三月，隨吳明徹軍於呂梁軍敗被囚入關。

　　忌子蘊，陳平入關。

　　裴松之房：松之孫昭明仕齊，昭明子子野仕梁。

　　子野子騫官至通直郎，子嗣及其入關情況闕載。

　　河東柳氏：

　　柳慶遠房支：

　　慶遠孫仲禮，於溳頭戰敗見囚，並弟子禮入關，仲禮弟敬禮質於侯景被殺

　　柳慶遠弟季遠房：

　　季遠子霞，仕蕭詧侍中、驃騎大將軍、開府儀同三司。西魏收襄陽，霞及子靖入西魏。霞子莊仕後梁，隋廢梁國，莊入關。

　　柳世隆房：

　　世隆子惔，惔子明〔註195〕、暉、映、昭。明子裘仕梁元帝，江陵平時入關。

　　暉子洋，仕江陵蕭詧，梁國廢入關。

　　昭子營，仕江陵蕭詧，梁國廢入關。

　　映子莊，仕陳，陳亡入關

　　世隆子惲，惲子偃，偃女柳氏適陳頊，後爲陳宣帝柳皇后，陳

〔註195〕柳明，林寶撰，岑仲勉校記，郁賢皓、陶敏整理，孫望審訂《元和姓纂（附四校記）》卷七「柳氏條」中作「眴」，岑注以爲「明」爲修史者避唐諱改。中華書局，1994年，第445頁。

－229－

亡入關。

　　　　柳皇后弟盼，尚陳文帝女富陽公主，卒於陳。

　　可見，江左的河東裴氏、柳氏房支入關主要集中在以下幾個時間點：1、魏恭帝元年（554 年）西魏陷江陵、收襄陽；2、隋文帝開皇七年（587 年）廢梁國；3、隋開皇九年（589 年）滅陳。這三個時間點是江左房支成員所仕政權的覆滅時間，西魏北周、隋朝在此基礎上逐步推進統一，江左的房支逐漸漸實現與鄉里房支的匯合。關於他們入關背景和過程，需要關注的有以下幾點：

　　首先，他們皆因國破地失以敗俘身份入關。侯景之亂，不僅導致梁朝政權崩潰，也使江左士族急劇衰微。河東柳、裴在動盪中宗族分散，他們各個房支選擇了不同的勢力集團以求自存。河東柳仲禮總督勤王之師，但稍受挫敗便頓兵不戰，與弟敬禮同降侯景。侯景復仲禮司州刺史位，遣其攻郢州之蕭綸、巴西之蕭紀，並留敬禮為質。柳仲禮西上江陵，逢雍州刺史蕭詧進兵江陵，湘東王蕭繹任柳仲禮為雍州刺史，使其攻蕭詧治所襄陽。蕭詧引西魏為援，柳仲禮被西魏將楊忠擒，並虜其眾。這就是柳仲禮及弟子禮入西魏的歷史背景，時為西魏大統十六年（550 年）。也是河東裴、柳家族南方房支最早入關者。

　　江陵陷落時是南方房支入關比較集中的時段。一方面，江陵一直是東晉南朝重要的軍事戰略要地，在江陵稱帝的湘東王蕭繹是侯景亂梁後勢力最強的宗室王。蕭繹稱帝後，包括河東裴、柳等更多的南方士人、武勇豪強追隨投奔至此；另一方面，江陵五百里外的襄陽是河東柳氏南遷房支的第二故鄉，宗族組織強盛，鄉土根基深厚。西魏恭帝元年（554），鎮守襄陽的蕭詧引西魏軍伐江陵，西魏殺梁元帝，遷詧於江陵，予其荊州之地三百里，收襄陽為西魏所有，驅梁王公以下百姓數萬口歸長安。於是，原居於襄陽、仕於蕭詧及居於江陵、仕於梁元帝之河東裴、柳房支多於此時入關。追隨蕭詧入江陵，跟隨陳霸先至建康的房支則隨著梁國被廢、陳朝被滅以敗俘入關。

　　其次，南方房支入關後，少有復歸河東者。《隋書》卷六二《柳彧傳》：「父仲禮，為梁將，敗歸周，復家本土。」柳仲禮是南方房支入關後復歸河東的個例。其他後來入關的房支或以長安為新貫，如柳慶子柳旦支，柳旦及子柳則均葬於萬年縣，〔註196〕或仍以襄陽為籍，《新唐書》卷一四二《柳渾

────────────

〔註196〕毛漢光《從士族籍貫遷移看唐代士族之中央化》，收於《中國中古社會史論》，

傳》：渾爲「梁僕射惔六世孫，後籍襄州。」《舊唐書》卷一二五《柳渾傳》
亦曰：「柳渾字夷曠，襄州人，其先自河東徙焉。六代祖惔，梁僕射。」柳
惔爲柳世隆之子，上文所言柳裘、柳洋、柳䜣等皆爲柳惔之孫。雖然我們不
能據此斷定柳裘、柳洋、柳䜣等入關後仍居襄陽，但可以推定直至唐代，河
東柳氏仍有居於襄陽者，而且因其家族世代寓居襄陽，到唐代已經徑稱其爲
襄州人，而不再像南朝時期只言郡望了。

　　最後，周、齊及陳三足鼎立時期，河東三姓在南房支也有成員北歸入齊。
裴景徽，任陳朝合州刺史，是北齊將王琳兄王瑉之婿。據《北齊書・王琳傳》，
北齊遣王琳向陳進取，裴景徽「請以私屬導引齊師」，之後因北齊師沉吟不
決，裴景徽恐事泄，便「挺身歸齊」。景徽房支入關，大概在北周滅北齊後。

三、河東三姓入關的影響

　　（一）較早投奔關中集團的房支奠定了河東三姓在西魏北周隋唐政治統
治集團的核心地位，西魏北周依賴他們及對河東地域的有效控制在東西對峙
中後來居上，實力大增。關於這一點，本節開篇提及的諸篇文章已有詳論，
筆者僅就他們入關後所發揮的作用作一補充說明。

　　早期入關的房支進入宇文氏政治集團核心，他們或隨侍宇文泰左右，參
知軍國大事；或職事中樞要職，參與政典朝綱的制定。如河東柳慶，隨侍宇
文泰左右，「太祖每發號令，常使慶宣之」〔註197〕，兄柳虯入關，也被宇文
泰留爲丞相府記室〔註198〕，慶兄子帶韋「凡居劇職，十有餘年」〔註199〕。
裴邃入關，子文舉被選與宇文泰諸子從遊，過從甚密。宇文泰於行臺省置學，
薛慎與李璨及隴西李伯良、辛韶，武功蘇衡，譙郡夏侯裕，安定梁曠、梁禮，
河南長孫璋，河東裴舉、薛同，榮陽鄭朝等十二人，並應選侍宇文泰讀書。
〔註200〕

　　又如柳敏投歸宇文氏，「即拜丞相府參軍事……又與蘇綽等修撰新制，
爲朝廷政典」，先後職事禮部，監修國史、監修律令。〔註201〕柳敏子昂，亦

　　　　　上海書店出版社，2002年，第320頁。
〔註197〕《周書》卷二二《柳慶傳》。
〔註198〕《周書》卷三八《柳虯傳》。
〔註199〕《周書》卷二二《柳慶傳附帶韋傳》。
〔註200〕《周書》卷三七《裴文舉傳》。
〔註201〕《周書》卷三二《柳敏傳》。

處統治核心，「武帝崩，受遺輔政。……隋文帝爲丞相，深自結納」〔註202〕。隋文帝受禪後，曾接受柳昂的意見，勸學行禮，「天下州縣皆置博士習禮焉」〔註203〕。裴寬弟裴漢入關後，「與工部郭彥、太府高賓等參議格令，每較量時事，必有條理，彥等咸敬異之」〔註204〕。薛寘，從孝武西遷，曾領著作佐郎，修國史，修起居注，與小宗伯盧辯斟酌古今，詳定周禮。〔註205〕薛憕，大統初年，與盧辯、檀翥參訂儀制。〔註206〕如此，河東三姓的西投不僅利於關中政權的戰局，而且他們對西魏北周乃至隋朝統治秩序及禮儀文化的建設多有貢獻。

（二）舊齊河東房支擴充了河東三姓在關中的數量，鞏固提升了家族地位。北齊滅後入關的士人被稱舊齊士人。關於舊齊士人入關後的處境，學者認爲舊齊人士不爲周隋朝廷重視，甚至有意壓制。〔註207〕舊齊河東士人入關以薛道衡、裴矩爲代表。薛道衡爲周武帝滅齊後所徵十八士人之一，據《隋書》卷五七《薛道衡傳》，齊亡，薛道衡被「周武引爲御史二命士。後歸鄉里，自州主簿入爲司祿上士」，楊堅受禪「坐事除名」，後因平陳有功，除吏部侍郎，又因用人多有意山東故舊，被除名，配防嶺表。後被起用，並因作文甚稱帝意，隋文帝時「久當樞要，才名益顯，太子諸王爭相與交，高熲、楊素雅相推重，聲名籍甚，無竟一時」。楊廣繼位，道衡頌文帝楊堅，被賜死。

裴矩出自西眷裴，爲裴讓之弟納之次子。《隋書》卷六七《裴矩傳》載，裴矩齊亡入關，「不得調」。楊堅「任定州總管，召補記室，甚親敬之。……高祖作相，遣使者馳召之，參相府記室事。」文獻皇后崩，太常舊無儀注，裴矩與牛弘依據齊禮參定。煬帝繼位，裴矩「承望風旨，與時消息，使高昌入朝，伊吾獻地，聚糧且末，師出玉門」，甚得楊廣信重。

如此，薛道衡、裴矩於齊亡入關，確實如大多數舊齊士人一樣，仕途不暢，但也並非出仕無門。筆者認爲，他們屬於舊齊士人進入周隋統治集團的少數代表，因爲他們與舊齊山東士人不同，不僅河東這一鄉里郡望早已歸屬

〔註202〕《周書》卷三二《柳敏傳附子昂傳》。
〔註203〕《周書》卷三二《柳敏傳附子昂傳》。
〔註204〕《周書》卷三四《裴寬傳附弟漢傳》。
〔註205〕《周書》卷三八《薛寘傳》。
〔註206〕《周書》卷三八《薛憕傳》。
〔註207〕牟發松《舊齊士人與周隋政權》，《文史》，2003年第1輯。

關隴集團的核心圈，而且他們較早入關的族人已入列統治集團的核心，他們的宗族力量早已成爲周隋政權的統治基礎。薛道衡入關後歸鄉里，自州主簿終至當朝樞要，這是與鄉里宗族力量合力之後政治地位的提升。裴矩叔父裴諏之入關較早，裴矩晚來，也自有族人政治力量和社會聲望的提攜。另一方面，他們入關也相應擴充了關中河東士人的數量，薛道衡隋文帝時職當樞要，裴矩得楊廣信重，也是對各自家族地位的鞏固和提升。

　　當然，我們也應看到，許多仕於東魏北齊的河東三姓房支在之後的歷史舞臺上逐漸消亡，如南來吳裴、薛氏南祖系等。這些房支經歷多次流亡遷徙，導致宗族分散，力量薄弱，後繼乏力。也有可能他們入關後像許多入關山東士人一樣受壓制出仕無門，故不見史載。

　　（三）南方房支入關後也爲周隋統治秩序、制度文化及文學藝術的建設和發展發揮了重要作用。關於南方士人在周隋時期的處境，學界有多篇文章論述，大家認爲：江南士人在周隋時期尤其是隋煬帝即位之前處於壓抑、無助、妥協、伺機的過程中〔註208〕；大量南方士人入於王府和朝廷，成爲文學侍從之臣，基本沒有人在政治上受到重用〔註209〕；隋文帝時期從關隴本位出發，對江南軍事征服後，仍採取高壓政策，對其士人予以抑制和歧視，基本上把他們排除在政治權力中心之外，隋煬帝當政後，開始大力提攜江南士人；〔註210〕隋煬帝時期修正以往的高壓政策，加強對江南的懷柔；〔註211〕在對待南方文化上，魏周隋的統治者一方面從理智上認同江南文化的進步和優越，另一方面出於維護關隴集團統治利益的需要只能堅決地排斥和拒絕。〔註212〕

　　諸篇文章對流寓周隋的大多數的南方士人的處境及沉浮的判斷是非常準確的，但對於具體的家族房支，我們還應該看到更細微的差異。對於本文所論河東裴氏、柳氏而言，他們先後自南入關，在仕途處境上並未有明顯的受

〔註208〕郭林生《略論隋代南方政治集團在政權結構中的嬗變》，《鄭州大學學報》，2005
　　　　年第 3 期。
〔註209〕陳磊《論「尚文」風氣的北傳對隋及唐初統治階層的影響》，《復旦學報》，2006
　　　　年第 1 期。
〔註210〕王永平《隋代江南士人的沉浮》，《歷史研究》，1995 年第 1 期。
〔註211〕周曉薇，王其禕《禮遇與懷柔：江南士人流寓隋朝的文教事功》，《陝西師範
　　　　大學學報》，2017 年第 2 期。
〔註212〕賈發義《隋初「關中本位」文化政策與江南的反叛》，《山西大學學報》，2016
　　　　年第 6 期。

壓制的情形，而且他們被信重拔擢也未必待隋煬帝當政之後。

柳裘江陵陷後入關，「周明、武間，自麟趾學士累遷太子侍讀，封昌樂縣侯。後除天官府都上士。……與劉昉、韋謩、皇甫績同謀，引高祖入總萬機」，隋鼎建，柳裘因定策功，被「委以機密」。〔註213〕裴政，江陵陷後入關，「授員外散騎侍郎，引事相府」〔註214〕。柳䛒，梁國廢入關，「拜開府、通直散騎常侍，尋遷內史侍郎」〔註215〕。柳莊，梁國廢後入關，「授開府儀同三司，尋除給事黃門侍郎，並賜以田宅」〔註216〕。裴蘊，陳亡入關，「超授儀同」，大業五年，蘊上奏建議行「貌閱」，後「與裴矩、虞世基參掌機密」。〔註217〕如此，他們以亡國之士被授任職事，且封爵賜地，並不存在所謂的壓制和排斥。

又因為他們擅長詩禮文藝，熟悉齊、梁政典，故被命以參與朝儀、律令的制定，爲周隋統治秩序和制度文化的建設大有助益。如裴政在周，與盧辯依周禮建六卿，撰次朝儀，參定周律。隋朝建，又與蘇威等修定律令。「政採魏、晉刑典，下至齊、梁，沿革輕重，取其折衷。同撰者十有餘人，凡疑滯不通，皆取決於政」。〔註218〕隋承喪亂之後，風俗頹壞，柳或多所矯正，爲帝信任。〔註219〕柳莊則「明習舊章，雅達政事，凡所駁正，帝莫不稱善」，被蘇威稱讚屬江南人中既習世務又有學業之惟一人。〔註220〕

至於他們不同於大多數南方士人的處境的原因，一方面是個人才能決定的，另一方面同樣與先入關的族人的提攜有關。畢竟同爲河東裴氏或河東柳氏，由早入關族人奠定起來的家族地位當然會蔭庇及之。

同時，河東裴、柳南方房支入關，也促進了南北文學的交融和發展。最典型的如柳䛒。晉王楊廣招引才學之士百餘人，柳䛒爲魁首，「王以師友處之，每有文什，必令其潤色，然後示人」，「初，王屬文，爲庾信體，及見䛒已後，文體遂變」。〔註221〕

〔註213〕《隋書》卷三八《柳裘傳》。
〔註214〕《隋書》卷六六《裴政傳》。
〔註215〕《隋書》卷五八《柳䛒傳》。
〔註216〕《隋書》卷六六《柳莊傳》。
〔註217〕《隋書》卷六七《裴蘊傳》。
〔註218〕《隋書》卷六六《裴政傳》。
〔註219〕《隋書》卷六二《柳或傳》。
〔註220〕《隋書》卷六六《柳莊傳》。
〔註221〕《隋書》卷五八《柳䛒傳》。

　　綜上，河東三姓家族房支加入關中政權時間不同，地域有別且方式各異，又因各房支人物學有專精，家學傳統與學術文化各有側重，故導致他們在周隋的政治地位和社會聲望也各有等第。無論如何，自永嘉之亂至隋朝統一，河東三姓經歷了數百年的分房分支、流徙發展的過程，最後終於在關中匯合。這些家族房支或勇武能戰，或通經擅史；或重事功進取，或重文采風流。幾百年間，無論他們流寓何地，仕於誰主，始終以河東為郡望，合力助推家族門第的發展。河東三姓南北東西房支匯合，豐富家族文化內涵，增強了家族持久發展的生命力，共同提升了他們在後來隋唐時期的家族地位。

附錄：魏晉南北朝關中郡姓家族世系表

京兆韋氏世系表

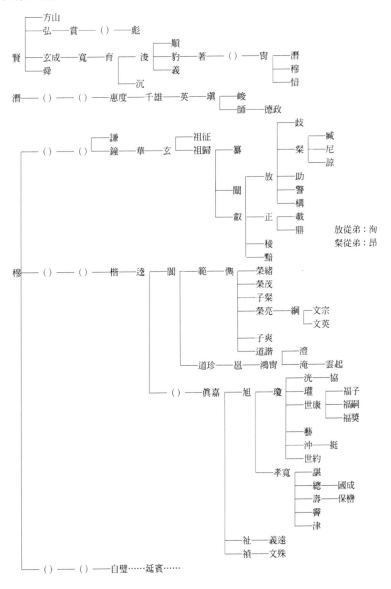

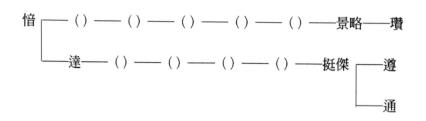

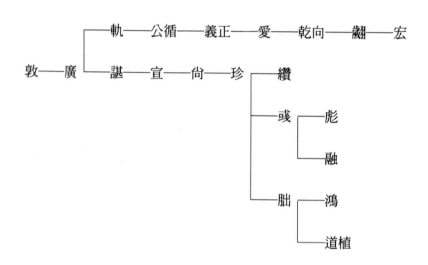

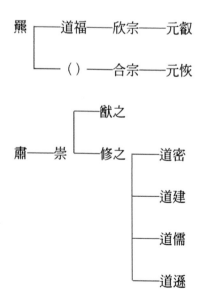

河東裴氏世系表：

曹魏西晉時期的裴氏成員　　　　　南來吳裴房支：

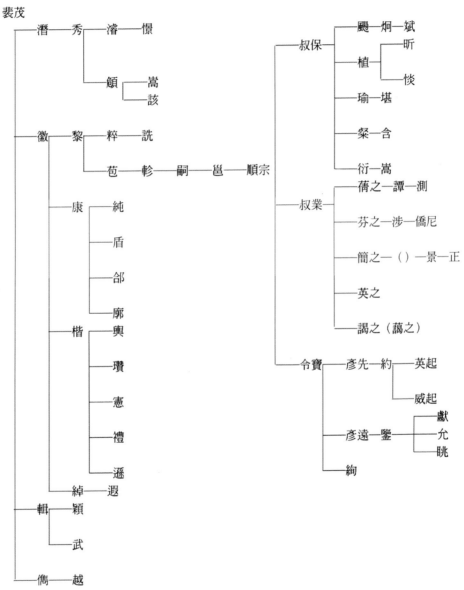

中眷裴氏：

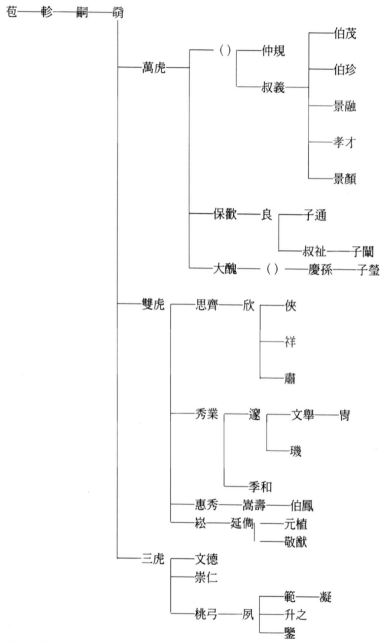

延儁族子：禮和
延儁族兄：聿——子袖
延儁族人：瑗——夷吾

西眷裴氏：

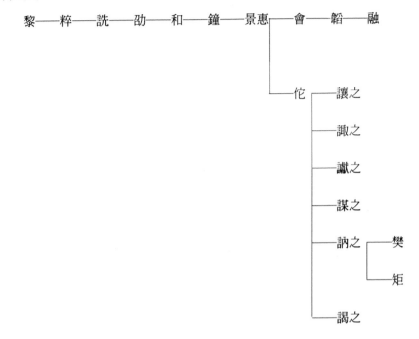

洗馬裴：

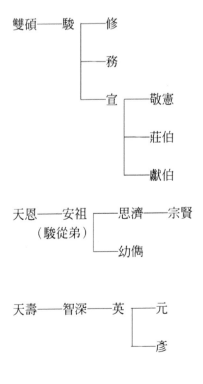

東眷裴氏：

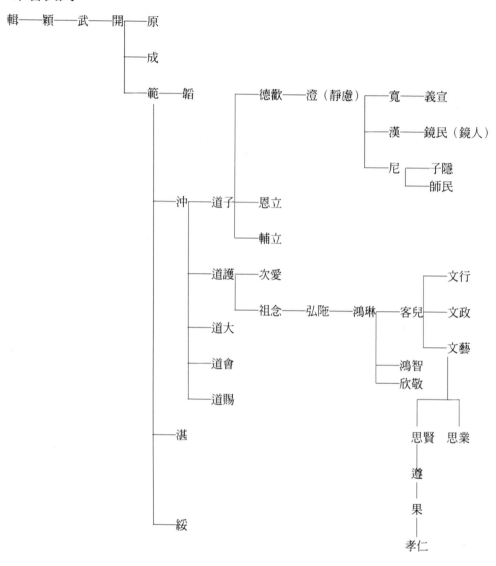

江左 裴邃支：

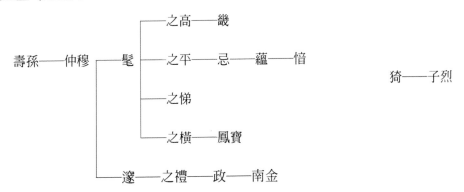

```
                          ┌──之高──幾
                          │
壽孫──仲穆──┬──髦──┼──之平──忌──蘊──愔
            │         │                        猗──子烈
            │         ├──之悌
            │         │
            │         └──之橫──鳳寶
            │
            └──邃──之禮──政──南金
```

江左 裴松之支：

昧──珪──松之──駰──子野──謇（騫）

河東柳氏世系表：

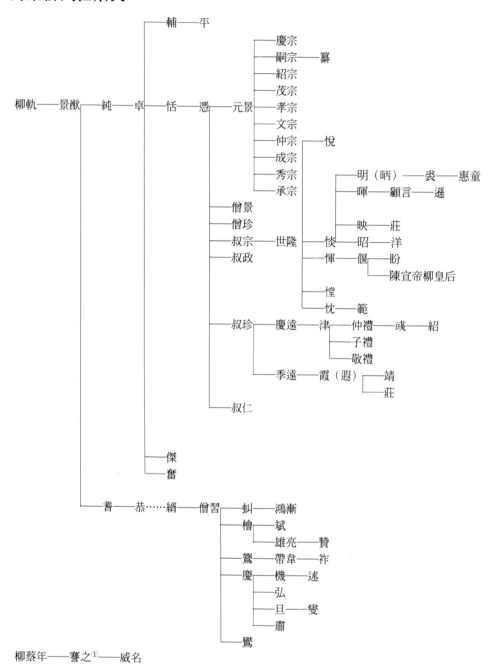

註①：《北史》卷六四《柳虯》傳謂賓之爲機從子。

元景從兄：元怙
元景從父弟：先宗
元景從祖弟：光世——欣慰

柳純⋯⋯懿——敏——昂——調

柳軌⋯⋯崇 ┬ 慶和——德逸
　　　　　└ 楷

崇從父弟：元章（元璋）——裕——儉

崇族弟： ┬ 敬起 ┬ 永　　　　　崇族子：儁起——達摩
　　　　 │　　　├ 暢　　　　　儁起從父弟：援——長粲
　　　　 │　　　├ 範　　　　　援從父弟：仲景
　　　　 │　　　└ 粹
　　　　 └ 仲起

┬ 柳玄達 ┬ 絺（絳）
│　　　　└ 遠
└ 柳玄瑜——諧

河東薛氏世系表：

河東薛氏西祖房：

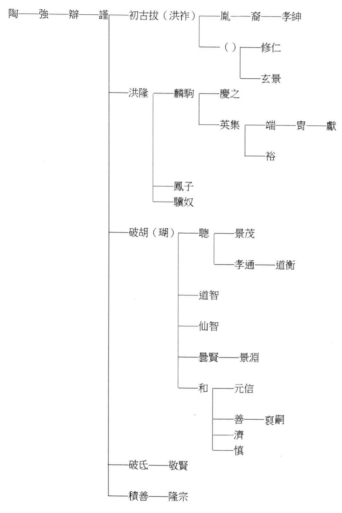

河東薛氏南祖房：

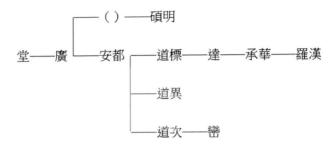

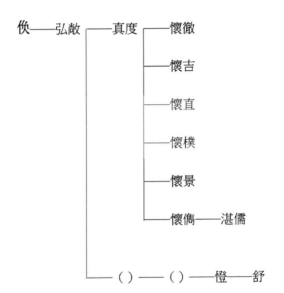

安都從子：索兒、道深（道淵）
安都從弟：道生

弘農楊氏世系表：

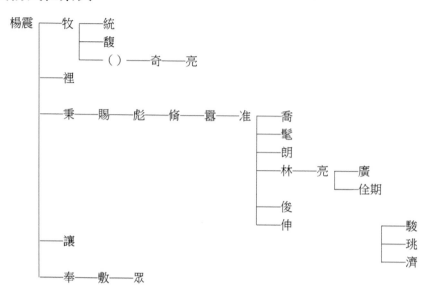

京兆杜氏世系表：

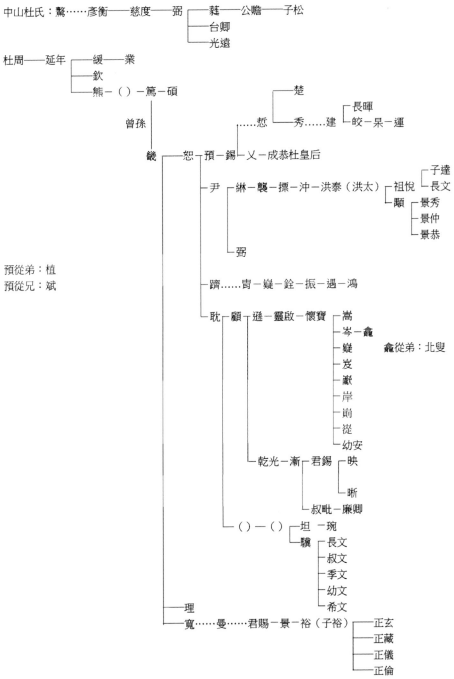

注：名諱不詳者代以「（ ）」；「—」表示前後兩人之間世系明確；「……」表示前後兩人之間世系不詳。

參考文獻

（古籍與金石碑銘類以著者年代先後為序，研究著作、論文及學位論文以作者姓名首字母音序排名）

一、古籍類

1. （漢）司馬遷撰《史記》，中華書局 1959 年。
2. （漢）班固撰《漢書》，中華書局 1962 年。
3. （晉）陳壽撰《三國志》，中華書局 1959 年。
4. （南朝・宋）范曄撰《後漢書》，中華書局 1965 年。
5. （南朝・宋）劉義慶撰《世說新語》，上海古籍出版社 1982 年。
6. （南朝・宋）劉義慶撰，（南朝・宋）劉孝標注，余嘉錫箋疏《世說新語箋疏》，中華書局 1983 年。
7. （南朝・宋）傅亮、張演（南朝・齊）陸杲撰，董志翹譯注《〈觀世音應驗記三種〉譯注》，江蘇古籍出版社 2002 年。
8. （南朝・梁）沈約撰《宋書》，中華書局 1974 年。
9. （南朝・梁）蕭子顯撰《南齊書》，中華書局 1972 年。
10. （南朝・梁）蕭統編（唐）李善注《文選》，中華書局 1977 年影印清胡克家本。
11. （魏）酈道元撰，陳橋驛校證《水經注校證》，中華書局，2007 年。
12. （北齊）魏收撰《魏書》，中華書局 1974 年。
13. （北齊）顏推之撰，王利器集解《顏氏家訓集解》，中華書局 1993 年增補本。
14. （唐）房玄齡等撰《晉書》，中華書局 1974 年。

15. （唐）姚思廉撰《梁書》，中華書局 1973 年。

16. （唐）姚思廉撰《陳書》，中華書局 1972 年。

17. （唐）李延壽撰《南史》，中華書局 1975 年。

18. （唐）李百藥撰《北齊書》，中華書局 1972 年。

19. （唐）令狐德棻等撰《周書》，中華書局 1971 年。

20. （唐）魏徵、令狐德棻撰《隋書》，中華書局 1973 年。

21. （唐）李延壽撰《北史》，中華書局 1974 年。

22. （唐）許嵩撰，孟昭庚、孫述圻、伍貽業點校《建康實錄》，上海古籍出版社 1987 年。

23. （唐）吳兢撰，謝保成集校《貞觀政要集校》，中華書局 2003 年。

24. （唐）李吉甫著，賀次君點校《元和郡縣圖志》，中華書局 1983 年。

25. （清）顧祖禹撰，賀次君、施和金點校《讀史方輿紀要》，中華書局 2005 年。

26. （唐）杜佑撰，王文錦等點校《通典》，中華書局 1988 年。

27. （唐）蘇鶚撰《蘇氏演義》，文淵閣《四庫全書》本。

28. （唐）林寶撰，岑仲勉校記，郁賢皓、陶敏整理，孫望審訂《元和姓纂（附四校記）》，中華書局 1994 年。

29. （唐）劉餗撰，程毅中點校《隋唐嘉話》，中華書局 1979 年。

30. （唐）李肇撰，趙琳點校《唐國史補》，上海古籍出版社 1979 年。

31. （後晉）劉昫等撰《舊唐書》，中華書局 1975 年。

32. （宋）歐陽修、宋祁撰《新唐書》，中華書局 1975 年。

33. （宋）司馬光編撰，（元）胡三省注《資治通鑒》，中華書局 1963 年。

34. （宋）鄭樵撰《通志二十略》，中華書局 1995 年。

35. （宋）王溥撰《唐會要》，上海古籍出版社 1991 年。

36. （宋）李燾撰，胡阿祥、童嶺點校《六朝通鑒博議》，南京出版社 2007 年。

37. （宋）鄧名世撰，王力平點校《古今姓氏書辨證》，江西人民出版社 2006 年。

38. （宋）李昉等編撰《太平御覽》，中華書局 1960 年影印本。

39. （宋）王讜撰，周勳初校證《唐語林校證》，中華書局 1987 年。

40. （宋）李昉等編《太平廣記》，中華書局 1961 年。

41. （宋）牟巘撰《牟氏陵陽集》，文淵閣《四庫全書》本。

42. （清）王謨《漢唐地理書鈔》，中華書局，1961 年。

43. （清）董誥等編《全唐文》，中華書局 1983 年。

44. （清）周嘉猷《南北史世系表》，二十五史補編本。

45. （清）萬斯同《晉方鎮年表》，二十五史補編本。

46. （清）萬斯同《東晉方鎮年表》，二十五史補編本。

47. 趙超《新唐書宰相世系表集校》，中華書局 1998 年。

二、金石碑銘類

1. （宋）洪邁《隸釋・隸續》，中華書局 1986 年影印洪氏晦木齋木刻本。

2. （清）王昶編《金石萃編》，陝西人民美術出版社 1990 年影印上海掃葉山房石印本。

3. （清）陸增祥《八瓊室金石補正》，文物出版社 1985 年影印吳興劉氏希古樓刻本。

4. 趙萬里《漢魏晉南北朝墓誌集釋》，科學出版社 1956 年。

5. 趙超《漢魏晉南北朝墓誌彙編》，天津古籍出版社 1992 年。

6. 周紹良、趙超《唐代墓誌彙編》，上海古籍出版社 1992 年。

7. 周紹良、趙超《唐代墓誌彙編續集》，上海古籍出版社 2001 年。

8. 羅爾綱《金石萃編校補》，中華書局 2003 年。

9. 羅新、葉煒《新出魏晉南北朝墓誌疏證》，中華書局 2005 年。

10. 羅新、葉煒《新出魏晉南北朝墓誌疏證（修訂本）》，中華書局 2016 年。

三、研究著作

（一）國內研究著作

1. 安介生《山西移民史》，山西人民出版社 1999 年。

2. 陳爽《世家大族與北朝政治》，中國社會科學出版社 1999 年。

3. 陳寅恪《金明館叢稿初編》，三聯書店 2001 年。

4. 陳寅恪《隋唐制度淵源略論稿》，三聯書店 2001 年。

5. 陳寅恪《唐代政治史述論稿》，三聯書店 2001 年。

6. 葛劍雄《中國移民史》第二卷，福建人民出版社 1997 年。

7. 葛劍雄《西漢人口地理》，人民出版社，1986 年。

8. 韓樹峰《南北朝時期淮漢迤北的邊境豪族》，社會科學文獻出版社 2003 年。

9. 何啓民《中古門第論集》，臺灣學生書局 1978 年。

10. 胡阿祥《六朝疆域與政區研究》，學苑出版社 2005 年。

11. 胡阿祥《宋書州郡志匯釋》，安徽教育出版社 2006 年。

12. 胡阿祥《東晉南朝僑州郡縣與僑流人口研究》，江蘇教育出版社 2008 年

13. 黃永年《六至九世紀中國政治史》，上海書店 2004 年。

14. 金髮根《永嘉亂後北方的豪族》，中國學術著作獎助委員會 1964 年。

15. 李浩《唐代關中士族與文學》，中國社會科學出版社 2003 年。

17. 李浩《唐代三大地域文學士族研究》，中華書局 2002 年。

18. 李紅《隋唐河東柳氏家族研究——以世系、遷移、婚宦、家族文化爲中心》文物出版社 2016 年。

19. 李書吉《中古時期汾河流域的環境與社會》，三晉出版社 2013 年。

20. 魯西奇《區域歷史地理研究：對象與方法——漢水流域的個案考察》，廣西人民出版社 2000 年。

21. 逯耀東《從平城到洛陽——拓跋魏文化轉變的歷程》，中華書局 2006 年。

22. 呂春盛《關隴集團的權力結構演變——西魏北周政治史研究》，稻鄉出版社 2002 年。

23. 馬長壽《碑銘所見先秦至隋初的關中部族》，中華書局 1985 年。

24. 毛漢光《兩晉南北朝士族政治之研究》，中國學術著作獎助出版委員會 1966 年。

25. 毛漢光《中國中古政治史論》，上海書店出版社 2002 年。

26. 毛漢光《中國中古社會史論》，上海書店出版社 2002 年。

27. 邱敏《六朝史學》，南京出版社 2003 年。

28. 孫同勛《拓跋氏的漢化》，國立臺灣大學文學院 1965 年。

29. 譚其驤《中國歷史地圖集》，中國地圖出版社 1982 年。

30. 湯用彤《漢魏兩晉南北朝佛教史》，北京大學出版社，2011 年。

31. 唐長孺《魏晉南北朝史論叢》，三聯書店 1955 年。

32. 唐長孺《魏晉南北朝史論叢續編》，三聯書店 1959 年。

33. 唐長孺《魏晉南北朝史論拾遺》，中華書局 1983 年。

34. 唐長孺《魏晉南北朝隋唐史三論》，武漢大學出版社 1992 年。

35. 田廷柱《隋唐士族》，三秦出版社 1990 年。

36. 田餘慶《東晉門閥政治》，北京大學出版社 2005 年。

37. 萬繩楠《陳寅恪魏晉南北朝史講演錄》，黃山書社 1987 年。

38. 王力平《中古杜氏家族的變遷》，商務印書館 2006 年。

39. 王偉《唐代關中本土文學群體研究》，中國社會科學出版社，2013 年。

40. 王偉《唐代京兆韋氏家族與文學研究》，北京大學出版社 2015 年。

41. 王伊同《五朝門第》，中華書局 2006 年。

42. 王永平《六朝江東世族之家風家學研究》，江蘇古籍出版社 2003 年。

43. 王永平《中古士人遷移與文化交流》，社會科學文獻出版社 2005 年。

44. 王仲犖《魏晉南北朝史》，上海人民出版社 1979～1980 年。

45. 王仲犖《北周地理志》，中華書局 1980 年。

46. 王仲犖《䞈華山館叢稿》，中華書局 1987 年。

47. 嚴耕望《魏晉南北朝佛教地理稿》，上海古籍出版社 2007 年。

48. 嚴可均《全上古三代秦漢三國六朝文》，中華書局 1985 年。

49. 翟學偉《中國社會中的日常權威：關係與權力的社會學研究》社會科學文獻出版社 2004 年。

50. 張旭華《九品中正制略論稿》，中州古籍出版社 2004 年。

51. 章義和《地域集團與南朝政治》，華東師範大學出版社 2002 年。

52. 周一良《魏晉南北朝史札記》，中華書局 1985 年。

53. 周徵松《魏晉隋唐間的河東裴氏》，山西教育出版社 2000 年。

（二）國外研究著作

1. 【日】川勝義雄著，徐谷芃、李濟滄譯《六朝貴族制社會研究》，上海古籍出版社 2007 年。

2. 【日】谷川道雄著，馬彪譯《中國中世社會與共同體》，中華書局 2002 年。

3. 【日】谷川道雄著，李濟滄譯《隋唐帝國形成史論》，上海古籍出版社 2004 年。

4. 【日】宮崎市定著，韓昇、劉建英譯《九品官人法研究》，中華書局 2008 年。

5. 【日】守屋美都雄著，錢杭、楊曉芬譯《中國古代的家族與國家》，上海古籍出版社 2010 年。

四、研究論文

（一）國內研究論文

1. 安介生《略論北魏時期的「上客」、「第一客」與招懷政策》，《中國邊疆史地研究》，2007 年第 1 期。

2. 巴新生《西漢陵縣的創置與關中政治經濟中心的重建》，《學術研究》，2000 年第 4 期。

3. 陳紅梅《裴子野的家學淵源》，《運城學院學報》，2005 年第 6 期。

4. 陳金鳳《試論東晉守國的中間地帶戰略》，《江西社會科學》，2001 年第 4 期。

5. 陳磊《論「尚文」風氣的北傳對隋及唐初統治階層的影響》，《復旦學報》，2006 年第 1 期。

6. 陳琳國《論南朝襄陽的晚渡士族》，《北京師範大學學報》，1991 年第 4 期。

7. 陳小青《〈北魏楊播墓誌〉考釋》，《古籍整理研究學刊》，2005 年第 1 期。

8. 程裕禎《河東裴氏論略》，《山西師大學報（社會科學版）》，1994 年第 2 期。

9. 崔漢林、夏振英《陝西華陰北魏楊舒墓發掘簡報》，《文博》，1985 年第 2 期。

10. 戴應新《韋孝寬墓誌》，《文博》，1991 年第 5 期。

11. 丁柏峰《西晉末年人口大遷徙對「五涼」政權的影響》，《青海師範大學學報（哲學社會科學版）》，2000 年第 4 期。

12. 杜正盛《傳統家族試論》，收於黃寬重、劉增貴主編《家族與社會》，中國大百科全書出版社 2005 年。

13. 郭林生《略論隋代南方政治集團在政權結構中的嬗變》，《鄭州大學學報》，2005 年第 3 期。

14. 韓昇《南北朝隋唐士族向城市的遷徙與社會變遷》，《歷史研究》，2003 年第 4 期。

15. 韓樹峰《河東柳氏在南朝的獨特發展歷程》，《中國史研究》，2000 年第 1 期。

16. 韓樹峰《河東裴氏南遷述論》，《中國史研究》，1996 年第 2 期。

17. 何啓民《柳芳氏族論中的一些問題》收於《唐代研究論集》第二輯，新文豐出版有限公司 1992 年。

18. 胡阿祥《中古時期郡望郡姓地理分佈考論》，《歷史地理》第十一輯。

19. 胡可先《楊氏家族與中晚唐文學生態》，《北京大學學報》，2009 年第 3 期。

20. 胡可先《出土文獻與唐代韋氏文學家族研究》，《文學與文化》，2011 年第 3 期。

21. 胡可先《出土墓誌與唐代河東薛氏文學家族考論》，《中國文學研究（輯）》，2014 年第 2 輯。

22. 胡可先《薛元超墓誌與唐宮廷文學》，《唐代文學研究》第 13 輯，廣西師範大學出版社 2010 年。

23. 華林甫〈《新集天下郡望氏族譜》寫作年代考〉,《敦煌研究》,1991 年第 4 期。

24. 黃惠賢、轟早英〈《魏書·官氏志》載太和三令初探〉,《魏晉南北朝隋唐史資料》第十一冊,武漢大學出版社 1991 年。

25. 黃宛峰〈弘農楊氏、汝南袁氏述評——兼論東漢的累世經學〉,《南都學壇(社會科學版)》,1991 年第 1 期。

26. 賈發義《隋初「關中本位」文化政策與江南的反叛》,《山西大學學報》,2016 年第 6 期。

27. 江中柱《十六國時期北方士人的家族觀念》,《福建師範大學學報》,2003 年第 2 期。

28. 雷依群《論關隴集團》,《史學月刊》,1999 年第 6 期。

29. 李浩《「關中郡姓」辨析》,《歷史研究》,2000 年第 5 期。

30. 李浩〈釋「城南韋杜,去天尺五」——從杜甫《贈韋七贊善》談起〉,《杜甫研究學刊》,1998 年第 4 期。

31. 李愛琴《十六國時期河東薛氏西祖支系研究》,《南京曉莊學院學報》,2014 年第 1 期。

32. 李建華《唐代河東柳氏與古文運動》,《北方論叢》,2012 年第 2 期。

33. 李樹茁,任義科,靳小怡,費爾德曼《中國農民工的社會融合及其影響因素研究——基於社會支持網絡的分析》,《人口與經濟》,2008 年第 2 期。

34. 李天石《蕭衍雍荊軍事集團的形成及其覆齊建梁的成功》,《東南文化》,1998 年增刊 2。

35. 李文才《襄陽柳氏與南朝政治——南渡士族個案研究之一》,《大同職業技術學院學報》,2000 年第 4 期。

36. 李獻齊《唐中眷裴氏墓誌叢釋》,《華夏考古》,2000 年第 3 期。

37. 李永康、閻新華《裴氏家族介入西晉中央權力鬥爭損益之剖析》,《河東學刊》,1999 年第 5 期。

38. 李永康、張彩琴《河東士族歸入「關中郡姓」考釋——以河東裴氏爲個案》,《運城學院學報》,2005 年第 1 期。

39. 李志生《唐代關中舊士族高門通婚取向考析》,《北大史學》,2000 年 00 期。

40. 梁靜《中古河東裴氏家族文化論略》,《社會科學家》,2006 年第 5 期。

41. 林家驪、鄭國周《論隋代弘農楊氏在文學史上的地位》,《北京大學學報(哲學社會科學版)》,2012 年第 6 期。

42. 林校生《左右西晉政局的區域社會力量——以山西人士爲視點》,《華僑

大學學報（哲社版）》，2002 年第 3 期。

43. 林校生《西晉末司馬睿府佐吏考略》，《寧德師專學報（哲學社會科學版）》2005 年第 2 期。

44. 林校生《司馬越府「雋異」與西晉王朝的歷史出口》，《華僑大學學報（哲學社會科學版）》2003 年第 3 期。

45. 林校生《西晉「八王」幕佐分府考錄》，《寧德師專學報（哲學社會科學版）》2003 年第 1 期。

46. 劉馳《北魏末期的戰亂與士族旁支的興起》，《魏晉南北朝史論文集》巴蜀書社 2006 年。

47. 劉馳《山東士族入關房支與關隴集團的合流及其復歸》，《六朝士族探析》，中國廣播電視大學出版社 2000 年。

48. 劉靜夫《京兆杜氏研究──魏晉南北朝士族門閥個案研究之二》，《許昌師專學報（社會科學版）》1993 年第 3 期。

49. 劉淑芬《六朝會稽士族》，《中央研究院歷史語言研究所集刊》第 56 本第 2 分，1985 年。

50. 劉淑芬《北魏時期的河東蜀薛》，收於黃寬重、劉增貴主編《家族與社會》，中國大百科全書出版社 2005 年。

51. 劉新光《東晉陳郡謝氏江左地域選擇述論》，《南京曉莊學院學報》2004 年第 1 期。

52. 劉幼生《論十六國胡族政權中的漢族士族》，《晉陽學刊》1990 年第 3 期。

53. 龍體欽《關中士族性質的演生變遷──以弘農華陰楊氏爲例》，《理論前沿》2013 年第 7 期。

54. 呂冠軍《從軍功貴族到官僚士大夫──弘農楊氏越公房在唐代的發展道路考察》，《首都師範大學學報》，2014 年第 1 期。

55. 羅新《五燕政權下的華北士族》，《國學研究》第四卷，北京大學出版社 1997 年。

56. 馬建紅《隋唐關中士族向兩京的遷徙──以京兆韋氏爲中心的考察》，《南都學刊》，2010 年第 2 期。

57. 毛漢光《關中郡姓婚姻關係之研究──隋至唐前半期》，中國唐代學會編輯委員會編《唐代文化研討會論文集》臺北文史哲出版社 1991 年。

58. 毛漢光《關隴集團婚姻圈之研究──以王室婚姻關係爲中心》，《中央研究院歷史語言研究所集刊》第六十一本，第一分，1991 年。

59. 毛漢光《中古大族著房婚姻之研究──北魏高祖至唐中宗神龍年間五姓著房之婚姻關係》，《中央研究院歷史語言研究所集刊》第五十六本第四分，1985 年。

60. 牟發松《梁陳之際南人之北遷及其影響》,《北朝史研究——中國魏晉南北朝史國際學術研討會論文集》,商務印書館 2004 年。

61. 牟發松《舊齊士人與周隋政權》,《文史》2003 年第 1 輯。

62. 歐陽小桃《漢族士大夫與北魏政權》,《江西社會科學》1991 年第 2 期。

63. 錢穆《略論魏晉南北朝學術文化與當時門第之關係》,《新亞學報》第五卷第二期,1963 年。

64. 秦冬梅《論東晉北方士族與南方社會的融合》,《北京師範大學學報》,2003 年第 5 期。

65. 任遠、鄔民樂《城市流動人口的社會融合:文獻述評》,《人口研究》,2006 年第 3 期。

66. 沈文凡、孟祥娟《河東薛氏文學家族傳論》,《古籍整理研究學刊》,2009 年第 1 期。

67. 史念海《論我國歷史上東西對立的局面和南北對立的局面》,《中國歷史地理論叢》,1992 年第 1 輯。

68. 宋德熹《唐代河東薛氏門風再探》,國立成功大學中國文學系、中國唐代學會主編《第四屆唐代文化學術研討會論文集》,國立成功大學教務處出版組 1991 年。

69. 宋國愷、王起《流動人口的社會融合研究綜述》,《廣州大學學報》,2012 年第 8 期。

70. 宋燕鵬《南北朝宗族制度試探》,《北朝史研究——中國魏晉南北朝史國際學術研討會論文集》,商務印書館 2004 年。

71. 邰三親《唐代長安河東裴氏的宅第》,《中國歷史地理論叢》2011 年第 2 輯。

72. 譚其驤《晉永嘉喪亂後之民族遷徙》,《長水集》(上),人民出版社 1987 年。

73. 唐長孺《〈魏書·楊播傳〉「自云弘農華陰人」辯》,武漢大學歷史系、魏晉南北朝隋唐史研究室編《魏晉南北朝隋唐史資料》第五輯。

74. 田昌武《對魏晉士族制度的歷史考察——兼評陳寅恪的士族說》,《學術研究》,2001 年第 1 期。

75. 王匯、王仁磊《略論漢族士人與北魏合作關係的建立》,《中州大學學報》,2006 年第 3 期。

76. 王炎《河東望族柳氏考》,《西安教育學院學報》,2000 年第 1 期。

77. 王玲《魏晉六朝荊襄地方官吏與經濟開發》,《中國社會經濟史研究》,2005 年第 1 期。

78. 王愛華《北魏後期南來吳裴與河東裴氏之比較》,《許昌學院學報》,2003

年第 4 期。

79. 王大華《論關隴軍事貴族集團之形成》，《陝西師大學報（哲學社會科學版）》，1990 年第 1 期。

80. 王光照《梁季江陵政權始末及江左士族社會變遷》，《安徽大學學報（哲學社會科學版）》，2005 年第 6 期。

81. 王昊斐《論京兆韋氏家族與武周政權》，《乾陵文化研究》，2014 年 00 期。

82. 王莉娜《漢晉時期弘農楊氏的歷史變遷》，《文藝評論》，2014 年第 4 期。

83. 王力平《四至九世紀襄陽杜氏家族述論》，《中國社會歷史評論》第三卷，中華書局 2001 年。

84. 王力平《杜伯・杜衍・杜陵——傳說中的杜氏先祖與漢代杜氏世家》，《尋根》，2003 年第 3 期。

85. 王其禕、周曉薇《長安新出隋大業九年《杜佑墓誌》疏證——兼爲梳理隋唐墓誌所見京兆杜氏世系》，《唐史論叢》，2012 年第 1 期。

86. 王其禕、周曉薇《望高天下：隋唐京兆杜氏再考察——以長安新出唐杜氏方夫婦墓誌爲案例》，《唐史論叢》，2013 年第 2 期。

87. 王偉、孟子勳《唐代弘農楊氏家族文學創作考論》，《文藝評論》，2014 年第 4 期。

88. 王偉《唐代京兆韋氏與皇室婚姻關係及其影響》，《北方論叢》，2012 年第 1 期。

89. 王永平、徐成《南朝雍州豪族的門第及其仕途軌跡述論》，《南京理工大學學報（社會科學版）》，2010 年第 1 期。

90. 王永平《隋代江南士人的沉浮》，《歷史研究》，1995 年第 1 期。

91. 王永平《北魏時期南朝流亡人士行跡考述——從一個側面看南北朝之間的文化交流》，《北朝史研究——中國魏晉南北朝史國際學術研討會論文集》，商務印書館 2004 年。

92. 王永平《楊素、楊玄感父子與江左文士之交往——從一個側面看隋代江南文化的北傳》，《南京理工大學學報（社會科學版）》，2005 年第 5 期。

93. 王永平《南朝時期河東柳氏「東眷」之家族文化風尚述論》，《江蘇大學學報》，2008 年第 5 期。

94. 衛文革《唐以前河東裴氏墓誌叢箚》，《山西師大學報》，2009 年第 2 期。

95. 許蓉生、林成西《河東薛氏研究——兩晉南北朝時期地方豪強的發展道路》，《西南民族大學學報・人文社科版》，2004 年第 11 期。

96. 楊德炳《四姓試釋》，《魏晉南北朝隋唐史資料》第七輯，香港中華科技（國際）出版社 1992 年。

97. 楊東晨、楊建國《論韋姓宗族的形成和遷布》，《固原師專學報（社會科

學版)》，2002 年第 4 期。

98. 楊洪權《兩晉之際士族移徙與「門戶之計」淺論》，《武漢大學學報》，1998 年第 1 期。

99. 楊爲剛《中古弘農楊氏貫望與居葬地考論——以新出墓誌爲中心》《碑林集刊》，2009 年 00 期。

100. 余嘉錫《釋傖楚》，《余嘉錫文史論集》，嶽麓書社 1997 年。

101. 袁剛《楊隋出自山東寒庶》，《文史哲》，1999 年第 6 期。

102. 張琳《南朝時期的雍州中下層豪族》，《武漢大學學報（哲學社會科學版）》，1997 年第 6 期。

103. 張琳《南朝時期僑居雍州的河東柳氏與京兆韋氏發展比較》，《武漢大學學報（人文社會科學版）》，2000 年第 2 期。

104. 張燦輝《南朝河東柳氏家族研究》，《晉陽學刊》，1995 年第 6 期。

105. 張劍《家族與地域風習之關係——以宋代宗澤及其家族爲中心》，《中國文化研究》，2007 年春之卷。

106. 張榮芳《試論隋唐的山東與關東》，《唐代研究論集》第三輯，新文豐出版股份有限公司 1992 年。

107. 張天來《魏晉南北朝儒學、家學與家族觀念》，《江海學刊》，1997 年第 2 期。

108. 張曉連《試論魏晉關中士族》，《咸陽師範專科學校學報（哲學社會科學版）》，1998 年第 4、5 期。

109. 張旭華《北魏州中正在定姓族中的作用與地位——兼論孝文帝定姓族的意義》，《鄭州大學學報（哲學社會科學版）》，1989 年第 6 期。

110. 張豔紅《從河東裴氏家族看魏晉南北朝文獻編纂活動的特點》，《山西檔案》，2001 年第 1 期。

111. 趙儷生《楊愔與北朝政治》，《史學月刊》，1985 年第 1 期。

112. 周敬飛《獨特的裴氏家族文化現象》，《山西師大學報（社會科學版）》，1997 年第 1 期。

113. 周士龍《論北魏前期對各族降附者的政策》，《民族研究》，1989 年第 1 期。

114. 周偉洲《論魏晉南北朝時期北方的民族融合》，《社會科學戰線》，1990 年第 3 期。

115. 周偉洲《「胡漢體制」與「僑舊體制」論——評朴漢濟教授關於魏晉南北朝隋唐史研究的新體系》，《中國史研究》，1997 年第 1 期。

116. 周偉洲、賈麥明、穆小軍《新出土的四方北朝韋氏墓誌考釋》，《文博》，2000 年第 2 期。

117. 周曉薇、王其禕：《禮遇與懷柔：江南士人流寓隋朝的文教事功》，《陝西師範大學學報》，2017 年第 2 期。

（二）國外研究論文

1. 【日】矢野主稅《韋氏研究》，《長崎大學社會科學論叢》，1961 年第 11 期、1962 年臨時增刊號。
2. 【日】矢野主稅《裴氏研究》，《長崎大學社會科學論叢》，1965 年 14 期。
3. 【日】竹田龍兒《弘農楊氏研究》，《史學》，1958 年 31 卷。
4. 【日】安田二郎《晉宋革命和雍州（襄陽）的僑民——從軍政統治到民政統治》，劉俊文主編《日本中青年學者論中國史・六朝隋唐卷》，上海古籍出版社 1995 年。
5. 【日】中村圭爾《關於南朝貴族地緣性的考察——以對僑郡縣的探討爲中心》，劉馳譯，《南京曉莊學院學報》，2005 年第 4 期。
6. 【美】Myers S.M.〈Childhood migration and social integration in adulthood〉，〈Journal of Marriage and the Family〉，1999 年第 3 期。
7. 【美】Schwarzweller H.K.〈Parental family ties and social integration of rural to urban migrants〉，〈Journal of Marriage and the Family〉，1964 年第 4 期。

五、學位論文

1. 陳迪宇《北魏時期北歸士族研究》，華東師範大學 2005 屆碩士學位論文。
2. 鄧軍《唐代柳氏家族文化與文學研究》，西北大學 2010 屆碩士學位論文。
3. 貢鳳娟《柱國系統和西魏政治》，華東師範大學 2005 屆碩士學位論文。
4. 毋有江《北魏政區地理研究》，復旦大學 2005 屆博士學位論文。
5. 侯紀潤《河東薛氏研究——以南北朝時期河東薛氏世系房分爲主》，陝西師範大學 2006 屆碩士學位論文。
6. 胡舒依《漢魏弘農楊氏家族文學研究》，西北大學 2012 屆碩士學位論文。
7. 姜晶《南朝時期河東柳氏發展軌跡研究》，山西師範大學 2014 屆碩士學位論文。
8. 姜望來《魏周隋唐關隴集團與山東勢力》，武漢大學 2005 屆碩士學位論文。
9. 來琳玲《南北朝流寓士人探微》，南京師範大學 2006 屆碩士學位論文。
10. 李紅《論柳芳》，山西大學 2003 屆碩士學位論文。
11. 李卿《秦漢魏晉南北朝時期家族、宗族關係研究》，廈門大學 2002 屆博士學位論文。

12. 李晶《隋唐時期河東薛氏家族研究》，山西師範大學 2014 屆碩士學位論文。

13. 李揚婷《唐代薛氏西祖家族與文學研究》，河北師範大學 2010 屆碩士學位論文。

14. 梁靜《中古「河東三姓」文學研究》，陝西師範大學 2006 屆博士學位論文。

15. 令狐星《北朝時期的河東薛氏研究》，山西大學 2014 屆碩士學位論文。

16. 盧春苗《家族文化對柳宗元的影響研究——兼論中唐柳氏家族的文化意義》，南京大學 2013 屆碩士學位論文。

17. 馬力群《兩漢時代弘農楊氏研究》，武漢大學 2004 屆碩士學位論文。

18. 孟樂《安史之亂前後河東薛氏南祖房研究》，中央民族大學 2010 屆碩士學位論文。

19. 孟祥娟《隋唐京兆韋氏家族文學論考》，吉林大學 2010 屆博士學位論文。

20. 孟子勳《唐代弘農楊氏家族文學研究》，陝西理工學院 2012 屆碩士學位論文。

21. 齊斌《唐代科舉視域下的京兆杜氏家族》，曲阜師範大學 2013 屆碩士學位論文。

22. 冉曉虹《魏晉南北朝時期南人北上的歷史考察》，山西大學 2006 屆碩士學位論文。

23. 邵正坤《北朝家庭形態研究》，吉林大學 2006 屆博士學位論文。

24. 孫大英《漢晉時期弘農楊氏研究》，四川大學 2002 屆碩士學位論文。

25. 孫麗芬《唐代政治與河東裴氏家族》，蘭州大學 2011 屆碩士學位論文。

26. 邰三親《魏晉南北朝時期的河東裴氏與文學》，陝西師範大學 2005 屆碩士學位論文。

27. 邰三親《唐代河東裴氏與文學》，西北大學 2011 屆博士學位論文。

28. 田彩霞《兩漢弘農楊氏家族文學研究》，四川師範大學 2011 屆碩士學位論文。

29. 汪士輝《唐代士族家學研究》，武漢大學 2011 屆博士學位論文。

30. 王慧《東晉南朝荊州軍事地理研究》，南昌大學 2005 屆碩士學位論文。

31. 文慧科《杜預研究》，四川大學 2002 屆碩士學位論文。

32. 徐成《東晉南朝雍州尚武豪族研究》，《揚州大學》2010 屆碩士學位論文。

33. 張琳《東晉南朝的流民及其安置問題》，西北師範大學 2005 屆碩士學位論文。

34. 張玲《河東柳氏東眷及柳惲研究》，福建師範大學 2001 屆碩士學位論文。

35. 張廣村《中古河東裴氏家族及其文獻研究》，山東大學 2012 屆博士學位論文。

36. 張晶《中古時期河東薛氏研究》，西北大學 2015 屆碩士學位論文。

37. 張麗《北齊隋唐河東家族文化與文學研究》，北京大學 2013 屆博士學位論文。

38. 鄭國周《弘農楊氏與隋代文學研究》，浙江大學 2012 屆博士學位論文。

39. 鍾盛《關隴本地豪族與西魏北周政治》，武漢大學 2004 屆碩士學位論文。

後　記

　　這本小書是我所主持的教育部 2015 年人文社會科學青年基金項目的研究成果，書名同課題名。我對魏晉南北朝關中郡姓的關注早在十多年前攻讀博士期間。我的導師胡阿祥先生是六朝史和歷史地理學界的著名學者和權威專家，作爲一名學在南京的山西人，對當時胡老師研究課題（胡老師當時正在做東晉南朝僑州郡縣和僑流人口研究）中移民江左的老鄉頗感興趣，在和胡老師多次商討之後，便初步確定將河東家族的移民史作爲研究選題。隨著史籍閱讀的積累和深入，我的關注對象漸由河東三姓擴展至其所屬的關中郡姓集團，一方面河東三姓歸屬關中郡姓的問題本身十分有趣，另一方面關中郡姓在魏晉南北朝時期的整體發展或比較研究還比較欠缺。在和胡老師商量後，最終將選題確定爲「晉隋之際關中六大郡姓的播遷與發展」，想先對幾大家族的移民輾轉過程做一詳細的梳理。胡老師對學生總是鼓勵有加，我每次戰戰兢兢請示，他總是從宏觀的思路上給予點撥，從不直接否定或批評我的不是，這一方面給了我獨立思考、自主探索的自由空間，又令我始終惴惴不安。直至畢業答辯，胡老師和外審專家及答辯專家皆給予熱情肯定的評閱意見後，我才稍鬆一口氣。當然對諸位先生提出的批評和建議，我也銘刻在心，作爲以後繼續修改的要點。

　　2008 年博士畢業離開南京來到現單位歷史系工作，每周十多節課之餘，我興致勃勃修改論文，進一步補充完善史料，重新修改各個家族的移民過程及發展經歷，認爲有所創獲的即以單篇論文的形式陸續發表。又先後以「永嘉亂後關中郡姓南遷江左考論」、「中古關中郡姓的空間轉換與區域社會」爲題申請校級、省廳科研項目，皆順利獲批，這給我繼續推進關中郡姓家族研

究提供了很大動力。

2013 年，我參加工作的第七個年頭，雖然對歷史專業的教學和研究興致盎然，但被迫產生七年之癢——學校在向應用本科院校轉型中停止了歷史專業的招生，歷史系的教師何去何從成為疑問。同年底我身染被外科醫生稱為世界醫學難題的慢性疾病，不得不每周奔波上海看病，雖然忍痛堅持完成了教學任務，但讀書科研遲滯不前。2014 年 7 月，服從學校安排，我到本校馬克思主義學院任職，擔任思想政治理論課的教學工作。為提高教學水平和學生的學習興趣，特別花費了很多精力研究教學內容和琢磨教學方法。病患稍愈後的 2015 年初，我重拾老選題，以「家族遷徙與地域社會：魏晉南北朝關中郡姓研究」為題申報了當年教育部人文社會科學青年基金項目。之前的研究儘管花了很多工夫，但對族群的宏觀關照還很欠缺，且對家族發展與地域社會之間的關係方面著力很少。因此，我想在過去研究積累的基礎上，以家族遷徙為線索，將家族史與地域社會相結合；以家族個案遷徙過程為基礎，以遷出地、遷入地作為兩大地域維度，通過分析不同地域背景下的家族興衰成敗，探尋地域社會對家族發展的影響；比較移居他鄉的家族與留居原地的家族或房支在不同的地域社會環境所呈現的不同發展模式；考察不斷遷徙的家族在遷出地與遷入地的社會文化溝通、融合方面所起的作用。課題的順利獲批給了我更大的信心。三年來，限於時間和精力問題，研究進展雖然緩慢滯澀，但也一直在盡最大的努力完成上述的研究計劃。

臨近 2018 新年，我終於將完整的研究成果提交出版社評審，並喜獲花木蘭文化出版社的授權出版通知，十多年的斷續所得終於可以以著作的形式作一總結。自知學識水平有限，書中應有很多不完善的地方需要繼續改進，不足之處還請讀者多多批評指正，助我進步！感謝支持我、鼓勵我的親人、老師、領導、同事和朋友們，讓我擁有那麼多書香為伴的日子！感謝花木蘭文化出版社的楊嘉樂女士及同仁們，你們勤奮高效、細緻周到的工作令作者心安，謝謝你們為拙著面世所付出的所有努力！

2018 年 3 月於常熟琴楓苑